中国经典工商管理系列教材

Communication Management
—Principle, Strategy & Technology

管理沟通
——理念、策略与技术

刘建准 主编

CHINA BUSINESS ADMINISTRATION CLASSICS

大连理工大学出版社
Dalian University of Technology Press

图书在版编目(CIP)数据

管理沟通：理念、策略与技术 / 刘建准主编.
大连：大连理工大学出版社，2025.1(2025.1重印). -- ISBN 978-7-5685-5238-7
Ⅰ. C93
中国国家版本馆 CIP 数据核字第 20241QC888 号

GUANLI GOUTONG ——
LINIAN、CELÜE YU JISHU

大连理工大学出版社出版

地址：大连市软件园路 80 号　　邮政编码：116023
营销中心：0411-84708842　84707410　　邮购及零售：0411-84706041
E-mail：dutp@dutp.cn　　URL：https://www.dutp.cn
大连图腾彩色印刷有限公司印刷　　大连理工大学出版社发行

幅面尺寸：185mm×260mm	印张：18	字数：485 千字
2025 年 1 月第 1 版		2025 年 1 月第 2 次印刷

责任编辑：邵　婉　张　娜　　　　　　　　　　责任校对：朱诗宇
封面设计：张　莹

ISBN 978-7-5685-5238-7　　　　　　　　　　　定　价：59.00 元

本书如有印装质量问题，请与我社营销中心联系更换。

作者简介

刘建准,博士,天津工业大学教授、硕士生导师,现任天津工业大学经济与管理学院副院长,兼任教育部学位中心评审专家、天津市管理学学会理事、天津市科学学学会理事等。主要研究组织有效沟通与管理创新、知识管理与技术创新、社会突发事件应急管理、智能情报分析等。曾获得香港桑麻基金会奖教金、教学质量奖、研究生教学成果奖、本科教学成果奖、优秀教师以及优秀思想教育工作者称号,担任多家学术期刊的审稿人,多次被评为优秀审稿人;曾担任"创客中国"天津市中小企业创新创业大赛评选等赛事评委。校级优秀课程、课程思政精品课"管理沟通"负责人,首批校级留学生国际化一流金课"Management Communication"负责人。担任《现代企业管理》(第三版)、《管理沟通:技能与开发》等教材的副主编,主要为本科生、学术研究生、MBA学生和多家企业主讲"管理沟通""跨部门沟通与领导力提升""有效沟通与高绩效团队打造"等课程。

2012年以来,主持并完成国家社会科学基金、教育部人文社会科学基金以及天津市文化艺术科学研究规划项目等纵向项目7项,横向项目10余项,发表专业论文70余篇,出版专著2部;指导学生学科竞赛获奖20余项,其中有代表性的有挑战杯、三创赛等。

前　言

在当今信息化、数字化尤其是数据要素市场化并充满动态不确定性的数智时代，沟通无时无处不在。沟通对于人们做好本职工作和平衡好生活，显得越来越重要。尤其是从事企业管理工作的各级管理者，在书面沟通、口头沟通以及会议沟通等方面投入的工作时间都比较长。

"管理沟通"是20世纪70年代末在全球一体化背景下应运而生的课程。随着企业结构调整和改革的日益推进，高层管理者和基层一线员工逐渐认识到沟通在管理当中的重要性。因此，我国于20世纪90年代正式引入此课程，并将其确定为工商管理硕士（MBA）和工商管理专业本科生的必修课。"管理沟通"作为一门实践性较强的课程，一方面要求学生掌握坚实的理论，另一方面要求学生能够通过该课程的学习实现增强实践能力的目标，做到理论联系实际，将沟通理论和技巧运用到实践当中，实现管理沟通科学性与艺术性的有效统一。

作为一门具有综合性和学科交叉性特点的课程，"管理沟通"以"管理学原理""企业战略管理"为基础，并成为衔接"组织行为学""管理学研究方法"等专业课程的桥梁。而该课程的教学目标则决定了蕴含在其教学方法中的以灵活多样的案例教学为主的教学形式。为此，本书尝试构建了"理论+策略+实践"的课程教学体系，引导学生在树立正确的沟通理念的基础上，能够理解并灵活运用所学的沟通技能，对观察到的或出现的管理沟通问题或事件进行分析，进而提升沟通实战能力，这对未来成为一名企业管理者，实现领导力的有效提升也具有很大帮助。所以，理念首先应排在第一位。只有掌握正确的理念，才能在理念的指引下产生正确的行为。其次，只有掌握正确的方法、策略和技能，才能提升实战的效率，达到事半功倍的效果。最后，掌握正确的理念、策略、方法是为实践做准备的，只有正确运用理念、策略和方法才能有效解决现实中遇到的问题，也就是最终实现从理论到实践的转变。

在此课程教学体系的指引下，本书共分为五大篇：理念篇、策略篇、技能篇、管理沟通专题篇、领导力与沟通艺术实践篇。

第一篇理念篇包括管理沟通概述、如何有效沟通两章，重点介绍管理沟通的理论知识，使读者对于管理沟通有一个初步的认识，对书中其他章节的学习起到提纲挈领的作用。第二篇策略篇包括沟通主体策略、沟通客体策略、信息策略、渠道选择策略和文化策略五章，基于管理沟通过程对在沟通中运用到的策略方法进行梳理归纳，在"知己知彼"的基础上正确抓住有效沟通信息，选择合适的沟通渠道并基于不同文化背景选择合适的沟通方法，实现有效沟通。第三篇技能篇包括组织内部沟通技能、会议与面谈沟通技能、书面沟通技能、演讲沟通技能、倾听沟通技能、谈判沟通技能六章，整理了在组织内部之间、组织与组织之间以及作为管理者个人应具备的几种沟通技能。第四篇管理沟通专题篇包括危机管理沟通、变革中的沟通、冲突管理沟通和管理沟通的未来发展趋势四章，主要基于当下大环境以及动态变化趋势，结合企业日常管理沟通遇到的问题和热点话题，以沟通实践来检验沟通理念与沟通策略的正确性，对企业日常管理中遇到的问题给予对应性的解决对策建议。第五篇领导力与沟通艺术实践篇包括领导力内涵与沟通艺术、自我沟通助力领导力提升和团队沟通助力领导力提升三章,是基于前四个篇章深入探究在沟通实践中的另一大领域——领导力提升,从个人角度和团队角度提出助力领导力提升的技能方法,旨在帮助管理者在形成积极的自我沟通能力的基础上提升团队沟通能力,加快实现组织目标。

本书力争在以下几个方面体现特色:

(1)基于课程思政背景,体现时代特色

党的二十大报告指出,育人的根本在于立德。全面贯彻党的教育方针,落实立德树人根本任务,培养德智体美劳全面发展的社会主义建设者和接班人。尤其是2020年7月,习近平总书记对研究生教育工作作出重要指示,要求深入推进学科专业调整,完善人才培养体系。因此,本书在撰写过程中,紧靠经济、社会发展实际,围绕社会主义核心价值观,融入思政案例,以潜移默化的形式将社会主义思想理论融入管理沟通的理论知识中,并按章节提出课程思政目标,以期促进学生综合素质的提升。

(2)逻辑架构系统性

本书按照一定的逻辑体系,从理论理念到策略要领再到技术技能等层次,逐步提升,层层递进,强调在基于正确的理念和策略的支持引导下进行不同的沟通实践,体系构建较为完备。

(3)案例的选择力求本土化,可理解、贴切、实用

本书中的案例多选取日常工作中会出现的沟通问题,比较具有说服性和实用性,便于学生理解并展开案例探讨;同时尽可能使用发生在我们身边或者以往工商管理专业学位研究生自身企业案例凝练而成的本土化案例,短小而内涵丰富,有一定的启发性和说服力。

本书由天津工业大学刘建准教授主编。刘建准教授基于多年管理沟通课程的讲授,提出编写思路、构建写大纲并确定具体内容。同时,课程组齐庆祝教授、郑锐洪教授、马翠华副教授、毕妍副教授以及天津大学远程与继续教育学院闫婧怡老师,均参与了框架结构、书稿讨论、修改等大量工作,尤其是闫婧怡老师结合其在继续教育过程中发现的企业实际问题和案例实践,做了大量的工作。研究生孙慧明、伊帕尔古丽·穆合塔尔、孙铭灿、田雅琼、张文瑄、刘其赛、王慧鹏、苏灏、解晓岑以及西北大学研究生杨悦欣等,在本书的编写工作中,进行了文稿素材的收集与整理、案例遴选与优化设计、图形绘制等相关工作,作出了重要的贡献。尤其是研究生孙慧明结合以往个人在企业的实际工作,把握书稿脉络,进行了最后的全书统稿、规范化审校等工作。另外,本书的撰写和出版,也得到了天津工业大学经济与管理学院领导和同事的大力支持,在此表示诚挚的感谢!

在本书的编写过程中,编者利用每次参加全国MBA教学指导委员会管理沟通教学研讨会的机会,与该领域的教学名师进行请教、交流与学习,在此特别感谢哈尔滨工业大学张莉教授、浙江大学魏江教授、华东理工大学康青教授、复旦大学周祖城教授、清华大学钱小军教授等。同时在本书撰写过程中,编者参阅了国内外众多专家、学者的著作和观点,在此对所有被引用和借鉴成果的相关作者表示衷心的感谢。

由于作者的水平和精力有限,书中的遗漏和缺点等在所难免,敬请读者不吝批评指正,以使教材日臻完善。

编 者

2024年2月

目 录

第一篇 理念篇

第 1 章 管理沟通概述 ... 3
1.1 管理沟通的内涵 ... 5
1.2 管理沟通的作用及意义 ... 6
1.3 管理沟通的过程与要素 ... 8
1.4 管理沟通的方式 ... 10
本章小结 ... 15
复习思考 ... 15
技能提升 ... 15

第 2 章 如何有效沟通 ... 16
2.1 有效沟通概述 ... 18
2.2 有效沟通的障碍 ... 24
2.3 实现有效沟通的方法 ... 26
本章小结 ... 28
复习思考 ... 28
技能提升 ... 28

第二篇 策略篇

第 3 章 沟通主体策略 ... 31
3.1 沟通主体分析 ... 33
3.2 沟通者的可信度 ... 37
3.3 沟通者目标 ... 38
3.4 沟通的基本风格 ... 39
本章小结 ... 41
复习思考 ... 42
技能提升 ... 42

第 4 章　沟通客体策略 ··· 43
4.1　沟通客体分析概述 ··· 45
4.2　沟通客体兴趣的激发 ·· 49
4.3　沟通策略的选择思路 ·· 52
本章小结 ·· 54
复习思考 ·· 55
技能提升 ·· 55

第 5 章　信息策略 ··· 56
5.1　信息的含义 ·· 57
5.2　信息的管理 ·· 58
5.3　如何制定信息策略 ··· 61
本章小结 ·· 67
复习思考 ·· 67
技能提升 ·· 67

第 6 章　渠道选择策略 ··· 68
6.1　语言沟通与非语言沟通渠道 ······································ 69
6.2　正式或非正式沟通渠道 ·· 76
6.3　个体或群体沟通渠道 ··· 77
6.4　影响沟通渠道选择的因素 ··· 78
本章小结 ·· 79
复习思考 ·· 80
技能提升 ·· 80

第 7 章　文化策略 ··· 81
7.1　文化的定义及特征 ··· 82
7.2　文化的作用 ·· 83
7.3　文化影响管理沟通的几个纬度 ··································· 84
7.4　跨文化沟通 ·· 86
7.5　跨文化沟通的障碍与消除 ··· 87
本章小结 ·· 91
复习思考 ·· 92
技能提升 ·· 92

第三篇　技　能　篇

第8章　组织内部沟通技能 …… 95
　8.1　组织内部沟通的含义 …… 97
　8.2　上行沟通技能 …… 97
　8.3　下行沟通技能 …… 104
　8.4　平行沟通技能 …… 107
　本章小结 …… 109
　复习思考 …… 110
　技能提升 …… 110

第9章　会议与面谈沟通技能 …… 111
　9.1　会议沟通概述 …… 112
　9.2　如何实现有效会议沟通 …… 113
　9.3　面谈的概念和特征 …… 116
　9.4　面谈的一般过程 …… 117
　9.5　面谈的技巧 …… 119
　9.6　几种重要的面谈 …… 120
　本章小结 …… 123
　复习思考 …… 124
　技能提升 …… 124

第10章　书面沟通技能 …… 125
　10.1　书面沟通概述 …… 126
　10.2　书面沟通的基本过程 …… 129
　10.3　几种常用的书面沟通写作方法 …… 130
　本章小结 …… 134
　复习思考 …… 135
　技能提升 …… 135

第11章　演讲沟通技能 …… 136
　11.1　演讲概述 …… 138
　11.2　演讲的要素 …… 140
　11.3　演讲的构思 …… 141
　11.4　有效演讲沟通的技巧 …… 144
　11.5　演讲沟通的信息反馈 …… 147
　本章小结 …… 149

复习思考 ·········· 149
技能提升 ·········· 149

第12章 倾听沟通技能 ·········· 150
12.1 倾听的概念与意义 ·········· 151
12.2 倾听的障碍与策略 ·········· 153
12.3 实现有效倾听的技巧 ·········· 157
本章小结 ·········· 158
复习思考 ·········· 158
技能提升 ·········· 158

第13章 谈判沟通技能 ·········· 159
13.1 谈判技能概述 ·········· 161
13.2 谈判的过程 ·········· 163
13.3 谈判的技巧和原则 ·········· 164
13.4 商务谈判的礼仪 ·········· 168
本章小结 ·········· 169
复习思考 ·········· 170
技能提升 ·········· 170

第四篇 管理沟通专题篇

第14章 危机管理沟通 ·········· 173
14.1 危机沟通概述 ·········· 174
14.2 危机沟通模型 ·········· 177
14.3 危机沟通中的障碍 ·········· 181
14.4 危机沟通策略 ·········· 182
本章小结 ·········· 186
复习思考 ·········· 187
技能提升 ·········· 187

第15章 变革中的沟通 ·········· 188
15.1 企业组织变革概述 ·········· 191
15.2 沟通与变革阻力 ·········· 195
15.3 变革中的沟通技巧 ·········· 198
本章小结 ·········· 199
复习思考 ·········· 199
技能提升 ·········· 199

第16章　冲突管理沟通 ·· 200
16.1　冲突概述 ·· 202
16.2　冲突的成因和管理方法 ·· 206
16.3　冲突管理的意义和沟通策略 ·· 210
本章小结 ·· 212
复习思考 ·· 212
技能提升 ·· 212

第17章　管理沟通的未来发展趋势 ·· 213
17.1　管理沟通未来发展趋势概述 ·· 214
17.2　学习型组织的沟通原则 ·· 216
17.3　企业动态联盟下的管理沟通 ·· 217
17.4　虚拟组织与网络中的管理沟通 ·· 220
17.5　数字化转型下的沟通趋势 ·· 223
本章小结 ·· 225
复习思考 ·· 225
技能提升 ·· 226

第五篇　领导力与沟通艺术实践篇

第18章　领导力内涵与沟通艺术 ·· 229
18.1　领导力的定义 ·· 230
18.2　领导者和管理者的区别 ·· 231
18.3　领导风格分类 ·· 234
18.4　权力与领导力的关系 ·· 236
18.5　领导者的沟通艺术 ·· 236
本章小结 ·· 238
复习思考 ·· 239
技能提升 ·· 239

第19章　自我沟通助力领导力提升 ·· 240
19.1　自我沟通概述 ·· 242
19.2　压力管理与情商塑造 ·· 244
19.3　自我沟通技能提升的艺术 ·· 249
本章小结 ·· 253
复习思考 ·· 253
技能提升 ·· 253

第 20 章　团队沟通助力领导力提升 ··· 254
　20.1　团队概述 ··· 256
　20.2　团队沟通概述 ··· 262
　20.3　团队沟通的艺术 ··· 265
　本章小结 ·· 270
　复习思考 ·· 270
　技能提升 ·· 270

参考文献 ··· 271

第一篇

理念篇

关于管理沟通的研究一直伴随着企业理论研究的历史。但是由于时代、经济背景不同,在以往的管理理论和实践中,管理沟通一直没有得到独立的和显著的研究与关注。从20世纪90年代开始,信息学的出现和发展,极大地改变了沟通学的理论框架。因此,真正的企业管理沟通学作为一门完全独立的管理学科出现在现代管理理论丛林中,至今仍只是刚刚开始。党的二十大报告指出:中国式现代化是物质文明和精神文明相协调的现代化。我们不断厚植现代化的物质基础,不断夯实人民幸福生活的物质条件,同时大力发展社会主义先进文化,加强理想信念教育,传承中华文明,促进物的全面丰富和人的全面发展。因此,在如今快速发展的中国式现代化新信息经济时代,管理沟通已不再是次要的或无关企业全局的一个局部性、部门性质的技巧,而越来越多地和越来越真实地表现为就是企业管理本身,沟通的任务就是管理的任务,沟通的功能就是管理的功能。新时期企业管理正在呼唤新的管理沟通理论,期待它给企业的管理理论与实践带来创新和突破。

理念篇作为本书的第一部分,强调管理沟通的理论知识,主要回答了管理沟通的内涵、管理沟通的过程与要素、管理沟通的方式以及如何才能实现有效沟通的问题,使学者对管理沟通进行系统的初步了解,方便后续深入学习,为接下来的篇章奠定坚实的理论基础。

第1章 管理沟通概述

本章思维导图

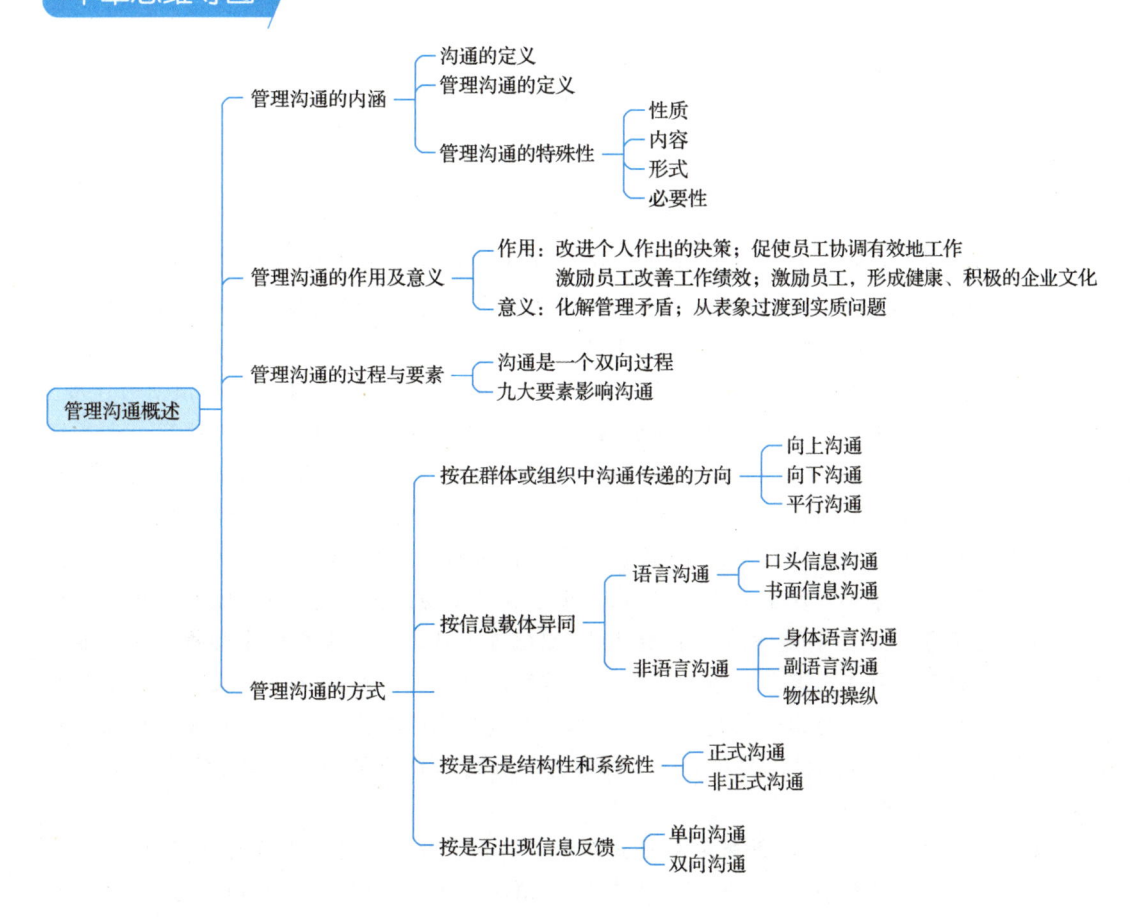

- 管理沟通概述
  - 管理沟通的内涵
    - 沟通的定义
    - 管理沟通的定义
    - 管理沟通的特殊性
      - 性质
      - 内容
      - 形式
      - 必要性
  - 管理沟通的作用及意义
    - 作用：改进个人作出的决策；促使员工协调有效地工作；激励员工改善工作绩效；激励员工，形成健康、积极的企业文化
    - 意义：化解管理矛盾；从表象过渡到实质问题
  - 管理沟通的过程与要素
    - 沟通是一个双向过程
    - 九大要素影响沟通
  - 管理沟通的方式
    - 按在群体或组织中沟通传递的方向
      - 向上沟通
      - 向下沟通
      - 平行沟通
    - 按信息载体异同
      - 语言沟通
        - 口头信息沟通
        - 书面信息沟通
      - 非语言沟通
        - 身体语言沟通
        - 副语言沟通
        - 物体的操纵
    - 按是否是结构性和系统性
      - 正式沟通
      - 非正式沟通
    - 按是否出现信息反馈
      - 单向沟通
      - 双向沟通

思政目标

管理沟通概述作为理念篇的首章内容，是对全书基本理论的概括，对书中其他章节起到提纲挈领的作用。通过本章的学习，学生具体落实以人为本的管理思想，强化服务理念，在掌握管理沟通内涵的基础上，树立正确的价值观，发扬团结友爱的精神，为其他章节的学习奠定正确的政治方向。

本章学习目标

◆ 掌握管理沟通的基本内涵,正确认识管理沟通的作用和意义。
◆ 掌握管理沟通的过程和要素。
◆ 了解管理沟通的几种分类方式。

本章关键词

管理沟通;沟通者;听众;信息;编码;解码;反馈;语言沟通;非语言沟通;正式沟通;非正式沟通;向上沟通;向下沟通;平行沟通

引导案例

工作丰富化与员工的消极"怠工"

K食品公司是一个中型的健康食品企业。最近总经理庞云为员工缺乏工作兴趣而担心,因为这导致包装质量问题的产生。如果品质问题在检查阶段被发现,袋装食品就被送回流水线,否则它们将最终被客户拒绝。在生产经理的建议下,在重要工段设置了管理监督岗位,由他们进行随机检查,但这样增加了成本,而且对返回率的降低并没有起到预期的作用。

庞云召集职能部门管理者举行质量讨论会议,以审议形势与采取有效的对策。生产经理李松认为,一些问题是策划引起的,他建议在设计阶段进行检查。人事部门也被指责没有招聘到合适的员工。公司还存在人员频繁流动及缺勤的问题。策划及人事部门的主管都为自己辩护。策划部门的主管周卓认为,设计并没有什么问题,而提高质量标准则意味着要耗费更多的成本。人事部门的主管王菲则指出,由于劳动市场上劳动力紧缺,她无法在挑选员工过程中过于苛刻。另外,包装工作枯燥乏味,期望员工对此类工作产生更大的兴趣也不合理。王菲提出了使员工对其所从事的包装线工作增加兴趣的一些建议。建议之一就是要求扩大包装线个人的工作范围。她建议每个员工同工作群体的其他工人一起处理几个操作程序,而不是只做单纯的一项工作。另外,她还建议采取工作轮换,使工人们的工作更具挑战性。

庞云非常赞同这个建议,并采取措施立即付诸实施。但是在实施变革的一周内,工人们却对这些变革表达了诸多不满,而且还存在一种"消极怠工"的状况。工人们认为,他们现在要进行更多的作业,而工资却没有增加。总经理和部门主管,包括人事部门主管,都对工人们的反应感到吃惊。王菲也非常泄气地说:"我被搞糊涂了,似乎他们并不想使自己的工作更有趣。"

人事部门主管王菲的建议出了什么差错?若你是庞云的话,你将采取什么补救对策?
[资料来源:康栋.高离职时代的真相[J].新人力,2012(3):27-29]

在企业中,就像在日常生活的其他领域一样,如果缺乏有效沟通,即使提出再好的创新性策略,企业依然可能会止步不前。如何清晰而有说服力地让员工接受你的观点和建议,这与如何有效地分析数据或明智地作出管理决策同样重要。有时候员工工作丰富化,在员工眼里看来，其实工作内容更多了，承担的责任更重了，犯错的可能性也更大了，但与之相对的员工报酬却并没有增加，所以工人们消极怠工是很自然的事情，这就要求企业管理者和领导者要及时做好与员工的沟通与交流，切实了解员工的真正诉求，从而科学地作出决策。

管理学大师亨利·明茨伯格指出，管理人员必须能够进行简单有效的沟通，他们必须对组织的未来发展方向达成共识，如果他们不能在这些"计划"上统一步调，那么他们就会向不同方向用力，团队（或组织）就会四分五裂。

1.1 管理沟通的内涵

1.1.1 沟通的定义

沟通是人类社会交往的基本行为过程。人们具体沟通的方式、形式多种多样。对于一般意义上的沟通，我们可以把它定义为：为了设定的目标，人们在互动过程中，发送者通过一定渠道（也称媒介或通道），以语言、文字、符号等表现形式为载体，与接收者进行信息（包括知识和情报、思想和情感等）交流、传递和交换，并寻求反馈，以达到相互理解的过程。用一句话来说，沟通就是信息交流，即一方将信息传递给另一方，期待其作出反应的过程。

由此可见，沟通有以下三种含义：

(1) 沟通是双方的行为，而且要有媒介作为载体。

(2) 沟通是一个信息交流的全过程。

(3) 编码、解码和沟通渠道是有效沟通的关键环节。沟通渠道选择不当，往往会造成信息堵塞或信息失真现象，这些均需在沟通时加以注意。

1.1.2 管理沟通的定义

由于沟通过程中对象的不同，沟通既可以是通信工具之间的信息交流，即"机"与"机"之间的沟通，也可以是人与机器之间的信息交流。沟通还可以表现为组织与组织之间、人与人之间的信息交流。这三种类型中，我们把最后一种称为管理沟通。

管理沟通的本质仍是沟通，只不过它是从沟通的目的来定义的。由于管理沟通的双方都是人，因此，与另外两种类型相比，管理沟通要复杂得多。

从管理的角度，综合各种有关沟通的定义，管理沟通可定义为：管理沟通是指组织及其管理者为了实现组织目标，在履行管理职责、实现管理职能过程中的有计划的、规范性的职务沟通活动和过程。

1.1.3 管理沟通的特殊性

管理沟通的特殊性主要表现在如下几个方面：

第一，从管理沟通的性质来看。管理沟通是一种发生在管理活动中的沟通。但正如沟通发生在任何其他情况下都会形成相应的沟通类型或形式一样，发生在管理活动中的沟通，也必然是一种独特类型或形式的沟通。这种类型的沟通是管理者在履行管理职责的过程中,为了有效地实现管理职能而进行的一种职务沟通活动。因此,管理沟通不仅是与管理有联系,其实它本身就是管理的内容。

第二,从管理沟通的内容来看。管理沟通有别于任何随意的、私人的、无计划的、非规范的沟通。尽管管理沟通也可能是信息、思想、观点、感情、意见等任何内容的交流,但这些交流却与组织的目标与任务等密切相关。管理沟通任何内容的实施和展开都是为实现组织目标而进行的一种有计划的、自觉的、规范性的活动和过程。

第三,从管理沟通的形式来看。管理沟通非但会表现为诸如人际沟通、组织沟通抑或正式沟通、非正式沟通等,它更应该包括现代组织信息活动与交流的一般管理要求和现代管理方式在内,这意味着管理沟通不仅是一种活动,同时也是一种制度或体制。具体说来,就是组织结构的选择和组织制度、体制的建设要为实现有效沟通和有利于组织特定管理沟通提供良好的沟通氛围与沟通模式。

第四,从管理沟通的必要性来看。毫无疑问,管理沟通是管理活动的本质要求。一般来讲,管理就是组织大家共同完成某个任务,实现某种目标的活动过程。这个过程以持续的、复杂的、大量的沟通活动为基础。所以,管理沟通是管理者的基本职责之一,是管理行为的基本构成要素。不仅如此,管理沟通作为一种新兴的现代管理理念,在当代文化管理以及学习型组织、团队合作、忠诚、共赢、共同成长和复杂系统建构与运作等一系列新兴的管理理论与理念的支撑下,已经凸显为整个管理的核心内容。这应该引起我们的高度重视和深入思考。

1.2 管理沟通的作用及意义

1.2.1 管理沟通的作用

1. 有助于改进个人作出的决策

任何决策都会涉及干什么、怎么干、何时干等问题。每当遇到这些急需解决的问题,管理者就需要从广泛的企业内部的沟通中获取大量的信息情报,然后进行决策,或建议有关人员作出决策,以迅速解决问题。下属人员也可以主动与上级管理人员沟通,提出自己的建议,供领导者作出决策时参考,或经过沟通,取得上级领导的同意再决策。企业内部的沟通为各个部门和人员进行决策提供了信息,增强了判断能力。

2. 沟通促使员工协调有效地工作

企业中各个部门和各个职务是相互依存的,依存性越大,对协调的需要越多,而协调需要通过沟通实现。没有适当的沟通,管理者对下属的了解也不充分,下属可能对分配给他们的任务和要求他们完成的工作有错误的理解,使工作任务不能圆满完成,导致企业在效益方面的损失等。

3. 能激励员工改善工作绩效

沟通有利于领导者激励下属,建立良好的人际关系和组织氛围。除了技术性和协调性的信息外，企业员工还需要鼓励性的信息。它可以使领导者了解员工的需要，关心员工的疾苦，在决策中就会考虑员工的要求，以提高他们的工作热情。人一般都会要求对自己的工作能力有一个恰当的评价。如果领导的表扬、认可或者满意能够通过各种渠道及时传递给员工，就会产生某种工作激励。同时，企业内部良好的人际关系更离不开沟通。思想上和感情上的沟通可以增进彼此的了解，消除误解、隔阂和猜忌，即使不能达到完全理解，至少也可取得谅解，使企业有和谐的组织氛围，"大家心往一处想，劲往一处使"就是有效沟通的结果。

• **案例拓展**

报废的裤子——谈谈管理中沟通的重要性

1.2.2 管理沟通的意义

1. 准确理解公司决策，提高工作效率，化解管理矛盾

公司决策需要一个有效的沟通过程才能施行。沟通的过程就是对决策的理解传达的过程。决策表达得准确、清晰、简洁是进行有效沟通的前提，而对决策的正确理解是实施有效沟通的目的。在决策下达时，决策者要和执行者进行必要的沟通，达成共识，使执行者准确无误地按照决策执行，避免因为对决策的曲解而造成执行失误。

一个企业中群体成员之间进行的交流包括在物质上的相互帮助、支持和感情上的交流与沟通。沟通是实现企业共同目标的桥梁，也是企业中有协作愿望的个人之间联系的桥梁。同样的信息由于接收人的不同会产生不同的效果。信息的过滤、保留、忽略或扭曲是由接收人主观因素决定的，是其所处的环境、位置、年龄、教育程度等相互作用的结果。由于对信息感知存在差异性，就需要进行有效的沟通来弥补这种差异性，以减少由于人的主观因素而造成的时间、金钱上的损失。准确的信息沟通无疑会提高我们的工作效率，使我们以最简洁、最直接的方式达到理想的工作效果。为了使决策更贴近市场变化，企业内部的信息流程也要分散化，使组织内部的通信向下一直到最低的责任层，向上到高级管理层，并横向流通于企业的各个部门、各个群体之间。在信息的流动过程中必然会产生各种矛盾和阻碍因素，只有在部门之间、职员之间进行有效的沟通才能化解这些矛盾，使工作顺利进行。

2. 从表象问题过渡到实质问题

企业管理讲求实效，只有从问题的实际出发，实事求是，才能解决问题。而在沟通中获得的信息是最及时、最前沿、最实际、最能够反映当前工作情况的。对于在企业的经营管理中出现各种各样的问题，如果单纯从事物的表面现象来解决，不深入了解情况，不接触问题本质，会给企业带来灾难性的损失。

个人与个人之间、个人与群体之间、群体与群体之间开展积极、公开的沟通，从多角度看待一个问题，那么在管理中就能统筹兼顾，未雨绸缪。在许多问题还未发生时，管理者就从表象上看到、听到、感觉到，经过研究分析，把一些不利于企业稳定的因素排除。企业是在不断解决经营问题中前进的，企业中问题的解决是通过企业中有效的沟通实现的。

3. 激励员工,形成健康、积极的企业文化

人具有自然属性和社会属性。在实际的社会生活中,在满足人们生理需求的同时,还要满足其精神需求。每个人都希望得到别人的尊重、社会的认可和自我价值的实现。一个优秀的管理者,就要通过有效的沟通影响甚至改变员工对工作的态度、对生活的态度,把那些视工作为负担,对工作三心二意的员工转变为对工作非常投入,表现出超群的自发性、创造性的优秀员工。在有效沟通中,企业管理者要对员工按不同的情况划分为不同的群体,从而采取不同的沟通方式。如按年龄阶段划分为年轻员工和老员工,对年轻的、资历比较浅的员工采取鼓励认可的沟通方式,在一定情况下让他们独立承担重要工作,并经常与他们在工作生活方面进行沟通,对其工作成绩认可、鼓励,激发他们的创造性和工作热情,为企业贡献更大的力量。对于资历深的老员工,企业管理者应重视尊重他们,发挥他们的经验优势,与他们经常接触,相互交流,给予适当的培训,调动其工作积极性。

• **案例拓展**

J 集团的转型努力　　>>>>>>

1.3　管理沟通的过程与要素

1.3.1　管理沟通的过程

管理沟通的过程如图 1-1 所示。

图 1-1 描述的信息交流过程的基本模型包括七个部分:①信息发出者;②编码;③信息;④渠道;⑤解码;⑥信息接收者;⑦反馈。它阐释了信息交流得以发生所必需的要素和过程。沟通过程中仅有信息是不够的,只有当信息令信息接收者做出信息发送者期望的反应时才算成功。因此,信息接收者的反应最为关键,这也是管理沟通和其他类型沟通的本质区别。

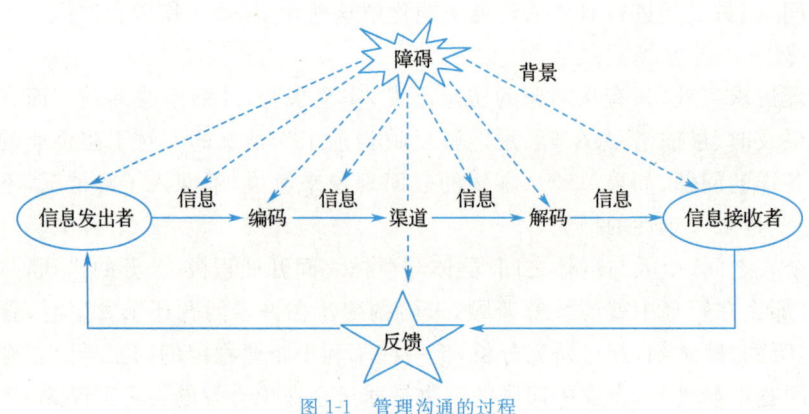

图 1-1　管理沟通的过程

1.3.2 管理沟通的要素

1. 沟通主体

沟通主体是指有信息并试图进行沟通的人。他们激发沟通过程,决定以谁为沟通对象,并确定沟通目的。作为信息源的沟通主体,在实施沟通之前,沟通主体必须首先在自己丰富的记忆里选择出试图沟通的信息,然后将这些信息转化为可以接受的形式,如文字、语言或表情等。沟通主体的态度、情绪、沟通知识及其技能都会影响到沟通的效果。

2. 沟通客体

沟通客体在接收携带信息的各种特定的音形符号之后,必须根据自己的经验将其转译成试图传达的知觉、观念或情感。在沟通中,每个人都必须很好地了解如何有效地理解别人和让别人理解,了解沟通中信息的转译和传递机制,只有这样才能提高沟通的有效性和准确性。

3. 编码

从沟通意向的角度说,信息是信息发送者试图传达给别人的观念和情感。但个人的感受不能直接被信息接收者接收,因而它们必须转化为各种不同的、可以被别人觉察的符号,也就是把意义转化为信息接收者可以接受的形式,如文字、口头语言或表情等,这个过程叫作编码。编码是指发送者把自己的思想、观点、情感等信息根据一定的语音、语义规则翻译成可以传达的信号。

编码是信息交流和人际沟通及交往极其关键的一环。若此环节出现脱节,那么整个信息交流过程则会变得混乱不堪。毫无疑问,我们所拥有的语音水平、表达能力和知识结构,对将思想、观点、感情等进行编码的能力起着至关重要的作用。对于同样的信息传达,企业的管理者在编码过程中必须系统分析,充分考虑接收者的情况,注重内容符号的理解。

4. 信息

信息是指沟通者试图传递给别人的观念、情感或消息。但个人的感受必须转化为可以被别人接收的信号。这种转化是以共同的语言经验为基础的。沟通者还需要考虑怎样使信息具有说服力以及怎样最有说服性地组织观点。

5. 渠道

渠道是指沟通信息传达的方式、途径和媒介。渠道可以被认为是一种感觉,如嗅觉、味觉、视觉、听觉、感觉等,另外被认为是信息传递的方式,一般有口头、书面、电话、电子邮件、会议、传真、录像和记者招待会等渠道。日常工作中发生的沟通主要是视听沟通。

6. 解码

解码就是接收者将所获得的信号翻译成或者还原为原始含义。最理想的沟通,应该是在编码和解码两个过程之后,接收者形成的信息与发送者的意图完全吻合。也就是说,编码和解码完全"对称"。如果解码错误,信息将会被误解或曲解。沟通的目的就是希望接收者对发送者所发出的信息做出真实的反应及采取正确的行动,如果达不到这个目的,就说明沟通不畅,产生了沟通障碍。例如,如果沟通双方在经验水平和知识结构上差距过大,就会产生沟通障碍。不同的人在按层次传达同一条信息时,往往会受到个人的记忆、思维能力的影响,从而降低信息沟通的效率。对信息的态度不同,使一些员工和主管人员忽视对自己不重要的信息,而只重视和关心与他们物质利益有关的信息。

7. 反馈

反馈是指听众把收到并理解了的信息反馈给沟通者,以便沟通者对听众是否正确理解了信息进行核实。为了检验信息沟通的效果,反馈是必不可少和至关重要的。在没有得到反馈以前,信息沟通者无法确认信息是否已经得到有效的编码、传递、解码与理解。如果反馈显示,听众接收并理解了信息的内容,这种反馈称为正反馈,反之则称为负反馈。

8. 障碍

信息源的信息不充分或不明确,信息没有被有效或正确地转换成可以沟通的信号,沟通地位的影响、误用沟通方式、沟通中无反馈、文化差异、信息接收者误解信息等,都可能造成信息障碍。此外,沟通双方缺乏共同的经验,彼此也难以建立沟通。

9. 背景

背景是指发生沟通的情境、环境等,它是影响沟通的因素之一,同时也是影响整个沟通的关键因素。沟通的内部环境包括心理、社会、文化、空间和时间等,外部环境包括潜在顾客、代理机构状况、当地的或国家的有关媒体等。在组织中,组织的文化氛围则是影响沟通的关键因素。

综合考虑一下上述九个方面就可以看出,任何的企业沟通任务实际是一项管理工作。许多沟通情形是管理者偶然碰到而非在计划之中的事件。你的重要议题和目标可能并不列于任何议事日程之上。怎样才能将现实情况转化为优势呢?无论你是制定范围较宽的战略,还是设计某一特定的精细的沟通方案,认真考虑以上几个沟通要素,都将确保你确实是在参与沟通过程,你在执行一项特定的产生更大洞察力的任务,因此,你更可能取得成功。

• **小贴士**

职业人士的沟通模型

1.4 管理沟通的方式

在沟通过程中,我们可以根据在群体或组织中沟通传递的方向,将沟通分为向上沟通、向下沟通和平行沟通;根据信息载体的异同,将沟通分为语言沟通和非语言沟通;根据是否是结构性和系统性的,将沟通分为正式沟通和非正式沟通;根据沟通是否出现信息反馈,将沟通分为单向沟通与双向沟通。

1.4.1 向上沟通、向下沟通和平行沟通

1. 向上沟通

向上沟通是指与上司之间的沟通,也包括与上司的同事、上司的上司之间的沟通。在上司面前,主管所扮演的是替身的角色。因此,辅助上司就是主管的最重要的工作之一,而有效辅助上司需要与上司进行有效的沟通。

在向上沟通中,信息发布者是下属,信息接收者是领导。向上沟通的内容主要有工作汇报、工作总结、情况反映和问题建议等,其形式主要有口头汇报、书面汇报、群众意见箱、报告会、协调会和座谈会等。

● **知识链接**

向上沟通的目的和意义 >>>>>>

然而,由于地位、职务不同所产生的权力距离和心理障碍,下属往往惧怕与领导打交道,或者沟通方式不当,导致向上沟通不够顺利。因而,有必要了解和掌握向上沟通的学问,巧妙得体地进行汇报和建言,给领导留下良好的印象。

2. 向下沟通

向下沟通与向上沟通正好相反,是居上者向居下者传达意见、发布指令等,即通常所说的上情下达。向下沟通时,"上"应是主体。要想沟通顺畅,上司要降低自己的姿态,不要表现出一副高高在上的样子,使下属畏惧,产生反感。

在向下沟通中,信息发布者是领导,信息接收者是下级。向下沟通的内容主要有管理决策、规章制度、工作要求、工作评价和工作绩效反馈等,其形式主要有口头指示、书面批示、发表讲话、工作布置和文件传阅等。

● **知识链接**

向下沟通的目的 >>>>>>

在组织中,完成具体生产任务的是员工,如果领导不重视与下属沟通,不关注下属的心理诉求,会严重打击员工的积极性,最终影响公司的绩效,妨碍组织目标的实现。彼得·德鲁克说过,人无法只靠一句话来沟通,总是得靠整个人来沟通。虽然简单的命令式也能完成沟通的任务,但是沟通的效果却达不到预期。因而,如何有效地向下沟通是对管理者和领导者的考验,也是其必须掌握的一门艺术。

● **小贴士**

"手表定律":别让员工无所适从 >>>>>>

3. 平行沟通

平行沟通是指同一层级人员的横向联系,如公司内部同级部门之间都需要平行沟通,以促进彼此的了解、加强合作。平行沟通的目的是交换意见。对上沟通、对下沟通,彼此之间都会保留三分的礼让空间,比较容易找到合理的平衡点。平级之间,大家一样,很容易产生"谁怕谁"的心态,对沟通十分不利。在这种情况下,要想进行顺利的沟通,可以先从自己做起,尊重对方,对方才会用同样的态度对待你。

• 知识链接

平行沟通的目的

平行沟通有助于部门之间、员工之间的任务协调、信息共享和冲突化解。但是,平行沟通必须是有组织的,并且按照组织规定、工作流程、沟通制度进行,否则会造成工作混乱、权责不明,甚至影响内部团结。

1.4.2 语言沟通与非语言沟通

1. 语言沟通

语言沟通建立在语言文字的基础上,又可细分为口头沟通和书面沟通两种形式。人们之间最常见的交流方式是交谈,也就是口头沟通。常见的口头沟通包括演说、正式的一对一讨论或小组讨论、非正式的讨论及传闻。书面沟通包括备忘录、信件、组织内发行的期刊、布告栏及其他任何传递书面文字或符号的方式。

(1)口头信息沟通

口头信息沟通方式灵活多样,既可以是两人间的娓娓深谈,也可以是群体中的雄辩舌战;既可以是有备而来,也可以是即兴发挥。口头信息沟通是所有沟通形式中最直接的方式。它的优点是快速传递和即时反馈。在这种方式下,信息可以在最短的时间内被传递,并在最短的时间内得到对方回复。如果接收者对信息有疑问,迅速反馈可使发送者及时检查其中不够明确的地方并进行改正。但是,口头信息沟通也有缺陷。信息从发送者到各级接收者的一段段接力式传送过程中,存在着巨大的失真的可能性。每个人都以自己的偏好增删信息,以自己的方式诠释信息,当信息经长途跋涉到达终点时,其内容往往与最初的含义存在重大偏差。如果组织中的重要决策通过口头方式,沿着权力等级上下传递,则信息失真的可能性相当大。而且,这种沟通方式并不是总能省时,官僚主义作风常常制造出许多毫无意义的马拉松式会议,正如那些参加了毫无结果,甚至不需要结果的会议的主管所了解的那样,按照时间与费用而论,这些会议的代价很大。

(2)书面信息沟通

首先,书面信息沟通具有有形展示、长期保存、法律保护依据等优点。一般情况下,发送者与接收者双方都有沟通记录,沟通的信息可以长期保存下去。如果对信息的内容有疑问,过后询问是完全可能的。对于复杂或长期的沟通来说,这一点显得尤为重要。一个新产品的市场推广计划可能需要好几个月的大量工作,以书面的方式记录下来,可以使计划的构思者对整个计划的实施过程有一个依据。

其次,把东西写出来,可以促使人们对自己要表达的东西更加认真地思考。因此,书面沟通显得更加周密,逻辑性强,条理清楚。书面语言在正式发表之前能够反复修改,直至作者满意。作者想要表达的信息能被充分、完整地表达出来,减少了情绪、他人观点等因素对信息传达的影响。

最后,书面沟通的内容易于复制、传播,这对于大规模传播来说,是一个十分重要的条件。

当然,书面沟通也有其缺陷。相对于口头沟通而言,书面沟通耗费时间较长。同等时间的交流,口头比书面所传达的信息要多得多。书面沟通的另一个主要缺点是不能及时提供信息反馈。口头沟通能使接收者对其听到的东西及时提出自己的看法。而书面沟通缺乏这种内在的反馈机制,其结果是无法确保发出的信息能被接收到,即使接收到,也无法确保接收者对信息的解释正好是发送者的本意。发送者往往要花费很长的时间来了解信息是否已被接收并被准确地理解。

2. 非语言沟通

人们往往重视语言沟通,而忽视了非语言沟通的重要意义。非语言沟通是指通过某些媒介而不是讲话或文字来传递信息。事实上,非语言的信息往往能够非常有力地传达"真正的本质"。扬扬眉毛、有力地耸耸肩膀、突然离开,能够传递许多有价值的信息。

非语言沟通的运用,有助于沟通主体更准确、更清晰地传递信息,也有助于沟通对象更完整地接收相关信号。卓有成效的管理者除了需要熟练掌握语言沟通技巧之外,还需要正确运用非语言沟通工具,增强自己语言的表达能力和感染能力。敏锐捕捉、准确识别对方在沟通中通过各类非语言因素流露出来的信息,可以顺利达成沟通目的。

(1) 身体语言沟通

身体语言沟通通过动态无声的目光、表情、手势语言等身体运动,或静态无声的身体姿势、空间距离及衣着打扮等形式来实现沟通。

人们首先可以借助面部表情、手部动作等身体姿势来传达诸如攻击、恐惧、腼腆、傲慢、愉快、愤怒等情绪或意图。

举例而言,在你一日最忙碌的时刻里,有位员工来造访,讨论一个问题,你给他把问题解决之后,这位员工却站着不走,并把话题转向社会时事。你内心很希望立即终止这个讨论而去继续工作,可是在表面上,你却很礼貌、专注地听着,然后你把椅子往前挪了一下,坐直了身子并且整理你桌上的公文。不管这举动是潜意识的抑或故意的,它们都刻画出你的感觉并暗示这位员工"该是离开的时候了",除非这位员工没感觉或太专注于自己的话题,否则谈话很可能结束。

(2) 副语言沟通

副语言沟通是通过非语言的声音,如重音、声调的变化及哭、笑、停顿等来实现的。心理学家称非语词的声音信号为副语言。最新的心理学研究成果表明,副语言在沟通过程中起着十分重要的作用。一句话的含义往往不仅决定于其字面的意义,而且决定于它的弦外之音、话外之意。语音表达方式的变化,尤其是语调的变化,可以使字面相同的一句话具有完全不同的含义。

(3) 物体的操纵

物体的操纵是人们通过物体的运用和环境布置等手段进行的非语言沟通。日常生活中,人们往往会通过对拜访者的办公室或住所的房间布置、装饰等,获得拜访者的性格特征等方面的初步认识。

语言沟通与非语言沟通方式分类如图1-2所示。

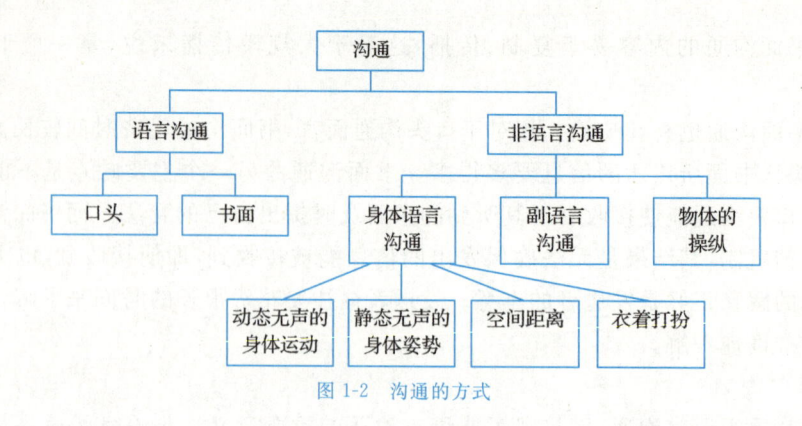

```
                        沟通
                ┌────────┴────────┐
            语言沟通           非语言沟通
          ┌────┴────┐     ┌──────┬──────┬──────┐
         口头      书面   身体语言  副语言   物体的
                          沟通     沟通    操纵
                    ┌──────┼──────┬──────┐
                  动态无声  静态无声  空间距离  衣着打扮
                  的身体运动 的身体姿势
```

图 1-2　沟通的方式

1.4.3　正式沟通和非正式沟通

1. 正式沟通

正式沟通是指在组织内部，依据组织明文规定的原则进行的信息传递与交流。例如，政府各级组织之间的公函往来，组织内部的文件传达、召开会议，下级向上级的定期汇报，等等。

正式沟通的优点有：沟通效果好，比较严肃，约束力强，易于保密，可以使信息沟通保持权威性。重要的消息和文件的传达、组织的决策等，一般都采取这种方式。其缺点在于，因为依靠组织系统层层传递，所以很刻板，沟通速度很慢，此外也存在着信息失真或扭曲的可能。

2. 非正式沟通

非正式沟通是指以一定社会关系为基础，与组织内部明确的规章制度无关的沟通方式。和正式沟通不同，非正式沟通的沟通对象、时间及内容等各方面，都是未经计划和难以辨别的。非正式组织是由于组织成员的情感和动机上的需要而形成的，所以其沟通途径是组织内的各种社会关系，这种社会关系超越了单位、部门及级别层次等。

管理学家认为，一个组织中，无论设立多么严密的沟通系统，总是还要由非正式沟通渠道来弥补其缺点。传闻与小道消息是非正式沟通的两个主要形式。所谓"传闻"或"小道消息"，是不按组织结构中正式的沟通系统传达消息，而让消息在组织结构中任意流动。传闻或小道消息，不一定是不确切的消息，其中往往也有合乎事实的消息。R. 赫尔希曾对 6 家公司的 30 条小道消息做过分析研究，其中，有 9 条确实；16 条全无根据；5 条有些根据，但有些歪曲。

• **知识链接**

传闻与小道消息的特点 >>>>>>

非正式沟通的最大特点是具有偶发性和随机性。因此，非正式沟通的不可预知性很强，易给管理者造成很多困难。正因为如此，非正式沟通在管理沟通中具有不可忽视的地位和作用。

1.4.4　双向沟通和单向沟通

1. 双向沟通

双向沟通是指有反馈的信息沟通，如讨论、面谈等。在双向沟通中，沟通者可以检验接收者是如何理解信息的,也可以使接收者明白其所理解的信息是否正确,并可要求沟通者进一步传递信息。

2. 单向沟通

单向沟通是指没有反馈的信息沟通,如电话通知、书面指示等。对于当面沟通,有人认为其属于双向沟通,也有人认为其属于单向沟通,如下达指示、作报告等。严格说来,当面沟通信息,总是双向沟通。因为虽然沟通者有时没有听到接收者的语言反馈,但从接收者的面部表情、聆听态度等方面就可以获得部分反馈信息。

双向沟通与单向沟通相比,在处理人际关系和加强双方紧密合作方面有着更为重要的作用,因而现代企业的沟通,也越来越多地从单向沟通转变为双向沟通。因为双向沟通更能激发员工参与管理的热情,有利于企业的发展。

本章小结

1. 沟通是双向的且是一个需要有中介体的信息交流过程,编码、解码和沟通渠道是有效沟通的关键环节。

2. 管理沟通是指社会组织及其管理者为了实现组织目标,在履行管理职责,实现管理职能过程中的有计划的、规范性的职务沟通活动和过程。

3. 管理沟通的过程包括信息发出者、编码、信息、渠道、解码、信息接收者、反馈七个部分。

4. 根据在群体或组织中沟通传递的方向,将沟通分为向上沟通、向下沟通和平行沟通;根据信息载体的异同,将沟通分为语言沟通和非语言沟通;根据是否是结构性和系统性的,将沟通分为正式沟通和非正式沟通;根据沟通是否出现信息反馈,将沟通分为单向沟通与双向沟通。

复习思考

【案例分析】

高管的陨落

技能提升

测一测你的沟通能力

第 2 章　如何有效沟通

本章思维导图

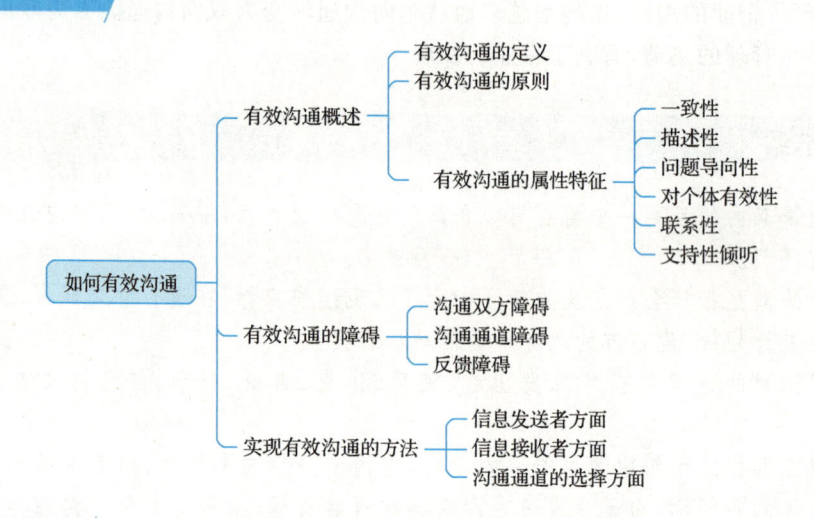

- 如何有效沟通
  - 有效沟通概述
    - 有效沟通的定义
    - 有效沟通的原则
    - 有效沟通的属性特征
      - 一致性
      - 描述性
      - 问题导向性
      - 对个体有效性
      - 联系性
      - 支持性倾听
  - 有效沟通的障碍
    - 沟通双方障碍
    - 沟通通道障碍
    - 反馈障碍
  - 实现有效沟通的方法
    - 信息发送者方面
    - 信息接收者方面
    - 沟通通道的选择方面

思政目标

本章是对管理沟通概念内容的进一步延伸。通过本章学习,学生可以了解什么是有效沟通、有效沟通的属性特征,正确认识在沟通过程中出现的各种障碍,并针对障碍提出相应的解决方法,培养学生养成具体问题具体分析的意识,引导学生思考如何利用有效沟通解决现实问题。

本章学习目标

- ◆ 掌握有效沟通的定义和遵循的原则。
- ◆ 根据沟通过程,正确认识和分析影响有效沟通的几种障碍。
- ◆ 掌握实现有效沟通的方法。

本章关键词

有效沟通;一致性;描述性;问题导向性;信息发出者障碍;信息接收者障碍;沟通通道障碍;反馈障碍

引导案例

倾听民众心声,促进有效沟通

泰安站候车厅九成是按摩椅?回应来了!据报道,多名网友吐槽说,山东泰安高铁站候车厅内,近500个座椅中,有60多个是普通座椅,其他都是共享按摩椅。泰安站值班人员表示,目前泰安高铁站共有第一、第二两个候车室,共有各类座椅1488个,其中普通座椅558个、按摩椅930个,并非网传9∶1的比例。

从相关人员的回应看,所谓的"泰安站候车厅九成是按摩椅"确实不实。另外,该人员提及泰安高铁站内有两个候车室,补充了公众的信息"盲点",也很有必要。

不过,乘客和网友毕竟不是站内工作人员,不能要求他们精准掌握候车厅内究竟有多少按摩椅。而从记者实地调查看,"有不少旅客在候车厅席地而坐"。也有旅客表示,刚爬完泰山准备返程,因为没看到座位,只能坐在地上。

按摩椅引发风波,耐人寻味。透视这一风波,很容易"挖掘"出此事所具有的公共价值。高铁站内该不该设置按摩椅?答案是肯定的。有的旅客希望享受增值服务,坐按摩椅放松一下,这是实际需求,正如列车上设置硬座的同时还设有硬卧和软卧一样,这很正常。

但是,候车厅安置按摩椅应回答三个问题:其一,设置比例是多少?无论9∶1还是6∶4,抑或5∶5,在空间不变的前提下,如果按摩椅过多,就势必挤占普通座椅的数量,导致普通游客无椅可坐。有专家指出:"如果出现共享按摩椅过度挤占消费者休息空间、迫使出现消费者不得不'花钱买座位'的情况,则有可能涉嫌侵犯消费者的合法权益。"

道理很简单,候车空间不能仅为高端消费者所享有,或者说不能让极少部分的高端消费者过多占有本该属于普通旅客所应享受的空间。当然,这不是普通旅客和"高端"旅客的矛盾,问题出在谁设置的按摩椅,这就涉及第二个问题:谁有权这样设置?

针对关于为何要在车站设置共享按摩椅的提问,泰安高铁站工作人员表示,这是由济南铁路局统一安排的。换言之,泰安高铁站内的按摩椅,不是该站设置的,而是由更高的部门来决定的。无论由谁来设置,都需正视一个基本事实,候车室是面向大众的,要尊重公共利益,要尊重大家的权益,而不能过度倾向于少数人的利益。有旅客表示,普通座位应该多于按摩座位,因为按摩椅相对宽大,比普通椅子更占面积,多加一张按摩椅,就要撤掉相应的普通座椅,挤占的是公共候车资源。此说不无道理。如果列车上都是软卧,那些只能消费得起硬座的乘客怎么办?

还有一个问题是,在候车厅内设置按摩椅,应该履行必要的程序,比如应符合相关规定。同时,应科学研判公共空间适合放置多少座椅,按摩椅占多大比例;应倾听广大旅客的心声,听听他们的真实诉求。如果闭门决策,拍脑袋就上马,难免引发质疑,很难实现与群众的有效沟通。

更应该看到,不只是候车厅内,很多公共场合都设置过多收费按摩椅,比如,一些机场、医院、景区等。如果任其攻城略地而不加限制,到最后公众将坐不到普通座椅,要想坐按摩椅则被迫承担不菲的座椅费。

其实,解决此类难题并非没有招数。如果普通座椅统一升级为按摩椅,并向旅客免费提供,也许就能少些诟病。实际上,随着经济发展,高铁站改造,那些过于简陋的普通座椅是该更新换代,让旅客坐起来感觉更舒适。如果相关制度安排真正能"按摩"人心,做到以人为本,旅客自然通体舒泰而心安。

(改编自:燕帅,曲源.人民网评:候车厅安置按摩椅应回答三个问题[新闻/网络资源].北京:人民网,2023年08月15日)

在引导案例中,泰安高铁站的站内工作人员与旅客之间存在沟通障碍,导致旅客对高铁站内共享按摩椅所占比例问题不满,并且在设置共享按摩椅比例问题上,相关部门也没有充分倾听群众心声,从而造成了无效沟通。在沟通过程中,要聆听双方的意见,双方进行陈述和互动,并要求倾听和反馈,真正理解对方的意思,才能促进有效沟通的实现。

2.1 有效沟通概述

2.1.1 有效沟通的定义

有效沟通是指沟通的准确性、实时性和效率。准确性是指信息在从发出者传到接收者的过程中保持原意(不失真、不歪曲、不遗漏)的程度。实时性是指信息从发出者到接收者的及时程度。沟通的效率是指单位时间内传递信息量的多少。信息传递的准确性、实时性和效率越高,沟通的有效性就越高。

达成有效沟通须具备两个必要条件,两者缺一不可。首先,信息发送者清晰地表达信息的内涵,以便信息接收者能准确理解;其次,信息发送者重视信息接收者的反应并根据其反应及时修正信息的传递,免除不必要的误解。

信息传递的准确性、实时性和效率决定了沟通的有效程度。

信息传递的准确性又主要取决于以下几个方面:

(1)信息的透明程度。当一则信息应该作为公共信息时就不应该导致信息的不对称性,信息必须是公开的。一方面,公开的信息并不意味着简单的信息传递,而要确保信息接收者能理解信息的内涵;另一方面,信息接收者也有权获得与自身利益相关的信息内涵,否则有可能导致信息接收者对信息发送者的行为动机产生怀疑。

(2)信息的反馈程度。有效沟通是一种动态的双向行为,而双向的沟通对信息发送者来说应得到充分的反馈。只有沟通的主、客体双方都充分表达了对某一问题的看法,才真正具备有效沟通的意义。

以下是三种不同的沟通方式的比较,见表2-1。

表2-1　　　　　　　　　　　三种沟通方式的比较

侵略性的沟通	消极性的沟通	有效沟通
很少认为自己是错的;不接受他人的观点;情绪化;喜欢使唤别人;不善于倾听;武断、挑剔;争论时一定要赢	不表达自己的真实情感;避免同他人发生冲突;害怕冒风险;只是抱怨,但不采取行动;做事不成功就责怪别人;如果别人坚持意见,自己就让步;对自己的决策力或解决问题的能力信心不足;表面同意,心里不同意	实现预期的目标,得到客体的预期反馈。清晰,完整,准确,及时,友善;信息发送者清晰地表达信息的内涵并且信息发送者重视信息接收者的反应并根据其反应及时修正信息的传递

2.1.2 有效沟通的原则

美国著名管理学家彼得·德鲁克教授在考察企业沟通的难度时提出了有效沟通的四个基本原则：①受众能感觉到沟通的信息内涵；②沟通是一种受众期望的满足；③沟通能激发听众的需要；④所提供的信息必须是有用的、有价值的。

在国内，康青等学者也结合研究实际，提出了有效管理沟通的 7C 原则：依赖性（Credibility），即沟通双方应彼此依赖与合作；一致性（Context），即管理沟通的方案、通路、流程及其计划应该与组织的发展战略、所处环境相一致；内容性（Content），即管理沟通的内容必须对沟通双方具有一定的意义，必须与接收者原有的价值观具有同质性；明确性（Clarity），即管理沟通的信息必须通过通俗易懂的语言和词语表达出来；持续性与连贯性（Continuity And Consistency），即管理沟通没有终结点，必须不断重复与强化所传达的内容，同时又必须根据反馈内容及其环境的变化补充新的内容；通路（Channels），即管理者应该充分认识人们习以为常的信息传播通路；接收能力（Capability of Audience），即信息传递者必须考虑接收者的接受能力。

因此，在现代企业组织中，要实现有效沟通，人们也必须遵守一定的沟通原则。只有遵守这些原则，人们想要传递的信息才能如预期那样及时、准确、完整地被沟通客体接收和理解，进而才能获得对方的理解、共鸣，问题才能得到有效解决。

（1）主动原则。主动原则是指个体按照自己设置的目标行动，而不依赖外力推动的人格特质和行为品质。积极主动的人理智胜于冲动，他们会慎重思考，选定价值观并将其作为自己行为的内在动力，他们能够营造有利局面，使事情按照自己的意愿发展。在管理沟通中，无论是管理者还是被管理者，都可以采取积极主动的沟通态度，营造鼓励性的沟通氛围，不应消极等待，而应通过主动交流、主动反馈、主动支持和主动跟进，争取在第一时间内获得理解，解决问题，实现目标。

（2）尊重原则。尊重原则是指管理沟通过程中应体现出尊重沟通对象和重视沟通内容的态度和行为。根据马斯洛需求层次理论，每个人都有被尊重的需求。在人际交往中，尊重是沟通的基础，认同则是对他人基本的尊重。在沟通中，每个人都希望自己的思想、观点得到他人的认同。因而，在沟通过程中，要积极倾听。倾听是接收对方信息的最主要的渠道，是确保沟通信息对称的前提，也是对沟通对象尊重的基本表现。此外，对他人正确的观点应及时给予认同和肯定的反馈，以示尊重对方，加强沟通效果。

（3）换位思考原则。换位思考原则是指从受众角度出发考虑问题，重新创造个人观点的能力。换位思考原则要求我们在人际交往过程中，能够体会他人的情绪和想法，理解他人的立场和感受，真诚地关心对方的需求，并站在他人的角度思考和处理问题。这就要求我们要学会互相体谅、包容、理解、信任，做到宽以待人、严以律己。

（4）文化情境原则。文化情境原则是指管理沟通策略的选择应适用于特定的文化情境。文化背景与实际情境都会对沟通产生重要的影响，处理不好则会阻碍有效沟通，甚至导致沟通失败。不同国家、不同区域的文化不同，使得人们的沟通习惯不同。不同沟通对象的个性、需求不同，不同情境场合下的实际情况不同，这都使得沟通技巧的运用必须更具灵活性。

换言之，在沟通过程中，我们应重视文化情境因素的影响，做到具体情况具体分析，选择最适合该文化情境的沟通策略组合。

(5) 信息有效性原则。信息有效性是指沟通双方所掌握的沟通信息是完全的、一致的，即所传递的信息是完全的和精确对称的。信息的完全性要求沟通者提供的信息是真实的、全面的，即不存在信息欺骗行为，并且要向沟通客体提供5W1H(Why、What、Where、When、Who、How)共六个方面的全面信息，不要让对方去猜测。信息的有效性要求信息发送者所编码的信息能让接收者完全接收，即信息在传播与接收过程中基本不改变或偏离原意。信息有效性原则要求在沟通过程中应以事实为基础，采用"观点＋理由＋事实"的表达方法客观陈述所发生的事实，用数据和事实去沟通。

(6) 问题导向原则。问题导向原则是指沟通应以解决问题和实现目标为出发点和工作重点。有效沟通应该具有明确的沟通目标。问题不清晰，目标不明确，必将导致所发送的信息混乱、模糊不清，接收者只能靠经验和情境去揣摩对方的用意，从而容易导致沟通误差或沟通失败。除了清晰界定问题之外，问题导向原则还应体现出"对事不对人"，这就要求在沟通过程中应学会克制情绪，不搞人身攻击，不轻易下结论，从解决问题的角度来考虑沟通的策略。

• 案例拓展

临床诊疗工作如何做到有效沟通

2.1.3 有效沟通的属性特征

1. 有效沟通是基于一致性而非不一致性

有效的沟通都应基于一致性，即沟通都要精确地与个体的思想和感情相匹配。可能有两种不一致性，一种是一个人体验到的与他认知的事情之间的不匹配；另一种是一个人所感觉到的与传达的内容之间的不匹配。在管理沟通中，诚恳、坦率地陈述比假装或欺诈地陈述要好，否则会给沟通对象造成隐藏了某些问题的印象，不是去倾听或试图改进，而是关注于找出隐藏的信息，易使沟通双方的关系停留在表面或互不信任的水平上。

当然，达到一致性并不意味着不遗余力地压抑不快，或不能压制一定的不适当的情绪(如愤怒、失望和攻击性等)。为了达到一致性而损害其他方面则并非有效。

2. 有效沟通是描述性的，而非评价性的

评价性沟通常对他人及其行为做出判断或贴上标签："你错了""你不合格"等。这些评价会使他人感到受到攻击而报以一种防卫的姿态。如果双方都是防御性的，那么很难出现有效沟通，结果会带来争执、不满和人际关系的恶化。回答可能会是"我没错""我能和你完成此事"。于是，破坏性的人际关系就这样产生了。一种替代评价的沟通方式是描述性沟通，它能帮助沟通双方减弱相互评价和无穷无尽相互防卫的倾向。它既是有益的，又可以使人保持一致性。

• 知识链接

如何进行描述性沟通？

当必须进行评价性陈述时,评价应该基于一些确定的标准(例如,"你的行为不符合规定的标准")和可能的结果(例如,"继续你的行为会导致更糟糕的结果"),或者与其过去的成功相比较(例如,"这个行为不如你过去的好")。重要的一点是避免引起对方的否认或防御。

3. 有效沟通以问题为导向,而非以人为导向

以问题为导向的沟通方式关注问题和问题的解决胜于关注人的特质。"这是问题所在"而不是"因为你才产生这个问题",这两种说法揭示了以问题为导向和以人为导向的沟通方式之间的区别。

如果沟通中忽视问题本身而着眼于对方的动机或人格,由沟通的问题推导至性格缺陷,就可能变成人身攻击,导致对方反感,进而恶化沟通双方关系。这就是以人为导向的沟通。负向的沟通表达,如:"你怎么这么蠢!""你有脑子没有?"那么,正向的人身评判是否可以产生积极效果呢? 一般来说,人们对自己是比较认可的,正向的评判会给人以好感,如"你很聪明!""你很优秀!",但是,如果正向评判没有与一定的行为事实结合起来,就可能变成虚假的表扬,甚至被怀疑为讽刺。两种导向的沟通方式对比见表2-2。

表 2-2　　　　　　　　以问题为导向的沟通与以人为导向的沟通对比

以人为导向的沟通	以问题为导向的沟通
以个人喜好为标准	以客观事实为标准
没有具体指向的人身评判	具体指向问题的发生、发展
没有措施	有解决措施
对方产生防御心理	对方接受
恶化人际关系	巩固人际关系

4. 有效沟通对个体是有效的,而非无效的

有效沟通帮助人们感觉到自己得到承认、理解、接受和重视。无效的沟通会引起对自我价值、同一性以及与他人关系的消极情感。它否认他人的存在、唯一性或重要性。

无效沟通的类型:

类型一:优越取向的沟通。沟通中采取的是一种打击他人或者"胜人一筹"的行为方式,使别人看起来很糟糕,而使自己感觉良好或者试图提高别人对自己的尊重,旨在传递优越感。优越取向的沟通的另一种常见的形式是采用行话、首字母缩略词或使用排斥别人或在关系中制造障碍的用词方法。在大部分情况下,使用对方不能理解的词或言语是不礼貌的。

类型二:沟通中的强硬。沟通被描绘为绝对的、不容置疑的或者毫无疑问的。其他任何意见或观点都没有被考虑的可能。以武断的、"自以为博学"的方法沟通的人经常会这样做,为的是把别人的贡献减少到最低,或者使别人的看法无效。

类型三:不通情理。沟通者不承认对方的感觉或意见,排斥其他人对谈话或关系的贡献,使他人觉得自己是无理的或不重要的。诸如以下表述:"你不应该那样觉得""你不懂"或"你的想法真幼稚"。当一个人不允许其他人完成判断,采取竞争的、输赢的姿态,给出混乱的信息,或者取消其他人做贡献的资格时,沟通就是无效的。

相反,有效的沟通使人们感到被承认、理解、接受和尊重。有效沟通有四个类型:

类型一:尊重的、平等的沟通。这种类型的沟通在地位较高的人与地位较低的人沟通时尤为重要。例如,当指导者与下属之间存在等级差别时,下属很容易感到沟通无效化,因为他们比管理者获得的权利和信息要少。管理者以平等的姿态进行交流,他们将下属视为有价值的、有能力的和有洞察力的,并且他们强调共同解决问题而不是突出优越的地位。当然,即使不存在级别差异,尊重地、平等地进行沟通也是非常重要的。

类型二:灵活性的沟通。在灵活的沟通中,感知和观点并不是作为事实被表达出来,它们是适时而定的。没有人能保证所说的观点或假想是完全真实确定的。相反,如果能得到更多的信息,它们应该是可变的。灵活沟通表达了希望共同参与问题解决过程的愿望,而不是希望控制他人。当然,灵活并不等于缺乏判断力。

类型三:双向沟通。这是尊重和灵活性的潜在结果,当向个体提问,给予个体"通话时间"来表达他们的意见,以及鼓励个体参加辅导和咨询程序时,个体会感到自己是有价值的。双向沟通传达的信息是下属受到管理者的尊敬,这是建立合作和协作的先决条件。

类型四:基于一致意见的沟通。一个人在沟通中找到相互一致的范围和共同承担的义务时,可以使另一个人感到自己的价值。

5. 有效沟通是有联系的,而非无联系的

联系性沟通是用一些方法,结合先前的一些信息,使双方易于理解。无联系性沟通与以前提过的内容无关。

无联系性的沟通有:第一,缺乏说话的平等机会。当一个人打断别人的时候,当一个人控制"说话时间",或当两个或两个以上的人试图同时说话的时候,沟通就是无联系性的。第二,延长的暂停是无联系的。当发言者在他们的发言过程中暂停了很长时间,或在回答前有很长的暂停时间时,沟通是无联系性的。没有必要暂停时,这段时间可以用"噢""啊"或重复先前讲过的事情来填充,但是沟通没有向前进行。第三,话题控制可能造成无联系性。当一个人单方面地决定会谈主题的时候,沟通是无联系性的。例如,个体可以转换主题,完全不考虑刚才所谈的内容,或者他们可以通过教导别人应该如何应答来控制沟通主题。

图2-1描述了联系性到无联系性的连续体。

解决无联系沟通要注意依次讲话、时间管理和主题控制,而这三方面构成了所谓的"交互管理"。对于提升沟通的有效性,交互管理是重要的,这有利于建立积极的人际关系。例如,管理者与下属交谈时会涉及下属先陈述的问题,或者在做出回答之前等着对方把话说完(不接话),以及在停顿之前一次只说两三句话,以便给其他人机会再增加表达。当某个人不停地说,不给其他人发言或插话的机会时,这种做法通常会让人感到不快,因为它是无联系的。要实现有效沟通,必须有互动、交换和互换意见。联系性沟通可以使管理者明确其他人陈述的价值,并有助于达成共同的问题解决方式,培养协作精神。

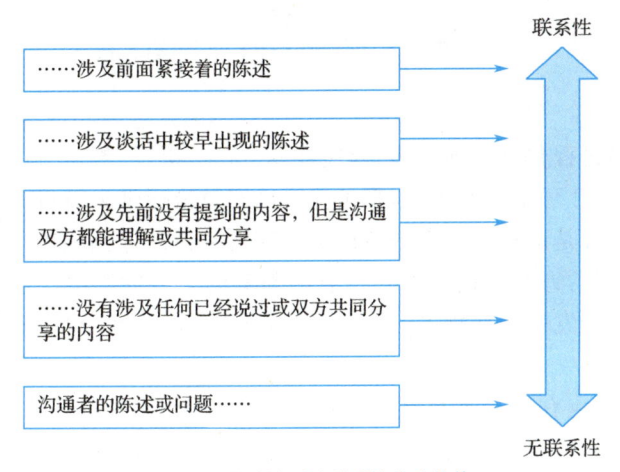

```
                                              ↑ 联系性
    ……涉及前面紧接着的陈述        →    │
                                              │
    ……涉及谈话中较早出现的陈述   →    │
                                              │
    ……涉及先前没有提到的内容，但是沟通
    双方都能理解或共同分享              →    │
                                              │
    ……没有涉及任何已经说过或双方共同分
    享的内容                              →    │
                                              │
    沟通者的陈述或问题……           →    │
                                              ↓ 无联系性
```

图 2-1　联系性到无联系性的连续体

6. 有效沟通要求倾听,而非单向的信息传递

在工作情境中,人们用来评价沟通能力的 1/3 的特性都与倾听能力有关。好的倾听者更容易被认为是有技巧的沟通者。事实上,被认为最"睿智"或者最具"智者"特征的人,也就是人们最希望能与之交流的人,也是最佳的倾听者。

当个体优先关注的是满足自己的需要时(例如,保住面子、说服别人、获胜、避免被卷入),当他们已经进行了先期判断时,或者当他们对沟通者或沟通的信息抱有消极的态度时,他们就不能有效地倾听。因此,做一个优秀的倾听者既不是简单的,也不是自发的,需要开发倾听与理解其他人给出的信息的能力,还需要加强个体之间相互作用的关系。

表 2-3 具体总结了有效沟通的六个属性。

表 2-3　　　　　　　　　　　有效沟通的六个属性

属性	说明	不合适的表达方式	合适的表达方式
1.一致性,而非不一致性	关注真实的信息,使得口头陈述与心中所想所思是一致的	"我看起来很烦吗？没有吧,每件事都很好。"	"你的行为真的会使我很不安,可以别这样做吗？"
2.描述性,而非评价性	关注描述客观事实、对方的反应,并提供备选方案	"你所做的事情是错的。"	"这就是所发生的事情;我的感觉是这样的;这样做可能更好。"
3.问题导向性,而非以人为导向性	关注可以改变的问题和事情,而不是人及其特点	"因为你才有了问题。"	"我们怎么样能解决这个问题？"
4.个体有效性,而非无效性	关注传达尊重、灵活、协作以及求同的陈述	"你不会理解的,所以我们按照我的方式行事。"	"我是有一些想法,不过你有什么建议？"
5.联系性,而非无联系性	关注所做的进一步的陈述,使得前后配合	"我要讨论这件事(而不管你想讨论什么)。"	"关于你刚才所说的,我还想再提一点。"
6.倾听,而非单向信息传递	关注使用多种恰当的反应——倾向于思考性的反应	"正如我以前所说的,你犯了太多错误。你做得真的不好。"	"你认为阻碍改进的障碍是什么？"

2.2 有效沟通的障碍

一个完整的沟通过程包含沟通主体、沟通客体、信息、渠道、编码、解码、反馈、障碍、背景几大要素，其中任何一个环节受到干扰，都可能会给有效沟通带来障碍。

组织中的沟通主要是以信息的有效性传递来判断沟通的保真程度的。所谓沟通的保真程度，是指信息发出者的意图与接收者对信息的理解的一致性程度。但是，在沟通过程中，任何信息都会或多或少发生一些损失，这些造成信息损失的因素，也被称为影响组织有效沟通的障碍。

基于沟通过程，影响有效沟通的障碍一般有三种：①出现在沟通双方的障碍，即信息发出者障碍与信息接收者障碍。②沟通通道障碍，即由于沟通渠道选择不当而出现的沟通障碍。③反馈障碍，即由于缺少及时性的反馈而造成的沟通障碍。

1. 沟通双方障碍

(1) 信息发出者障碍

信息发出者障碍主要包括沟通目的障碍、沟通时机障碍和个性障碍等。

① 沟通目的障碍

信息发出者如果对自己所要传达的信息内容没有真正的了解，即不知道自己到底要向对方说些什么或表明什么，要达到什么目的，以及要达到目的还应做些什么相关的工作等，沟通起来肯定要受阻，得不到好结果，甚至更糟。因此，沟通前，信息发出者要有一个确定的目标和整体的考虑，观念要清楚。

② 沟通时机障碍

沟通时机障碍是指沟通发起的主体对信息编码及发送的时间不及时或不恰当所导致的管理沟通障碍。信息具有一定的时效性，如果主体不能够及时对信息进行编码并发送，那么就可能导致信息过时，从而让信息失去价值。如果发送者不能够适时地发送信息，在接收者不能或难以接收此类信息时选择了发送，则会降低信息的接收效率，从而出现管理沟通障碍。

③ 个性障碍

沟通主体的性格、气质、态度、情绪、见解等的差别，都会成为信息沟通的障碍。例如，沟通过程中信息发送者性格比较孤僻、内向、不善言辞，在沟通时可能会使信息传达不完整，接收者可能只得到片面的、零散的、次要的信息，这就会产生沟通障碍。再比如，思维型（善于进行抽象思维的人）与艺术型（善于进行形象思维的人）的人彼此之间交流信息就可能存在障碍。

(2) 信息接收者障碍

信息接收者障碍主要包括解码不当、认知障碍和承受能力障碍等。

① 解码不当

解码不当是指信息的接收者对信息的解码与信息发出者的编码不对称导致的障碍。信息接收者对信息进行解码时，需要与信息发送者处于同一背景下，才能够准确地理解信息表达的原意。

② 认知障碍

认知障碍是指由个人的认知框架和偏好的交流方式所导致的管理沟通障碍。每个人都有自身独特的认知框架和偏好的交流方式。因此,不同的人对同一信息的理解通常会有所差异。除此之外,由于知觉的选择性,人们往往习惯于接收某一部分信息并忽略其他信息。信息接收者往往会根据个人的立场和认识解释其所获得的信息,也可能出于个人的愿望、某种目的有意强调信息的某一方面而忽略另一方面,或者曲解信息的本义。

③承受能力障碍

承受能力障碍是指当接收者接收到的信息超出信息接收者所能承受能力范围以外而产生的管理沟通障碍。当信息接收者接收到的信息量超出所能接收的数量范围时,就会导致超出部分的信息被忽略,从而产生沟通障碍。因此,信息接收者要学会有条理地整理信息,并抓住重点信息,避免重要信息被埋没。

- **案例拓展**

  工作延误到底是谁的错

2.沟通通道障碍

沟通通道障碍是指在信息传递的过程中,由于沟通渠道选择不当或各种因素干扰而产生的沟通障碍,包括沟通渠道不当和外部干扰等。

(1)沟通渠道不当

沟通渠道不当是指选择了不合适的传递渠道导致的沟通障碍。沟通的渠道和方式多种多样,且都有各自的优缺点。如果不根据组织目标及其实现策略来进行选择,不灵活使用其原则、方法,则沟通就不可能畅通进行。例如,对于比较重要的事情,口头传达就不正式,书面传递就比较正式。对于比较紧急的事情,用电话沟通会比邮件沟通更有效,此时如果选择不合适的传递渠道,就会造成管理沟通障碍。

- **知识链接**

  合理的组织机构有利于信息沟通

(2)外部干扰

外部干扰是指背景因素和外部环境干扰导致的沟通障碍。沟通双方的心理背景、社会背景等都会对管理沟通造成影响,如沟通主客体的情绪、习俗、态度和身份地位等的不同,都会影响管理沟通结果。同时,双方的沟通过程也经常会受到自然界各种物理噪声、机器故障的影响或被其他事物干扰,如在使用电话沟通时信号不好,这些都会导致管理沟通障碍。

- **小贴士**

  信息确认的途径

3. 反馈障碍

反馈障碍是指信息传递后,对方没有做出任何回应,在沟通中寻求反馈的行为将会让沟通产生更大价值。只有了解了信息是否得到传递,他人是否理解了,才是有效沟通的基础。

缺少反馈的沟通使信息的准确性大大降低。沟通过程中,连续不断地反馈是必要的,因为无论作为个体还是群体,都需要不断追踪接收者的反应,根据接收到的反馈来对自身的沟通行为加以修正。在复杂的沟通环境中,有反馈的双向沟通既有助于信息发送者和接收者判断其理解是否有误,也可促使沟通双方全身心地投入,察觉并消除误解。因此,有效的沟通需要获得对方的反应和反馈。如果及时进行反馈,就能够获得更多信息,能够对接下来的行为进行指导,避免理解上的错误。

• **小贴士**

导致反馈障碍的原因　>>>>>>

2.3　实现有效沟通的方法

1. 信息发送者

信息发送者是信息沟通中的主体因素,起着关键性作用。要想提高信息传递的效果,必须注意下列因素。

(1) 要认真地准备,有明确的目的性

信息发布者首先要对沟通的内容有正确、清晰的理解。在沟通之前,要做必要的调查研究,收集充分的资料和数据,对每次沟通要解决什么问题,达到什么目的,不仅自己心中要有数,也要设身处地地为信息的接收者着想,使他们也能清晰理解。

(2) 正确选择信息传递的方式

信息发布者要注意根据信息的重要程度、时效性、是否需要长期保存等因素,选择不同的沟通形式。例如,对于有重要保存价值的文件、材料,一定要采用书面沟通形式,以免信息丢失。而对于时效性很强的信息,则要采用口头沟通,甚至运用广播、电视媒体等形式,迅速扩大影响。

(3) 沟通的内容要准确和完整

信息的发送者应当努力提高自身的文字和语言表达能力,沟通的内容要有针对性,语义准确,条理清楚,观点明确,避免使用模棱两可的语言,否则容易造成接收者理解上的失误和偏差。此外,信息发送者对所发表的意见、观点要深思熟虑,不可朝令夕改,更不能用空话、套话、大话对信息接收者敷衍搪塞。若处理不好,容易导致接收者产生逆反心理,造成沟通壁垒和障碍。

(4) 沟通者要努力缩短与信息接收者之间的心理距离

沟通是否成功,不仅与沟通的内容有关,也与信息发送者的品德和作风有很大的关系。一位作风民主、密切联系群众的领导者,常常会被下属看成是"自己人"而愿意与其沟通,并容易接受他的观点和宣传内容。所以,信息发送者在信息接收者心目中的良好形象是至关重要的因素。

(5)沟通者要注意运用沟通的技巧

沟通要尽量使用接收者喜闻乐见的方式,必要时可运用音乐、戏剧、小品等形式,寓教于乐,达到下属接收信息的目的。根据心理学中"权威效应"的概念,尽量使各个领域的权威、专家、名人参与信息发送,他们的现身说法往往可以使信息传递更具影响力,达到事半功倍的效果。

2. 信息接收者

(1)信息的接收者要以正确的态度去接收信息

沟通的最终目的在于信息接收者对传递信息的接收和理解,否则沟通将失去意义。在管理活动中,作为领导者,应当把接收和收集信息看成是正确决策和指挥的前提,看成是与下属建立密切关系、进行交流并取得良好人际关系的重要条件。而对于被领导者,应当把接收信息看成是一次重要的学习机会。社会的发展更要求人们不断地进行知识更新,而沟通就是一种主要手段。通过沟通,人们可以更好地理解组织和上级的决策、方针和政策,开阔视野,提高工作水平和工作能力。如果人们都能正确认识接收信息的重要性,沟通的效果就会大大提高。

(2)接收者要学会"倾听"的艺术

在口头传递信息的过程中,认真地"听",不仅能更多更好地掌握许多有用的信息和资料,同时也体现了对信息传递者的尊重和支持,尤其是各级领导人员在听取下级汇报时,全神贯注地听取他们反映的意见,并不时地提出问题与下属讨论,就会激发下属发表意见的勇气和热情,把问题的探讨引向深入,让上下级之间的关系更加密切。

3. 沟通通道的选择

(1)尽量减少沟通的中间环节,缩小信息的传递链

在沟通过程中,环节和层次过多,特别容易引起信息的损耗。从理论上分析,人与人之间在个性、观点、态度、思维、记忆、偏好等方面存在巨大差别,信息每经过一次中间环节的传递,将丢失30%的信息量。所以,在信息交流过程中,要提倡直接交流,作为领导者更多地深入生产一线,多做调查研究,这对信息的传播和收集都会有极大的好处。

(2)要充分运用现代信息技术,提高沟通的速度、广度和宣传效果

现代科学技术的进步,以及互联网、自媒体与现代通信技术的发展,为管理沟通创造了良好的外部条件和物质基础。在沟通过程中,应该充分利用这些条件,提高沟通效果。例如,运用微信或腾讯会议召开各种会议,既可以克服沟通活动中空间距离上的障碍,快速传递信息,又可以减少与会者旅途时间和财力上的损失。此外,与传统的沟通手段相比,利用电视、短视频平台播放广告、发布新闻,在速度和波及范围等方面有无可比拟的巨大优势。

(3)避免信息传递过程中噪声的干扰

组织中要注意建设完全的信息传递系统和信息机构体系,确保渠道畅通。无论是信息的发布者还是接收者,都要为沟通创造良好的环境,使信息发布者有充足的时间为信息发布做好充分的准备,也使信息接收者有更多的时间去收集、消化所得到的信息,真正做到学以致用。

本章小结

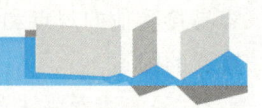

1.信息传递的准确性、实时性和效率决定了沟通的有效性。信息传递的准确性、实时性和效率越高,沟通的有效性就越高。信息传递的准确性又受信息的透明程度和反馈程度两方面影响。

2.有效沟通需遵循六大原则:主动原则、尊重原则、换位思考原则、文化情境原则、信息有效性原则、问题导向原则。

3.有效沟通应基于一致性、描述性、问题导向性、个体有效性、联系性、有效倾听六个基本属性。

4.基于沟通过程,影响有效沟通的障碍一般分为:沟通双方障碍、沟通通道障碍、反馈障碍。这些障碍会造成信息发生损失,影响沟通的保真程度。

5.针对影响有效沟通的障碍,可以从信息发出者、信息接收者、沟通渠道选择三大方面提出实现有效沟通的方法。

复习思考

【案例分析】

一次难忘的心理"过山车"

技能提升

(1)测测你的语商。
(2)电话沟通注意事项。

第二篇 策略篇

本书的第二篇主要阐述了在日常管理沟通过程中适用的策略方法。基于沟通过程中的基本环节和要素，本篇从沟通主体策略、沟通客体策略、信息策略、渠道选择策略和文化策略五个方面进行归纳梳理。主体和客体是沟通的实体，信息、渠道和文化策略的选择都取决于沟通实体的决策，因而对沟通主客体进行分析十分必要。我们首先要做到"知己知彼"，进而选择合适的策略进行沟通。

本篇通过对五大策略的阐述，引导学生掌握科学的理论方法，学会在沟通中站在对方角度，换位思考，积极解决沟通中的不足，做到信息传递与反馈的精准性和实效性，从而提升企业的整体凝聚力，优化企业管理，提升其核心竞争力，更好地应对行业与市场竞争。

第3章 沟通主体策略

本章思维导图

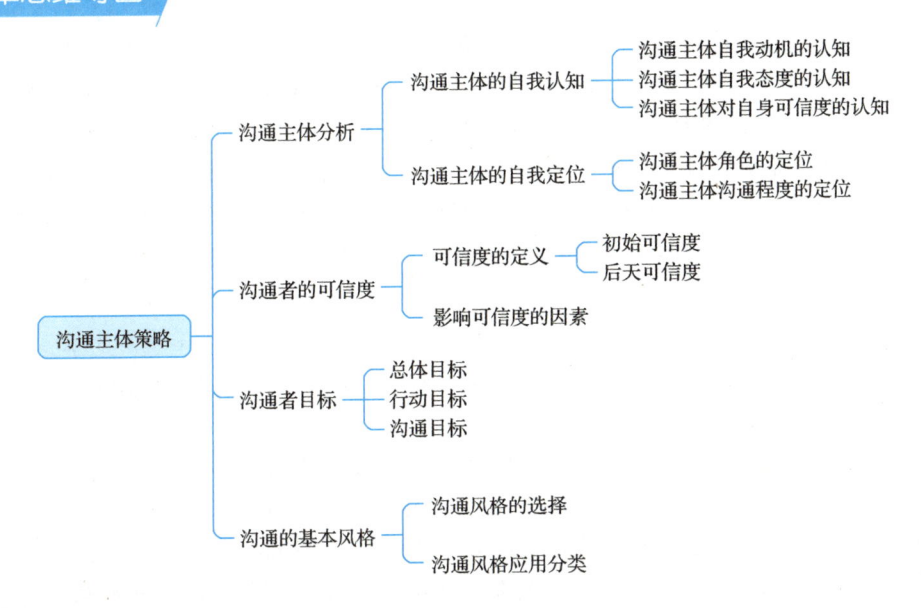

- 沟通主体策略
  - 沟通主体分析
    - 沟通主体的自我认知
      - 沟通主体自我动机的认知
      - 沟通主体自我态度的认知
      - 沟通主体对自身可信度的认知
    - 沟通主体的自我定位
      - 沟通主体角色的定位
      - 沟通主体沟通程度的定位
  - 沟通者的可信度
    - 可信度的定义
      - 初始可信度
      - 后天可信度
    - 影响可信度的因素
  - 沟通者目标
    - 总体目标
    - 行动目标
    - 沟通目标
  - 沟通的基本风格
    - 沟通风格的选择
    - 沟通风格应用分类

思政目标

本章作为策略篇的第一章内容，主要是针对在沟通中占据主导地位的沟通主体进行分析，引导沟通主体在正确自我认知和自我定位的基础上，根据沟通目标制定和选择合适的沟通主体策略。学习本章内容，能够帮助学生塑造科学的自我认知方法，在实际的沟通过程中树立起自身的可信度，选择合适的沟通方式去实现沟通目标。

本章学习目标

◆ 掌握沟通主体分析的自我认知和自我定位两大问题，学会运用"约哈里窗"对自我定位程度进行分析。

◆ 掌握影响沟通者可信度的五大因素。

◆ 掌握四种沟通风格。

◆ 能够根据沟通目标选择合适的沟通主体策略。

本章关键词

沟通主体；自我认知；自我定位；约哈里窗；初始可信度；后天可信度；沟通者目标；沟通风格

引导案例

自我认知具有无限性

"人对自身的认识是哲学史求索的主题,通过社会实践的方式仅能认识到部分的自我,不能认识全面的自我。"全面认识自我既离不开具体社会历史环境的存在,也离不开认知主体对具体存在的社会历史环境的审视与反思。《庄子·庚桑楚》中以"静"与"独"的方式认知自我,包含认知主体跳脱自身过度的主观认知、认知主体与社会价值准则保持审视距离的意思。中国古代哲学比较倾向于采用向内认识的路径,这一点在《庄子·庚桑楚》认知自我中得到印证。认知真正的自我,既要采用社会实践等向外的方式,也要采用"静"与"独"向内求索的方式。

认识自己,可以分向内与向外两种认识路径。向外认识自己,比如参加社会实践,是认识自己的重要方式,而且人们普遍采用这种方式来认识自己。除此之外,向内认识自己也是一种重要的认识途径。

"人如何认识自己"一直以来就是哲学史求索的主题,"人类的哲学史就是人类自我不断认识自身的历史。"在哲学史上,马克思主义哲学认为,实践是人认识的根本来源,主张从外认识自己,重视个体自身通过社会实践认识自己,"离开实践的认识是不可能的"。

除了通过实践认识自己的方式,中国古代传统的向内探知自己也是一种认识自我的路径和方式。中国古代哲学可以说大都是主张和采用这样的认识自己的方式。例如,作为中国哲学源头的《周易》,仰以观天,俯以察地,在观察自然万物等外部世界后,仍然要反观自身,"目的就是利用这种认识来反观人的存在",通过对自身的认识,可以更进一步认识外部世界,获得对于外部世界和自身更深刻的理解。

获得内在的直觉体悟经常是偶然的、不固定的,但获得这种认识也有一定途径可循。在《庄子·庚桑楚》中较为集中地体现了获取这种内向式的自我认知的方式方法,可以具体概括为两种:"静"与"独"。"静"指内心安宁平静,不受情绪的干扰;"独"既指个体独自的状态,又指与外在价值理念保持一定的距离。如果说"静"为自我向内认知提供了内部条件,那么"独"则为自我向内认知搭建了外部平台,是一种外在显现状态。"独",是一种内在自我认知的有效方式。如果说"静"是结果,那么"独"就是通向"静"的路径。

"独"不仅是一种外在身体形态上的状态,而且其更深层次的含义是:"独"是个体同社会价值观念等保持一定距离的理性自觉与意志努力。在这种理性自觉与意志努力下,个体从社会倡导的价值理念中得以解脱,才能够有机会重新审视他所处的社会,才能够更客观冷静地认识他自身。"独",就是一种破除由于外部环境作用在个体身上而产生的虚假自我认识的方式。其中,这里的"环境"是指广义的"环境",既包括人生存环境中的地理环境、人口因素、生产方式,也包括风俗习惯、思想观念、伦理道德、价值准则等。"独"正是在对环境的审视与反思中认识自我的方式。从这一点上说,认识自我是一个过程。

综上所述,社会实践可以让人认识到社会层面上的自我,但不能认识到全部的和更深层次的自我。认识自我还需要"独"与"静"的方式方法,通过向内探求的方式认识真正的自己。
(改编自:王亮.自我认知的无限性——浅析《庄子·庚桑楚》[J]辽宁教育行政学院学报,2021,38(02):8-11.)

马克思和恩格斯曾经说过,我们既要承认人的认识本身是在社会历史存在的基础上进行的,对于各个个人来说,出发点总是他们自己,当然是在一定历史条件和关系中的个人,而不是思想家们所理解的"纯粹"个人。在管理沟通中,沟通主体只有正确认识自己,才有利于扬长避短,达成共识,从而在沟通过程中做到表达规范、行为得体,让客体更容易理解、认可和接受。

3.1 沟通主体分析

3.1.1 沟通主体

我了解"我"吗?这样的问题似乎有些多余,自己还能不了解自己?但是在现实生活中,我们表现出来的行为往往说明我们并不是很了解自己。比如,一个人的初衷是要和上司说明工作量超负荷,结果和上司沟通完后又换回更多的工作;妻子想告诉丈夫,正是因为担心他的身体不想让他频频出差,可是对话的结果却因为妻子控制不了自己的脾气起了争执,最后不欢而散。

类似的情形在生活中经常会遇到,或者是亲身体验,或者是同事、朋友对你倾诉。对于沟通的失败,首先应该进行自我分析,"为什么在上司面前我又一次畏缩了?""为什么我还是没能克制住自己的坏脾气?""我这么做的目的是什么,用这样的方法会有结果吗?这个结果是我想要的吗?"。在明确了"我"的需求、特征等因素后,才可以做到"避我之短,扬我所长",结合客体的分析资料在沟通中占据主动地位。

什么是沟通主体?

沟通主体是指有目的地对沟通客体施加影响的个人和团体,诸如党、团、行政组织、家庭、社会文化团体及社会成员等。沟通主体可以选择和决定沟通客体、沟通方式、沟通环境和沟通渠道,在沟通过程中处于主导地位。

3.1.2 沟通主体的自我认知

简单地说,自我就是个体如何看待和感受自己。它反映了个体对自我的判断,由此影响着个体的情绪体验与行为表现。

沟通主体的自我认知内容有:自我动机的认知、自我态度的认知、对自身可信度的认知。

1. 沟通主体自我动机的认知

动机是由需要而引起的个体行为倾向,包括内部动机和外部动机。内部动机是指个体从自身需要出发而产生行为。外部动机是指根据社会环境的需要而产生行为。沟通主体自我动机的认知是内部动机和外部动机相互作用的结果。要客观地评价动机的社会性、纯正性和道德性。

2. 沟通主体自我态度的认知

(1) 孩童状态

自然的孩童:表现出最纯真的一面,无忧无虑,率性而为,有亲密、好奇、愉快和直率等表现。

被熏染的孩童:表现为耍赖、反抗、吵闹和焦躁等。

(2) 父母状态

慈祥的父母:亲切、关怀、体恤和容忍等态度。

挑剔的父母:严厉的沟通者,喜欢批评他人,有指示他人的倾向,讲究规矩,对错误不易轻饶等。

(3) 成人状态

成人状态是指个体已熟于世故,沟通时不受个人情绪的影响,能找出最适合的方法或途径。既有助于冷静与理性地沟通,又会以"成人状态"沟通,将由于一板一眼、斤斤计较、缺乏感情而导致双方只有表面接触,却达不到心灵的交流。沟通时必须把握冷静理智又不失诚意的原则。

3. 沟通主体对自身可信度的认知

沟通主体可信度,简单来说,就是沟通主体如何让听众感觉到自己是值得为大家所信任的,自己表达的内容是值得听众去接受的。沟通主体只有正确认识自己在听众心中的可信度,才能制定出合适的沟通策略。自我认知的目的在于提高自己的可信度。

根据沟通前后听众对沟通主体的信任程度,沟通主体可信度可分为初始可信度和后天可信度。初始可信度是指沟通发生之前听众对沟通主体的看法;后天可信度是指沟通之后听众对沟通主体形成的看法。

3.1.3 沟通主体的自我定位

1. 沟通主体角色的定位

在组织中,我们往往会经历不同岗位、不同层级间的变化,如从规划部调到公关部、从基层晋升到中层甚至高层,这就需要我们练就迅速转换身份、适应不同角色的能力。角色是指人们对于在某一社会单元中占据特定位置的个体所期望的一套行为模式。角色定位是指个体对不同生涯发展阶段和不同情境中所扮演的角色的确定和把握。在不同生涯发展阶段和不同情境中,个体会扮演不同的角色,而不同的角色需要个体具备与之相称的个人素质,并表现出外界所期望的行为,以此得到他人的理解、认可、信任、赏识和尊敬。

个体生涯发展是一个有序且具有固定形态的过程。在不同的生涯发展阶段,会有不同的生涯发展角色与之相匹配。我们应该定位好与不同环境相适应的重点角色,积累相应的经验,把握恰当的心态,以实现与他人的良好沟通。

在管理沟通中,我们主要探讨沟通主体角色的发展阶段,包括初入职场阶段、发展晋升阶段和职业维持阶段。

(1)初入职场阶段。初入职场阶段是指从学生身份转变为工作者身份的过渡时期。这段时期,个体扮演着职场新人、基层员工的身份,个体一般需经历融入社会、融入组织和融入岗位的三个"融入"过程。

• **知识链接**

初入职场个体需经历的三个"融入"过程

(2)发展晋升阶段。发展晋升阶段是指个体完成了学生到工作人员的身份转变,已经有了一定的工作技能与经验,准备谋求进一步的发展与晋升。所以在这一阶段,个体需要报以虚心的态度,多听多问,听取前辈和上司的意见和建议,选择一个真正适合自己的工作领域。随后,个体在职业中逐渐稳定下来,此时正是奋力实现职业目标的大好时期,因此需要具备积极向上、奋勇拼搏的精神,并用自己的冲劲带动团队成员一起努力,共同实现职业目标,不断寻求发展。

(3)职业维持阶段。职业维持阶段是指个体在职业中经过一系列的发展与晋升,已获得一定的成就和社会地位,通常已是组织中具有一定影响力的管理者。此时,个体需要展现成熟、稳重、担当的个人魅力,取得下属的信任和忠诚,维护已有的成就和社会地位。

可见,明晰自己在不同生涯发展阶段和不同情境下的角色定位,有助于厘清当前的任务和方向,明确自己应该干什么,从而表现出与外界期望相一致的行为,也可有助于建构个体的职业生涯,早日取得职业成功。

2.沟通主体沟通程度的定位

(1)约哈里窗

美国心理学家约瑟夫·勒特和哈里·英格姆在20世纪50年代提出了"约哈里窗"。"约哈里窗"是一种关于沟通的理论模型框架,用来分析以及训练自我意识,增强信息沟通、人际关系、团队发展、组织动力以及组织间关系。约哈里窗又被称为"自我意识的发现——反馈模型""信息交流过程管理工具"。

根据这个框架理论,沟通双方的内心世界(掌握的知识和内在感受)被分为四个区域,如图3-1所示。

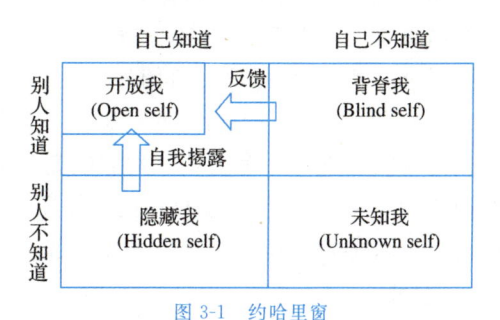

图3-1 约哈里窗

① 开放我

"开放我"是一个人自己以及他人都了解的"自我",这个"自我"的思想、感受与行为不仅他自己能充分掌握,与他沟通的对象也相当清楚。当一个人以"开放我"与他人沟通,其本身以及与他沟通的对象,都比较容易对沟通的方式与信息做适当的安排,避免不必要的误会。当然,更好的沟通需要沟通过程中的各方均以"开放我"面对对方。如此,整体的沟通才能达到顺畅交流的结果。

②背脊我

"背脊我"是指一个人自己不了解而他人却了解的"自我"。例如:"你怎么知道我是这样子?我自己都不知道。"这句话反映出此人的若干行为或习性,他本身并未察觉,但与他沟通的对象则已看出。

每个人或多或少皆有"背脊我",在无意识中影响了与他人的沟通。这个"自我"小至一种习惯使用的语气或手势,大到与人共事时不自觉的霸道态度。凡此种种,都会成为沟通过程中的障碍,因而必须予以减少。

③隐藏我

"隐藏我"是一个人自己了解而他人却不了解的"自我",包括一些个人的想法、好恶,以及不欲人知的隐私等。在外表的言行之下,藏匿了旁人所无法体会的另一面。

将若干有关自己的事物加以隐藏,实为大多数人难以避免的现象。可是,若这个"隐藏我"的区域过大的话,沟通的对象会认为面对了一位高深莫测的人,自然而然产生疏离感,伤害彼此的互动关系。

④未知我

"未知我"指的是一个人自己与他人皆不了解的"自我",可谓最深的内在,也是最难以掌控的一部分,但往往对沟通产生很大影响。

"未知我"像海洋的深处,海面上风平浪静,海面下则暗潮汹涌。发掘这样的自我,一方面有受过专业训练的心理分析师提供服务,另一方面个人本身应多与足以信赖的朋友或亲人深度沟通,亦将发挥"反射效果"。从他人的回馈中找寻自己已遗忘或压抑的内心世界并加以释放,引导自己趋向明朗的状态。

(2)正确运用"约哈里窗"认识和评价自我

透过"约哈里窗"模型进行自我分析,最显著的功能就是让一个人更加懂得如何在沟通的过程中,以合适的"自我"与他人沟通。例如,"开放我"区域的增加,是强化团队精神的重要因素,如面临机密性高的工作情况,适当地扩增"隐藏我"也许是必要的抉择。

众人对某人的规避或指责,常常是由于某人本身的"背脊我"占据了他沟通过程的主要部分,使得他的沟通对象产生反感。此时,他除反躬自问外,更应征询熟识者的意见,锁定沟通的盲点,设法改善。

至于"未知我",可能是极为不易处理的一个区域。除非经充分地"自我披露",否则将永远处于潜意识之中。因此,我们切莫畏惧开启自己的心灵。好朋友以及亲人固然可成为倾诉的对象,具有专业技能的心理分析师或辅导人员其实在我们的社会已逐渐普及,寻求他们的帮助亦有助于释放黑暗中的自我。

然而,认识自我是困难的。因为真实的自我往往隐藏在无意识中,而我们的认识方式是借助于语言,求助于思维,这种一般性的思想和判断,不足以全面认识真正的自我。因此,我们要善于使用理论工具,从多角度认识自我。

• 小贴士

用"照镜子"方法,完善自我意识

3.2 沟通者的可信度

3.2.1 可信度的定义

可信度是指沟通对象在每一次沟通情境中对沟通者的信任、信心以及依赖的程度。分析自己在听众心目中的可信度,就是沟通者在策略制定之前分析听众对自己的看法,因为沟通者的可信度将影响其与听众的沟通方式。可信度可分为初始可信度和后天可信度。

1. 初始可信度

初始可信度是指在沟通开始之前,也就是受众在接受沟通者所传达的信息之前,对沟通者产生的影响,或沟通者在受众心目中的印象。因此,沟通者的初始可信度可能与身份、代表的角色,以及与受众曾经有过的接触有关。

2. 后天可信度

后天可信度是指沟通者与受众沟通之后,也就是受众在阅读或倾听了沟通者所表达的信息内容之后,对沟通者产生的影响和看法。即使受众对沟通者事先并不了解,沟通者也能够通过高超的沟通技巧,具有说服力地表达令受众接受的观点,从而赢得受众的信任和尊重。因此,获得后天可信度的最简单的办法就是对受众进行深入分析,把握好整个沟通过程,在受众面前的表现令人折服。

3.2.2 影响可信度的因素

可信度不仅涉及对信息内容的信任,更重要的是涉及对信息传递者的信任、信心以及信赖。当信息的接收者对信息的发送者产生了信任和信赖时,他们对信息内容会作出积极的反应和反馈。可信度的高低直接影响沟通者的沟通方式。如何利用自身的可信度是沟通主体策略中的一个关键因素。

按照弗兰契、莱文和科特的理论,沟通者可信度将会受到五大因素的影响。它们是身份地位、良好的意愿、专业知识、形象气质和共同价值观。下面我们对这五大因素作简单介绍:

(1)身份地位,主要是指沟通者所承担的职位的等级权力和头衔的高低。与沟通对象相比,沟通者的身份和地位越高,其沟通的影响力就越大,并具有较高的可信度。一般在建立初始可信度时,为了增强沟通效果和达到沟通目的,可以重点强调沟通者的身份地位。

(2)良好的意愿,主要是指沟通者个人良好的人际关系、良好的"长期记录"和给人的信赖感。我们可以将它理解为沟通者在沟通对象心目中的印象和口碑，一般对于建立后天可信度具有较好的效果。

(3) 专业知识，主要是指沟通者的专业知识水平或在某一领域的专长，其中包括专业工作经验和经历。沟通者专业知识水平高，在建立初始可信度和后天可信度方面都具有较好的效果，特别是在说服对方时，利用专家和专业技术策略更容易达到预期目的。

(4) 形象气质，主要是指沟通者的外貌形象和内在的气质。在沟通过程中，沟通者若很好地利用身体语言和语言技巧，则能够增强个人的感染力，特别有利于建立沟通者的初始可信度，给沟通对象带来良好的"第一印象"，为建立后天可信度奠定基础。

(5) 共同价值观，包括道德观和行为标准。强调共同价值观，是一种文化认同策略，让听众（读者）感觉到"我们是一起的"，一般用于沟通开始时沟通者与沟通对象建立共同点和相似点，以便观点展开后沟通对象更容易接受。

可信度通过对自身这五个要素的分析（表3-1），就能通过强调自身的初始可信度和增加后天可信度来不断提高自己的综合可信度。

表 3-1　　　　　　　　　　　　影响可信度的因素和技巧

因素	建立基础	对初始可信度的强调	对后天可信度的加强
身份地位	等级权力	强调你的头衔、地位	将你与地位很高的某人联系起来（如共同署名或进行介绍）
良好的意愿	个人关系、长期联系、值得信赖	涉及关系或长期记录	通过指出听众利益来建立良好意愿
			承认利益上的冲突，作出合理的评估
专业知识	知识和能力	包括经历和简历	将你自己与听众认为是专家的人联系起来，或引用他人话语
形象气质	吸引力、听众对你有好感	强调听众认为有吸引力的特质	通过认同你的听众利益来建立你的形象；运用听众认为活泼的非语言表达方式及语言
共同价值观	道德准则	在沟通开始就建立共同点和相似点，将信息与共同价值结合起来

- **案例拓展**

建立起自己的可信度

3.3　沟通者目标

作为沟通的主体，在比较明晰对自我认知和自我定位以后，要实现有效的信息沟通，在沟通活动开始之前应该确定沟通的目标。为了实现这一目标，沟通者必须针对沟通对象即信息接收者的特点，通过自我分析，采取相应的策略去实现沟通的目标。

任何一个管理者在沟通行为发生之前,都必须明确自己沟通的目标。这种目标可分为总体目标、行动目标和沟通目标三个层次。

(1)总体目标:这是沟通主体的综合目的,它概括性地表述沟通主体所希望实现的最根本结果。例如,希望公司各部门能相互了解工作情况,实现部门之间的沟通协调。

(2)行动目标:这是指导沟通主体实现总体目标的具体的、可度量的、有时限的步骤。可以用"到某一具体时间取得某一具体结果"等方式陈述行动目标。

(3)沟通目标:是沟通主体就沟通对象对沟通活动作出何种反应的期望。为了明确沟通目标,可以从"作为这次沟通的结果,我的沟通对象将……"开始,然后明确通过你的沟通努力,你想让你的沟通对象在看到或听到你的沟通后做什么、知道什么或者想什么,并以此来结束这段话。例如,部门总经理召开每周部门例会的目的是期望各部门能够及时上报上一周的工作情况和下一周的工作计划,并且让各部门的负责人能够领会每个阶段公司的意图。

例如,某公司为了实现研究开发部门、制造部门和市场部门的有机协调,公司总经理决定这三个部门的负责人每月举行一次例会,共同讨论在研究开发、生产和市场几个部门之间如何高效协调的对策。

其对应的目标实例见表 3-2。

表 3-2　　　　　　　　　　　　　　　　目标实例

总体目标	行动目标	沟通目标
沟通各部门工作情况	每隔一定时间报告××次	这次演讲后我的领导将了解我这个部门本月的成绩
加强顾客基础	每隔一定时间与××数量的客户签订合同	读完此信客户将签订合同
建立良好的财务基础	保持不超过××的年债务与资产的比率	读完这份电子邮件后,会计将为我的报告提供确切信息;这份报告的结果是董事会将同意我的建议
增加雇用的女工数	在某日之前雇用××数目的女工	通过这次会议,我们将构思一项策略,以实现这一目标;通过这次演讲,至少有××数量的女性将报名参加我们公司的面试
保持市场份额	在某日之前达到××数量	通过此备忘录,我的领导将同意我的市场计划;通过这次演讲,销售代表们将了解我们产品的发展情况

3.4　沟通的基本风格

3.4.1　沟通风格的选择

沟通风格是指我们采取怎样的沟通形式进行沟通。在确定了沟通目标之后,我们就要选择适当的沟通形式。至于采取怎样的沟通形式才是最合适的,没有一个固定的模式,要根据不同的情景、目标和沟通对象来确定。一般来讲,沟通形式分为四种:告知、说服、征询和参与。对沟通主体来讲,这四种沟通形式被用来平衡信息内容控制和受众参与的程度。图

3-2 显示了这四种沟通形式在沟通者对信息内容控制程度和受众参与程度方面的作用。

在使用上述沟通形式时，沟通主体不可能只使用一种沟通形式，必须根据不同的沟通情景做出合适的选择。首先，沟通形式是为沟通目标服务的，要根据沟通目标的要求，选择合适的沟通形式；其次，根据受众的情景选择适当的沟通形式；最后，沟通风格的选择还取决于沟通主体期望受众的反应和反馈。表 3-3 列出了各种情景下沟通风格选择的参考建议。

通常情况下，沟通者向下采取告知方式，向上采取参与方式。但并非总是如此。沟通者往往发现自己有时会向下征询下属的意见或者向上级进行说服，以获取对自己的一个有利的决策。

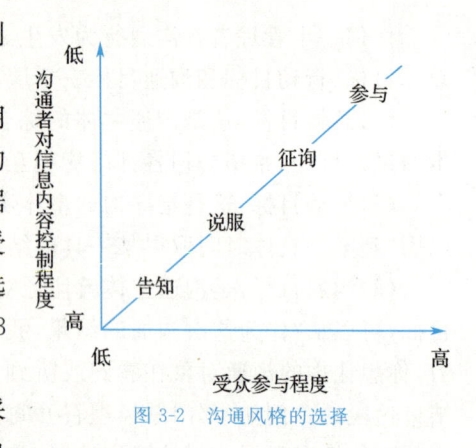

图 3-2　沟通风格的选择

表 3-3　沟通风格的选择情景参考

沟通风格	沟通主体情景与目标	受众情景	期望的反应与反馈
告知	高度控制所传递的信息，通过告知形式的沟通，让受众知道信息的内容，并且能够正确理解。多用于传达上级的决议、决策、指令、指示、信息通报等。此时，受众只是信息的接收者或倾听者	掌握一定的背景信息，对信息传递者有较高的信任，理解或赞成所传递的信息，明白信息传递者的意图，或能够正确认知自己的沟通角色，接收信息内容	期望对信息理解和赞成，并能够明白沟通主体的信息意图，作出信息传递者期望的言语或行动反应和反馈，表现出服从和支持的态度
说服	完全控制信息内容，通过说服形式的沟通，能够对信息内容达成一致意见和共识。多用于协调各种不同意见，以采取一致行动，或使对方接受和采纳自己的观点或建议，影响或改变信息接收者的态度和行为	对所传递的信息在理解上存在差异，或有不同的意见和看法，而且这种意见和看法将对信息传递者产生较大的影响，在某种程度上会影响决策的形式或执行	期望能够理解信息内容和信息传递者的意图，改变态度和行为，与信息传递者达成一致。尽管有不同意见，但也能按照信息要求作出信息传递者期望的反应和反馈
征询	通过征询形式的沟通，了解更多的信息或征询意见和建议。多用于沟通者获取更多更具体的信息，或了解信息接收者的意见和看法，以帮助自己作出更准确的判断和决策。沟通者需要控制信息的主题和方向，控制征询过程中的互动环节	信息接收者掌握一定的信息，了解具体的情况，对信息有一定的判断和理解；所征询的信息内容与自己的工作有着密切的联系，关系到自己的切身利益。被征询者多数都愿意提供所掌握的信息和意见	期望被征询者能够提供所需要的信息，表达出他们的意见、建议和态度。在某种程度上，被征询者是信息的提供者，而征询者却成为信息的接收者，但仍拥有最后的决策权
参与	通过参与形式的沟通，与信息接收者共同研究和解决问题，互通信息，实现信息共享，达成共识，以形成最终的决策。多用于减少决策执行中的偏差或阻力，吸纳执行者共同参与决策过程，激发参与者的积极性	与征询的受众情景大致一样，不同的是：征询形式下，受众只是提供相关的信息，表达自己的意见和看法，决策不受其影响；而参与形式下，受众的意见将会对决策产生一定的影响	期望受众能积极参与决策过程，提供相关的决策信息，并共同研究讨论，作出正确的决策。参与者不仅提供了建议和意见，而且融入了他们的情感和归属感

3.4.2 沟通风格应用分类

在具体的实际应用中,往往将上述四种沟通风格划分为两大类:一类被称作指导性沟通策略,即建议如何做或不做什么,帮助解决存在问题的策略;一类为咨询性沟通策略,是指提供咨询意见,采取共同讨论与协商的方式,认识存在的问题与识别解决方式的策略。表3-4列出了两种沟通策略下沟通风格的分类及应用。

表 3-4　　　　　　　　两种沟通策略下沟通风格的分类及应用

沟通策略	种类	运用背景	方式	目标	应用实例
指导性沟通策略	告知	沟通者属于权威或在信息掌握程度上属于完全控制地位	你是在指导或解释需要你的受众学习和了解的新内容	让受众接受和理解	领导向下属下达某项已经确定的任务
	说服	沟通者属于权威或信息上处于主导地位,但受众具有决策权	向对方建议做或不做的利弊,以供对方参考	让受众把握自己的建议,去实施自己预期的行为	销售员向客户推销产品
咨询性沟通策略	征询	沟通者试图对某一行动步骤达成共识	你是在商议,因而双方需要有行动与收获	计划执行的行为得到受众的认同或希望通过商议实现某一共同目标	希望同事支持自己向公司总部提出的某项决议
	参与	沟通者并非权威或受众具有很高的参与度	你是在与受众合作,且要有最大限度的合作性	与受众一起共同讨论,去发现解决问题的方法	头脑风暴法

当沟通主体掌握了足够的信息、不需要他人的意见或建议、需要或想控制信息内容时,可以采用以告知、说服为主要风格的指导性沟通策略;当沟通主体没有足够的信息、需要他人的意见或建议、需要听众提供或完善信息内容时,可以采用以征询、参与为主要风格的咨询性沟通策略。

本章小结

1.沟通主体是在沟通过程中处于主导地位的个人或者团体。在沟通主体分析过程中,首先要解决的是"我是谁"的问题,即自我认知的过程;其次要解决的是"我在哪"的问题,即自我定位的过程。

2.沟通者的可信度会影响到沟通主体与其听众的沟通方式,在制定沟通主体策略之前,需要分析沟通主体在听众心目中的可信度。根据沟通前后听众对沟通主体的信任程度,沟通主体可信度可分为初始可信度和后天可信度。沟通者可信度会受到身份地位、良好的意愿、专业知识、形象气质和共同价值观五大因素的影响。

3.作为沟通的主体,在解决自我认知和自我定位两大问题的基础上,要想实现有效的信息沟通,在沟通活动开始之前应该确定沟通的目标。这种目标可分为总体目标、行动目标和沟通目标三个层次。

4.在确定了沟通目标之后,我们就要选择适当的沟通风格。一般来讲,沟通风格分为四种:告知、说服、征询和参与。在实际应用中,可以将告知、说服两种沟通风格划分为指导性沟通策略,将征询和参与划分为咨询性沟通策略。

复习思考

【案例分析】

天象公司财务外包沟通案例

技能提升

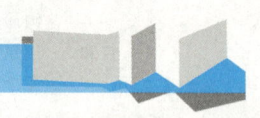

自我沟通技能诊断

第4章 沟通客体策略

本章思维导图

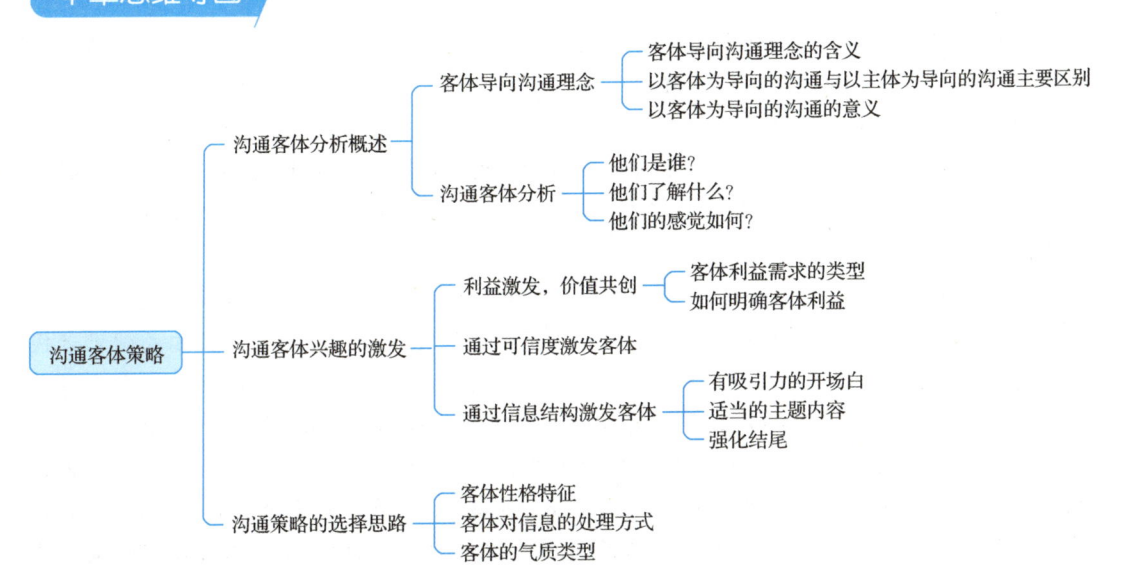

- 沟通客体策略
  - 沟通客体分析概述
    - 客体导向沟通理念
      - 客体导向沟通理念的含义
      - 以客体为导向的沟通与以主体为导向的沟通主要区别
      - 以客体为导向的沟通的意义
    - 沟通客体分析
      - 他们是谁?
      - 他们了解什么?
      - 他们的感觉如何?
  - 沟通客体兴趣的激发
    - 利益激发,价值共创
      - 客体利益需求的类型
      - 如何明确客体利益
    - 通过可信度激发客体
    - 通过信息结构激发客体
      - 有吸引力的开场白
      - 适当的主题内容
      - 强化结尾
  - 沟通策略的选择思路
    - 客体性格特征
    - 客体对信息的处理方式
    - 客体的气质类型

思政目标

本章主要提供了对沟通中的另一要素——沟通客体进行分析的一个路径和方法。本章的学习,可以引导学生在沟通过程中注重以客体为导向,对沟通对象的类型、所思所感等进行恰当分析,从而引导客体向着沟通目标迈进,让学员在理念和行动上强化换位思考能力,助力有效沟通目标的实现。

本章学习目标

- ◆ 理解并掌握以客体为导向的沟通理念。
- ◆ 掌握他们是谁、他们了解什么以及他们感觉如何三个问题,学会分析客体类型以及客体所需所感。
- ◆ 熟悉客体兴趣激发的三个路径,学会运用激励理论分析客体的利益需求。
- ◆ 能够根据不同的客体类型选择合适的沟通策略。

本章关键词

沟通客体；客体导向沟通理念；客体类型；最初客体；主要客体；次要客体；守门人；意见领袖；关键决策者；激励理论；客体兴趣激发

引导案例

"三农"采访对象分析及沟通技巧

党中央国务院历来十分重视"三农"工作。习近平总书记强调：任何时候都不能忽视农业、不能忘记农民、不能淡漠农村。在新闻宣传领域，"三农"一直是各级媒体挖掘的"富矿"。如何做好"三农"宣传工作？作为农业记者，要有"三农"情怀，要爱农业、爱农民、爱农村。始终带着一份真挚的情怀从事"三农"报道工作；在"三农"宣传上，要分析"三农"采访对象的不同类型特点，调整采访者和采访对象的相互关系，加强沟通，寻找"接近点"，才能使采访更加深入、顺利。

在记者的社会交往中，最主要、最经常、最具有决定意义的是和采访对象的交往。什么是采访对象呢？凡是在采访活动中记者向他们索取情况和意见，或者以各种方式向记者提供情况或意见的人，都可以称为"采访对象"。一般说来，"三农"采访包括：农民、农民经纪人、农村基层干部、农业龙头企业负责人、农业生产基地负责人、农业科技工作者等。

记者的工作就是和人打交道，农业记者（或称：农口记者）则主要是和农民等"三农"采访对象交往、交流、交心。由于文化程度、生活经历、性格、心理等各方面的影响，他们对待采访也有不同的态度，这关系到采访能不能顺利进行。因此，研究采访对象的心态很有必要。南京师范大学的鄘光让、苏宏元教授认为，采访对象可以分为四个类型：愿谈而善谈型、愿谈而不善谈型、善谈而不愿谈型、不愿谈也不善谈型。

新闻前辈、著名记者华山，在总结自己的采访经验时说："采访的最大本领，就是无论如何要叫采访对象开口说话。采访对象是各种各样的。有能说的，有不善说的；有喜欢吹的，有缄口寡言的；有的兴奋不已，有的情绪沮丧。所以说，采访就是了解人。采访的基本功就是了解人的基本功。"

《新闻记者培训教材》上也说：进行报道时，不能单纯站在采访者的立场上审视，还应站在报道对象的立场上体验，要更加注重报道对象的感受，重视他们的意见，从他们的视角出发思考报道的角度。

从上述的论述中，我们可以看出，采访对象接受采访的过程，是一个动态的心理过程，记者与采访对象之间的关系处在转化、变动之中，不是停滞不变的。这是一个了解沟通的过程。一次成功采访，记者和采访对象之间，应该是"接近—融洽—沟通"的过程。

总之，我们在"三农"采访活动中，要把握采访心态，深入沟通联络，才能使采访更顺利、更生动、更富人情味。

［选自：陈育."三农"采访对象分析及沟通技巧[J].新闻传播,2020,(03):69-70.］

上述案例说明了在沟通过程中对客体分析的重要性，只有深入了解采访对象，才能知道他们的需求，注重他们的感受，重视他们的意见，从而巧妙引导他们接受采访与报道，实现深入沟通，才能让采访顺利进行。

4.1 沟通客体分析概述

4.1.1 客体导向沟通理念

1. 客体导向沟通理念的含义

客体导向沟通理念是指现代沟通活动在对客体分析时，更注重客体导向，即站在客体的角度换位思考，分析客体的特征、需求；分析沟通对客体而言，希望实现什么样的目标；分析客体可能已经掌握的相关信息，及其在沟通中最希望对方采取的态度等。

以客体为导向的沟通强调了两个要点：

第一，在与对象沟通之前，要尽可能多地收集关于沟通对象翔实的资料，以充分了解沟通对象。这种资料主要分为两方面：一方面是关于沟通对象的背景资料，如家庭情况、收入结构、技能特长、地位及文化背景等。收集此类资料使我们能够把握沟通对象所处的环境。另一方面是一些影响沟通对象思维方式的资料，如心理特征、个性、个体气质及以往的决策模式等（如果是与组织沟通，沟通对象应是组织的决策团队成员）。收集此类资料使我们可以把握沟通对象思考问题的方式。

第二，通过对上述两类资料的分析，我们能够模拟沟通对象的思维方式，并思考沟通对象在其所处的环境中所面临的问题及其态度、反应等，据此来预先设计相应的对策，正所谓"知己知彼，百战不殆"。

客体导向沟通理念的核心就是以客体价值导向来反思自身的行为，分析沟通对象的要求和期望，根据其利益要求采取相应的策略，最大限度地（以有效沟通的方式）消除双方之间的认知隔阂，寻求对问题看法上的统一，而不去争论谁有什么责任，或者对方有什么不合理的要求。

2. 以客体为导向的沟通与以主体为导向的沟通的主要区别

与以客体为导向的沟通相对应的是以主体为导向的沟通，它也是一般人通常习惯采取的沟通思维方式。两种思维方式的差别见表 4-1。

表 4-1　　主体导向沟通与客体导向沟通比较

区别 类型	思维源	沟通风格	策略运用	信息传递模式
主体导向的沟通	主体	不考虑客体情况，根据主观经验组织沟通内容	策略运用很少	单向传递
客体导向的沟通	客体	根据客体情况换位思考，策略性地设计沟通内容	注重策略和技巧的运用，尤其注重对客体的心理分析	双向传递及互动性沟通

• 案例拓展

H公司是一家成长性的集团公司。最近,集团准备投资建材行业,决定先建一座水泥厂,两家公司A、B得此消息后,找到H公司表明欲承揽此项目。

A:我们公司有雄厚的技术实力并且做过几项类似的项目,积累了丰富的经验。因此,我们公司有能力提供一条龙服务,派专家负责选择场址、设计工厂、招聘建筑工程队、调集材料和设备,最后交给贵单位建好的工厂。

H:这太好了,我公司是一个集团公司,在建材行业是个新手。

B:我们公司也可以提供一条龙服务。另外,我们知道贵公司在建材行业是后来者,而在这个竞争激烈的行业要想站稳脚并不容易。经过我们公司做工作,市里正准备建的××花园的投资商已经同意在该花园的二期工程中使用贵单位新建水泥厂生产的水泥。另外,我们通过市场调查发现,水泥在某国有很大的需求,我们已经联系了一家外贸公司,可以为贵公司出口水泥。

H:太好了,建厂的事情就麻烦你们了,希望以后还能够长期合作。

主体导向的沟通往往很少甚至没有考虑客体的情况与心理,而是根据自己的主观判断和经验来设计沟通内容。案例中的A公司在与H公司的沟通中就是典型的主体导向;而B公司则在沟通之前对H公司的现状和问题做了充分的了解和分析,最终赢得了此次沟通的成功。

• 知识链接

以客体为导向沟通的意义

4.1.2 沟通客体分析

对客体进行分析,是指根据客体的需求和利益期望组织沟通信息、调整沟通方式的有关技巧。在沟通的过程中,沟通客体通常会根据自己的需要、动机、经验、背景以及其他个体特点等对沟通主体所传递的内容和信息有选择地接收。对沟通客体进行分析时,既要分析客体的个体特征,又要找到他们的群体特征,也就是应解决三个问题:他们是谁?他们了解什么?他们的感觉如何?

1. 他们是谁?

(1)客体的类型

明确客体的具体含义也就是解决"他们是谁"的问题。在沟通过程中,我们必须考虑沟通对象是否愿意听以及是否能够听懂。为此,我们必须明确客体是谁。通常来说,沟通客体有以下六种类型:

①最初客体。最初客体也叫初始客体,就是最先接触到信息的人,他对信息进一步传递

有决定性作用。有时,最初客体可能与信息传递的主要客体没有直接联系,他们对信息的内容也没有多少发言权,但是,最初客体对信息的进一步的准确传递非常重要,因为这些信息有时就是最初客体要求你提供的。

②主要客体。主要客体也称直接客体。沟通中应首先决定哪些人将成为主要客体,即那些将直接从沟通者处得到口头或书面信息的人(团体)。他们可以决定是否接受你的建议或按照你的提议行动。各种信息只有传递给主要客体,才有可能达到预期目的,主要客体包括:决策者及其他你需要获取他们的支持来实施计划的人。

③次要客体。次要客体也称间接客体,即受到信息波及的人(团体)。次要客体可能会对你的提议发表意见,或在你的提议获得批准后负责具体实施。次要客体包括:将受到你的计划影响及长期以来可能对决策者有一定影响的人。

④守门人。守门人即沟通者和客体之间的"桥梁客体",他们有权阻止你的信息传递给其他对象,因此也有权决定你的信息是否能够传递给主要客体。守门人包括:你的上司以及需要获取他们的支持来实施计划的人及其助理人员,有时守门人甚至来自企业外部。

⑤意见领袖。意见领袖即客体中具有强大影响力、非正式的人或团体。意见领袖一般是在某些非正式组织中有较高威信、强大影响力的人,但其在正式组织中未必具有较高的职位。因此,他们可能没有权力阻止信息传递,但他们可能因为社会地位、社会阅历等因素,而对你的信息传递产生巨大的影响。

⑥关键决策者。关键决策者即最后且可能最重要,可以影响整个沟通结果或起到决定性作用的人或组织。沟通中若存在关键决策者,则应依据他们的标准调整信息内容。

需要说明的是,以上六种类型的沟通客体中的某一类可以是同一个人充当,也可能兼有多种身份,角色也是可以互换的。有时沟通客体既是主要受众,又是能够决定你的信息是否能够传递的守门人。

(2)怎样了解客体

除了了解客体类型之外,沟通主体还需对已确定的客体进行仔细分析。大多数情况下,对客体进行分析需要用到客观分析方法和主观分析方法。另外,对客体的分析还需要考虑到他们的性别、年龄、教育背景、文化背景、职业类型、收入状况和兴趣爱好等方面。

- **知识链接**

  从哪几个方面来了解客体 >>>>>>

2.他们了解什么?

通过上述分析,可以有效解决客体是谁的问题。现在需要进一步分析的是,在特定的沟通过程中,客体已经了解什么,还需要了解什么,也就是解决"他们了解什么"的问题。其中,需要特别解决以下三个问题:

(1)客体对背景资料的了解情况,即分析有多少背景资料是受众需要了解的,沟通的主体他们已经了解多少,有多少专业术语是他们能够理解的。不同的对象对于背景资料的需求是不同的,若客体对了解背景资料的需求较低,就不需要在背景资料介绍上花费时间,而应把沟通的重点放在客体感兴趣的内容上；若客体对背景资料的需求较高，则应该准确运用专业术语，将新的信息和他们已经掌握的信息结合起来，并给出非常清晰的结构。

(2) 客体对新信息的需求。即围绕沟通的主题，分析客体需要了解什么新的信息，以及他们还需要多少细节和例证。对于新信息需求高的客体，则应提供足够的例证、统计资料、数据及其他材料。对于新信息需求低的客体，如有的客体倾向于依赖专家意见，把作出判断的权利交给沟通者，则主要向这些客体提供决策的建议。概括而言，沟通者应考虑客体实际需要什么信息，而不要只考虑能为他们提供什么信息。

(3) 客体的期望和偏好。即分析在沟通的风格、渠道、标准长度和格式的偏好方面，客体更偏向于哪一种。在风格偏好上，客体在文化、组织及个人的风格上是否有偏好，如正式与非正式、直接或婉转、互动性或非互动性的交流方式；在渠道偏好上，客体在沟通渠道的选择上是否有偏好，如书面报告或电子邮件，小组讨论或个人交谈，口头或书面；在标准长度和格式的偏好上，客体对文件的标准长度和格式是否有偏好，如对带有圆点条例的长度为一页，备忘录的标准格式的选择或对时间为半小时的一次非正式每周圆桌例会的议程是否同意。

• 知识链接

德鲁克管理沟通的四个基本法则

3. 他们的感觉如何？

为了使沟通主体对客体在沟通过程中可能产生的情感有一定的了解，掌握客体对接收到的信息会有哪些反应，需要解决以下两个问题：

(1) 客体对信息感兴趣的程度

这是一个非常关键的问题。就客体而言，对沟通主体的信息感兴趣的程度决定了他们是否愿意继续沟通。要想达到沟通目的，就必须借助兴趣这一推动力。沟通主体的信息属于较高的优先级，还是较低的优先级？客体对于所提供的信息去认真阅读或聆听的可能性大吗？客体对于沟通主题和结果是否关注？沟通信息将对客体的财务状况、组织地位、价值体系、价值观及人生目标产生何种程度的影响？

若客体对于沟通信息兴趣程度较高，则可直奔主题，以引起他们的兴趣。沟通者必须构筑完善的逻辑论证，经过长期不懈努力，才有可能改变他们的意见。一旦说服了他们，比起兴趣较低的客体，他们的意见保持会更持久。

若客体对于沟通信息兴趣程度较低，则可以采用咨询性的沟通策略进行沟通，如要求客体加入讨论，从而分享控制权。客体的兴趣激发还可以依靠外部刺激，即激励手段促使其产生兴趣，如对参加活动的员工给予物质奖励等。

(2) 客体对沟通主体的信息态度如何

客体的态度对沟通策略具有巨大的影响。他们可能的态度倾向是正面的、中立的或是反面的？他们对你的想法或建议可能采取何种态度？他们可能赞成、漠不关心，还是反对？从你的想法中他们可能会得到哪些利益或损失？这样的想法为什么在以前没有得到实施？为什么他们可能会说"不"？客体的态度倾向可能有三种：积极、中立和怀有敌意。

• **知识链接**

　　客体三种不同态度倾向分析　>>>>>>

• **小贴士**

　　转化怀有敌意听众的技巧　>>>>>>

4.2　沟通客体兴趣的激发

　　在分析了客体的类型、需求与感觉的基础之上,要进行有效的沟通,必须最大限度地激发客体的兴趣。对影响力、说服力和驱动力的研究表明,有大量的有效的激励技巧存在。要分析客体如何从对你的支持中获益,从而选择相应的一项或几项激励技巧。

4.2.1　利益激发,价值共创

1.客体利益需求的类型

　　在很多情况下,在沟通过程中以明确的利益来激发客体,可以最大化激励和打动沟通客体。比如,在说明性公文中强调,读者的收益可以用来解释你为何要执行你制定的政策,说明该政策是好的;在劝说性沟通中,强调客体为什么能在实施你的建议后,有助于实现他们自己的目标,从而打消对方的抵触情绪。假设你劝说顾客购买你的产品,顾客感兴趣的是产品是否价格合理、经久耐用等,而你从颜色漂亮、线条流畅、功能齐全等方面试图说服消费者购买,虽然你提供了大量的信息给顾客,但未必能唤起消费者的兴趣和认同,沟通的效果也就可想而知了。如果你的下级关注的是职位的提升,那么,对他工作的肯定以及可能提升的机会将会是他最感兴趣的内容。

　　不同的沟通对象,具有不同的利益需求。要打动客体,最大限度激发他们的兴趣,沟通者所推销的应该是利益而不是结论,所以首先要明确客体的利益,其次是传递恰当信息给客体以利益。总的来说,客体的利益需求有如下几种类型,见表4-2。

表4-2　　　　　　　　　　　　客体利益需求的类型

需求类型	激发方式
具体的物质利益	沟通者可通过向客体提供一些具体的物质利益来激发客体,在沟通过程中将一部分利益加以描述,以强调他们的价值(如利润、财富、奖金或产品优惠打折)或重要性

(续表)

需求类型	激发方式
完成任务与事业发展中的利益	• 此次沟通的信息或内容将给客体目前的工作带来的好处——解决当前存在的问题、节省他们的时间或简化他们的工作任务 • 客体对个人事业的发展或声望感兴趣,沟通者要表明沟通内容将有效帮助他们得到组织及上级的重视和赏识,同时有助于他们获得声誉和建立交际网络
自我利益	某些客体对提高他们的自我价值、成就感或满足感的驱动方式反应强烈。例如,沟通者可以通过陈述他们的建议,邀请他们参与来增加认同感和归属感。在沟通中可以通过口头的称赞或微笑、颔首等非正式的情感表达方式来加强沟通效果,或以其他关注客体的方式(如奖励、纪念品)等来突出他们的价值
团队利益	对于注重团体形象的客体,要激发他们的兴趣,强调信息对整个团体的利益会更有好处。不妨强调信息对整个团体的利益所在;强调整体的切实利益、完成团体任务的好处或团体价值感。对于注重团结的客体,多提及组织观念、团队精神、联合利益,而非专家的个人判断或者沟通者的个人可信度。对于易受周围人群的信念和行动影响的客体,应采取"一致对外"的策略

2. 如何明确客体利益

客体的需求多种多样,而且"表里不一"。有时候动机明显,如为了满足物质上的需要;有时候却不明显,如为了满足某种精神方面的需求。对于不同受众以及他们所期望的不同利益,有的是直接的,沟通者比较容易识别,有的则需要沟通者深入去了解和发掘。

由于客体的利益需求涵盖较广,因此要明确客体利益,还需要借助四种激励理论进行阐述,见表4-3。

表4-3　　　　　　　　　　　　四种激励理论

理论名称	具体内容
需求层次理论	亚伯拉罕·哈罗德·马斯洛于1943年初次提出了"需要层次"理论,他把人类纷繁复杂的需要分为生理的需要、安全的需要、友爱和归属的需要、尊重的需要和自我实现的需要五个层次。1954年,马斯洛在《激励与个性》一书中又把人的需要层次发展为七个,由低到高的七个层次:生理的需要、安全的需要、友爱与归属的需要、尊重的需要、求知的需要、求美的需要和自我实现的需要。马斯洛认为,只有低层次的需要得到部分满足以后,高层次的需要才有可能成为行为的重要决定因素。七种需要是按次序逐级上升的。当下一级需要获得基本满足以后,追求上一级的需要就成为驱动行为的动力
双因素论	双因素理论是由科学家弗雷德里克·赫茨伯格提出来的,又称激励因素—保健因素理论。保健因素包括金钱、安全、工作环境和人际关系等,其作用是减少不满意,即只能使员工从"不满意"转为"没有不满意",并未起到激励作用。激励因素是如成就、赞赏、责任感和上进心等促使个人得到满足的因素,能发挥激励作用。物质需求的满足是必要的,没有它会导致不满,但是即使获得满足,它的作用往往是很有限的,不能持久。要调动人的积极性,不仅要注意物质利益和工作条件等外部因素,更重要的是要注意对人进行精神鼓励
期望理论	这是心理学家维克多·弗罗姆提出的理论。期望理论认为,人们之所以采取某种行为,是因为他觉得这种行为可以有把握地达到某种结果,并且这种结果对他有足够的价值。换言之,动机激励水平取决于人们认为在多大程度上可以期望达到预计的结果,以及人们判断自己的努力对于个人需要的满足是否有意义

(续表)

理论名称	具体内容
成就需要激励理论	成就需要理论也称激励需要理论。20世纪50年代初期，美国哈佛大学的心理学家戴维·麦克利兰集中研究了人在生理和安全需要得到满足后的需要状况，特别对人的成就需要进行了大量的研究，从而提出了一种新的内容型激励理论——成就需要激励理论。他认为，在人的生存需要基本得到满足的前提下，权力需要、社交需要、成就需要是人的最主要的三种需要。成就需要的高低对一个人、一个企业发展起着特别重要的作用

以上四种激励理论对了解沟通客体的利益需求具有很大帮助。

马斯洛需求层次理论告诉我们，人人都有需要，某层需要获得满足后，另一层需要才出现。沟通主体在进行沟通时，应强调与客体利益最相关的内容，满足其最迫切的需求，引导他追求更高层次的需求，才能提高向心力。期望理论告诉我们，在管理沟通过程中，应注重激励工具的运用，激励对方主动沟通、积极工作，并让员工意识到主动汇报、建议、反馈等沟通行为是组织所期望和鼓励的，这是实现预期目标以及职业生涯发展的工具和途径。双因素理论告诉我们，管理者在管理沟通的过程中应注重保健因素与激励因素的区分和配合使用，物质激励与精神激励并重，才能有效实现员工的利益需求。成就需要激励理论告诉我们，在对权力需要型客体进行沟通时，应采用咨询和建议的方式，尽量不要以命令和指导的方式，沟通中特别要对对方的影响力表现出兴趣。在与社交需要型客体进行沟通时，应以交朋友的姿态和口气，建立良好的人际关系，在工作沟通中，可以适当聊聊家庭、生活情况等。在对成就需要型客体进行沟通时，不需要输出"你要认真负责"之类的信息，而是应该认同和肯定他们对工作的责任感和态度。

4.2.2 通过可信度激发客体

若客体对主体的关注程度不多时，沟通者可以用可信度作为驱动因素来激发客体的兴趣。有五大因素影响可信度：身份地位、良好的意愿、专业知识、外表形象、共同价值观。

1. 确立共同价值观的可信度，关键是构筑与客体的"共同出发点"。

共同价值观的可信度应用于驱动技巧最为有效，那就是构建与客体的"共同出发点"，特别是在沟通的初始阶段。如果在一开始你就能和客体达成一致，那么在以后的沟通中，你就更容易改变他们的观点。这样，从共同点出发，即使探讨的是全部相关的话题，也能增强你在沟通主题上的说服力。例如，先谈及与客体在最终目标上的一致，然后再表明为实现目标在方式上存在的不同意见。

2. 确立良好的意愿可信度，关键是运用"互惠"技巧或"砍价"技巧。

一种将良好意愿可信度应用于驱动技巧的方式称为"互惠"技巧或"砍价"技巧。人们通常遵循"投桃报李""礼尚往来"的原则。因此，沟通者能通过给予利益而得到利益，通过己方让步换得对方让步。人们的思想往往受"互惠互利"原则的影响，因而即使不是很情愿也会主动作出让步。

3. 确立地位可信度，关键是慎用恐吓和惩罚技巧。

地位可信度的一种极端驱动方式就是恐吓和惩罚，如斥责、减薪、降职乃至解职。虽然领导在某些场合必须采取惩处方式,但仍应保持极度谨慎。惩罚会导致紧张、对立、恐惧与厌恶,因而惩罚与恐吓对绝大多数客体或多数场合都要慎用。

4.2.3 通过信息结构激发客体

1. 建立吸引客体的开场白

从开头起就吸引客体的注意力和兴趣:一开始就列举能激发客体兴趣的利益问题;采用列举问题及解决办法的结构模式;若客体兴趣低落,先激发他们的兴趣;当话题与客体之间的关系不甚明了时,从讨论这种关系开始。

2. 通过适当的主题内容安排增强说服力

(1) "灌输"技巧

所谓"灌输"技巧,就是将你的观点、思想、思维模式不间断地有逻辑性地灌输给客体,劝说客体,以改变对方的想法、态度的一种方法。这种方法通常是在对方对你的意见不感兴趣甚至是持反对意见的场合下使用。比如,你提出一个改革方案,你的上司并不认同,那么你就要想方设法弄清他反对的理由并一一加以反驳,来达到说服的目的。

(2) "循序渐进"技巧

所谓"循序渐进"技巧,就是将行动细分为可能的最小要求,以便逐步去实现,从而降低实现的难度,而当行动结束,行动的预期目的也会达到。比如,工资改革方案如果遇到的阻力比较大,不要在整个公司推广一步到位,不妨先推行小部分试点,而后再逐步推行。

(3) "开门见山"技巧

"开门见山"技巧实质上是由难到易。沟通者可先提出一个过分的且极有可能遭到拒绝的要求,然后再提出较合适的要求,这样后者就更有可能被接受。正如商务谈判中,谈判者为了实现自己的底价目标,通常一开始会"漫天要价",开出一个远远高于底价的交易价格,而后再逐步降低价格。

(4) "双向"技巧

"双向"技巧,实质上是一种互动性的沟通,为自己着想,也为他人着想。它通常在客体持反对态度或极有可能听到反对意见的场合下使用。具体做法是:将双方的观点都加以阐述,而不单单只是阐述自己的观点,要表现中立与合情合理。对于你提出的观点以及客体自己已有的观点,客体更倾向于反对前者。客体的反对倾向越强烈,在沟通中对这些反对意见的处理就应该更及时。

3. 通过强化结尾激发兴趣

这里是要简化客体对沟通目标的实现步骤,过程和细节要忽略,结果要强化。例如,列出便于填写的问题表或易于遵循的检查清单,或列出下一步骤、下一行动的具体内容。

4.3 沟通策略的选择思路

对沟通客体进行分析,是为了让我们在实际沟通过程中,在了解客体的基础上选择合适的沟通策略,从而达到沟通目的。在这里,我们从客体的性格特征、客体对信息的处理方式、客体的气质类型三方面来研究沟通策略的选择思路。

1. 性格特征与沟通策略

假设不考虑沟通对象的后天因素(包括成长环境、受教育程度等),沟通对象的个人性格是影响沟通活动的重要因素之一。根据沟通对象的个性特点,可将沟通对象划分为内向型和外向型。

(1)内向型沟通对象的心理特征及其沟通策略

这类沟通对象一方面喜欢想,先思考再发言,不太善于即兴的口头表达,因此书面形式可以给他们充分思考的时间。另一方面,这类沟通对象情绪比较稳定、平和,做事比较有责任感,可靠性、持久性较强。由于内向型的沟通对象需要思考,所以在与其沟通时,尽可能给予其多一点时间或使用备忘录,给出你的建议并让其考虑后再作回复。

(2)外向型沟通对象的心理特征及其沟通策略

与内向型的沟通对象不同,外向型的沟通对象总是边干边想,需要他人的鼓励。一方面,他们好说,不好写,善于交际,而同时也有武断自信的倾向。另一方面,他们富于幻想、聪慧,对周围的事物也很敏感。在公司里,有这样一种人,他们总是会在一些适当的场合抓住机会,以口头方式表达自己的看法,并且希望能得到肯定和认可,因此多给他们一点鼓励,会有利于他们做出更好的成绩。

2. 信息处理方式与沟通策略

对沟通对象所接收到的信息,不同的沟通对象有不同的处理方法。根据其对信息处理方式的不同,可将沟通对象划分为思考型、感觉型、直觉型和知觉型。

(1)思考型沟通对象的心理特征及其沟通策略

这类沟通对象在处理接收到的信息时富于逻辑思考,思路非常清晰。他们通常是有主见的人,因此严密的逻辑思维使得他们非常注重事实和数据。同时,这样的人有很强的责任感和认真负责的态度,让人觉得可靠。一旦可靠的数据和事实缺乏或不足时,就难以让他们信服。面对思考型的沟通对象,应以咨询的态度为其提供帮助你的机会。同时,由于他们重事实和数据,应给予他们充分的信息,并客观公正、始终如一地对待事务。

(2)感觉型沟通对象的心理特征及其沟通策略

这类沟通对象对接收到的信息,往往以个人的价值观和判断能力处理,因此个人的价值观和判断、处理事务的能力就容易影响信息处理的结果。但同时,他们的公关意识强,一旦个人的因素在信息接收、处理过程中产生了正面的影响,就很有可能带来意想不到的好结果。在公司中与这类对象进行沟通时,应明确表达你的价值观,使其了解你,并在一定程度上达成共识。同时,在信息组织上突出你的支持与合作意愿,使其在判断、处理事务的能力上感觉到你的认同和肯定。另外,还需要特别注意的是,不要让其有受威胁、受强迫的感觉。

(3)直觉型沟通对象的心理特征及其沟通策略

这类沟通对象具有丰富的想象力和创造性思维,对周围的事物很敏感,也容易受身边事物的影响,产生一些灵感,进而在信息的处理上容易产生一些创造性的方式。在公司中往往会有这样一种人,他们对接收到的信息,并不基于信息本身思考问题,而是凭直觉、预感和可能性处理事务。充分发挥他们的想象力和创造性思维,就容易增加一些想象和创造的成分。

对这类沟通对象,应充分利用和发挥其想象力,不要轻易给其答案,也不要轻易否定他的观点。与此同时,要告知你的想法、观察和目的,以便使沟通对象能清楚他们的处理方式。

(4)知觉型沟通对象的心理特征及其沟通策略

这类沟通对象精力充沛、实干实战,处理问题当机立断。他们由于善于行动而不善于言辞,因此在信息处理的方式上比较注重结果,而不注重过程。同时,他们具有迅速的反应能力、敏锐的观察能力和严密的思维能力,能在很短的时间内对接收到的信息进行处理。在与他们进行沟通时,不要对事物添加过多的细节和想象的成分。在公司中,通常会有这样的员工,他们不善于言辞,却善于处理工作中的一些实质性的问题。因此,在与其交流时要尽量清晰、抓住要点,使其更有效地运用工作能力处理事务。

3. 气质类型与沟通策略

根据不同的沟通对象所表现出来的气质的不同,可将沟通对象划分为分析型、规则型、实干型和同情型。气质类型与沟通策略的匹配见表4-4。

表 4-4　　　　　　　　　　气质类型与沟通策略匹配表

	分析型	规则型	实干型	同情型
心理特征	对待事务严肃认真,有计划、有步骤;善于运用图表,进行严谨分析判断,不断战胜自我;善于逻辑思维和推理	守信用、认真忠诚、负责任;做事稳重、谨慎、实际;不善于变化但善于做具体的工作	富于实战,适应性强;工作富有成效,并爱好刺激;性格开朗、宽容、灵活,从事自由度高、经常变化的工作	善于帮助、支持和鼓励他人;性情温和,善于交流,喜欢创造和谐轻松的工作环境,容易形成非正式组织
沟通策略	直接告诉他你想要的,并给予他机会和评价标准;不要提供太多的细节、常规行动而影响他	告诉他们行为的规则、组织形式等,让他们按规则、标准做事;提供详细的任务清单	给予他们循序渐进的训练,帮助其自我调节;给予他们大量的自由和工作的多样化;帮助其提高工作技巧	使其认识到他的重要性;赞赏他们的贡献;给予他们自主权和学习的机会

综上所述,针对不同性格特征、信息处理方式、气质类型的沟通客体应相应选择合适的沟通策略,以此引导客体一步步朝着沟通目标迈进。

本章小结

1. 在沟通过程中,沟通客体通常都会根据自己的需要、动机、经验、背景以及其他个体特征等对沟通主体所传递的内容和信息有选择地去接收。因此,成功的管理沟通应是以客体为导向的沟通。

2. 对沟通客体进行分析时,既要分析客体的个体特征,又要找到他们的群体特征,也就是应解决三个问题:他们是谁? 他们了解什么? 他们的感觉如何?

3. 沟通中的客体类型一般分为六大类:最初客体、主要客体、次要客体、守门人、意见领袖和关键决策者。

4. 在分析完客体的类型、需求及感觉的基础上,要达到有效沟通的目的,必须最大限度地激发客体兴趣。激发客体兴趣主要有三点技巧:通过利益、可信度和信息结构来激发。

5. 根据客体的性格特征、客体对信息的处理方式、客体的气质类型提供沟通策略选择的思路。

复习思考

【案例分析】
珠江港口工程管理沟通案例

技能提升

换位思考的技能测试

第 5 章 信息策略

本章思维导图

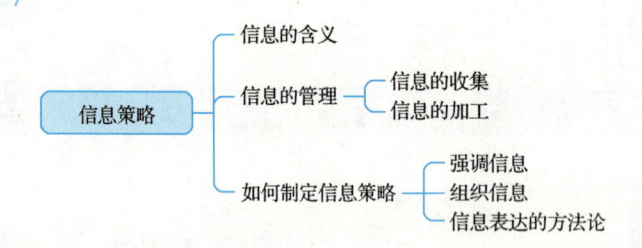

```
信息策略 ├─ 信息的含义
        ├─ 信息的管理 ─┬─ 信息的收集
        │             └─ 信息的加工
        └─ 如何制定信息策略 ─┬─ 强调信息
                           ├─ 组织信息
                           └─ 信息表达的方法论
```

思政目标

信息策略的制定关键在于解决好怎么强调信息、如何组织信息两个问题的能力。要培养新时代企业管理人员提取有效信息的能力，才能更好地进行管理实践。通过本章学习，学生可掌握制定信息策略的方法，利用听众记忆曲线实现有效的信息传递。

本章学习目标

- 了解管理沟通中信息的含义。
- 掌握信息加工和收集的过程。
- 掌握如何强调信息和如何组织信息。
- 掌握沟通中信息策略的正确制定方法。

本章关键词

信息策略；沟通渠道；信息加工；信息收集；强调信息；组织信息

引导案例

如何有效利用信息

蚂蚁是社会性昆虫，它们通过化学信号、触觉信号和声音信号等多种方式进行信息传递。

蚂蚁通过释放化学物质（也称为"信息素"）来传递信息，这些化学物质可以引起其他蚂蚁的反应，例如，追踪食物、标记路径和警告危险等。不同种类的蚂蚁会释放不同种类和浓度的信息素来传递不同的信息。蚂蚁之间也可以通过触觉来传递信息,例如,在拥挤的地方,蚂蚁可以用触角或腿来感知周围的其他蚂蚁,以避免碰撞和混乱。此外,蚂蚁在进行社会行为(如照顾卵、幼虫和成年蚂蚁)时,也会使用触觉信号进行沟通。某些蚂蚁种类也可以通过发出声音来传递信息,例如,某些女王蚂蚁会发出高频声音来指引工蚁找到食物或新的巢穴。此外,蚂蚁还可以通过敲击物体来传递声音信号,例如在进行招募行为时,蚂蚁会用后腿敲击地面或物体来吸引其他蚂蚁的注意。

[改编自:白琳,陈立.蚂蚁的跟踪信息素[J].应用昆虫学报,2023,60(2):345-360.]

蚂蚁通过各种信号传递信息,能做到协同配合。人们在日常生活和工作过程中会遇到更加复杂的沟通情景,更需深入了解沟通内容。因此,要加强对中性的信息、理性的思想和感性的情感等沟通内容的收集,提升管理沟通的信息策略,才能进行有效沟通。

在当今信息爆炸的时代,有效利用信息成为个体和组织成功的关键之一。信息是知识的基础,而知识又是创新和发展的驱动力。在个人层面,有效利用信息能够帮助我们更好地学习、提高工作效率和拓宽视野;在组织层面,良好的信息管理和利用是推动创新、提高竞争力不可或缺的要素。

• **知识链接**

有效利用信息的关键方面　　>>>>>>

5.1　信息的含义

信息的含义一般有三种理解:(1)一般来说,信息即情报,即资料,即知识。(2)信息概念的实质,是在自然科学的通信理论中首先被揭示出来的。美国数学家申农把信息看作是消除事物的不确定性,从而获得知识的信息或关于该事物的确定状态。美国科学家维纳提出了一个十分费解而重要的信息定义:信息这个名称的内容就是我们对外界交换来的东西。他还认为,有效行为必须有某种反馈过程来提供信息,看它是否实现预定目标,这样,就把信息—反馈—控制三者有机地联系在一起。(3)从哲学角度来讲,信息是从现实世界中的自然事物中提取出来的,具有多横向联结和多纵向分布的系统,存在于许多生命体和非生命体中。

综合不同角度对信息的解释,可以将信息定义为:信息是指发送者向接收者传递的数据、资料、消息、情报、知识以及其中隐含的思想与情感,广义上包括中性的信息、理性的思想和感性的情感。

按不同的标准,可以将信息从不同的方面进行分类:

(1)社会信息和非社会信息。社会信息(文化信息)是人际传播信息,包括一切由人创造的、具有广义社会价值的文化形态和观念形态的信息。非社会信息(自然信息)是一切非人际传播的信息,是自然界物质系统以质、能波动形式呈现的自身状态和结构,以及环境对人的自然力作用,如生物信息、神经信息、矿产信息、天体信息等。社会信息又可分为"功能信息"和"非功能信息"。非社会信息又可分为"有用信息"和"无用信息"。

(2) 语法信息、语义信息(意义信息)和语用信息。语法信息是指在形式上反映和再现事物运动状态和方式的信息,强调语言的结构。语义信息是指能够消除事物不确定性的有一定意义的信息,强调语言的意义。语用信息是指对信息接收者来说具有实际效用、价值并能满足某种需要的信息,强调语言的使用方式。

(3) 直接信息和间接信息。直接信息即从人的直接经验中获得的信息,如通过观察社会和自然获得的信息。直接信息多指事实或现象信息,即直接感知事物运动的存在形式。间接信息包括书籍、文献、资料、数据等,是人通过中介知识获得的对客观事物的认识。

(4) 动态信息和静态信息。动态信息是指随时间而变化的信息,如新闻、情报等。静态信息是不随时间变化而变化的信息,如历史文献、资料和贮存的知识等。这里的动、静态是相对的。

除上述分类以外,信息还存在其他的分类方法,如按照性质,信息可分为语法信息、语义信息和语用信息;按照地位,信息可分为客观信息和主观信息;按照作用,信息可分为有用信息、无用信息和干扰信息;按应用部门,信息可分为工业信息、农业信息、军事信息、政治信息、科技信息、文化信息、经济信息、市场信息和管理信息等。

5.2 信息的管理

5.2.1 信息的收集

信息的收集是指根据特定的目标和要求,将分散在不同时空的相关信息,通过特定的手段和措施,搜寻、采集和汇聚的过程。在管理沟通中,常见的信息收集途径是倾听和阅读。比如,倾听他人阐述时,除了准确接收其语言表述的内容外,还需要通过观察对方的神态、语音、语调和肢体语言,来理解其真实表达的意思。概言之,要收集沟通主体发出的所有信息,除了要准确把握沟通主体传送的显性信息外,还要学会察言观色,注意所有语言性或非语言性的暗示,尤其应留意非语言行为,辨别需要澄清的混合信息。此外,还要留意主体的观点与感受,如赞同或不赞同、愉快或不愉快等。

1. 信息收集的原则

在信息收集的过程中,我们还应特别遵循以下三点原则。

(1) 明确信息收集的目的。开始信息收集之前,我们要心中有数,明确信息收集的目的,这能帮助我们在大量的沟通信息当中,快速准确地找到自己想要的信息,为下一步的信息处理做好准备。

(2) 有针对性地收集有效信息,过滤无用信息。在信息网络高速发展的今天,信息已经泛滥成灾。如果每个新闻都看,每个邮件都处理,那将花费大量的时间,耽误我们的工作。所以,我们要有选择性地过滤信息,收集有价值的信息。

(3) 善用反馈,消除信息模糊。在收集信息时,当接收者感到发送者的信息是模糊的、不清晰的,不能准确理解发送者意思的时候,要及时寻求反馈。

在管理领域,信息的收集是一个至关重要的过程,对于组织的决策制定、问题解决以及沟通策略的设计都起着关键作用。信息收集不仅仅是搜集数据,更是获取关于内外部环境、员工需求、市场趋势等方面的知识的重要手段。

2. 信息的收集过程

(1) 收集方法

信息收集的方法多种多样,其中之一是通过内部渠道,例如员工调查、会议记录、报告等。员工是组织的重要资源,在征得员工同意和保护员工隐私的前提下,了解他们的看法、需求和反馈对于构建良好的内部沟通至关重要。通过定期开展员工调查,组织可以收集到关于工作环境、领导力、团队合作等方面的有价值的信息。组织收集到的有用信息应当及时跟员工进行沟通并告知员工这些信息的用途。会议记录和报告也是内部信息的重要来源,能够提供关于组织运作、项目进展等方面的详细数据。

外部信息的收集同样重要,可以通过市场研究、竞争情报、客户反馈等手段实现外部信息的收集。市场研究可以为组织提供有关市场趋势、消费者需求和竞争对手的信息,为产品开发和市场推广提供支持。竞争情报则着重于了解竞争对手的策略、产品和市场份额,以帮助组织在竞争激烈的环境中保持竞争优势。客户反馈是一种宝贵的信息来源,通过收集客户的意见、建议和投诉,组织可以更好地了解客户需求,改进产品和服务。

(2) 收集工具

在信息收集的过程中,数字化技术的应用越来越重要。通过大数据分析,组织可以从海量的数据中提取有用的信息,发现潜在的趋势和模式。社交媒体监测也是一种强大的工具,通过跟踪社交媒体平台上的讨论和反馈,组织可以及时了解公众对其品牌和产品的看法。此外,在线调查和投票也为组织提供了一种快速获取大量反馈的途径,有助于更全面地了解受众的观点和偏好。

(3) 注意的问题

信息收集的过程中需要注意到的一个关键问题是信息的质量和可靠性。信息的质量直接影响到后续的决策和行动,要确保收集到的信息是准确、完整的,避免由于数据错误或遗漏而导致错误的结论。此外,信息的时效性也是一个重要的考虑因素,尤其是在快速变化的环境中,过时的信息可能失去其实际价值。

信息的收集还需要考虑到隐私和合规性的问题。在收集员工或客户的个人信息时,组织需要遵循《中华人民共和国个人信息保护法》等相关的法律、法规和道德标准,确保收集信息的合法性和合规性。建立透明的信息收集政策,告知受众他们的信息将被如何使用,得到有助于建立信任关系,提高信息的可获取性。

在组织内,信息的分享和传递也是信息收集过程中至关重要的环节。信息的沉默和孤立无助于组织的整体效能。建立开放的沟通文化,鼓励员工分享观点和信息,有助于形成一个学习型组织,不断优化和改进。

在管理沟通中,信息的收集是一项系统性的工作,需要综合运用各种方法和工具。通过深入了解内外部环境、员工和客户的需求,组织可以更好地把握机会、迎接挑战。因此,建立一个健全的信息收集体系,并将其与组织的战略目标相结合,将是组织成功的关键因素之一。

5.2.2 信息的加工

在管理沟通中,信息的加工是一个复杂而至关重要的过程,直接关系到信息传递的清晰度、准确性和有效性。信息加工包括多个关键阶段,从信息的产生到最终的理解和响应,每个阶段都涉及认知、感知、记忆和决策等心理过程。

首先,信息加工的过程始于感知阶段。在这一阶段,个体通过感官器官(如视觉、听觉、触觉等)接收外部环境的刺激,形成原始的感觉体验。然而,由于感官器官的有限性,个体不可能接收和处理所有的刺激,因此在这个阶段,选择性注意的机制就显得尤为重要。个体会选择性地注意某些信息而忽略其他信息,以便集中精力处理重要的信息,避免信息过载。

接下来是短时记忆阶段,这是一个暂时性的存储过程,能够维持几秒到几分钟的时间。在这个阶段,个体会将注意到的信息进行短时存储,以便进一步地加工和处理。然后,信息需要被编码成一种可理解和可储存的形式。编码的方式可能是语言、图像、符号等,这取决于信息的性质和个体的认知能力。

信息加工的另一个重要阶段是长时记忆阶段。如果信息在短时记忆阶段被认为是重要的,它可能会被转移到长时记忆中,以便更长时间地保持和储存。这一阶段涉及更深层次的加工,将信息与已有的知识和经验相结合,形成更为复杂和有意义的认知结构。

在信息的理解和解释阶段,个体对信息进行深层次的处理,将其与已有的认知框架相连接,赋予其意义并放入上下文中。这涉及思考、分析和解释,使得信息不再是孤立的数据,而与个体的知识体系相融合。

决策和反应是信息加工的行动性阶段。基于对信息的理解,个体可能需要作出决策并作出相应的反应。这可能包括采取行动、表达观点或者仅仅是继续存储这些信息,以备将来使用。在这个过程中,个体的价值观、经验和情感等因素也会对决策产生影响。整个信息加工的过程中,考虑到受众的特征和需求是至关重要的。选择适当的沟通媒介、语言风格,以确保信息能够被目标受众理解和接受。建立反馈机制同样是关键的一环。通过询问问题、鼓励讨论或设立回馈通道,可以获得关于信息传递效果的重要信息,进而调整和改进信息的传递方式。

此外,时机的选择也是影响信息加工的重要因素。信息的传递时机可能对接收者的理解和反应产生重要影响。因此,在确定信息传递的时间点时需要谨慎考虑。

在多元文化或跨国沟通中,了解和尊重不同文化的沟通方式也是信息加工的一部分。语言的选择、隐喻的理解等因素可能受到文化背景的影响,因此在制定信息策略时需要考虑到这些差异。

在管理沟通中,信息加工是指将原始信息经过一系列处理、解释、筛选和组织的过程,以确保其在传递过程中能够被接收者理解并产生预期的效果。信息加工涉及多个环节,包括编码、传递、解码等。

以下是在管理沟通中信息加工的概述:

首先,信息编码是信息加工的起点。在这个阶段,发起方将要传递的信息转化为特定的符号、语言或形式,以便传达给接收方。这需要考虑到接收者的背景、文化差异、专业术语等因素,确保信息的准确性和清晰度。

其次,信息传递是将编码后的信息传送给接收者的过程。这可以通过多种渠道,包括面对面会议、电子邮件、报告、演示等。选择合适的传递方式取决于信息的性质、紧急程度以及受众的习惯和偏好。

在接收方收到信息后,进入信息解码的阶段。这是接收方对编码的信息进行理解和解释的过程。在这个过程中,接收者会根据自己的知识、经验和文化背景来解析信息,以获取发起方想要传递的含义。

在整个信息加工的过程中,噪声是一个重要的考虑因素。噪声可以是环境干扰、语言障碍、文化差异等,可能导致信息失真或误解。因此,管理者需要采取措施来最小化噪声的影响,确保信息传递的准确性。

反馈在信息加工中也扮演着关键的角色。接收者通过反馈向发起方传达他们对信息的理解和反应。这有助于发起方了解信息是否被正确理解,是否需要进一步澄清或调整信息的传递方式。

作为管理者,理解信息加工的过程,并采取措施确保信息在各个阶段的准确性和清晰度,是确保有效沟通的关键。这需要管理者注重沟通技巧、避免信息失真,以及建立开放透明的沟通文化。

综合而言,信息的加工是一个多层次、多阶段的复杂过程。从信息的产生、感知、存储到最终的理解和行动,每个阶段都需要精心考虑,确保信息能够在沟通中被清晰、准确地传达。这不仅需要个体具备有效的沟通技能,也需要在组织层面制定科学合理的信息策略,以推动信息在组织内外的传递和共享。

5.3 如何制定信息策略

构筑有效的信息策略是实现沟通目标的又一重要环节。成功的沟通者在每次信息沟通发生之前,首先要思考如何完善信息沟通的组合结构。因此,信息策略的制定需要解决好两大问题:如何强调信息和如何组织信息。

5.3.1 强调信息

在管理沟通中,强调信息是确保组织有效沟通和信息传递的关键步骤之一。强调信息是通过在信息中突出重要元素,以引起受众的关注并增强信息的可记忆性。在组织内外,强调信息的目的是使关键信息更加突出,确保受众能够清晰地理解和记住核心内容。如图 5-1 所示,听众记忆曲线展示的沟通过程强调"抓两头,带中间",即抓好开场白和结束语,限制主要观点的个数(3~5 个),利用好结束语做总结,中间充分论证,帮助听众理解,这就是一个有效的沟通过程。

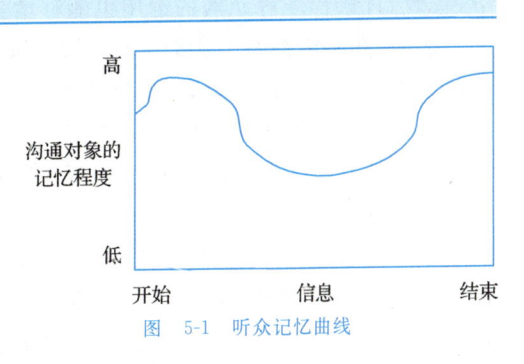

图 5-1 听众记忆曲线

根据听众记忆曲线,信息的开头和结尾部分更容易让听众记住。因此,在强调信息时,要坚持以下几个方面的原则:

(1)注意不要将沟通的重要内容"埋葬"在中央地带。

(2)要充分考虑哪些因素能够吸引听众的注意力,以此来保持听众对沟通内容的兴趣。

(3)开场白和结束语至关重要。

(4)应将沟通的重点放在开头或结尾部分,或两者兼有。如果在开头就阐述重点,称为直接切入主题;如果在结尾说明重点,则称为间接切入主题。

以下是关于管理沟通中强调信息的重要性、方法以及实施策略的综合叙述。

首先,强调信息在管理沟通中的重要性不可忽视。在信息传递的复杂环境中,人们每天都面临着大量的信息输入,而强调则可以将关键信息从噪声中凸显出来,引导受众的关注。这对于组织的核心价值、战略目标、重要决策等关键信息至关重要。强调的使用可以在竞争激烈的商业环境中使组织脱颖而出,从而取得竞争优势。

实施强调的方法多种多样,其中一种常见的方式是通过在信息中使用视觉元素,如颜色、字体、图表等。色彩鲜艳的元素可以在一段文本中引起关注,使关键信息更为突出。字体的变化,如加粗、斜体或使用不同的字体风格,也能够在一段文字中产生强烈的视觉效果,突显重要内容。此外,图表和图形的运用能够将抽象的数据和概念以更易理解的方式呈现,帮助受众更好地理解和记忆信息。

另外,强调还可以通过在口头沟通中调整语气、音量和语速来实现。强调的语气可以传达信息的重要性和紧迫性,而音量和语速的调整可以引起听众的关注,让他们更容易理解和记忆关键信息。这在演讲、会议或培训等场合尤为重要,确保听众对关键信息有深刻的印象。

除了视觉和听觉元素之外,文本中的排版和结构也是实现信息强调的有效手段。通过合理的排版,将关键信息放置在文本的显著位置,如标题、开头或结尾,可以使读者更容易捕捉到重要内容。此外,使用项目符号、编号列表等结构性元素,可以使信息更有层次感,帮助受众更好地理解信息的逻辑结构。

在数字化时代,多媒体工具的广泛应用也为信息强调提供了新的机会。在演示文稿中使用动画、高亮显示、放大等效果,可以引起观众的关注,使关键信息更为醒目。在视频制作中,音效、背景音乐等元素的运用也能够增强信息的表达力,使观众更容易理解和记忆信息。

然而,在实施信息强调时需要保持谨慎,以避免信息过度强调或误导受众。过度使用强调元素可能导致信息失衡,使得所有内容都看似重要,从而降低强调的效果。在设计中,需要确保强调的元素与信息的实际重要性相匹配,避免产生虚假的强调效果。另外,不同文化和受众群体对于强调的接受程度也可能存在差异,因此在制定信息策略时需要考虑到多样性和包容性。

在实际管理沟通中,强调信息的策略应该根据具体情境和目标受众的特点进行调整。在发布重要公告、推出新产品、进行重大变革时,强调可以使关键信息更为引人注目,确保受众对关键信息有深刻的印象。在培训和教育中,强调可以帮助学员更好地理解和记忆学习内容。在危机管理中,强调可以用于传达事件的紧急性。

在管理沟通中,强调信息是确保重要信息被准确、清晰地传达并引起接收者关注的关键方面。

以下是一些强调信息的方法和策略：

第一，重点突出。强调关键词、短语或句子，可以使信息更为突出。这可以通过在口头沟通中调整语气、语速，或者在书面沟通中使用粗体、颜色等方式来实现。强调的关键是突显核心信息，使其在整个信息中更为突出。

第二，重复强调。在不同的上下文中重复关键信息，可以增加接收者对信息的记忆和理解。重复可以通过不同的词汇、形式或渠道进行，确保信息在不同场合都得到重视。

第三，多渠道传播。利用多种沟通渠道同时传播信息，可以提高信息的曝光度。结合面对面会议、电子邮件、内部通告、社交媒体等多种渠道，可以确保信息得到全面传播，提高员工和利益相关者的关注度。

第四，强调上下文。将信息置于适当的上下文中有助于强调其重要性。解释为什么这个信息对组织或个体是重要的，如何与整体目标相关，可以增强信息的意义和紧迫感。

第五，采用引人注目的方式。利用图形、图片或视频等方式，使信息更生动、引人入胜。人们对视觉和听觉刺激更为敏感，通过有创意的方式呈现信息可以吸引更多的注意力。

第六，及时性。在管理沟通中，信息的及时传达是强调信息重要性的关键。及时性有助于信息在合适的时机被接收者看到和理解，防止信息被忽视或过时。

综合运用上述策略，管理者可以确保他们要传达的信息在组织中得到足够的重视和理解，从而更好地推动组织的目标和决策。强调信息是提高沟通效果、增强信息影响力的关键一环。

5.3.2 组织信息

如何组织好有效的信息是沟通者进行沟通策略制定的关键组成部分。有效的信息组织涉及选择合适的沟通渠道、明确的信息结构、适当的语言风格以及考虑受众的需求结构等方面。

选择适当的沟通渠道至关重要。不同的信息可能适合不同的沟通方式。例如，紧急事务可能需要通过即时通信工具或电话来传达，而较为正式的公告可能适合使用电子邮件或正式会议传达。在选择沟通渠道时，需要考虑信息的性质、受众的地理位置和时间限制，确保所选择的渠道能够最大限度地满足信息传递的需要，减少信息在传递过程中可能出现的误解和延迟。

建立清晰的信息结构是信息组织的关键。信息结构涉及将信息按照一定的逻辑顺序和层次进行组织，以确保受众能够理解并牢记信息。在书写文件、制作演示文稿或发表演讲时，可以采用明确的引言、正文和结论的结构，帮助受众更好地理解信息的重点和上下文。此外，使用标题、列表和图表等元素有助于突出重点、简化信息，使受众更容易接受。

选择适当的语言风格是组织信息的重要考虑因素。在管理沟通中，语言风格应该根据受众的背景、专业水平和文化差异进行调整。使用简洁明了的语言、避免专业术语的滥用，可以确保信息被更广泛地理解。此外，语言风格还包括表达信息的态度和情感，要确保在表达意见或决策时既坚定又尊重对方，双方建立积极的沟通氛围。

考虑受众的需求和期望也是组织信息的一个关键方面。不同的人群可能对相同的信息有不同的关注点和期望。在沟通中，应该充分了解受众的背景、利益和关注点，有针对性地呈现信息。这可以通过在信息传递前进行调研、反馈或与受众沟通来实现。关注受众的需求，可以提高信息的吸引力和影响力。

在组织信息时，强调关键信息来引起受众注意。可以字体加粗、颜色突出等方式，使重要信息在整体内容中更为显眼。

最后，考虑受众的知识水平和文化背景来调整信息的呈现方式。使用受众熟悉的术语、示例和文化元素，有助于提高受众对信息的理解和接受程度。

在管理沟通中，组织信息的成功与否直接影响着团队的协作效率和组织的整体绩效。选择适当的沟通渠道、建立清晰的信息结构、采用适当的语言风格以及考虑受众的需求，以确保信息传递的准确性和有效性。这些原则不仅适用于书面沟通，也适用于口头沟通和虚拟沟通，为管理者和团队成员提供了在复杂商务环境中成功沟通的工具。综合而言，明确主题和目标、采用逻辑结构、层次分明、使用图表和图形、简洁明了、强调重要信息以及考虑受众背景等方法，可以有效地组织信息，提高沟通的效果，确保信息传达的清晰度和可理解性。

5.3.3 信息表达的方法论

在沟通过程中，信息表达的方法论是确保有效传达关键信息、促进团队合作和取得成功决策的关键因素。良好的信息表达不仅包括清晰的语言表达，还需要考虑到沟通的目的、受众的特点、沟通渠道的选择以及信息的结构。

以下是在管理沟通过程中信息表达的方法论。

第一，明确沟通的目的是信息表达的首要原则。在开始任何一次沟通之前，发送方应该明确自己的沟通目标是什么。是要传达重要决策吗？还是要启动一个新项目？或者是解决一个问题？明确沟通目的有助于确定信息的重点，确保不会偏离主题。这也有助于选择适当的沟通渠道和语言风格，达到预期的沟通效果。

第二，考虑受众的特点是信息表达的关键。不同的受众可能有不同的背景、知识水平和关注点。因此，信息的表达方式需要根据受众的特点进行调整。在沟通中，管理者需要了解受众的需求，使用他们能够理解和接受的语言，确保信息能够顺利传递。这可能涉及在沟通中避免使用专业术语，或者通过使用具体的例子来解释抽象的概念，以便让受众更好地理解信息。

第三，选择适当的沟通渠道是信息表达的重要环节。不同的信息可能需要不同的沟通渠道。例如，重要的政策变更可能需要通过正式会议或公告来传达，而日常的进展更新可能适合使用电子邮件或即时通信工具。在选择沟通渠道时，需要考虑信息的复杂性、紧急性以及受众的地理位置，确保信息能够准确而及时地传递给受众。非语言沟通，如姿势、表情、声调等，也是信息表达的重要组成部分。要注意自己的肢体语言和语气，确保它们与所表达的信息保持一致，避免引起误解。表 5-1 描述了不恰当和恰当的非语言沟通方式的对比。

第四，清晰的信息结构对于有效的信息表达至关重要。一个良好的信息结构可以帮助受众更容易理解信息的逻辑顺序和重要性。在书面沟通中，可以通过使用明确的标题、段落和标点符号来组织信息。在口头沟通中，可以使用清晰的导语和总结来强调关键信息。信息结构的良好组织有助于受众更好地理解和记忆信息，从而提高沟通效果。

表 5-1　　　　　　　　　　不恰当和恰当的非语言沟通方式对比

不恰当的非语言沟通方式	恰当的非语言沟通方式
没有目光接触	目光接触
东张西望看四周	微笑
晃动上半身	身体向前倾
跷二郎腿，双臂交叠	身体对着对方
面无表情	将手放到桌面上
露出不耐烦的神情	点头

另外，灵活运用多样的表达方式也是信息表达的一项重要原则。不同的信息可能需要不同的表达方式，包括文字、图表、图像、视频等。在现代商务环境中，使用多样化的媒体可以更好地吸引受众的注意力，并提供更全面的信息。在信息表达中，要注重语言的准确性和精炼性。使用简洁而明确的语言，避免使用模糊或歧义的表达，有助于防止信息误解。在书面沟通中，仔细校对和编辑文档，确保语法正确性和风格一致性也是至关重要的。精炼的语言表达可以提高信息的清晰度和传达效果；注重双向沟通也是信息表达的一项重要原则。沟通不仅是发送信息，还要倾听和接收反馈。通过建立开放的沟通渠道，管理者可以了解团队成员对信息的理解程度，解决出现的疑虑和问题。双向沟通有助于建立信任和共识，促进团队协作。

在管理沟通中，信息表达的方法论是多方面的，需要考虑到沟通的目的和受众的特点来选择适当的沟通渠道以及信息的结构和表达方式，同时要注重语言的准确性和精炼性，还要注重双向沟通。遵循这些原则，管理者可以提高信息表达的效果，促进团队协作，取得更好的业务成果。这些原则不仅适用于日常团队管理，也适用于组织层面的战略沟通和决策制定。

• 案例拓展

麦肯锡的电梯测验

麦肯锡的电梯测验是一项富有挑战性和创意的面试实践，被广泛应用于该咨询公司的招聘流程中。这一经典的面试题目在业界以及招聘者中引起了广泛关注，因为它凸显了应聘者在短时间内进行高效而清晰的自我介绍的能力。电梯测验常常被用来考查应聘者的沟通技能、逻辑思维以及对个人职业发展的清晰认知。

在电梯测验中，应聘者被要求假设自己在电梯里偶遇了公司的首席执行官(CEO)。随着电梯的升降，应聘者必须在短短的 30 秒至 2 分钟内向 CEO 介绍自己，并展示出自己的核心竞争优势。这个任务看似简单，实际上考验了应聘者在紧张环境下的表达能力、语言组织能力和自我品牌推广的技巧。

(案例来源：石岩. 30 秒"电梯测验"——介绍麦肯锡方法[J]. 南方建筑，2002(3)：36.)

这项电梯测验强调了对关键信息的敏感性。在短时间内捕捉并理解重要信息是这个任务的关键，因为应聘者需要快速确定自己要在短时间内传达的核心信息。这反映了在商业环境中需要应对快速变化和紧迫情况的现实挑战。因此，这项测试旨在评估应聘者是否具备在高压环境中迅速作出反应的能力。

另外，对于应聘者而言，在短时间内清晰而有力地表达自己是一项复杂的任务，要求应聘者精炼自己的信息，确保不仅内容准确而且言之有物。这强调了在商业环境中学会有效的信息表达的重要性。

在管理沟通中，制定信息策略是确保有效沟通和信息传递的关键环节。首先，明确沟通的目标是至关重要的。了解信息的传达目的，并确定主要的目标受众，有助于确保信息策略的针对性。随后，对受众进行仔细分析，深入了解受众的需求、期望和背景，使制定的信息内容更符合受众的兴趣和关注点。选择适当的沟通渠道同样至关重要。不同的目标受众可能更偏好不同的沟通方式，例如面对面会议、电子邮件、社交媒体等。

一致性是信息策略的重要原则。信息策略应与组织的整体目标、文化和价值观一致，从而加强品牌形象，在受众中建立信任感。同时，信息策略需要灵活适应不同的沟通场景，确保在各种环境下都能取得良好的效果。

定期更新信息以保持其时效性也是信息策略的一部分。在信息传递中一旦发生变化，定期审查和更新信息是确保受众获取准确和最新信息的关键步骤。

建立反馈机制是信息策略中的重要组成部分。设立有效的反馈机制，可以收集来自受众的意见和建议，从而及时调整和改进信息策略，确保其适应变化的需求和环境。

定期监测和评估信息传递的效果是信息策略的闭环。通过评估信息策略的实施效果，可以发现潜在问题并进行调整，确保信息策略的持续有效性。综合考虑这些因素制定信息策略可以为管理沟通提供有力的支持，确保信息能够在组织内外被清晰、准确地理解和接收。

此外，制定信息策略还需关注以下方面：

（1）双向沟通：信息策略应该鼓励双向沟通，而不仅仅是单向传递信息。为此，可以设立反馈机制，以便员工或其他利益相关者能够提出问题、意见或建议。双向沟通有助于建立开放的组织文化，增强员工参与感和对组织决策的理解。

（2）风险管理：在信息策略中考虑风险管理是很关键的。这包括识别可能的误解、信息泄漏或传达不当的风险，并采取相应的措施来减轻这些风险。明确信息的敏感性和机密性，确保合规性，特别是在涉及法规、法律或道德责任的情况下。

（3）多渠道策略：不同的信息可以通过多种渠道传递。综合利用面对面会议、电子邮件、内部社交媒体、培训课程等多种渠道，确保信息覆盖面更广，适应不同受众的习惯和喜好。

（4）定期审查和更新：信息策略应该是灵活的，并随着组织的变化而调整。定期审查信息策略的有效性，并根据反馈、业务需求和外部环境的变化进行更新。这有助于确保信息策略持续符合组织的目标和价值观。

（5）员工培训：为员工提供相关的沟通培训，使其具备有效的沟通技能。培训可以涵盖书面沟通、口头表达、团队协作等方面，帮助员工更好地理解和运用信息策略。

（6）文化适应性：考虑到不同文化、部门和团队之间的差异，信息策略应该具有一定的灵活性,以适应不同文化和背景下的沟通需求。这有助于建立一个更加融洽和协调的工作环境。

综合考虑以上因素,组织可以制定出更为全面和实际可行的信息策略。这样的策略能够更好地服务于组织的整体目标,促进内外部的有效沟通,增强团队合作,提升组织的整体绩效。

本章小结

1.信息是指发送者向接收者传递的数据、资料、消息、情报、知识以及其中隐含的思想与情感,广义上包括中性的信息、理性的思想和感性的情感。按照不同的类别和标准可以对信息进行分类。

2.信息收集是指根据特定的目标和要求,将分散在不同时空的相关信息,通过特定的手段和措施,搜寻、采集和汇聚的过程。在信息收集的过程中,我们还应特别注意:明确信息收集的目的、有针对性地收集有效信息,过滤无用信息,善于反馈,消除信息模糊。

3.信息收集过程包含收集方法、收集工具和应注意的问题几个方面。

4.信息加工是指将原始信息经过一系列处理、解释、筛选和组织的过程,以确保其在传递过程中能够被接收者理解并产生预期的效果。信息加工涉及多个环节,包括编码、传递和解码等。

5.信息策略的制定需要解决好两大问题:如何强调信息和如何组织信息。强调是通过在信息中突出重要元素,引起受众的关注并增强信息的可记忆性。有效的信息组织涉及选择合适的沟通渠道、明确的信息结构、适当的语言风格以及考虑受众的需求等几个方面。

6.良好的信息表达不仅包括清晰的语言表达,还需要考虑到沟通的目的、受众的特点、沟通渠道的选择以及信息的结构,同时要注重语言的准确性和精炼性以及注重双向沟通。

复习思考

1.在信息的收集过程中,我们应该注意哪些问题?

2.如何利用听众记忆曲线来强调信息?

3.如何有效组织信息?

4.信息表达应该注意哪些方面?

技能提升

【案例分析】

问题究竟出在哪里

第6章 渠道选择策略

本章思维导图

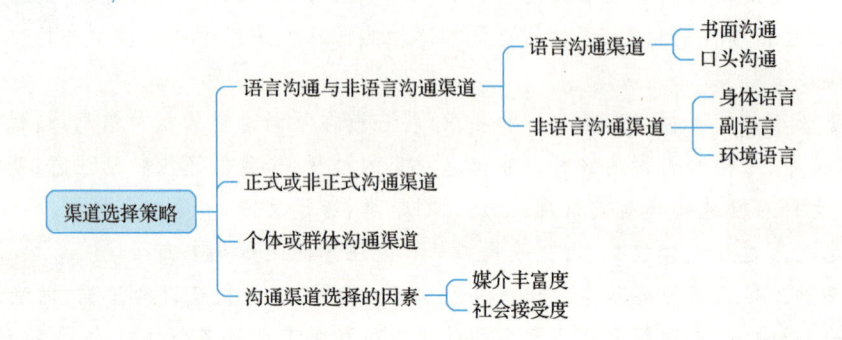

```
                    ┌─ 语言沟通与非语言沟通渠道 ┬─ 语言沟通渠道 ┬─ 书面沟通
                    │                          │              └─ 口头沟通
                    │                          └─ 非语言沟通渠道 ┬─ 身体语言
                    │                                            ├─ 副语言
渠道选择策略 ───────┤                                            └─ 环境语言
                    ├─ 正式或非正式沟通渠道
                    ├─ 个体或群体沟通渠道
                    └─ 沟通渠道选择的因素 ┬─ 媒介丰富度
                                          └─ 社会接受度
```

思政目标

沟通必须借助一定的媒介渠道才能进行,沟通渠道的选择是指对传播信息的媒介的选择。分析沟通渠道选择策略,在不同沟通情景下选择合适的沟通渠道才能达到理想的沟通效果。通过本章节学习可以让学员正确选择沟通渠道,从而使沟通更快速、更准确。

本章学习目标

- ◆ 了解书面沟通和口头沟通及其特点、适用情形。
- ◆ 了解非语言沟通的类型。
- ◆ 掌握沟通渠道的选择因素。

本章关键词

语言沟通;非语言沟通;书面沟通;口头沟通;正式沟通;非正式沟通;个体沟通;群体沟通;社会接受度;媒介丰富度

引导案例

戴尔公司的面对面沟通

戴尔公司是一家全球知名的科技公司,其面对面沟通在组织内部和外部都发挥了关键作用。戴尔公司的面对面沟通主要是通过销售人员拜访客户的形式进行。这种沟通方式有利于更好地了解和引导客户需求,让客户更好地了解戴尔的产品和服务,并增进与客户之间的信任和联系。

以下是戴尔公司面对面沟通的一些特点和实践：

内部面对面沟通：

(1) 团队会议：戴尔公司注重通过团队会议促进内部沟通。定期召开的团队会议为员工提供了分享信息、讨论项目进展和解决问题的平台。这有助于加强团队协作，提高工作效率。

(2) 领导层沟通：公司高层领导通过面对面的沟通方式与员工互动，包括定期的员工大会、小组讨论或一对一会议。这种直接的沟通方式有助于建立员工对公司领导的信任感，同时使领导层更加了解员工的需求和意见。

(3) 培训和发展活动：戴尔通过面对面的培训和发展活动提升员工的技能和知识，包括研讨会、工作坊和培训课程，为员工提供了直接互动的学习机会。

外部面对面沟通：

(1) 客户会议和活动：戴尔重视与客户的面对面交流。客户会议、活动和展览是公司与客户直接互动的重要平台，使客户能够了解公司的产品和服务，并提供即时的反馈。

(2) 供应商和合作伙伴会议：戴尔与供应商和合作伙伴之间的面对面沟通也很重要。定期的会议有助于共享信息、解决问题，并建立互信关系，确保供应链的顺畅运作。

(3) 行业活动和社交聚会：参与行业活动和社交聚会是戴尔公司建立行业联系和网络的方式，使公司能够与同行、业界专业人士和潜在合作伙伴进行直接的交流。

成功因素：

(1) 开放的沟通文化：戴尔公司鼓励开放、透明的沟通文化。这有助于员工自由表达意见和观点，促进信息的流动。

(2) 领导层的示范作用：公司领导层通过亲自参与面对面沟通，树立了良好的榜样。这有助于建立信任，并确保公司价值观和目标得到全体员工的理解。

(3) 灵活性和创新：戴尔公司注重灵活性和创新，这在面对面沟通中也有所体现。采用新颖的沟通方式和工具，以适应快速变化的业务环境。

此外，戴尔公司与客户沟通的方式多样，包括电话和网络沟通。他们提供 800 免费电话服务，让直销人员回答客户各种技术问题并引导其选择配置。在网络上，客户可以访问戴尔的网站获取产品信息并在线订购，同时还有在线支持工具解决常见技术问题。

总体而言，戴尔公司通过内部和外部的面对面沟通，建立了卓越的团队合作、客户关系和行业合作伙伴关系。这种注重直接互动的沟通方式有助于提高工作效率，增强企业文化，同时加强与客户和合作伙伴之间的关系。

（案例来源：马翠华，刘建准. 管理沟通技能与开发[M]. 北京：中国纺织出版社，2024.）

6.1 语言沟通与非语言沟通渠道

6.1.1 语言沟通渠道

1. 书面沟通

书面沟通是指通过书面形式传达信息和思想的沟通方式。这种沟通方式以书面文件、文字为媒介,通过信函、报告、备忘录、电子邮件、便签等书面形式进行信息交流。书面沟通是商务和组织环境中广泛使用的一种沟通手段,它具有明确、持久、可追溯等特点,适用于各种场合和目的。书面沟通的主要形式包括:

- 信函:正式的书信格式,通常用于正式的商务信函、申请、邀请函等。
- 报告:结构化的文档,用于传达详细的信息、分析、研究结果等。
- 备忘录:一种内部通信,通常在组织内部用于传递简短的信息、提醒或安排事务。
- 电子邮件:通过电子邮件系统发送的信息,是一种快速、方便的书面沟通形式。
- 便签:简短的书面消息,用于传递紧急或简要的信息。

书面沟通作为一种广泛应用于商务和组织环境中的沟通方式,具有许多独有的特征,这些特征直接影响着信息传递的效果、组织内部协作和业务关系的发展。以下是书面沟通的一些显著特征:

(1)明确性和精准性:书面沟通的信息经过精心选择和组织,确保意思清晰、准确,降低误解风险。

(2)持久性和可追溯性:书面文件可保留、存档,便于跟踪查阅,适合商务和组织环境的信息记录。

(3)正式性和法律效力:书面文件在商业和法律交往中具有法律效力,确保法律合规性和明确责任。

(4)多样传播方式:书面信息可通过多种渠道传播,适应不同受众需求,如电子邮件用于及时沟通和项目协作。

(5)跨时空传播特性:书面信息不受时间和地域限制,便于跨国、跨地区组织和业务沟通。

(6)隐私和保密性:书面文件可保护敏感信息,控制传播范围,防止非授权人员访问。

(7)审查和修改的灵活性:作者可审查和修改书面文件,确保信息质量,防止失误和不准确传递。

(8)灵活性和适应性:书面沟通适用于各种场合和目的,满足不同沟通需求,是商务和组织管理中的重要工具。

通过对书面沟通渠道特征的分析,书面沟通渠道优势可用于以下三种情形:

①由于其具有读取便捷、正式可靠的特点,所以比较正式或者珍贵的资料(如档案、历史资料等)还是需要书面材料留作存档,所谓"口说无凭、落笔为证",以书面形式记录下来能方便日后查证。

②书面沟通可以有效地帮助沟通双方厘清思路,构建严密的逻辑,增强沟通效果,因此那些需要大家先思考、斟酌,短时间很难有结果的事件信息(如项目策划案、工作报告等)可以用书面沟通渠道进行交流。

③对大众进行通知、宣传或对重大事件进行公开宣布,如电视、网站和传单等,也适宜用书面形式的沟通方式。

书面沟通的缺点之一在于它不能进行及时的反馈,也不能观察到对方的表情,有时易造成信息的误读。书面沟通的另一个缺点是容易产生沟通的障碍,由于人们知识水平、社会经验及思想观念的差异,不同的人对相同的信息理解的程度是不一样的,因此对于书面文字传递的信息,接收者有时不能真正理解传递者的本意,从而造成沟通障碍。因此,对于类似信函这种蕴含有感情的书面信息要注意揣摩发送者的言外之意。除了共有的优缺点外，每种书面沟通方式还有其自身独特的优缺点。

• 知识链接

几种较常用的书面沟通方式优缺点分析
>>>>>>

2.口头沟通

这里是指广义的口头沟通，是涉及口头表达且以口头表达为主的沟通方式。在管理工作中，口头沟通是不可或缺的部分，出色的口头沟通能力是组织正常运转的重要保证。口头沟通的方式包括面谈、召开会议、电话沟通和演讲等，它的特征主要体现在以下三个方面。

(1)语音性。语音性是指口头沟通主要通过声音传播信息。不同人的声音有差异，心情也能影响声音，使口头沟通更生动。

(2)直接性。口头沟通是直接的沟通方式，信息传送快速并可得到快速反馈。若接收者有疑问，可快速反馈给发送者，使其及时调整信息。

(3)灵活性。口头沟通效果与个人修养、学识和思辨能力有关。双方可察言观色，灵活组织语言，随机应变。

口头沟通是人们日常生活中最方便的沟通渠道，大量的科学研究证实，大多数管理者每天花费大量的时间用于说话和倾听。口头沟通分为双向式沟通和单向式沟通。双向式沟通包含反馈，是信息发送者和接收者的双向交流，如面谈、访谈和讨论等。单向式沟通重在信息的传达，过程中无及时反馈，是信息发送者到接收者的单向过程，如打电话、演讲和语音邮件等。相对于书面沟通来说，不同的口头沟通方式有一些共同的优点和缺点：

(1)优点

①即时性：口头沟通具有即时性，能够在沟通者之间实现快速的信息传递。这对于解决紧急问题、即时反馈以及面对面的交流非常重要。

②反馈机制及时：在口头沟通中，沟通者能够即时获得听众的反馈，通过对方的语言、表情、姿势等作出相应的调整，以确保信息的准确传达。

③非语言元素增强表达：口头沟通不仅包括语言，还包括非语言元素，如肢体语言、面部表情、眼神等。这些非语言元素可以增强信息的表达，使沟通更加全面和生动。

④灵活性：口头沟通更具灵活性，沟通者可以实时调整表达方式、语气和措辞，以适应不同的沟通场合和受众需求。

⑤有助于建立关系：面对面的口头沟通有助于建立人际关系，通过观察和互动增强信任感，提升合作效果。

(2)缺点

①易失真：口头沟通容易受到个体主观认知和解释的影响，信息在传递过程中容易失真，导致误解和沟通障碍。

②不易记录：口头沟通的信息一般不容易记录和保存，除非采用专门的记录手段。这使得在后续的复查和回顾方面存在一定的困难。

③受限于距离：口头沟通受到地理距离的限制，需要沟通者在相对的空间范围内。对于

分布在不同地点的团队或合作伙伴,可能需要额外的沟通手段。

④语言障碍:不同的语言和方言可能导致沟通的障碍,尤其是在跨文化沟通的情境中,语言差异可能引发误解和沟通不畅。

⑤缺乏形式化:口头沟通通常缺乏正式的结构和框架,相对于书面沟通来说,信息的组织和呈现可能较为随意。

总体而言,口头沟通在许多情境下都是必不可少的,但在一些需要准确记录和长期保存信息的场合,或者在面对多语言环境时,可能需要结合其他沟通方式以弥补其缺点。在实际应用中,合理选择口头沟通和书面沟通相结合的方式,能够更好地满足不同的沟通需求。

为了更好地运用各种口头沟通方式,应该了解每种方式的优缺点。下面以单向式沟通中的演讲、语音邮件以及双向式沟通中的电话、面谈为例进行分析。

(1)演讲是一种公众场合的语言交际活动,具有鼓动性,能激发听众热情、引发共鸣。除了传播知识和信息,演讲能启迪受众思考并引导行动,但演讲准备时间长,费时费力,对演讲者要求高,适用于重要事件的沟通。

(2)语音邮件是一种计算机或手机应答功能,能自动保存和播放呼叫信息,适用于简短消息处理,管理方便,可删除、保存或转发。相比电子邮件,语音邮件更灵活、生动,包含更多非语言暗示。

(3)电话突破地域束缚,使人们沟通更加自如,节省时间和费用,但可能无法随时保持畅通,不一定能随时联系上接收者。电话沟通缺少文字和视觉信息,可能会产生误解。

(4)面谈是有目的、有计划的面对面交流过程,利于建立良好的人际关系。但面谈过程可能受到心理和环境因素影响,不易达到预期的沟通效果。

(5)书面和口头沟通是管理沟通的主要渠道,贯穿整个管理过程,在计划、组织、领导和控制活动中发挥重要作用,保障管理工作的顺利进行。书面沟通渠道与口头沟通渠道在管理职能上的区别见表6-1。

表6-1　　　　　　　　　书面沟通与口头沟通渠道区别

职能	书面沟通渠道	口头沟通渠道
计划	制订书面计划(包括长期计划和短期计划)	群体讨论(收集想法、讨论实施方案)项目会议
组织	制定分配资源、布置任务的政策、程序等,绘制结构和流程图	面对面讲解、电话指导和动员大会
领导	书面批示和邮件反馈	口头指示、电话会议、广播和演讲
控制	书面评价、期望与绩效情况的书面分析和邮件反馈	对结果进行口头评价或电话指导

6.1.2　非语言沟通渠道

非语言沟通是指通过非语言手段传递信息、表达情感、交流思想的过程。这种沟通形式可以包括身体动作、面部表情、眼神交流、姿态、声音的音调和节奏等。它在日常生活中随处可见,甚至在人们没有说话的情况下,非语言沟通也在发挥作用。非语言沟通具有以下几个特征:

(1)普遍性:非语言沟通是人类交往的普遍现象,几乎每个人都会通过非语言方式来传递信息,哪怕是在不自觉的状态下。

(2)多样性:非语言沟通的形式多种多样,包括肢体语言、面部表情、眼神交流、姿态、声音的音调和节奏等。不同的文化和个体可能有不同的非语言沟通方式。

(3)情感表达:非语言沟通在表达情感方面尤为重要。通过面部表情、眼神和声音的变化,人们能够更直观地感受到对方的情感状态,这对于建立信任和理解至关重要。

(4)补充言语:非语言沟通通常与言语相辅相成,能够补充、强化或修饰言语信息。有时,人们的言语和非语言信息可能传达不同的意思,需要综合考虑。

(5)文化差异:不同文化对于非语言沟通的解读可能存在差异。一些非语言表达方式在某些文化中可能是礼貌和正常的,而在另一些文化中可能被解读为冒犯。

(6)持续性:非语言沟通往往是持续性的,即使在言语交流暂停的时候,人们的非语言信号仍然在传递信息。例如,一个微笑或眼神的交流可能持续影响人们的感知。

(7)难以伪装:非语言沟通通常比言语更难以伪装,因为它往往是自发的、不受控制的反应。人们常常会通过非语言信号来洞察他人的真实感受和意图。

总体而言,非语言沟通是一种丰富、复杂且强大的交流形式,对于理解他人、建立有效的人际关系以及在跨文化环境中的沟通都具有重要的意义。非语言沟通主要包括身体语言、副语言、环境语言三种语言形式。

1. 身体语言

(1)定义

人是有思维的生物,所思所想反映在行为中。身体语言是非词语性的身体符号,包括肢体、表情和形象语言。默片时代,肢体语言是唯一的沟通方式,卓别林等演员成为肢体语言的先驱。日常生活中,身体语言是常见的非语言沟通方式,影响人际交往。

(2)类型

身体语言能够通过声音、视觉、嗅觉、触觉等多种渠道传递信息,一个不经意的动作、一次眼神的交互以及穿着打扮,都可能隐藏着非常重要的含义。身体语言根据其传播方式不同分为以下三种类型。

①肢体语言

肢体语言是指通过身体的各种动作来代替语言,以达到表情达意的沟通目的。广义上,肢体语言包括面部表情;狭义上,仅指身体与四肢的意义。肢体能表达情绪,如鼓掌表示兴奋,顿足代表生气,搓手表示焦虑,垂头代表沮丧,摊手表示无奈,捶胸代表痛苦。这些肢体动作可以表达人的情绪,让其他人识别出他们的心境。

②表情语言

表情语言是个体在人际沟通中,通过面部表情和肢体反应来传递信息和表达情绪的非言语手段。主要包括言语表达时的面部表情和肢体反应,如语气、目光等。它是言语活动的重要辅助手段。

眼神交流是非语言沟通的重要方式,能传达丰富的信息。当对方眼神游离,可能表示对谈话内容不感兴趣。微笑是促进沟通的法宝,能缩短心理距离,为深入交流创造和谐氛围。真诚的微笑能调动五官,让人感到亲切、打动人心。笑容的感染力强,当你微笑时,无论真假,对方通常也会回应微笑。因此,需要常常以笑脸示人。

人类的表情是最丰富、最复杂的。不同状态下，人的表情表现不同。因此，在管理沟通中，善于解读面部表情十分重要。

③形象语言

形象语言包括人的具体形态或姿态，以及外貌形象。化妆可以改善人的外貌，展现更好的形象。发型是人的重要组成部分，体现了一个人的精神风貌，选择发型应符合脸型、年龄、职业、性格、气质和爱好等。保持头发健康需要日常保养，根据不同的场合准备适当的发型。正式场合，男士头发不宜过长，黑色系更能体现成熟稳重；女士不宜披发过肩，应选择整洁美观的发型，如盘发。选择发卡、发带时要注意庄重美观，黑色系最能体现东方女性的温婉柔美。

容貌是个人形象的重要表现部分，体现了一个人的精神气质和朝气活力。化妆不仅是对自我容貌的修饰，也是对他人的尊重，正式场合应妆容精细。选择符合自己气质、脸型、年龄的妆容可以让人端庄靓丽，增添个人的魅力和自信。

香水是妆容的重要组成部分，展现了个人品位和修养。不同的人和场合有不同的选择，选择合适的香水可以增添个人魅力。

服饰反映了一个人的审美和文化素养。虽然不能"以貌取人"，但服饰的确影响别人对你的看法。此外，首饰由宝石、钻石、珍珠、翡翠等加工而成，具有丰富的自然色彩和表现力。女性佩戴珠宝首饰可以带来不同的艺术效果。

2. 副语言

(1)定义

副语言是指发出的有声但无固定语义的辅助语言(para language)，像音质、音调、音高、讲话的速度，以及诸如停顿、叹息或嘟囔的声音。副语言虽然有声音，但是非语言的。例如，各种笑声、叹息、呻吟以及各种叫声。哈哈大笑，爽朗的笑，傻笑，苦笑，假笑，讨好上司的笑，无可奈何的笑，诸如此类，都等于在说话，有时甚至胜似说话，不过它是不分音节的语言。

讲话的辅助语言提供了另一种理解他人感情的有效方式。我们可以将辅助语言看作是沟通的声音，来观察一个人的声音在困难的段落如何变得生硬或中止，在情绪高涨的时候又是如何变得流畅而激昂。在没有可视信息的情况下，一个人经常能够很好地去倾听另一个人的声音。

①发音修饰

发音修饰在交谈中起着重要作用。音调、音量和语速的变化可以改变一句话的含义。例如，"你真厉害"这句话，音调不同，含义就不同。低音调表示夸奖，高音调则表示讥讽。心理学家发现，低音调与愉快、悲伤等情绪相关，而高音调与气愤、惊奇或恐惧相关。另外，研究人员还发现声调是鉴别他人说谎的最可靠线索之一。虽然说谎者可以控制自己的表情，但声调的提高会不自觉地透露他们言不由衷的心态。发音修饰中的大部分要素是可变的，但音质是稳定的个人声音特征，不可改变。

②语音间隔

语音间隔包括语句中的停顿和沉默。

停顿是副语言中的语音分隔符号。在交谈中，停顿时点的选择以及停顿时间的长短，都会传达给对方一些信息，具有一定的暗示效果，体现在以下三个方面。

a. 明确含义。在现实生活中，一段较长的话如果没有适当的停顿，可能会导致歧义。例如,"王经理通知说,让新来的员工孙晓波本月15日前去汇报"。这句话中的"本月15日前去汇报"可以有不同的理解,因为停顿的时机不同。适当的停顿可以确保沟通的双方理解清楚,避免产生歧义。

b. 造成悬念。有经验的演说家会利用停顿来制造悬念,引发听众的好奇心。这种突然的安静或嘈杂能够引发听众的关注,使他们对接下来要说的内容充满期待。例如,马云在他的演讲中通过停顿、改变姿势和走动等方式,成功地引发了听众的好奇心,为他的演讲增添了神秘感。

c. 集中注意。通过巧妙的停顿,演讲者可以有效地吸引听众的注意力。例如,李燕杰在警察学校的演讲中,利用停顿让嘈杂的会场安静下来,使他们更加专注地听讲。

沉默是副语言中的重要元素,不同文化对其理解各异。在中国,"沉默是金"广为人知,其意义因场合而异,可表示赞同、默认、抵制、保留意见或生气。沉默常被视为明哲保身的智慧。随着经济发展和社会开放,人们对"沉默是金"的看法也在变化。无论是"无声胜有声"的缄默还是"发出心底呐喊"的激情,都是意在达到更好的沟通效果。

(2)副语言的性别、文化差异

副语言虽然只是一种伴随语言,本身并没有实际意义,但它本身却仍然有性别、民族和地区的差异。

副语言的应用存在性别差异。在表示不好意思时,男性倾向于挠后脑勺,而女性则更喜欢捂脸。在日常交际中,男性更常使用手势,而女性则更多地使用面部表情,特别是眼神。在英美国家,男子使用眉毛的动作比女子多。理解无声信息的关键在于观察体态,而女性通常在这方面更有洞察力。

3. 环境语言

(1)定义

环境语言就是环境在沟通过程中传达出的信息。环境是沟通的必备要素,沟通必然都发生在特定环境中,同时,环境又是沟通的工具,通过环境的设置和对空间位置的把握,能够传达出某些隐性的沟通信息,有利于信息和情感的交流。

(2)类型

环境语言包括沟通的自然环境,如沟通场所的设计、布局、布置、光线等;也包括空间环境,如座位安排、空间距离等;还包括时间环境,包括沟通时间的安排、长短、是否守时等。

①自然环境。自然环境是环绕人们周围的各种自然因素的总和,是人类赖以生存的物质基础。这些自然因素都会潜在地影响人们的生理和心情,进而影响沟通的效果。

沟通中涉及的自然环境主要包括:a. 光线。光线不足会使人情绪低落、昏昏欲睡;光线过强又会刺激眼睛,引起眼部疲劳。与人沟通时,应该调节好光线强弱,最好采用偏冷的光色,以保持沟通双方冷静和清醒。b. 噪声。人在有噪声的环境中工作时多数会感到烦躁,沟通过程中若有噪声的干扰也会影响信息的传递。c. 温度和湿度等。合适的温度和湿度会使人感到身体舒适、心情愉悦。研究表明,沟通的室内温度最好设置为冬天18 ℃~25 ℃、夏天23 ℃~28 ℃,此时,人会感到舒适,精神状态好,思维最敏捷。

②空间环境。空间距离是非常重要的环境沟通语言,不同的空间距离能够表达不同的意义和情感,甚至能够反映出不同的信仰、文化背景。美国霍尔教授经过研究发现,人们在交际中有四种空间距离:亲密距离、私人距离、社交距离和公众距离,具体定义见表6-2。

表 6-2　　　　　　　　　　　空间距离的分类

空间距离	距离/m	使用场合/对象
亲密距离	0～0.46	父母、爱人、知己
私人距离	0.46～1.22	酒会交际
社交距离	1.22～4.0	企业内上下级及同事之间
公众距离	4.0～8.0	开大会、演讲/明显是级别界限

③时间环境。管理沟通中,沟通时间的确定,反映出沟通主体对于沟通事项及对象的微妙态度。是迫不及待、越早越好呢还是无所谓?是管理者的黄金工作时间段呢,还是无关紧要的时间段?是预留了非常充足的时间呢,还是只是两个重要安排中间的一小段"边角料"时间?是只能公事公办的上班时间呢,还是可以进行更深入交流的临近下班的时间?所有这些安排都流露出管理者对于沟通的重视程度及沟通效果的预期和希望。此外,管理者是否准时,也流露出对于沟通的重视程度,以及个人素养。

6.2　正式或非正式沟通渠道

组织沟通渠道可分为正式渠道和非正式渠道两种基本类型。每种渠道又有许多种表现形式。正式沟通中根据信息流向的不同,可以分为上行沟通、下行沟通以及平行沟通。非正式沟通是指通过正式沟通渠道以外的方式进行的信息传递和交流。

正式和非正式沟通是人际交往中两种不同的沟通方式,它们在目的、语言、场合、语调等方面存在显著差异。正式沟通通常在正式场合、专业环境或官方场合中进行,目的明确、语言规范,而非正式沟通则更倾向于在日常生活、亲近关系或非正式场合中进行,更加灵活、亲切。

正式沟通通常在正规、官方或专业的场合中进行,包括书面和口头形式。书面沟通使用规范语言,语法正确,结构严谨,适用于商务信函、报告、合同等专业文档。口头沟通使用正式语调和措辞,常见于会议、演讲、商务谈判等场合,有助于准确传达信息和维护专业形象。

与正式沟通相对的是非正式沟通,它注重轻松、亲切的氛围。非正式沟通既可以是口头,也可以是书面,语言较随意,更接近日常表达。非正式口头沟通常在朋友、家人间进行,语调亲切自然。非正式书面沟通包括个人邮件、短信、社交媒体消息等,更注重表达个人情感和思想,语言灵活多样。

正式和非正式沟通在语言风格上存在明显差异。正式沟通通常使用规范、正式的语言,注重专业术语和正式措辞,以确保信息的准确传达。非正式沟通更倾向于使用口语化、随意的表达方式。

另一个区别是在场合选择上。正式沟通更适用于正规的、需要遵循一定礼仪和规范的场合,如商务会议、学术讲座等。非正式沟通则更适用于日常生活中的各种场合,如家庭聚会、朋友聚餐、休闲活动等。

此外,正式沟通通常更加注重明确的目的和结构,信息传达更为正式、庄重。而非正式沟通则更注重情感表达、人际关系的维护。

在实际生活中,根据情境灵活运用正式和非正式沟通很重要。在工作和学术环境,正式沟通更专业、准确。日常社交和亲情友情中,非正式沟通促进情感交流和关系建立。正式和非正式沟通都是重要的人际交往方式,各有特点和适用场合。正式沟通与非正式沟通的运用形式见表6-3。

表 6-3　　　　　　　　　　　　正式沟通与非正式沟通的运用

沟通类型	方向	沟通渠道			
		书面沟通渠道		口头沟通渠道	
		个体之间	群体之间	个体之间	群体之间
正式沟通	上行沟通	书面汇报,工作总结,邮件	书面提议,群众意见箱	口头汇报,口头提议,电话	电话会议,报告会,座谈会
	下行沟通	书面批示,反馈电子邮件	公告,文件传阅,即时通信	口头指示,电话,语音邮件	发表讲话,工作会议,电话会议,广播
	平行沟通	备忘录,邮件,手机短信,即时通信	工作日志,网站,会议纪要	口头交谈,正式会谈	部门会谈,即时通信,广播,群体软件
非正式沟通	——	私人书信,短信,即时通信	自由论坛,网页,博客	私人会面交谈,电话,语音信息	私下讨论,小道消息,群体聊天软件

6.3　个体或群体沟通渠道

个体或群体沟通渠道是指信息在个体或群体之间传递和交流的途径和方式。

个体沟通渠道适用于个人关系的构造,获知他人的反应,获取属于隐私和机密的信息。如需将信息传达至某一个人,可选择当面讨论、电脑可视会议、语音信箱、传统书面表达、传真或电子邮件。当所传递的信息属于个人隐私、机密,目的在于建立良好的个人关系时应选择个体渠道。

群体沟通渠道则适用于团体关系或形象的构建,取得团体反应(包括可能的一致意见),防止排除某人或确保团体中的每个成员都同时接收了沟通者的信息。如需将信息传达至某一团体,则可选择报告会、问题解答会、电子公告板、聊天团体、新闻团组、远程可视会议、电话会议、传统书面表达、传真及电子邮件来完成。当所传递的信息属于可告知的、公布的,目的在于构建团体形象和公共关系时,应选择群体渠道。

在当今社会,沟通渠道的多样性已成为人们个人生活和组织运作的重要组成部分。这些渠道可以包括面对面交流、书面沟通、电子邮件、社交媒体、会议等多种形式,每一种都具有独特的特点和适用场景。

面对面交流是最直接、基本的沟通方式之一,通过语言、肢体语言和面部表情传递信息,具有高度的亲密性和真实性。它能够传递更多非语言信息，有助于沟通双方建立信任和深入理解，在家庭、朋友和工作场合等各个层面都非常重要，尤其适用于涉及情感和人际关系的沟通情境。

书面沟通是另一种重要的沟通方式，包括信函、备忘录、报告等书面形式。它具有稳定、持久的特点，方便记录和查阅，适用于需要详尽陈述、明确表达的场合，如正式文件、法律文件和学术论文等。书面沟通提供了一种规范和系统的方式，有助于准确理解和保留信息。

电子邮件是一种现代化的书面沟通方式，以其迅速、方便、可追溯的特点而受到广泛应用。个体或群体可以通过电子邮件在不同地点和时区进行高效的信息交流。电子邮件的使用使得工作和业务沟通更加便捷，但也要注意保持专业性，避免信息的误解和冲突。

会议是一种组织内部和跨组织的群体沟通方式。通过会议，个体和群体能够面对面地交流思想、解决问题、做出决策。会议具有即时性和实时互动的特点，适用于需要团队合作和集体决策的场合。然而，会议的成本较高，可能需要投入大量的时间和资源。

总体而言，沟通渠道的选择取决于具体情境和需求。不同沟通方式有各自优势和限制，有效沟通需综合运用多种渠道。在信息社会，科技发展催生了新的沟通工具和平台，为个体和群体提供了更多元化、便捷的选择。但有效沟通的关键在于选择合适渠道，并注重互信、共享信息和尊重不同观点，以促进有效和有意义的交流。

6.4　影响沟通渠道选择的因素

在实际工作中，管理者要传递信息时，到底选择哪一种沟通渠道比较有效呢？这主要取决于两个方面：一方面是媒介丰富度，即不同媒介形式在传递信息时所展现的多样性和深入程度；另一方面是社会接受度，即沟通渠道被组织、团队和个人接纳与支持的程度。

1. 媒介丰富度

媒介丰富度（media richness），又称信息丰富度（information richness），指媒介潜在的信息承载量以及传播的信息内容质量效果的能力。能够克服不同知识背景或者将不明确的问题阐述清楚、使得沟通双方能够获得一致共识的媒介被认为是高丰富度的，而需要长时间去理解或者提供信息量较少的沟通方式被认为是低丰富度媒介。

人们面对不同的信息内容与沟通目的，有不同的媒介选择，他们会以媒介所承载的信息量与欲处理的任务特性是否匹配作为选择的依据。对于清晰明确的可分析性任务应选择更简练的媒介，而涉及更多个人思考、创造和不可控的任务则要考虑较为丰富的媒介。

各种沟通媒介在传递信息方面的能力是不同的，每一种媒介在信息的丰富程度和数据的容量上也是不同的。数据是传递的消息中没有经过解释和分析的元素，信息是指经过解释或分析，对信息接收者有意义的数据。不同媒介的数据容量和信息丰富程度是不同的，见表6-4。

从表中可以看出，面对面沟通承载的信息最丰富，它提供了大量的信息线索，包括语言、体态、手势、面部表情、声调等，它同时使用了语言和非语言沟通，能够接收到及时的反馈，而正式的书面报告中的信息丰富性最低可以说信息最贫乏。但是，面对面沟通中的数据容量是最低的，而正式的数据报告中的数据容量是最高的。因此，要选择哪一种媒介还要看沟通中的信息是常规的还是非常规的。

表 6-4　　　　　　　　不同沟通媒介的信息丰富程度和数据容量

媒介	信息丰富程度	数据容量
面对面沟通	最高	最低
电话	高	低
个人信件	适中	适中
正式的书面报告	适中	适中
公告	低	高
正式的数据报告	最低	最高

常规的信息是指表述明确的信息，非常规信息是指复杂的且模棱两可的信息。由于非常规信息较为复杂且引起误解的可能性比较高，因此管理者采用信息丰富程度高的媒介来沟通才有效，如采用面对面交谈和电话等方式。常规性信息选用媒介丰富性程度低的方式来传递和表达比较合适，如书面报告、信函或正式数据报告等。

2. 社会接受度

影响群体接受程度的因素主要有三点：

(1) 组织对沟通渠道使用的规范

不同的社会环境、组织文化会对信息沟通渠道的选择产生一定的影响，比如在一些公司里电话会议比较常见，另一些公司则主要使用电子邮件或者即时通信，一些公司希望员工能面对面地沟通，而在另一些公司会议却是很罕见的事情。

(2) 个人偏好的影响

比如有些同事偏好使用电子邮件，却不喜欢语音信箱，这些偏好的产生原因与个人的性格特点、以往的经历和某种特定渠道的强化训练有关。

(3) 渠道的象征意义

比如一些渠道比较专业，而另一些渠道却比较随意。倘若某公司是用电子邮件或者手机短信告知员工你已经被解雇了，这样的方式显得过于冷漠，没有人情味，让员工难以接受。

因此我们在选择沟通渠道时，一定要考虑到沟通对象对沟通渠道的规定和偏好，按照对方的要求进行沟通，千万不能按照自己的感觉随意选取沟通渠道进行沟通。

• 案例拓展

Motorola 的有效沟通

本章小结

1. 语言沟通渠道包括书面沟通和口头沟通。

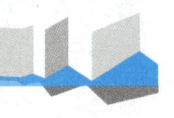

2.书面沟通是指通过书面形式传达信息和思想的沟通方式。书面沟通的特征:明确性和精准性、持久性和可追溯性、正式性和法律效力、多样传播方式、跨时空传播特性、隐私和保密性、审查和修改的灵活性、灵活性和适应性。

3.书面沟通的优点:读取便捷、正式可靠、逻辑严密等;书面沟通的缺点:反馈机制受限且反应迟缓、容易产生沟通障碍。

4.口头沟通是涉及口头表达且以口头表达为主的沟通方式。口头沟通的特征:语音性、直接性和灵活性。

5.口头沟通的优点有:即时性、反馈机制及时、非语言元素增强表达、灵活性、有助于建立关系等;缺点有:易失真、不易记录、受限于距离、语言障碍、缺乏形式化等。

6.非语言沟通的定义:非语言沟通是指借助于除语言外的其他沟通要素(如外在形象、肢体动作及交际距离等)传递信息、表达情感、交流思想的过程。

7.非语言沟通的特征:普遍性、多样性、情感表达、补充言语、文化差异、持续性和难以伪装。非语言沟通主要包括身体语言、副语言、环境语言三种语言形式。

8.身体语言包括肢体语言、表情语言、形象语言;副语言包括发音修饰和语音间隔,副语言本身有性别、民族和地区的差异;环境语言包括沟通的自然环境、空间环境和时间环境。

9.正式沟通中根据信息流向的不同,可以分为上行沟通、下行沟通以及平行沟通。非正式沟通是指通过正式沟通渠道以外的方式进行的信息传递和交流。

10.当所传递的信息属于个人隐私、机密,目的在于建立良好的个人关系时应选择个体渠道;当所传递的信息属于可告知的、公布的,目的在于构建团体形象和公共关系时,应选择群体渠道。

11.影响沟通渠道选择的两个重要因素:媒介丰富度和社会接受度。

复习思考

1.在进行沟通表达时,"白纸黑字好"还是"言语更动听"?
2.根据所学的知识,你是如何理解"不仅听你说什么,更重要的是看你怎么说"?
3.作为管理者,如何提升自己的非语言沟通能力?

技能提升

【案例分析】

华为的管理沟通

第 7 章　文化策略

本章思维导图

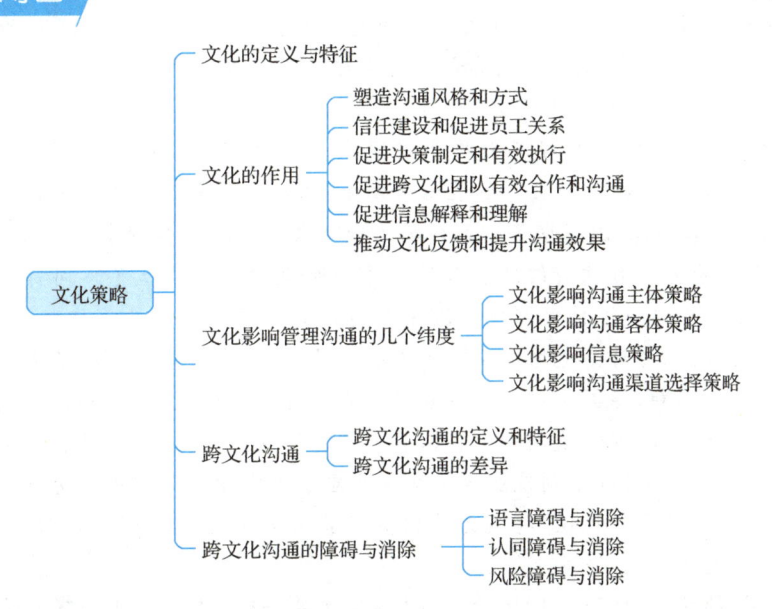

- 文化策略
  - 文化的定义与特征
  - 文化的作用
    - 塑造沟通风格和方式
    - 信任建设和促进员工关系
    - 促进决策制定和有效执行
    - 促进跨文化团队有效合作和沟通
    - 促进信息解释和理解
    - 推动文化反馈和提升沟通效果
  - 文化影响管理沟通的几个纬度
    - 文化影响沟通主体策略
    - 文化影响沟通客体策略
    - 文化影响信息策略
    - 文化影响沟通渠道选择策略
  - 跨文化沟通
    - 跨文化沟通的定义和特征
    - 跨文化沟通的差异
  - 跨文化沟通的障碍与消除
    - 语言障碍与消除
    - 认同障碍与消除
    - 风险障碍与消除

思政目标

在管理沟通中，通过实现共同使命和愿景的传达，强调组织核心价值观的重要性，并激发员工在工作中融入这些价值观的积极性，这种整合有助于塑造积极向上、有责任感、有思想深度的组织文化。

本章学习目标

- ◆ 了解文化的定义与特征。
- ◆ 掌握文化的作用。
- ◆ 掌握文化影响管理沟通的几个维度。
- ◆ 了解跨文化沟通的定义。
- ◆ 掌握跨文化沟通的障碍与消除方法。

本章关键词

文化沟通；跨文化沟通多元性；情境性；复杂性；语言障碍；认同障碍；风格障碍

> 引导案例

文化冲突引发的罢工风波

20世纪70年代,英国汽车制造业经历了一系列罢工事件,其中最著名的可能是1978年至1979年的"冬季抗议"(Winter of Discontent)。这一时期的罢工波及了多个行业,包括汽车制造业。文化冲突是其中的一个重要因素。英国的工会在20世纪70年代非常强大,工人纷纷要求提高工资、改善工作条件以及参与公司管理。工人阶级的诉求与当时某些企业和政府的经济政策存在分歧。工业重组和裁员也存在问题:汽车制造业正经历技术变革和结构调整,这导致了一些厂家进行裁员和工业重组。工人对于失业威胁的担忧以及裁员决策的不满成为引发罢工的文化冲突因素。

英国在20世纪70年代初经济面临严重困境,政府实施的紧缩政策引发了广泛不满。这种政策导致了通货膨胀、高失业率和生活成本上升,进一步激化了工人与政府的矛盾。在1978年至1979年冬季,英国爆发了一系列罢工和示威活动。汽车制造业的工人也积极参与其中,要求提高工资并反对政府的经济政策。这一时期的罢工波及了不同行业,包括交通、医疗、教育等,对国家造成了巨大影响。汽车制造厂的罢工导致了生产中断,影响了整个供应链和产业。同时,社会动荡也增加了政治不稳定性,对国家形象和经济产生了负面影响。

面对广泛的罢工潮,英国政府不得不采取措施应对。政府进行了一系列谈判,试图平息工人不满。然而,这一时期的谈判并未从根本上解决问题,而是为后续的劳资关系矛盾埋下了隐患。这一时期的英国汽车制造业罢工案例凸显了文化冲突如何成为劳资关系和社会动荡的推动因素。这次"冬季抗议"也成为英国劳资关系史上的一段重要篇章,对当时的政治和经济产生了深远的影响。

(资料来源:杨佳欢.1978—1979年英国"不满之冬"研究[D].东北师范大学,2019)

7.1 文化的定义及特征

1. 文化的定义

在管理沟通中,文化是指组织内部共享的信仰、价值观、行为准则和符号体系,它不仅影响着组织内部成员之间的相互关系,还塑造了组织的整体氛围和身份认同。文化在组织中扮演着引导行为、形成共同认同和提供组织稳定性的关键角色。

文化包括组织成员共同分享的信仰和价值观,涵盖对工作的态度、创新的重视、对客户服务的关注等。文化还体现在组织的行为准则中,规范了员工在日常工作中的行为和决策。符号体系则包括组织内特定的术语、象征、标志和仪式等,这些都是文化的表现形式。

2. 文化的特征

(1)意识性

在多数情况下,文化在组织中是一种抽象的意识范畴,作为组织内部的一种资源,属于无形资产。它是组织内部群体的意识现象,表现为意念性的行为取向和精神观念。虽然文化的意识性特征难以具体描述,但可以概括性地表述。

(2)系统性

文化是一个系统,由共同价值观、团队精神、行为规范等要素构成。各要素相互依存,相互联系。因此,组织文化具有系统性。同时,组织文化以一定的社会环境为基础,受到社会文化的影响和渗透,并随着社会文化的进步和发展而不断调整。

(3)凝聚性

文化在组织中展示信仰与态度,影响成员的世界观和思维方式。良好的组织文化能够激发成员士气,增强群体凝聚力。

(4)导向性

文化的深层含义在于,它规定了人们行为的准则和价值取向,对人们行为产生持久而深刻的影响。因此,文化具有导向性。英雄人物是组织价值观的人格化和组织力量的集中表现,他们能明确组织内提倡和反对的行为,使个人行为与组织目标相匹配。

(5)可塑性

组织文化不是先天形成的,而是在组织的生存和发展过程中逐渐总结、培育和积累出来的。组织文化可以通过人为的努力来培育和塑造,而且并非一成不变,会随着组织内外环境的变化而调整。

(6)长期性

长期性是指文化的塑造和重塑需要很长时间,是一个复杂的过程。组织的共享价值观、共同精神取向和群体意识的形成不可能短期完成,需要组织适应外界环境和内部成员达成共识。

7.2 文化的作用

文化的作用是深远而多层次的,对组织的运作、决策过程、员工关系以及整体业务战略都会产生重要的影响。文化,作为一个广义的概念,包含组织的价值观、信仰、习惯、语言、沟通风格以及员工之间的相互关系等方面。在管理沟通中,文化不仅塑造了沟通的形式和效果,还直接影响到组织内外的各个方面。

(1)文化在管理沟通中扮演着塑造沟通风格和方式的关键角色,包括语言的使用、表达情感的方式以及解释信息的习惯。在跨文化管理中,了解并尊重不同文化背景的沟通习惯至关重要,这有助于提高沟通效果。

不同文化对于表达情感、使用语言、理解隐喻和非言语沟通的方式有着独特的认知和规范。在一个多元文化的组织中,管理者需要敏锐地捕捉到这些文化差异,确保沟通的准确性和高效性。例如,一些文化可能更注重正式的沟通方式,而另一些文化可能更倾向于非正式和直接的表达方式。

(2)文化在信任建设和员工关系中发挥着不可替代的作用。在一些文化中,建立深厚的个人关系可能比业务关系更重要。而在其他文化中,注重事务本身可能更为突出。管理者需要理解并尊重员工来自不同文化背景的价值观和期望,建立积极的员工关系,以增进信任和合作。通过了解员工的文化背景,管理者可以更好地理解他们的需求,为员工提供有针对性的支持和激励。

(3) 文化也在决策制定和执行中发挥着关键的作用。文化差异会影响到决策的方式和风格。一些文化更强调集体决策和共识,而另一些文化可能更倾向于强调领导者的权威和快速决策。在管理沟通中,管理者需要了解员工在决策过程中期望的角色,并灵活地调整决策风格,确保员工的参与感和满意度,避免冲突,进而提高决策的接受度。

(4) 在全球化的背景下,文化在跨文化团队的合作和沟通中变得尤为重要。文化的差异可能导致理解的偏差和沟通的障碍,影响着团队成员之间的合作和协同工作方式。管理者需要倡导开放、尊重和包容的文化氛围,鼓励团队成员分享他们的文化背景,鼓励多元文化的互补,促进文化的交流和融合。这有助于提高团队的协同效能,创造一个富有创造力和创新性的工作环境。

(5) 文化对于信息的解释和理解有着深远的影响。同一份信息在不同文化中可能被赋予不同的含义。语言的文化内涵、隐喻和象征在沟通中发挥着关键作用。管理者需要谨慎选择用词,确保信息能够被准确理解,避免产生误解或歧义。

书面沟通作为管理沟通的一种形式,同样也受到文化的影响。不同文化对于书面表达的期望和风格存在差异。在一些文化中,正式的书信格式和详细的报告可能更受重视,而在其他文化中,更注重简洁、直接的书写方式。管理者需要适应这些文化差异。

(6) 文化对反馈和沟通效果的评估会产生影响。不同文化背景的员工可能对反馈的接受和表达有不同的期望和方式。文化因素在员工对于领导反馈的回应和对组织政策的反馈发挥着重要作用。管理者需要了解文化差异,更有效地进行评估和改进沟通效果。

综合来看,文化的作用是深远而多层次的,它贯穿于组织内的各个方面,它直接影响着组织内部的沟通效果、员工关系、决策过程以及整体的组织文化。文化在管理沟通中起到了引导、塑造和影响的作用。因此,在管理沟通中,文化的重要性不能被忽视,而是需要被积极地理解、尊重和整合。

7.3 文化影响管理沟通的几个纬度

沟通策略的制定会受到文化内涵的影响,因为文化背景的差异可以因国家、地区、行业、组织、性别、人种和工作团体的不同而变化。沟通主体、沟通客体、信息策略和渠道选择策略的制定都会受到文化因素的影响。

7.3.1 文化对沟通主体策略的影响

文化差异会影响沟通者的沟通目标、形式和可信度。在沟通目标的确定上,不同文化对时间的态度不同,可能导致目标时效设定差异。在沟通形式上,团队观念强的组织中,沟通者倾向于咨询性策略;个人观念强的组织中,则更倾向于指导性策略。强势的人喜欢指导性策略,民主观念强的人则喜欢咨询性策略。在可信度方面,人际关系文化中,良好意愿的可信度受到重视;事实和任务为重的文化中,专家可信度则较高;某些文化中,则更注重地位、头衔和权威力量。

7.3.2 文化对沟通客体策略的影响

沟通客体的选择受文化影响,不同文化对地位、权威和组织形象的期望不同,对年龄、性别和受教育程度的态度也有差异。对沟通客体激励方式的有效性也取决于文化,某些文化重视物质财富和"关系",而某些文化则更注重工作关系、挑战性因素和个人地位。团队关系和团队形象的相对重要性影响个人关系和可信度。

7.3.3 文化对信息策略的影响

文化差异导致对不同信息结构的选择。例如,喜好节奏缓慢、仪式感强的谈判方式的文化大多倾向于间接靠入主题的结构;偏向节奏快、高效率否定方式的文化则倾向于开门见山的结构;权威文化可能注重自上而下的直接方式和自下而上的间接方式。

7.3.4 文化对渠道选择策略的影响

文化差异可能导致沟通渠道和形式的差异。例如,技术部和市场部或传统企业与初创企业可能选择不同的沟通方式。注重个人信用的文化倾向于口头沟通,而注重事实和效率的文化则更喜欢书面沟通。

文化还影响沟通风格,包括直接程度、正式程度和沟通偏好。了解沟通伙伴的期望有助于适应其风格。观察和学习是提高沟通技能的好方法。例如,美国员工偏好开放和直接沟通,而瑞典员工则少有激烈争辩和质问。在与不同文化背景的人进行书面沟通时,了解其偏好并调整自己的态度、风格和语气语调以满足其期望。为了帮助针对不同文化背景的沟通对象制定高效的书面信函,可以遵循以下建议:

(1)选用精确的词语,避免产生歧义,例如"rich"和"wealthy"虽都有富裕的意思,但"rich"语气更加强烈,指拥有大量金钱、财产,而"wealthy"多指经济富裕且很有身份地位。

(2)句子简练,使用小段落,方便读者获取信息。

(3)使用过渡词语,如"另外""第一""第二""第三",帮助读者理解思路。

(4)谨慎使用数字和日期,尤其注意不同国家和地区的日期格式差异。

(5)避免使用俚语、习语和行话,以免造成沟通障碍。

文化还影响非语言信息(包括身体语言、声调、语速、实物和空间等)的选择。非语言信息的不同使跨文化沟通面临更多的挑战。例如,同一种身体语言在不同的文化背景下可能代表不同的含义,见表7-1。沟通中需注意避免非语言信息表达的错误。

表 7-1　　　　　　　　　身体语言在不同国家的含义

国家	握手	眼神接触	竖大拇指	OK 手势
美国	有力地握手应该延迟几秒钟	直接持续的眼神接触是一种友好、真诚以及值得信赖的标志	表示积极的肯定含义	表明同意或确定

(续表)

国家	握手	眼神接触	竖大拇指	OK 手势
其他国家	传统的日本人喜爱微微点头；东南亚人喜欢双掌合十	在日本和韩国这样的国家中，眼神的接触被视作具有攻击性	在德国表示"1"，在日本是"5"的意思，在澳大利亚是一种不友好手势	在法国意味着"0"或"没有意义"；在日本表示钱；在德国、巴西是一种不友好的手势

7.4 跨文化沟通

7.4.1 跨文化沟通的定义和特征

跨文化沟通是指在不同文化背景下进行的人际交往过程中形成的数据转移。这种交流过程不仅涉及语言、文字和符号的传递，还涉及文化差异、社会习俗和价值观的交流与认同。

1. 定义

跨文化沟通是指在不同文化背景下进行的人际交往过程中产生的数据交流过程。这种交流过程涉及语言、符号和价值观的传递，还包括非语言沟通的手势、面部表情和体态姿势等。

2. 特征

跨文化沟通有以下几个特征：

（1）多元性

跨文化沟通的参与者来自不同的文化背景，他们有不同的语言和文化认知，因此他们的观点和理解也会不同。

（2）情境性

跨文化交流的情境因文化差异而变化，因此必须根据不同情况和文化差异调整自己的沟通方式。

（3）复杂性

跨文化交流不仅涉及语言和非语言沟通，还涉及文化习俗和价值观的异同。

7.4.2 跨文化沟通的差异

跨文化沟通是在不同文化背景下进行的沟通活动，涉及语言、价值观、信仰、社会习惯等多方面的差异。在全球化时代，跨文化沟通成为不可忽视的议题。其差异表现在语言、非语言交流、价值观、沟通风格、时间观念等多个方面。

第一，跨文化沟通中，语言差异尤为显著。不同文化使用不同语言，即便同种语言，不同地区或文化背景也可能存在语法、词汇、发音等差异，导致理解困难和误解。因此，在跨文化沟通中，需谨慎选择和使用语言，避免因语言差异引发歧义。

第二，非语言交流在跨文化沟通中也很重要。肢体语言、面部表情和眼神交流在不同文化中有不同含义。比如，某个国家的手势可能在另一个国家被视为不礼貌或冒犯。因此，跨文化沟通者需仔细观察非语言信号,并了解不同文化的解读,避免误解。

第三,价值观影响人们的思考和行为,不同文化间的价值观差异显著。这种差异可能会造成在决策、合作和解决问题等方面的分歧。在跨文化沟通中,了解和尊重对方的价值观是构建良好关系的基础。

第四,沟通风格也是跨文化沟通中的重要方面。不同文化中,人们的沟通风格可能不同,包括表达方式、沟通的直接程度、语速和语调等。这种差异可能导致在商务谈判、团队合作等方面产生挑战。因此,跨文化沟通者需要适应对方的沟通风格,确保信息的准确传递和理解。

第五,时间观念的差异也是跨文化沟通中的一个重要问题。一些文化强调准时和时间的有效利用,而另一些文化可能更注重人际关系和情感体验。这种时间观念的差异可能导致在会议、约会等方面产生误解和冲突。因此,跨文化沟通者需要对对方的时间观念有清晰的认识,以避免误解。

• **案例拓展**

新联想的跨文化沟通挑战

7.5 跨文化沟通的障碍与消除

1. 语言障碍与消除

(1)语言差异

障碍:不同的文化使用不同的语言,可能导致信息误解和沟通困难。

消除方法:使用共同的工作语言,或者提供翻译服务,确保信息能够准确传达。

(2)口音和发音差异

障碍:不同地区的口音和发音可能导致听者难以理解,尤其是在非母语人士之间。

消除方法:鼓励清晰地发音,避免使用过于地域化的口音,同时采用慢速、清晰的语速,有助于提高听者的理解度。

(3)词汇和术语差异

障碍:不同文化和行业使用不同的词汇和术语,可能导致误解。

消除方法:确保使用清晰、简单的词汇,避免使用行业专有名词,或者提供术语表以供参考。在沟通过程中,及时解释和澄清术语的含义。

(4)语法结构不同

障碍:不同语言具有不同的语法结构,可能导致在句子构建和语法使用上的差异。

消除方法:学习对方的语法结构,适应对方的语法规则,并在沟通中灵活运用。对于非母语人士,也可以鼓励使用简化的语法结构。

(5)文化含义差异

障碍:相同的词汇在不同文化中可能具有不同的含义,易导致误解。

消除方法:了解对方文化的语言使用习惯和含义,避免在跨文化沟通中使用可能引起歧义的词汇。在有可能引起误解的情况下,进行额外的澄清和解释。

(6)口头表达和书面表达的差异

障碍:一些文化更注重口头表达,而另一些文化可能更注重书面表达。

消除方法:在跨文化沟通中采用多种沟通方式,包括口头会议、电子邮件、文字消息等。确保信息在不同沟通媒体中都能够准确传达。

(7)语速和语调差异

障碍:不同地区的语速和语调可能会影响听者的理解和接受程度。

消除方法:适应对方的语速和语调,避免过快或过慢,保持适度的语调变化,有助于提高听者的接受度。

(8)使用幽默和比喻的差异

障碍:幽默和比喻在不同文化中可能具有不同的文化内涵,容易导致误解。

消除方法:避免使用依赖于文化内涵的幽默和比喻,或者在使用时进行额外的解释,确保对方理解。

(9)非语言沟通差异

障碍:不同文化对于非语言沟通,如面部表情、手势等,可能有不同的解读。

消除方法:在跨文化沟通中,更注重非语言沟通的清晰性,避免产生歧义。有需要时,通过明确的方式解释非语言信号的含义。

2.认同障碍与消除

(1)文化身份认同差异

障碍:个体在不同文化中对于自己的身份和角色可能有不同的认知,导致对方难以理解和接受。

消除方法:通过开放式的对话,了解对方的文化认同,尊重并接纳不同文化背景下的个体身份认同,促使团队形成更加包容和多元化的文化氛围。

(2)价值观冲突

障碍:不同文化可能存在价值观的冲突,例如,对权威、自由、个人责任等的看法不同。

消除方法:通过文化培训,让团队成员更好地了解不同文化的价值观,鼓励尊重差异,寻找共同点,建立跨文化的共同价值观,更好地促进沟通和协作。

(3)团队认同难以建立

障碍:不同文化的个体可能因为文化差异而难以在团队中建立认同感。

消除方法:鼓励多元文化的团队建设,促使团队成员了解并尊重对方的文化,共同制定团队目标和愿景,强调共同的使命,培养跨文化团队的凝聚力。

(4)语言和沟通风格的障碍

障碍:不同文化可能有不同的语言和沟通风格,导致信息传达不准确或不同程度的理解困难。

消除方法:进行跨文化沟通培训,提高团队成员对于不同沟通风格和语言差异的敏感性。倡导使用清晰简洁的语言,适应对方的沟通方式,提升沟通效果。

(5)文化冲突的应对

障碍:团队成员在文化冲突面前可能缺乏适当的解决策略,导致沟通僵局。

消除方法：提供解决团队成员跨文化冲突的培训，鼓励开放的沟通，以及通过建立共同的决策机制来解决潜在的文化冲突。培养团队成员解决问题的能力，提高团队协作。

(6)文化差异导致的歧视

障碍：文化差异可能导致对于某些文化的歧视或误解，影响团队的协作和工作氛围。

消除方法：教育和培训促使团队成员认识到歧视的危害，倡导平等、尊重和包容的文化价值观。建立反歧视政策，并确保所有团队成员都要遵循。

3.风格障碍与消除

(1)交流方式差异

障碍：不同文化可能有不同的交流方式，包括表达直接或间接、语速、语调等，导致信息传达不准确。

消除方法：进行文化教育，帮助团队了解其他文化的交流方式。倡导使用清晰简洁的语言，适应对方的交流方式，提高沟通的准确性。

(2)表达风格的差异

障碍：不同文化对于表达意见、提出建议的方式可能存在差异，容易导致误解或冲突。

消除方法：通过培训强调不同文化中合适的表达方式，鼓励团队成员提供清晰而尊重的反馈。建立一个包容不同表达风格的沟通环境，促进有效的信息传递。

(3)决策习惯的不同

障碍：一些文化可能更倾向于集体决策，而另一些文化可能更注重个体决策，可能导致对决策的不理解。

消除方法：通过培训和开放的沟通，团队了解其他文化中的决策习惯。在团队中强调共同的决策机制，促进协作和理解。

(4)沟通节奏差异

障碍：不同文化可能对于沟通的节奏有不同的期望，有的可能更注重快速决策，而有的可能更看重深入讨论。

消除方法：引导团队成员理解并尊重不同文化的沟通节奏，建立一个灵活适应的工作环境。根据具体情况调整会议和沟通的时间安排，确保适度的沟通节奏。

(5)沟通方式的差异

障碍：不同文化可能对面对面交流、书面沟通、电子邮件等有不同的选择，可能会影响信息传递的效果。

消除方法：建立多元化的沟通方式，确保团队成员能够根据不同的文化背景选择适合的沟通方式。培训可以帮助团队更好地理解和应用不同的沟通工具。

(6)非语言沟通的差异

障碍：不同文化可能对于非语言沟通，如面部表情、手势等，有不同的解读，可能导致误解。

消除方法：在培训中强调非语言沟通的重要性，提高团队成员对于不同文化中非语言信号的敏感性，促使团队更注重非语言沟通的清晰性，避免产生歧义。

(7)时间观念的不同

障碍：一些文化可能更注重准时性，而另一些文化可能更注重弹性的时间观念，可能导致时间观念冲突。

消除方法:通过培训,团队了解并尊重其他文化中的时间观念。在团队中建立明确的时间管理规范,确保各成员能够协调好工作时间。

(8)虚拟团队的挑战

障碍:在虚拟团队中,由于文化差异,沟通的难度可能增加。

消除方法:利用视频会议、在线协作工具等技术手段,促进实时沟通。鼓励团队成员定期组织虚拟会议,提高团队协作效果。

(9)工作态度和期望的不同

障碍:不同文化可能对工作态度和期望有不同的理解,可能导致对工作的不同期待。

消除方法:通过培训帮助团队了解其他文化中的工作态度和期望,建立共同的职业价值观。在团队中强调共同的工作目标,以促进更好地合作。

7.5.1　影响跨文化沟通的要素

全球化背景下,跨文化沟通变得越来越关键,但实现有效的沟通并不简单。影响跨文化沟通的因素多样,如文化差异、语言障碍、沟通风格、信仰和价值观、礼仪和文化习俗、沟通工具选择、时间观念、社会层次和地位、教育和文化背景等。

文化差异是最核心的因素。不同国家和社群有各自独特的语言、思维方式和价值观,这些都影响人们的沟通方式和期望。例如,一些文化更倾向于直接明确地表达,而其他文化则更喜欢间接含蓄的方式。理解和尊重这些文化差异是建立有效跨文化沟通的基础。

语言障碍是跨文化沟通的一个重要影响因素。不同的语言和口音可能导致信息误解和沟通困难。即使是同一种语言,语法结构和词汇差异也可能造成理解问题。文化间的语境差异也会影响语言表达的解读。因此,需要灵活地选择和运用语言。

沟通风格在跨文化环境中也有显著影响。不同文化对表达方式、语速、语调等有不同偏好。一些文化更注重表面礼貌和尊重,而另一些更注重直接坦率表达。沟通风格差异可能引发误解和冲突。因此,培养跨文化沟通的灵活性和包容性至关重要。

信仰和价值观影响个体观念和行为,不同文化有不同的信仰体系和价值观念,尊重对方信仰和价值观是建立良好跨文化关系的关键。

文化习俗和礼仪是文化传承的重要部分,了解和遵守对方礼仪和习俗有助于建立积极的沟通氛围。

沟通工具的选择影响跨文化沟通。随着科技发展,沟通工具增多,了解并灵活运用这些工具是确保信息传递有效性的关键。

时间观念是文化中的重要维度,不同文化对时间观念有不同偏好,尊重对方时间观念在跨文化沟通中至关重要。

社会层次和地位在不同文化中有着不同的侧重点。有的文化更注重个体的独立和平等,而有的文化则更注重社会层次和地位的差异。

7.5.2　改善跨文化沟通障碍的策略

(1)建立跨文化意识:意识到文化差异的存在是改善跨文化沟通的第一步。个体和组织需要培养对其他文化的敏感性和理解,以避免误解和冲突。

(2)学习对方语言:学习对方语言是打破语言障碍的有效手段。即使只是基本的沟通能力,也能够显示出尊重和愿意投入的态度,有助于建立信任。

(3)采用清晰而简洁的语言:在沟通过程中,尽量使用清晰简洁的语言,避免使用复杂的词汇和难以理解的行话,这有助于确保信息能够被准确理解。

(4)避免使用文化特定的隐喻和幽默:文化特定的隐喻和幽默可能在其他文化中产生误解,因此在跨文化沟通中最好避免使用,或者在使用时进行解释。

(5)倡导进行积极的非语言沟通:非语言沟通,如面部表情、手势和身体语言,可以弥补语言的不足。在跨文化沟通中,积极的非语言沟通有助于传递额外的信息和情感。

(6)主动倾听和提问:主动倾听对方的观点和提问有助于理解对方的文化背景和价值观。向对方提问不仅能够获取更多信息,还能够表达对对方的尊重和关注。

(7)灵活运用沟通工具:考虑到不同文化对沟通工具的偏好,灵活运用各种沟通工具是很重要的。有的文化可能更倾向于书面沟通,而有的文化可能更倾向于面对面交流。

(8)培训和教育:为团队成员提供跨文化培训和教育是解决跨文化沟通问题的关键。培训内容可以涵盖文化差异、跨文化沟通技巧和案例分析等方面,以增强团队的跨文化意识,提高团队的跨文化能力。

(9)建立共同的价值观和目标:在团队中建立共同的价值观和目标,有助于超越文化差异,形成更加紧密的协作关系。这需要领导者明确传达组织的核心价值观,促使团队成员产生共鸣。

(10)推崇开放的组织文化:建立一个开放、包容、尊重多元文化的组织文化,能够创造更有利于跨文化沟通的环境。这包括在组织政策和流程中考虑文化多样性,使员工感到被尊重和包容。

(11)建立信任关系:在跨文化沟通中,建立信任是至关重要的。遵守承诺、展现真诚和关心对方等方式,可以建立起长久的信任关系,从而有助于解决潜在的沟通问题。

(12)适应性和灵活性:在跨文化环境中,适应性和灵活性是成功沟通的关键。能够根据不同文化的特点调整沟通方式和策略,有助于避免文化冲突。

(13)定期评估和调整:随着团队和组织的发展,需要不断优化沟通方式。跨文化沟通是一个动态的过程,定期评估和调整沟通策略是确保沟通效果的重要步骤。

• 案例拓展

石油集团裁员

>>>>>>

本章小结

1. 在管理沟通中,文化是指组织内部共享的信仰、价值观、行为准则和符号体系,它不仅影响着组织内部的成员之间的相互关系,还塑造了组织的整体氛围和身份认同。

2. 文化具有意识性、系统性、凝聚性、导向性、可塑性和长期性的特征。

3. 文化的作用是深远而多层次的，对组织的运作、决策过程、员工关系以及整体业务战略都产生着重要的影响。文化主要在六个方面对组织产生影响。

4. 文化在沟通主体策略、沟通客体策略、信息策略与渠道选择策略的制定几个维度影响管理沟通。

5. 在全球化的环境中，跨文化沟通不可避免。

6. 跨文化沟通的障碍包括：语言障碍、风格障碍、认同障碍等。

7. 文化策略应该具有适应性和灵活性，能够应对变化的外部环境和组织内部的需求。这需要组织具备学习的能力，不断地调整文化策略，以适应新的挑战和机遇。

复习思考

【案例分析】

中国石油在哈萨克斯坦 M 项目的跨文化管理

技能提升

【知识拓展】

如何增强跨文化意识和敏感性

第三篇

技能篇

沟通是信息、情感、思想等在个体或群体间的传递,以实现特定目标。企业管理沟通借助内部管理功能,通过沟通促进企业发展战略和信息的传播,带动员工工作积极性,实现企业发展目标。

本书的第三篇将主要介绍组织内外部及管理者个人和企业员工在日常工作中会用到的几种沟通技能,包括组织内部的上行沟通技能、下行沟通技能、平行沟通技能和作为管理者个人应该具备的会议与面谈沟通技能、书面沟通技能、演讲沟通技能、倾听沟通技能以及谈判沟通技能。

在当今竞争激烈的市场环境下,企业人才资源的价值日益凸显。激发员工活力、保持有效沟通,成为提升企业竞争力的关键。沟通技能有助于优化企业内部信息流动,解决企业发展问题,增强内部凝聚力和战斗力。

第 8 章 组织内部沟通技能

本章思维导图

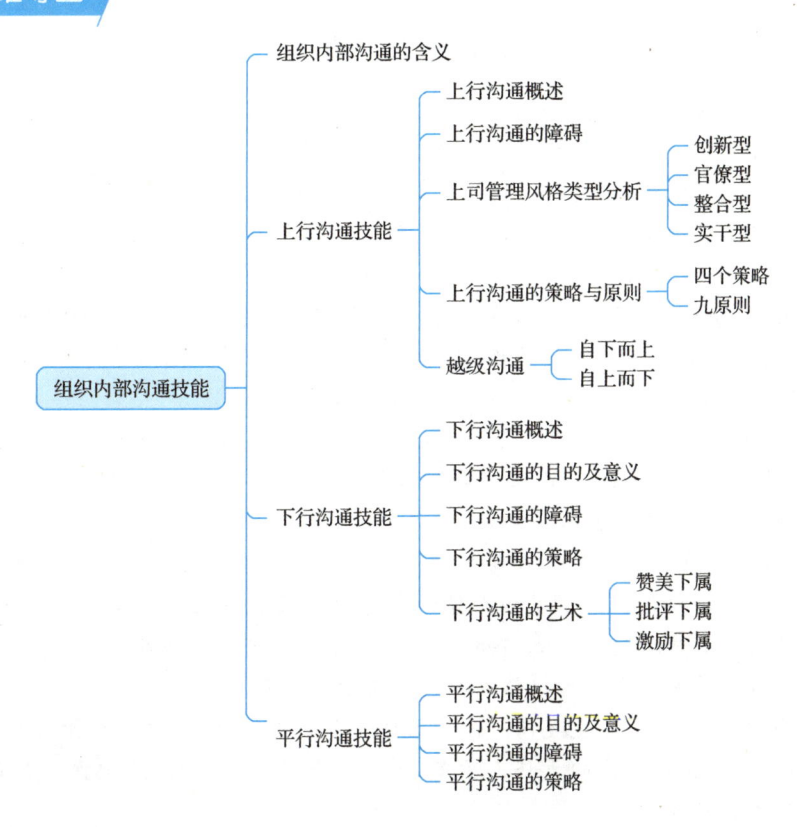

```
组织内部沟通技能
├── 组织内部沟通的含义
├── 上行沟通技能
│   ├── 上行沟通概述
│   ├── 上行沟通的障碍
│   ├── 上司管理风格类型分析
│   │   ├── 创新型
│   │   ├── 官僚型
│   │   ├── 整合型
│   │   └── 实干型
│   ├── 上行沟通的策略与原则
│   │   ├── 四个策略
│   │   └── 九原则
│   └── 越级沟通
│       ├── 自下而上
│       └── 自上而下
├── 下行沟通技能
│   ├── 下行沟通概述
│   ├── 下行沟通的目的及意义
│   ├── 下行沟通的障碍
│   ├── 下行沟通的策略
│   └── 下行沟通的艺术
│       ├── 赞美下属
│       ├── 批评下属
│       └── 激励下属
└── 平行沟通技能
    ├── 平行沟通概述
    ├── 平行沟通的目的及意义
    ├── 平行沟通的障碍
    └── 平行沟通的策略
```

思政目标

沟通是共享知识和经验的重要手段。通过沟通,组织成员可以互相学习和借鉴,提高整体的工作水平和素质。本章介绍了组织内部的几种重要沟通技能,分别是上行沟通、下行沟通以及平行沟通。通过本章学习,学生可以在分析与上下级和平级之间沟通障碍的基础上掌握正确的沟通策略和方法,从而实现组织内部的有效沟通,提高沟通效率,增强组织内部的团结和凝聚力。

本章学习目标

◆ 了解组织沟通的含义。

管理沟通——理念、策略与技术

- ◆ 了解上行沟通的障碍和上司的沟通风格,掌握与上司沟通的正确策略。
- ◆ 了解下行沟通的目的和意义,掌握下行沟通的策略和原则。
- ◆ 掌握平行沟通的障碍和策略。

本章关键词

组织内部沟通;上行沟通;上司管理风格;越级沟通;下行沟通;平行沟通

引导案例

晏婴巧劝齐景公

齐景公是春秋时期齐国的国君,他拥有着强大的权力和财富。然而,他有一个问题,那就是他非常喜爱马,甚至将它们看作自己的生命。他花费大量的时间和金钱来照顾他的马,以确保它们得到最好的待遇。然而,他的行为引起了许多人的不满,包括他的臣民。他们不满的原因是齐景公将大量的资源和时间都花费在了马身上,而忽视了国家的治理和人民的福祉。

晏婴是齐国的一位有名的贤臣,他深得人民的爱戴和尊重。当齐景公开始忽略国家大事,把过多的时间和资源用于照顾马匹时,晏婴决定采取措施。他知道,直接劝告齐景公可能不会起作用,因此他决定采用一种巧妙的方式来解决问题。

在一次与齐景公的对话中,晏婴问了一个问题:"您知道什么是君子吗?"齐景公回答说:"君子就是拥有大量土地和财富的人。"晏婴微笑着摇了摇头,他说:"这不是君子的真正含义。君子是指那些重视国家和人民利益,而非个人私利的人。"

接着,晏婴问齐景公:"您知道为什么古代的君主没有将马当作自己的孩子来对待吗?"齐景公回答说:"因为他们知道国家和人民的利益才是最重要的。"晏婴点了点头,他说:"这就是为什么他们能够成为明君。他们知道,照顾马匹虽然可以带来快乐,但并不能带来长远的利益。而照顾人民和国家却可以带来长久的繁荣和稳定。"

听了晏婴的话,齐景公深受震撼。他开始反思自己的行为,并意识到自己过于沉迷照顾马匹,而忽视了对国家和人民的责任。于是,他决定改变自己的行为,把更多的时间和精力用于治理国家和发展民生。

(案例来源:张立志,骆进华,等.中国古代历史故事大观(下).石家庄:河北少年儿童出版社,1992)

类似这种晏婴劝诫齐景公的小故事还有很多,都是围绕如何利用巧妙的沟通技能说服上层听取自身的建议。本案例突出表达了在一个组织内部,如何巧妙利用上行沟通技能劝诫领导来满足自己条件的同时也实现了组织的目标。

组织内部的沟通技能不仅包括上行沟通技能,还有下行沟通技能和平行沟通技能。组织由各个职能部门和许多性格各异的个体组成,只有通过内部沟通才能实现有机的配合和协调,并保证各项任务的完成。沟通可以说是组织管理的基础,组织内部沟通的成效决定着组织的运作效率,也影响着组织中部门职能和个体才能的发挥。

8.1　组织内部沟通的含义

组织内部沟通是在组织结构下的知识、信息及情感的交流过程。它关乎战略控制和创造力与约束力的平衡。组织由各层级、部门和个体组成,需建立信息沟通网络,以确保协调一致。组织内部沟通是人力资源管理的基础和核心,影响组织目标和文化的实现与塑造。重视并改善组织内部沟通是实现组织目标的关键。

组织内部沟通在工作场所的特定情境下进行,具备人际沟通特点及工作任务和要求。其目的明确,通过影响个人和部门行为,实现组织目标。作为管理日常活动,组织内部沟通有一定约束和规范。

组织内部沟通与公司规模有关。公司规模越大、越规范,则沟通过程越长;规模越小、越不规范,则沟通过程越短。后者沟通结果较容易控制,前者则不易控制。

8.2　上行沟通技能

8.2.1　上行沟通概述

上行沟通是下级向上级报告工作、提建议、表达意愿的沟通方式。领导者通过上行沟通了解组织和团体情况,集体决策需依赖上行沟通的信息。良好的上行沟通能使领导掌握真实情况,做出合理决策。上行沟通的内容包含成员工作表现和问题、其他成员工作表现和问题、组织与团体的决策和工作活动信息以及成员个人需求。

上行沟通渠道有意见箱、建议奖励制度、座谈会、家访谈心、定期汇报等。上行沟通是管理行为中最重要的组成部分,也是企业管理者的重要职责。对于企业而言,沟通不仅传递信息,还能营造和谐、积极的组织氛围。上行沟通作为关键的沟通类型,直接影响企业利益。

8.2.2　上行沟通的障碍

1. 沟通中断

沟通因各种原因被中断,这是沟通中最常见的一种障碍,而且这种情况在沟通过程中可能会发生许多次。原因可以分为以下几种:

(1)信号干扰。上行沟通中的信号干扰可能来自各种外部和内部因素,如噪声、电子干扰、沟通者之间的语言或文化差异等。这些干扰可能使得信息在传递过程中发生扭曲或丢失,从而导致沟通中断。

(2)沟通渠道问题。沟通渠道问题可能是沟通渠道不畅通或者缺乏有效的沟通工具和平台导致的。例如,如果沟通者之间没有建立有效的信息传递机制,或者沟通工具无法满足实时、高效的需求,就可能导致沟通中断。

(3)沟通者因素。沟通者因素包括缺乏沟通技能、不愿意分享信息、对信息进行选择性过滤等。如果沟通者缺乏必要的沟通技能,他们可能无法有效地传递信息;如果沟通者不愿意分享信息,就可能导致信息无法传递;如果沟通者对信息进行选择性过滤,就可能使得信息在传递过程中出现偏差。

(4)组织文化障碍。组织文化障碍可能来自组织内部的层级结构、权力关系、文化差异等。例如,如果组织内部存在权力斗争或者部门之间的竞争,就可能使得沟通者在传递信息时受到阻碍。

(5)信息过载或复杂性。当信息量过大或信息过于复杂时,沟通者可能无法有效地处理和传递这些信息。这可能导致信息的丢失或扭曲,从而造成沟通中断。

(6)缺乏信任。缺乏信任是上行沟通中的另一个常见障碍。如果沟通者对接收信息的人不信任,他们可能不愿意传递信息,或者在传递信息时进行过滤或扭曲。

(7)缺乏清晰的沟通目标。如果沟通者在沟通前没有明确的目标,就可能导致沟通偏离主题或无法达成预期效果,进而导致信息的传递受到影响,造成沟通中断。

(8)缺乏反馈机制。缺乏反馈机制是上行沟通中的另一个常见问题。如果没有有效的反馈机制来确认信息是否被正确理解和传递,就可能使得沟通者无法发现和解决问题,从而导致沟通中断。

2. 主题不明

这种现象常常发生在上司对下属的沟通中。主要存在以下几种情况:

(1)缺乏清晰的目标和目的。在进行上行沟通时,如果沟通者没有明确的目标和目的,就可能使得沟通变得模糊不清。这不仅可能导致沟通效率低下,还可能使得接收信息的人无法理解或记住沟通内容,从而导致沟通中断。

(2)信息组织不恰当。在上行沟通中,信息组织不恰当也是导致主题不明的重要原因之一。如果沟通者在传递信息时没有进行有效的组织和整理,就可能使得信息变得混乱无序,难以理解。这不仅可能影响沟通效果,还可能使接收信息的人感到困惑或不满。

(3)表达方式不合适。上行沟通中的表达方式不合适也可能导致主题不明。如果沟通者使用过于复杂或难以理解的语言或术语,就可能使接收信息的人无法准确理解。此外,如果沟通者使用过于直接或粗暴的表达方式,还可能引起接收信息的人的反感或产生抵触情绪。

(4)缺乏耐心和细心。上行沟通中,如果沟通者缺乏耐心和细心,也可能导致主题不明。如果沟通者在传递信息时没有足够的时间或精力进行详细的解释和说明,就可能使接收信息的人无法全面了解情况。此外,如果沟通者没有注意到细节或忽略了一些关键信息,也可能导致沟通失误或失败。

(5)缺乏自信。上行沟通中,如果沟通者缺乏自信,也可能导致主题不明。如果沟通者对自己的观点或建议缺乏信心,就可能使接收信息的人无法相信或接受这些观点和建议。此外,如果沟通者在传递信息时表现出犹豫不决或紧张不安的情绪,也可能对沟通效果产生不良影响。

3. 距离阻隔

距离的阻隔分为两种:一种是物理距离;另一种是心理距离。物理距离是指沟通者与接收信息者之间的距离。在上行沟通中,物理距离可能会成为沟通的障碍。如果沟通者和接收信息者之间的距离过远,可能导致信息传递不及时或信息失真。此外,如果沟通者与接收信息者之间存在多个层级,也可能导致信息在传递过程中被过滤或扭曲。心理距离是指沟通者与接收信息者之间的心理隔阂。在上行沟通中,心理距离可能是沟通者与接收信息者之间的身份、地位、价值观等方面的差异所导致的。

沟通者不愿意或不敢向接收信息者传递信息,或者导致接收信息者不愿意或不敢接收信息。为了克服上行沟通中的距离阻碍,可以采取以下措施:建立有效的沟通渠道和平台,使沟通者和接收信息者之间能够及时、准确地传递信息;加强沟通技能培训,提高沟通者的表达能力,增强接收信息者的理解能力;建立良好的信任关系,增强沟通者和接收信息者之间的信任度;鼓励主动沟通和反馈,及时调整沟通策略和方法,确保沟通的有效性。

4. 经验误导

很多人习惯在沟通中带入个人经验和观点,这可能导致沟通效果不佳。比如,有的人常以自身经验为依据进行说教,这可能无法达到沟通目的。

- **知识链接**

  如何避免经验误导?　　　　　>>>>>>

5. 时间受限

在沟通前,双方也许会限制时间,但这会带来时间压力,影响沟通效果。领导可能因忙碌而限制沟通时间,朋友间也常因时间受限而产生沟通障碍。现代人的忙碌,常使沟通未完成便结束,让人感到无奈。因此,时间受限的沟通给人造成的心理压力几乎无法消除。

- **案例拓展**

  应怎样向领导说——我要!　　　>>>>>>

8.2.3　上司管理风格类型分析

在进行与上司的沟通前,应先了解上司的管理风格。根据上司的管理风格,选择合适的沟通渠道和策略,并利用适当的沟通手段,将工作相关信息传达给上级,以获得其对工作的支持。伊查克·爱迪斯在《把握变革》中将管理风格分为创新型、官僚型、整合型和实干型。图 8-1 从四个维度区分了不同管理风格的上司。

1. 创新型上司的特征

创新型领导者也称为战略性领导者,其特点是使用战略思维进行决策。战略本质上是动态的决策和计划过程,追求长期目标,行动以战略意图为指导,以战略使命为基础。

创新型上司在沟通中性格外露,当他们不同意某主张时会表达出来,赞成意见也会表现出来。当他们聚在一起时,虽然看似争论不休,实际上是在加强彼此观点。当他们听某个观点后保持沉默,很可能是已经同意。在创新型上司的字典里,"是"和"不"有独特的解释:"是"意味着也许,而"不"则明确表示态度。从处事风格看,创新型上司具有全局眼光,动作快但非结构化。他们是急性子,总是先从自己的角度考虑,关注"如何告诉对方我为什么要

图 8-1　不同管理风格的上司分类矩阵

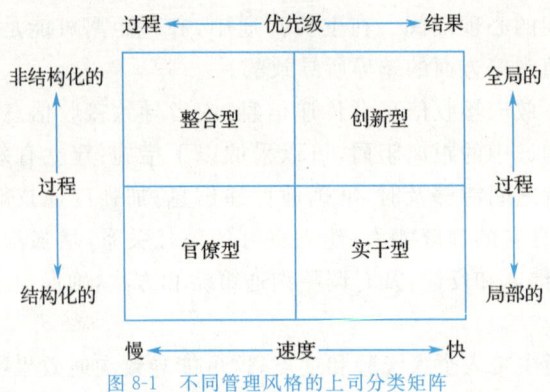

这样做",而不是"他会怎么想"。与他人会面时,他们边走边思考,进入对方办公室时仍在快速思考。

创新型上司不喜欢按时间表行事,有想法就立刻处理。创新型上司有超强感知力,整天思考新点子,并尝试用新点子解决问题,他们的主意变幻莫测。创新型领导者具备跨学科知识和跨职能经验,能营造创新氛围,激励团队创新,指导创新管理实践。他们整合多学科方法论,从技术、科学、文化层面管理创新。这类领导者需弥合认知差距、激发集体创造力、推广学习文化并加速数字化转型。

2. 官僚型上司的特征

从图 8-1 中可以看出,官僚型上司注重结构和规矩,不论管理还是沟通,都坚持自己的模式。与他们约会需打电话预约,且他们很守时。交谈中,他们常详细讲述问题背景,等谈到核心时已过去很久。最后,他们常全面分析问题后果,并得出"此事困难重重"的结论。

官僚型上司注重结构和过程,在面对事件时,他们会详细规划处理过程并考虑各种可能出现的问题。这可能导致他们在找到最佳解决方案时,事情已经发生了。

由于决策谨慎,官僚型上司不会轻易作出决定,往往会进一步研究。因此,他们的决策速度较慢,反应也较慢。

官僚型上司的慢性子并不是因为他们笨,而是因为他们正在考虑对方的反应和自己的主张。当与具有创新精神的人的主张发生冲突时,他们可能会觉得难以处理。对于每一个具有创新精神的人的主张,官僚型上司可能都会觉得十分重要。这会使他们不堪重负,无法处理这种速度,最终选择放弃思考和倾听,让这些主张成为耳旁风。

3. 整合型上司的特征

整合型上司通常性格温和,善于综合,喜欢收听组织内的各种传言。因此,在其手下工作需准备充分,面对问题时也要充分准备。此外,与这类上司建立良好人际关系对达成共识至关重要。同时,他们敏感、易妥协,需给予充分考虑时间,展现耐心和耐力。

4. 实干型上司的特征

实干型上司的思考过程具有结构化特点。从图 8-1 中可看出,他们习惯于直线型的思维方式,实干型上司像铁路工程师,他们会说:"你只要知道轨道往哪儿走,别的就别管了。"

实干型上司追求快速反应。他们往往是快速决策者,希望立即看到结果。他们不喜欢他人做事拖延,注重效率和细节,认为只要过程做得好,结果就不会错。他们没有太多时间去考虑事情的结果,更关注效率而非效益。

不同类型的对象在沟通时,语言表达方式存在差异。例如,对于创新型上司来说,"是"可能意味着不确定;而官僚型特征的上司在说"不"时仍有机会说服他们;实干型的上司则明确地表达"是"或"不";整合型的上司在说"是"或"不"时都可能存在不确定性。因此,在沟通时需要正确判别他人的语言表达方式。表 8-1 为四类不同上司的特征。

表 8-1　　　　　　　　　　不同风格的上司的特征

类型	特征
创新型	有全局性眼光、动作快、非结构化风格
官僚型	结构化风格、动作慢、关注过程与细节
整合型	动作慢、非结构化风格、关注过程导向、有全局眼光、能够变革并适应变革
实干型	动作快、结构化风格、关注效率和细节

8.2.4　上行沟通的策略与原则

1. 不同上司的沟通策略

根据不同上司的特征,就可以采取相应的策略,以实现与不同对象的有效沟通。

在与具有创新型特征的上司沟通时,由于他们希望在每件事情的处理上留下自己的痕迹,并且对各种机会有独特的见解,因此应该让他们参与到问题解决中来。在沟通时,不要带着"最终"答案去见他们,而应该让他们感觉到"问题还未解决"。在信息组织上,可以说:"我建议……""我一直在思考……""您怎么看?",等等。

在与官僚型上司沟通时,应遵循"方法比内容重要"的原则,适应当下的沟通风格。下属需注重沟通形式,如需预约,避免不速之客的情况。同时,放慢沟通速度,控制情绪。

在与整合型上司沟通时,需要准确详细地陈述问题,同时也要给出合理的结果预计,还应该注重人际关系。在沟通过程中,努力寻找与上司的共同点,如共同的价值观、兴趣或工作目标等,这有助于增强彼此的信任和默契。整合型上司可能具有敏感、易妥协的性格特征,对任何问题都需要给予充分的考虑时间。因此,在沟通过程中要保持耐心,不要急于求成或强迫上司立即作出决定。

在与实干型上司沟通时,需要做到直接、具体、有准备且尊重对方的工作风格。由于实干型上司往往注重实际成果和直接沟通,因此在与他们交流时,需要清晰明确地表达,确保你的观点、问题或建议都是直接且具体的,避免冗长的开场白或不必要的细节,直接切入主题。还需要定期向他们汇报你的工作成果和进展情况。在汇报时,要突出重点和关键成果,避免过多的琐碎细节。沟通过程中,应保持积极、合作的态度,尊重对方工作风格,与上司建立互信和尊重的关系。

2. 与上级有效沟通的原则

(1)适当时机原则。与上级沟通最好选择在上级刚刚处理完工作时,下属适时提出问题和建议,这样容易引起领导的关注。

(2)适合地点原则。上级的办公室是最好的谈工作地点。但与领导沟通不一定非要在他的办公室。领导经过你的座位,要就某个问题与你探讨,或者你们刚好同乘电梯,而他又表现出对你的工作感兴趣时,这些地方都不失为沟通的好场所。

(3) 48小时原则。信息只有得到及时反馈才有价值。不管是好或坏、大或小的消息,都要让上级随时掌握状况。因此,向上沟通应遵循"及时"原则,一般说来应该在48小时内与直接上级领导进行一次沟通,一方面反馈自己得到的信息和工作进展,另一方面从上级获得新信息,遵循这一原则可以使自己容易得到上级理解和支持,同时可以迅速了解新情况。

(4) 选择题法则。尽量不要给上级做问答题或者是非题,要给上级做选择题。上级一般都很忙,没有充分的时间考虑你的问题。作为下属,应该自己找出问题解决方案,在汇报的时候一定要提出几个方案建议,并把优劣比较告知上级,给出你倾向的方案,然后等待上级选择决定。

(5) 事实数据原则。提出建议一定要有足够的说服力,切忌夸夸而谈,言之无物。用事实和数据说话,说服力强,易被领导接受和认可。

(6) 充分准备原则。对于下属的建议和设想,上司可能会提出种种质疑,最好事前对上司可能提出的疑虑进行充分的思考和准备。

(7) 留有余地原则。与上级沟通时,也须注意场合,应在私下劝谏,以免上级觉得颜面有失;在言辞上,应该至诚恳切,不可犀利,不要不留余地。

(8) 简明扼要原则。先弄清楚上司最关心的问题,再想清楚自己最想解决的问题,在与上级交谈时,一定要简明扼要,先说重点。

(9) 尊重领导决策原则。阐述完你的建议后应该给领导留一段思考时间,即使他否定了你的建议,也应该感谢领导的倾听。

• **案例拓展**

我与公司总经理的一次错误交流

8.2.5 越级沟通

无论在日常生活中还是在工作中,沟通都是关键且复杂的环节。为了确保信息的有效传递,我们需要根据不同利益相关方的需求制订沟通计划。在组织内部,根据组织结构和需求,制定合理、规范的信息传递流程和制度,确保沟通的高效性。然而,实践中有时会出现不遵循常规的情况,即所谓的越级沟通。这种做法可能导致被越过的人感到困惑和尴尬,同时也可能给直接接收信息的人带来困扰。因此,越级沟通是职场大忌。

越级沟通分为两种:一种是员工越过直接领导,将信息传递给高层领导;另一种是高层领导绕过基层管理者或项目经理,直接要求员工执行。这种沟通方式虽然可能提高沟通效率,但会破坏组织、团队氛围,影响上下级关系,阻碍信息流动。因此,越级沟通是不当行为,并不可取。但是我们在指责越级沟通的时候,探究问题原因并提出解决方案也是必要的。

1. 自下而上的越级沟通

引发自下而上的越级沟通的原因有如下几种:

(1) 不了解正常的流程与制度。这种情况往往出现在新员工群体中,属于比较单纯的无意识行为,其中并不包含更多的情绪因素。比如,新员工不了解公司的差旅费报销流程,或者不清楚工作报告的具体提交对象,于是出现了越级沟通的情况。由于是无意的失误,这种情况经过简单、及时的提醒,就会迅速消除,一般不会造成太大的不良后果。

(2)个人情商不高。这些沟通者并非别有用心,但缺乏对流程和制度的尊重,行事随心所欲,只考虑自身需求和感受,忽视对别人的影响。考虑到沟通者并无恶意,管理者应给予善意提醒,适度包容,为沟通营造宽松环境。若经提醒后有所改善,管理者无须过分担忧,若对组织、团队造成不利影响,管理者可根据制度对其进行约束甚至处罚,维护制度的严肃性,确保沟通规范、有效。

(3)情绪驱动。以上两种越级沟通基本属于无情绪驱动,通常是无意识的举动。当遇到紧急且难以解决的问题,或对当前流程、直接领导不信任时,越级沟通者会选择直接向高层领导反映,期望得到高效解决。基层管理者或项目经理应第一时间了解原因,对越级沟通行为保持关注,避免一味指责。高层领导在收到越级信息时,应保持冷静和克制。在了解具体情况后,再采取相应措施。如涉及基层管理者或项目经理的问题,高层领导需核实情况,通过恰当方式反馈给被越级者,并保护越级沟通者的权益。这体现高层领导的领导力。有些组织有"绿色通道"机制,允许突发情况下越级反馈。

如果得到的越级信息涉及重要且紧急的问题,高层领导最佳做法是第一时间告知被越级的基层管理者或项目经理,并提供必要的帮助,对问题给予及时的解决。可以说,不论哪种情况,高层领导都不宜对越级沟通者、基层管理者或项目经理简单粗暴地指责,以确保在组织内维持和谐的沟通氛围。

2. 自上而下的越级沟通

另一种越级沟通行为表现为自上而下,也就是高层领导违背了正常的信息传递流程与制度,跨过了中间层的基层管理者或项目经理,直接将自己的要求传递给了具体执行者。不过,具体情况也需要具体分析。导致自上而下的越级沟通的原因一般包括如下几种:

(1)问题确实紧急。问题确实紧急,需要马上处理,来不及经过中间层转手。这时高层领导有可能直接把问题交代给具体执行工作的员工,以便最高效地解决。这是一种非正常情况下采取的应急措施,类似之前提到的"绿色通道",是恰当的举措。不过当紧急状态得到缓解之后,高层领导应该及时告知基层管理者或项目经理,并说明具体的原因和过程。

(2)忽略流程与制度约束。一些高层领导在解决问题时,不拘小节,只看重结果,忽视流程和制度的约束。他们常常直接与客户交流,当场决策,给基层管理者或项目经理的工作带来干扰,也可能给后续工作带来风险。这其实是一个挑战,基层管理者或项目经理应与执行员工一起,向高层领导汇报应对方案,并指出风险、难点和制约因素,请求支持。这样,高层领导可以意识到他们的决策可能带来的风险,从而减少越级沟通的行为。

(3)信任缺失。当高层领导不信任基层管理者或项目经理,并对他们的工作表现、解决问题的能力有意见时,会直接将自己的要求传递给员工,代替基层管理者或项目经理的职责。这种沟通的出现,表明高层领导与基层管理者或项目经理之间存在矛盾。为了解决问题,高层领导应以坦诚的态度,通过恰当方式进行沟通,澄清问题并及时解决,消除基层管理者或项目经理不必要的顾虑,确保他们能在宽松的环境中正常工作。

越级沟通是违反流程和制度的行为,通常不被允许和提倡。然而,在处理紧急事件时,过于僵化的流程和制度可能会影响问题解决的效率。因此,应根据具体情况具体分析,既不过于僵化,也不缺失信任。每个人都应重视沟通,合理规划,灵活而有原则地执行,确保信息高效传递,推动工作顺利开展。

- **案例拓展**

与上司的上司沟通

8.3 下行沟通技能

8.3.1 下行沟通概述

下行沟通是指组织中高层向低层传递信息的过程,是组织沟通的主要方式。它涉及组织的各种职能,如计划实施、控制、授权和激励等,是实现这些职能的重要手段。下行沟通能使下级了解上级意图,统一思想和行动,对于组织的稳定和效率的提高至关重要。

在下行沟通过程中,信息发送者是上级,信息接收者是下级。下行沟通的内容通常是管理决策、规章制度、工作目标和要求、工作评价和工作绩效反馈等。

下行沟通媒介主要有三种形式:书面、面谈、电子。书面的有指南、声明、公司政策、公告、报告、信函、备忘录等。面谈的有口头指示、谈话、电话指示、广播、各种会议、评估会、通知性质会议、咨询会、批评会、小组演示等。电子的有闭路电信系统、新闻广播、电话会议、传真、电子信箱等。

8.3.2 下行沟通的目的及意义

下行沟通的目的有五个:一是传递工作指示,提供资料和指导;二是加强员工对岗位职责、福利、工作内容及任务的了解;三是向下级传递组织文化,统一组织成员的认识和行为;四是向下级反馈其工作绩效,激励和管理员工;五是向员工阐明企业目标,使员工增强责任感。

下行沟通的意义有以下几个方面:

(1)当下属愿意向领导表达想法或倾诉心声时,说明其内心对领导的管理是认可的。站在管理者的角度,团队的表现体现了管理者的管理水平,所以应该倾听团队的声音,而不是独裁专制,一意孤行。管理者本身是自带严肃威严光芒的,哪怕不言不语也会让一些下属心生畏惧,严重还会导致上下级之间沟通产生隔阂。平易近人,放低姿态,允许下属辩驳、大胆直言、坚持己见,不仅能获得下属在工作中原汁原味的反馈,也能最快发现问题,解决矛盾。

(2)如遇到下属想要配合领导的情况,而领导总是令人捉摸不透,脾气阴晴不定,时常朝令夕改,员工就容易失去自主性,还会事事害怕得罪领导。而下属知道领导的行为作风,理解领导的价值观和思维方法,就不会动不动就请示,遇到事情也会自然理解领导希望怎么做。

(3)人与人之间最好的相处,一定是相互主动靠近的。在组织内,与管理者沟通是一件不太轻松的事,而假如每一位管理者都能主动向下沟通,体谅下属,就会减少许多误会,让解决问题的过程更简单。

• 案例拓展

李开复的"午餐会"沟通法

>>>>>>

李开复先生在其《做最好的自己》一书中谈到了他的"午餐会"沟通法。

我在2000年被调回微软总部出任全球副总裁,管理一个拥有600多名员工的部门。作为一个从未在总部从事领导工作的人,我更需要倾听和理解员工的心声。为了实现这样的目标,我选择了独特的沟通方法——"午餐会"沟通法。

我每周选出10名员工,与他们共进午餐。在进餐时,我详细了解每个人的姓名、履历、工作情况以及他们对部门工作的建议。为了让每位员工都能畅所欲言,我尽量避免与一个小组或一间办公室里的两位员工同时进餐。另外,我会要求每个人说出他在工作中遇到的一件最让他兴奋的事情和一件最让他苦恼的事情。进餐时,我一般会先跟对方谈一谈自己最兴奋和最苦恼的事,鼓励对方发言。然后,我还会引导大家探讨一下所有部门员工近来普遍感到苦恼或普遍关心的事情是什么,一起寻找最好的解决方案。午餐会后,我一般会立即发一封电子邮件给大家,总结一下"我听到了什么""哪些是我现在就可以解决的问题""何时可以看到成效"等。

使用这样的方法,在不长的时间里,我就认识并了解了部门中的每一位员工。最重要的是,我可以在充分听取员工意见的基础上,尽量从员工的角度出发,合理地安排工作——只有这样才能使公司上下一心,才能更加顺利地开展工作。

(案例来源:李开复.做最好的自己.北京:人民出版社,2005)

8.3.3 下行沟通的障碍

下行沟通结果经常不尽如人意,原因在于存在各种障碍:

(1)企业组织机构复杂化。随着企业成长,规模越来越大,出现了更多的层次和更复杂的职权结构。信息要层层进行传递,就有可能导致信息传递延误、失真甚至传递错误。

(2)管理沟通风格差异化。管理沟通风格主要分为四类:命令式、指导式、支持式和授权式,而任务的性质因为时间要求、复杂程度而不尽相同。如果对一个十分重要、时间紧迫的任务采取委托式沟通,势必不能准确完全地传递信息,导致任务不能完成。

(3)开放沟通心态缺憾性。没有建立开放的沟通心态,忽视沟通的作用;上下级之间存在隔阂,管理层和员工之间存在不信任情绪,尤其非参与式的管理模式常常出现员工想要的信息和上级给予的信息不符的现象;上级把信息当成权力和工具,有意隐瞒,不愿意沟通,或者将信息作为奖赏手段只传达给个别员工。

(4)沟通技能差异化。主要表现在:下级在组织内部所处的时间长短不一,员工自身的理解能力不同等因素,造成员工沟通技能的差异;上级不善于倾听,容易草率评判;员工和管理者急于表现自己,信息接收方不是试图去理解对方的意思,而是企图进行评判,或进行推论和引申,妄下结论;编码环节出现语义上的歧义,词不达意,造成理解困难或误解。

(5)各方心理活动牵制。研究表明,由于信息传递方对沟通效果的顾虑,下行沟通中容易出现信息膨胀或扭曲。

(6)传递信息的遗漏和曲解。组织结构层级越多,信息传递中的遗漏和扭曲就越多。

8.3.4　下行沟通的策略

没有难以沟通的员工,只有不善于沟通的领导。管理者管理工作的成功与否,很大程度上取决于同下属的沟通。因此,要实现有效下行沟通,需要管理者采取以下策略。

(1)树立正确的向下沟通心态。管理者与下属的关系,不能简单地理解为支配与被支配、领导与被领导的关系,最好把"上下"的观念变成"伙伴"。管理者应该以"关怀的口吻""关心的态度",加上"开阔的心胸",来善待下属。应该树立几个重要观念:平等待人(不摆资格、不给脸色、不上纲上线),全局观念,责人先责己。

(2)采取开放式管理,鼓励员工参与。让员工参与决策,集思广益,能够增强员工的参与积极性,取得员工对决定的支持。管理者要能够接受意见并且共谋对策,同时能够给予员工机会尝试。

(3)制订好沟通计划,建立沟通制度。为保证及时有效地传递信息,必须制定沟通政策,明确沟通目标,把沟通活动纳入制度建设之中,使下行沟通制度化、规范化。

(4)精减沟通环节,减轻沟通任务,合理安排沟通时间。提高组织沟通效果的最有力的做法是"精兵简政",减少沟通环节,用简单的结构和精练的系统来保证沟通顺利进行。

(5)充分授权。合理有效的授权不仅能够对下属产生巨大的激励作用,而且能够缓和下行沟通冷冰冰的纯粹命令的气氛,极大地改善沟通低效的状态。

(6)言简意赅,提倡简约的沟通。沟通中力求避免含糊其辞,管理者可以采用简单、直接的措辞,使用与对方理解层面相符的措辞,而非从自己层面出发进行沟通。

(7)建立有效的反馈机制。为了保证下行信息能够被正确地理解和接受,管理者必须利用各种反馈渠道,倾听下属意见和建议,这样不仅可以帮助管理者判断信息沟通效果,而且能够在信息没有被错误执行之前及时发现问题并采取补救措施,从而保证执行工作正确实施。另外,管理者应该尽可能采用面对面沟通的途径,其相对书面沟通来说在很多方面都表现出优势,尤其在获得反馈方面。

• 案例拓展

如何与个性员工沟通

8.3.5　下行沟通的艺术

1. 赞美下属

首先,真诚赞美下属。赞美是一种艺术,需要以诚挚为基础,才能真正激励下属。其次,及时肯定下属的工作价值。下属渴望得到管理者的肯定,管理者应创造机会及时给予赞扬。此外,管理者要善于发现下属的有意义的行为,不论大小,都要给予肯定。最后,适当运用间接赞美,以第三者角度赞扬或传达赞扬,以表达真诚。下行沟通主要用于传达命令、评价绩效、批评或赞扬下级。管理者需要不断改进与下级的沟通技巧,用心进行下行沟通。

2. 批评下属

管理者在批评下属时,应尊重客观事实,基于实际情况展开讨论,全面了解事实真相和下属的想法,再作出合适的处罚决定。批评时,选择适当的场合,避免伤害下属的自尊心和自信心。同时,管理者应适当赞美下属,让他们意识到自己的价值,从而虚心接受批评。

3. 激励下属

用积极的语言鼓励员工,例如"我相信你能做得更好"或"我很看好你",可以激发员工的内在热情。信任是一种很好的激励方式,它可以激发员工的责任感和使命感。领导者可以通过言行来表达对员工的信任,例如说"我相信你能完成任务"或"我会支持你的工作"。认可员工的努力和成就,可以激发员工的工作动力。领导者可以通过口头表扬、书面表扬、奖励或晋升等方式来表达对员工的认可。

员工激励的核心在于真诚地感激。领导者通过言语或行动来表达对员工的赞美,如写感谢信或组织庆祝活动。领导者应成为榜样,展示领导力,激发员工。因此,授权是有效的激励方式,给予员工必要的指导与支持,培养员工。赋予员工领导角色、组织活动,鼓励员工为团队出谋划策,表彰创新成果,激励员工参与和成长。管理的关键是情感管理,关注员工需求,解决实际问题,提高工作满意度。

• **案例拓展**

IBM 公司的绩效沟通方式 >>>>>>

8.4 平行沟通技能

8.4.1 平行沟通概述

平行沟通指的是组织内同一层级或不存在垂直权力关系的成员之间的沟通。它分为同一层级成员之间的平行沟通和不同层级的交叉沟通。除了上行和下行沟通,其他所有组织沟通都基本属于平行沟通。

不同类型的平行沟通采用的沟通形式不同。部门间平行沟通通常采用会议、备忘录和报告等形式;部门内员工则倾向于使用口头交谈、备忘录和工作日志;部门员工与其他部门管理者之间的沟通适合使用面谈、信函和备忘录。

8.4.2 平行沟通的目的及意义

平行沟通是为了增强部门间的合作,减少部门间的摩擦,并最终实现组织的总体目标,这对组织的整体利益有着重要作用。平行沟通担当起组织内部同一层面成员沟通的重任，对加强个体与个体间、群体与群体间的理解，深化感情、促进合作起到十分重要的作用。随着组织结构趋于扁平化，这种跨职能、跨部门的沟通正受到绝大多数组织的关注，已经成为组织成功的关键。

平行沟通具有以下意义：

（1）确保公司总体目标的实现。部门化虽能够提高生产效率，但员工可能忽视整体利益。平行沟通能够增强部门间了解，促进宏观认识和协同，实现总体目标。

（2）弥补纵向沟通的不足。尽管建立和完善了上、下行沟通渠道，误解、遗漏和扭曲仍可能发生。平行沟通可以简化垂直交流，提高信息传递效率和准确性，弥补纵向沟通的不足。

（3）实现部门间信息共享。企业作为一个整体，平行沟通能够促进员工间、部门间信息的流动和共享。

8.4.3 平行沟通的障碍

从理论上讲，平行沟通由于不存在等级差异，沟通主体是平等自主的，这样的沟通应该更有效。但事实上，平行沟通的现状同样令人担忧，它的主要障碍有以下几点：

（1）部门本位主义。很多情况下，一些部门为了实现自己的目标或维持自己的利益，无视其他部门乃至整个组织的利益而擅自行事，许多人也认为没有必要去了解其他部门正在发生的事情。为了维护本部门利益，每个部门都强调本部门的业绩，没有从公司、本部门、其他部门三个角度立体地看待本部门在整个公司的地位以及相应的利益。

（2）部门自我标榜。有些部门只站在本部门的角度认识问题，只强调本部门价值，而忽视其他部门对公司的贡献。这种认为部门有贵贱等级之分的成见，必然影响平行沟通的正常进行。

（3）组织结构产生的部门之间职责交叉。分工是管理的基础。但如果未能科学分工、分工不够明确，或者一些任务难以清楚分工，导致部门之间职责交叉、权限不明、责任不清，结果是各部门都会把利益归于自己，把责任推给别人，出了问题后互相推诿，甚至责怪别人，取得成绩后则相互争夺，这样很难使企业内部各个部门形成有机整体。

（4）空间距离造成沟通上的物理障碍。许多企业内部各部门分处不同的办公地点，甚至跨越国界，部门之间面对面交流相对减少，平行沟通不够及时和深入，沟通效果难以控制。

（5）对有限资源的争夺。员工和部门为了资源、职位和认可会有竞争和冲突，这导致平行沟通不畅。拥有稀缺和不可替代资源的员工或部门在组织中的影响力更大。为了保持这种影响力，他们可能会采取不合逻辑的行为，如保守工作技巧和经验，使用专门术语，或故意使工作看起来更复杂。

8.4.4 平行沟通的策略

对于平行沟通中出现的问题、存在的障碍，可以采取以下方法处理：

（1）树立"内部顾客"理念。"内部顾客"理念认为工作服务的下一个环节就是本职工作的顾客，要用对待外部顾客、最终顾客的态度为内部顾客服务。

（2）调整组织结构，完善部门职责、岗位职责。组织不断发展，部门职责容易交叉，必要时调整组织结构,改善平行部门沟通。建构真实组织结构,表明职权关系;准确制定个人工作说明,使员工知道工作内容、方法和工作关系,列出垂直和平行沟通关系,创造条件促进沟通。

(3)多倾听。横向交流最常见的问题是描述本部门困难和麻烦,同时指责其他部门如何不合拍、不配合,很少花时间倾听。多倾听才能理解他人难处,同时获得其他部门对本部门的好感。

(4)换位思考。试着站在他人的立场和角度,设身处地替他人着想,并体会他人的看法。跳出自我模式,考虑别人的观点,未必是同意他人,但能了解他人看待事实和认识事物的方式,这样才能找到合适的沟通方式。

(5)建立横向协调部门。针对经常出现的互相推诿、沟通裹足不前的现象,可考虑设立横向协调部门,承担召集和协调功能。协调部门负责定期召开会议,促进部门沟通,或要求各部门定期提交报告,从而让不同部门成员了解他人正在进行的活动,并鼓励提出建设性意见和建议。

• **案例拓展**

开会时,与不爱说话的同事沟通

本章小结

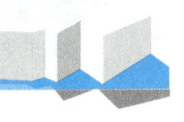

1. 组织沟通是在组织结构环境下的知识、信息及情感的交流过程,它涉及战略控制及如何在创造力和约束力之间达到一种平衡。重视组织沟通、采取有效措施改善组织沟通是实现组织目标的关键。

2. 上行沟通是指下级向上级报告工作情况、提出建议、意见,或表达自己的意愿等。上行沟通存在沟通中断、主题不明、距离阻隔、经验误导、时间受限等阻碍。

3. 伊查克·爱迪斯在《把握变革》中,把管理风格分为:创新型、官僚型、整合型、实干型四种类型。

4. 与上司进行沟通需要根据不同上司的风格选择不同的沟通策略,并且遵循相应的沟通原则。

5. 越级沟通可分为两种:一种是自下而上的越级;另一种是自上而下的越级。

6. 下行沟通是指沿着组织结构的直线等级进行自上而下的沟通,即高层结构向低层结构传递信息的过程。下行沟通存在各种障碍,因此与下属进行沟通需要有一定的策略。

7. 赞美下属、批评下属和激励下属都存在相应的沟通艺术。

8. 平行沟通是指沿着组织结构的横线进行的信息传递,即发生在同一工作群体的成员之间、同一等级的工作群体之间,以及任何不存在直线权力关系的人员之间的沟通。平行沟通是为了增强部门间的合作,减少部门间的摩擦,并最终实现组织的总体目标,这对组织的整体利益有着重要作用。

9. 平行沟通存在的问题有部门本位主义、部门自我标榜、组织结构产生的部门之间职责交叉、空间距离造成沟通上的物理障碍、对有限资源的争夺等,对平行沟通中出现的问题、存在的障碍,可以采取树立"内部顾客"理念,调整组织结构,完善部门职责、岗位职责、多倾听、换位思考、建立横向协调部门等策略来解决。

复习思考

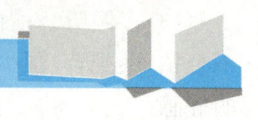

【案例分析】

一场不该发生的空难事故

技能提升

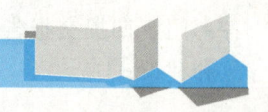

测一测你的沟通能力

第 9 章 会议与面谈沟通技能

本章思维导图

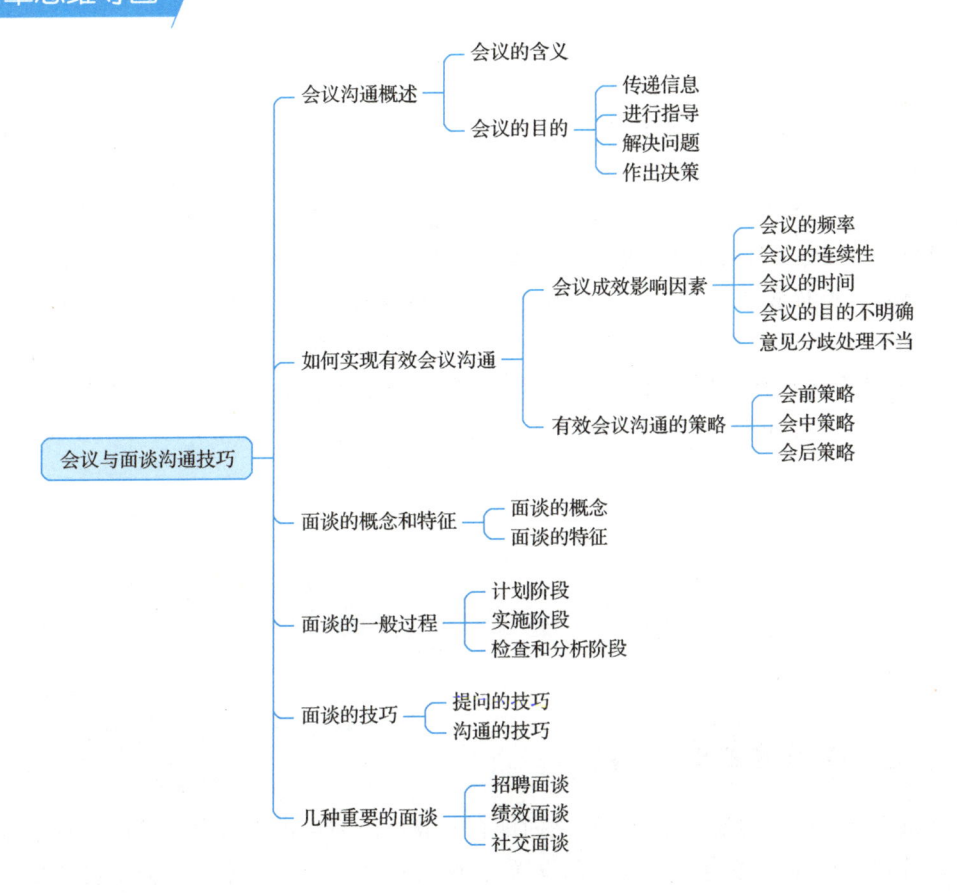

会议与面谈沟通技巧
- 会议沟通概述
  - 会议的含义
  - 会议的目的
    - 传递信息
    - 进行指导
    - 解决问题
    - 作出决策
- 如何实现有效会议沟通
  - 会议成效影响因素
    - 会议的频率
    - 会议的连续性
    - 会议的时间
    - 会议的目的不明确
    - 意见分歧处理不当
  - 有效会议沟通的策略
    - 会前策略
    - 会中策略
    - 会后策略
- 面谈的概念和特征
  - 面谈的概念
  - 面谈的特征
- 面谈的一般过程
  - 计划阶段
  - 实施阶段
  - 检查和分析阶段
- 面谈的技巧
  - 提问的技巧
  - 沟通的技巧
- 几种重要的面谈
  - 招聘面谈
  - 绩效面谈
  - 社交面谈

思政目标

本章学习,引导学生在掌握会议沟通与面谈内涵的基础上,层层递进,逐步深入剖析会议沟通与面谈的目的,加强学生对会议沟通与面谈的重视,分析影响会议沟通有效性的因素,提出在会议与面谈沟通中应注重的技巧,助力学生提高沟通效率和效果。

本章学习目标

◆ 掌握会议沟通的概念与目的。
◆ 掌握影响会议成效的影响因素以及提高沟通效率的策略。

◆ 掌握面谈的概念与特征以及开展过程。
◆ 了解面谈的技巧。
◆ 掌握几种重要的面谈。

本章关键词

会议沟通；传递信息；解决问题；作出决策；沟通策略；面谈；招聘面谈；绩效面谈；社交面谈

引导案例

地产监理面试

一个在地产监理公司做项目总监的人参加面试。面试官问："如果在您的岗位上缺乏责任心，会出现什么问题？"他提到会影响到质量、成本和进度目标，就唯独把"安全"这个因素遗漏了。面试官觉得有些可疑，就追问他关于安全方面的问题，结果他开始心虚，说出当时所监管的项目出了安全事故，即电梯突然掉下来砸死了几个工人，他也由于这个事故被公司调离该项目。面试官继续追问在这次事故中他负有什么责任，应聘者回答说，"这种事情三方都有责任（包括开发商、施工方、监理方），是不可预料的，经常要看运气。"从他的回答中可以看出，他丝毫没有对自身的疏漏之处进行反思，责任意识非常薄弱，其面试结果不言而喻。

（资料来源：黄渊明. 压力求职面试：寻找逆风飞扬的人才[J]. 人力资源，2007(24)：56-60.）

9.1 会议沟通概述

9.1.1 会议的含义

会议沟通是会议沟通主体与客体之间即企业成员内部互相之间为完成目标而进行内容与层次的，对企业而言有意义的信息的发送、接收与反馈的会议交流全过程。它是必要的沟通方式，对于企业而言，信息传递的畅通至关重要。会议是组织中交流意见的形式，可以将多人聚集在一起，就问题展开讨论并提出对策。

我国学者冯光明在《管理沟通》中将会议定义为有领导、有组织、有目的的集体活动过程。杜慕群认为，会议是向上沟通意见的途径之一，管理者也可借此听取下属或员工的意见。综合来看，会议是多人聚集在一起，共同解决或探讨某一问题或想法的过程。

9.1.2 会议的目的

任何一个会议的召开都应该有明确的目的，否则盲目地召开会议就只会造成浪费时间、制造矛盾、引起不满、挫伤士气、难以管理等负面影响。

会议的目的主要有以下几点：

1. 传递信息

工作计划会议的目的是部署下一个工作周期的重点工作和规定各个部门、各个员工的工作重点和工作职责。一个有效的会议，应让与会者感到舒适并积极参与，实现有效沟通，获取有用信息或达成合作协议。会议是管理者传达任务和指示给下属的途径，同时管理者也能从中及时获得反馈和其他信息。部门和部门之间、部门员工之间也可以通过会议进行沟通交流，实现信息和资源共享。

2. 进行指导

管理者通过会议培训员工，提升其技能，员工更好地适应工作。会议也使上级了解下级工作进展、问题和心态，给予具体指导，促使员工更好地工作。许多知名公司设有固定培训室，大多数企业也采用会议形式培训员工。培训师会调动团队积极性，实现有效沟通。

3. 解决问题

在管理工作中，面对困难和障碍，单靠个体或少数人难以全面解决。领导者需召集相关人员，集思广益，发挥各自的主观能动性，共同解决问题。此外，会议还有助于澄清误会，让更多人了解事情真相。

4. 作出决策

会议为管理者和员工提供沟通机会，共同集思广益，从多角度衡量解决方案，评估潜在问题和风险，作出正确决策。员工参与决策制定能更好地理解决策，执行方案。

9.2 如何实现有效会议沟通

9.2.1 会议成效影响因素

1. 会议的频率

会议不宜过于频繁，频繁地进行会议可能会让员工产生不满情绪，消磨掉员工的参会热情，严重降低会议效率和效果。

2. 会议的连续性

会议的连续性对于会议效果较为重要。一场会议应确保进行过程中不被打扰或中断。一旦会议中断，一方面会打断参会人员的会议思路和会议集中度，影响接下来的会议效果；另一方面会使会议时间被迫延长，占用大家的工作时间，影响工作进度，引起大家的不满情绪。

3. 会议的时间

会议的时间不宜太久，会议主持人应严格把控会议进程，尽量用简洁明了的话语来推动整场会议进行，不要长篇大论，侃侃而谈，把会议场所当成自己的演讲场地。另外，会议流程也要一环扣一环，不要拖拖拉拉，一个环节要是在计划的时间内未取得明确的成果，也要果断进入下一环节，不要无限制讨论下去。

4. 会议的目的不明确

会议由于会前准备工作没有做好，没有明确目的，会使参会者不清楚会议的主题和重点,导致会议讨论漫无边际,浪费大家时间,会议效率低下。

5. 意见分歧处理不当

会议进行中常会出现不同意见,甚至出现争执,这也是多数会议在进行过程中会出现的问题。由于参会者的文化素养、人生阅历、价值观和接受教育程度不同,他们对问题的看法和见解也各不相同。如果处理不好意见分歧,就可能导致冲突发生,极大降低会议效率,无法实现会议目标。

9.2.2 有效会议沟通的策略

要想成功召开会议并获得良好的效果,必须同时做好会前准备、会中控制以及会后反馈三个阶段的工作。相应的,有效会议沟通需要有会前策略、会中策略和会后策略。

1. 会前策略

(1) 明确会议的目标和目的

一般来说,企业常见的会议主题有三类:一是解决工作中出现的问题;二是分析将来工作中可能会遇到的问题;三是传达最近的工作任务或重要消息。只有明确了会议目的,我们才可以有针对性地进行后续安排。

(2) 拟定会议流程

明确会议目的和主题后,可以拟定会议流程。

首先,按照问题和内容的重要性和类别排序,并限制讨论时间,确定会议的时间、地点、议题、参会人员和流程。讨论的问题不宜过多,时间不宜过长。

其次,确定参会人员和主持人。根据会议主题,选择相关人员参加,限制参会人数,确保会议质量。主持人可由高层管理者或经验丰富的人员担任,或由与会者轮流担任。

(3) 准备会议文件。

会议召开的目的是召集人员对议题进行讨论,并作出决议。为了顺利地召开会议,会前应收集和整理与议题相关的信息,所以会议还需要大量的文档和资料。会议所需的文档和资料一般分为以下三种:

①发言稿。在会议中,发言是关键环节,特别是主持人或展示者的发言。对于大型会议,公开发言至关重要。发言者需要具备良好的口才和表达能力,同时发言稿内容要简洁明了、突出重点,且深入浅出、易于理解。通常,发言稿由发言者本人撰写,经过本人审阅通过。少数形式化的发言,如贺词等,可由他人代写。

②会议主题的相关资料。对于大多数参会者来说,会前他们并没有掌握会议主题内容的全部资料和信息,这就要求有专门的工作人员在会前将所有的资料信息进行汇总和整理,并在会前发放给参会人员进行阅览,预先了解会议的主题内容,提前对会议内容进行思考,加快会议进程,提高会议效率。

③对外新闻通稿。在当今的大型会议中,媒体宣传日益受到重视。通过有效利用媒体渠道,组织者可以较低的成本向大众传播信息,提升会议的影响力。对外发布新闻通稿是向媒体提供信息的主要方式。新闻通稿需由组织者提前撰写,撰写的内容包括会议主题、组织者、参与者以及主要内容。由于新闻通稿的受众是百姓,文章的语言应流畅易懂,避免使用过于专业的词语。

(4)确定会议主持人

会议主持人在会议中至关重要。他们需把握正确方向、控制全局并得到多数参会者的认可。因此,选择主持人时需慎重。主持人需具备敏捷的思辨能力、自信、表达能力、幽默感和领导力。通常由职位高的管理者担任,但也可以选择有经验的员工或秘书担任。

(5)确定参会人员

确定参会人员是非常重要的一个环节。我们要根据会议的目的来确定参会人员,不要因为碍于面子或某些个人情感因素而去邀请不相干的人参加会议。一般可以根据如下标准选择参会人员:

①会议信息提供者。这些人可能是要下达命令任务的上级领导,也可能是团队的某个项目负责人来组织成员研究新技术的应用问题等。

②特殊身份者。这些参会者,可能跟会议的主题、会议要解决的问题没有直接的关系,但又是会议不可缺少的参加者。

③接受任务、接收信息的人员。参会人员中非常重要的一部分人员就是这些接受任务、获得信息的人员。他们在会上获得第一手信息,按照上级领导指示,准确地贯彻执行任务。

(6)确定会议时间

确定会议时间,主要是指会议开始时间和会议持续时间这两方面。

①会议开始时间:选择会议开始时间需考虑与会者出席和设备到位情况,并避免假期。一天内的会议时间需根据公司具体情况而定,通常不应在早上刚上班时安排,以免影响会议效果。

②会议持续时间:尽量在前8分钟内宣布重点内容,若内容多可采用多种演示方式。会议应在约定时间内准时结束,否则容易降低会议效率。

(7)确定会议地点

确定会议地点时,要考虑会议规模、人数和主题,避免场地过大或过小。选择地点需考虑以下因素:交通便利性、停车便利性、使用时间保证、不受外界干扰、设备完好、租借费用预算范围、与参会者身份等级匹配以及基础设施服务条件。常见的会议地点有:公司会议室、会议中心、会展中心、培训拓展中心等。

(8)发出会议通知或邀请函

正式的会议通知必须包括会议的主题、主要议程、会议的时间、地点等有关要求,落款处应注明会议的通知部门、联系人电话等信息。经过反复修订,确定没有任何遗漏或错误之后,就可以按照程序进行签发、复印并通知了。

2. 会中策略

会议开始后的整个流程对最终的会议效果起到了至关重要的作用。如果会议流程不连续、不顺畅会严重影响到会议效果,这样既浪费了组织成员的工作时间,还可能引起员工的不满情绪,引发组织内部的冲突与矛盾。因此,我们在会议过程中应遵守一定的规范和流程:

(1)宣布会议的主题和目的。

(2)根据会议议程顺序提出每个议题,然后征求各位参会者的想法和意见。

(3)每个人发表自己的观点。

(4)控制会议进程,如果发现讨论的内容偏离了会议主题或者延伸到了不必要的细节,会议主持人应及时将其引导到主题本身。

(5)如果会上出现许多不同的观点,主持人应将各种观点进行归纳和总结。

(6)在预定的时间范围内结束,尽量不要拖延。

(7)在每个问题讨论结束后加以概括,以便达成共识或作出决策。

(8)在会议结束时,对讨论的结果或会议内容进行总结。若会议并未取得实质性成果仍需进一步讨论的话,可以确定下一次会议的时间。

3.会后策略

一次会议结束后,还应做好相关善后工作,重点是要做好落实工作。有些会议是领导一讲了之,参会者一听了之,会后无人落实。为避免这种现象发生,会议应善始善终,会后应做好如下四项工作:

(1)整理会议纪要

对于涉及多部门、单位,需贯彻执行的会议决定,应尽快编写简明扼要的会议纪要,分发给相关部门和人员,以便分工执行。

(2)报道会议消息

重要会议需邀请媒体记者参会,根据领导指示和新闻单位要求发布会议消息或专题报道,必要时配发评论或社论。秘书部门需与新闻单位合作撰写稿件,经审定后发布。

(3)监督与检查执行工作

确保会议要求和精神得到贯彻执行,制定考核标准和方法,定期进行进度报告和考核。会议纪要可作为工作检查依据。

(4)会议结尾工作

会议结束时,检查会场遗留资料文件,确保重要文件安全存放。多余文件资料应及时请示处理。

9.3 面谈的概念和特征

9.3.1 面谈的概念

面谈是人与人之间面对面的交流方式,是企业管理中最直接、最常用的沟通方式。当交流双方带有目的性,希望收集、传递信息或改变他人态度、行为或做出决定时,就构成了面谈。海因斯认为,管理者会进行绩效评估、雇用等不同目的的面谈,其过程是密集地沟通交流,目的是获取或分享信息。杜慕群等人认为,面谈是两个或更多个体间的信息交流互动过程。管理者在日常工作中需要与各类人打交道,多半采用面谈形式。康青认为,面谈是收集信息者与提供信息者之间的直接沟通行为,是为特定目的而进行的相互收集、交流信息的行为。综上,本书认为面谈是人与人之间进行交流、获取某种信息或达成某种目的的活动。

9.3.2 面谈的特征

1.计划性

面谈是一种正式的管理活动,旨在有组织、有计划地进行信息交换,以达到一定目的。

面谈策划者需要提前制订面谈实施方案,明确时间、地点、人员、环境、内容和问题等要素。在面谈过程中和结束后,也需要进行详细的规划,以降低成本、提高效率,形成有效的面谈结果。

2.互动性

面谈是面谈者与被面谈者之间相互交流的一个过程。在此过程中,面谈者与被面谈者互相提出问题和回答问题,彼此获得想要了解的信息和实现的目标。

3.即时性

面谈一般要求沟通双方即时对沟通信息作出反应,反应速度快。面谈者与被面谈者通过语言和行为发出或接收信息,中间没有任何媒介。双方可以通过观察和交谈来判断对方的意图、态度、喜恶等,也可以通过语言暗示等手段影响对方的判断、态度。

4.角色差异性

在面谈中,双方角色不同。通常由某个人组织、控制并实施面谈,一方主动,则是面谈者;另一方被动,则是受访者。因为他们信息不对称,需要面谈者引导受访者提供所需信息。

5.不确定性

面谈对象是具有主观性和不可预测性的人,这使面谈过程和结果充满不确定性。为减少不确定性,面谈者需按计划实施,同时随机应变,灵活促成面谈。

- **案例拓展**

7秒钟决定第一印象

9.4 面谈的一般过程

面谈的一般过程主要划分为三个阶段:计划阶段、实施阶段、检查和分析阶段。

1.计划阶段

做好计划和准备工作是一个好的面谈的开始。在这一阶段,我们需要对面谈的对象、时间、环境和内容进行大概的确定,并对后续面谈的顺利进行做出一个整体规划。同时,管理者应有良好的仪表、冷静的心理,并应根据情况安排适宜的面谈地点,预留出充足的面谈时间。

(1)确定面谈对象

在面谈过程中,面谈双方承担着编码和译码的工作。面谈者应该预先收集和研究面谈对象的身份、背景、性格特点、习惯、思维方式等信息,设计合适的问题类型、情景以及提问方式,这样可以减少面谈的不确定性,保证计划的有效执行。

(2)确定面谈的环境

面谈的环境包括面谈所发生的外部大环境和客观小环境。外部大环境主要指影响面谈环境的社会因素、经济因素和政治因素等。例如,面谈应选择在公司内部还是公司外部;面谈阶段的社会经济环境都会影响到面谈者的心态和情绪。客观小环境即指面谈的物理环境和面谈对象的距离位置,例如,面谈环境的布置。

(3)确定面谈的时间

面谈的时间指何时开始,持续多长时间,何时结束等。其中,面谈的持续时间对于面谈效果尤为重要。一般我们的面谈时间最好不要定在临近中午休息时间或是下班时间,以免引起面谈对象的抵触心理和消极情绪。同时,我们整个面谈的持续时间不宜太短,这样可能使我们无法对面谈的内容进行详细的询问和了解;也不宜太长,否则可能会使面谈者产生厌烦的心理,影响面谈的效果。

(4)确定面谈内容

在面谈开始前,我们应确定面谈的内容,并设计面谈的问题,用面谈对象可理解或方便理解的语言向其准确传达面谈主题和面谈信息。在这一过程中,我们应考虑到下面一些问题:采用开放式问题还是封闭式问题?面谈的形式采用结构化、半结构化还是非结构化?问题的顺序应该如何安排?

2. 实施阶段

面谈的实施阶段主要分为以下四个部分:

(1)营造轻松、和谐的气氛。面谈时,双方的角色与地位差异使得被面谈者难免会产生紧张的心理。因此,为了提高面谈成功的概率,达到预定的沟通目的,面谈者应尽量在面谈开始时营造轻松愉悦的氛围,与被面谈者建立融洽的关系,来缓解对方的紧张状态。除非面谈的目的是向被面谈者传递压力,否则面谈者不要急于切入正题,可以利用几分钟的时间互相问候、探讨一些最近发生的社会话题等。和谐的气氛有利于面谈的顺利进行,在面谈的过程中维持这种气氛也很有必要。

(2)说明面谈的目的。在被面谈者慢慢适应面谈氛围之后,面谈者就可以以简洁、清晰的方式向被面谈者说明此次面谈的目的、内容与进度安排,避免面谈者"一头雾水",使得面谈过程不太顺畅。但有时由于某些特殊的会见目的也可能需要向对方隐瞒这些信息。

(3)提问与回答。前期的铺垫工作完成后,面谈就正式进入了核心环节——问答环节。提问是进行沟通、获取信息的最主要的手段,不同的提问方式会导致被面谈者对所问问题做出的回答展现出的信息量的不同,侧重点的不同,组织方式的不同,甚至真实性的不同。因此,面谈者应掌握和运用提问的技巧,选择适当的提问方式、提问内容,以便从被面谈者那里尽可能获取更多的信息。

• **知识链接**

提问问题的类型

(4)结束面谈。结束面谈是面谈实施阶段的最后一步。面谈者在获取到所需信息、达到面谈目的后,就可以准备结束面谈。面谈者一般应对此次面谈的结果或感受做一个简短的总结概括,并感谢被面谈者的配合,同时也给对方了解相关信息的机会。

3. 检查和分析阶段

这是面谈的总结阶段。面谈结束,就要马上对所获得的信息进行归纳和总结。这样就要对收集的资料进行检查和分析,看收集到的信息是否达到面谈目的和是否有遗漏。如果发现遗漏,并且该遗漏对面谈目标来说是重要的,为避免失败,必须尽快进行第二次面谈,以补充不足的材料。

9.5 面谈的技巧

9.5.1 提问的技巧

面谈中提问的方式决定了面谈者可以从被面谈者那里获取信息的多少,我们应根据不同的面谈进程、面谈内容、面谈对象等来采取不同的提问形式。

(1) 封闭式提问。这类提问给面谈对象选择答案的空间很小或没有,通常只有一个明确的回答。或者这种问题把答案只限定在两种回答之间,即简单的"是"或"不是"。

(2) 引导式提问。这类提问带有一定的倾向性,常常有意无意地将面谈对象的回答引导至面谈者所期望的方面。

(3) 开放式提问。与上述第一种提问方式恰恰相反,这类提问使面谈对象在回答时有最大的自由发挥空间。

(4) 提示式提问。这类提问旨在通过给出一定的线索或引导,帮助对方思考并回答出更具体、更深入或更全面的信息。例如,"从你的经验来看,团队合作中哪些因素最有利于项目的成功?"或"在解决这个问题的过程中,你首先会考虑哪些因素?"。这样的问题帮助回答者聚焦在某个特定的领域或角度上进行思考,可以增强回答者的参与感和理解力,促进信息的有效交流。

(5) 重复式提问。这类提问是面谈者向面谈对象"重复"对其回答的理解,或对面谈对象的几种不同表达加以总结,例如,"根据你的说法,你是支持这种观点的吧?""听你这么说,你应该更适合到研发部门而不是公关部门工作,是吗?"。

(6) 探究式提问。对一个问题的最初回答常常可能比较简单,而且缺少细节,所以有必要提出进一步的问题,例如,"你说最近员工表现出消极怠工的现象,能否举出例子?""我不太明白你的意思,能否举些例子加以说明?""你认为这些原因中哪个是最重要的?"。

(7) 假设式提问。这类提问旨在评估面谈对象处理问题的能力或了解其对某一问题的态度或见解,有助于了解面谈对象的偏见、习惯、态度、信念和价值观等。例如,问面谈对象:"假设你发现有员工在偷拿公司财产,你将怎样做?"或"假设我们接下来会进行管理制度改革,你会怎么进行工作安排?"

9.5.2 沟通的技巧

1. 态度真诚

我们在面谈过程中要真心实意,态度诚恳,不去隐瞒或欺骗面谈中存在的一些不利因素,这是面谈成功的一个先决条件。要真诚对待面谈对象,面谈对象也会以同样的态度反馈给面谈者,这样可以共同促进面谈的成功。

2. 善于倾听

倾听在沟通中至关重要。首先,通过认真倾听,倾听者能够了解面谈对象的想法,为达成共识奠定基础。其次,倾听能体现尊重,有助于建立良好的交流关系,提高沟通效果。最后,主动倾听是关键,在沟通中积极思考并回应面谈对象,引导他们表达更多内心想法,从而获取更多有效信息。被动倾听则会导致面谈对象产生疑虑,影响沟通效果。

所以,我们在倾听过程中应注意以下两点:(1)不要打断别人。一方面,打断别人的说话是一种不尊重别人的体现;另一方面,打断别人会影响面谈对象的谈话思路,影响面谈结果。(2)积极做出回应。当面谈对象的一段回答结束后,我们应积极地给出反馈,引导面谈流程向下一步进行。

3. 语言得体

我们在面谈过程中,语速要不紧不慢,语言要运用准确、流畅,不要运用有歧义或模棱两可的词语。还要注意使用礼貌用语,即使发生思想碰撞或冲突,也不要因为情绪激动而使用一些会给他人造成人身攻击的言语。

4. 察言观色

察言观色可以帮助我们从面谈者一进门开始,可以通过其穿着打扮、走路姿势和行为举止等方面对其心理和个性特征有一个大概的了解,这样就可以有针对性地对面谈对象进行提问,提高面谈的效率。此外,在面谈的过程中,还可以通过详听面谈对象的语言表达能力和思想表达,对面谈问题不断进行调整,最终达成面谈目的。

5. 尊重文化差异

当与面谈对象存在文化差异时,在进行面谈之前,可以通过查阅相关书籍、互联网资源或咨询专家,尽可能多地了解对方的文化背景、价值观、习俗和礼仪。这样可以展现出对面谈对象的尊重,让面谈过程更加顺畅。在面谈中,应保持开放的心态,接纳并尊重差异,避免刻板印象,应将对方视为独立的个体进行沟通和交流。努力寻找双方之间的共同点,如共同的兴趣爱好、价值观或目标等。这样有助于拉近彼此的距离,促进更深入的沟通。

• **案例拓展**

业务代表招聘 >>>>>>

9.6 几种重要的面谈

9.6.1 招聘面谈

招聘面谈是管理者在选聘员工时的一种重要沟通方式。管理者通过与应聘者进行面对面的接触和问答式的交谈,可以进一步了解应聘者的个人情况,从而选拔出与岗位匹配度较高的员工。

1. 招聘面谈的作用

招聘面谈也就是我们平时所说的面试。应聘者与面试者进行面对面的接触和问答式的交谈,给雇用单位和面试者提供了相互了解的机会。应聘者可以在面谈中了解面试者的知识、技能、能力和性格特点,做出正确的录用决定;而面试者也可以了解该公司的薪酬福利、文化氛围和发展前景等,找到自己最合适、最满意的工作单位。

2. 常见的几种招聘面谈方式

(1)结构化面试。结构化面试,也称为标准化面试或控制式面试,是一种基于职位胜任要求的评估方法。它采用特定的评价方法、题库和标准,严格遵循固定程序。面试过程中,测评人员与面试者面对面交流,测定面试者的相关职业素养。面试内容标准化程度高,程序、内容及评分方式都有严格规定,使评判更为公正。所有面试者面对同样问题,内容具有可比性,对所有面试者都公平。招聘方根据统一标准进行评价,操作简便且易于做出公正评判。

(2)非结构化面试。非结构化面试没有固定标准程序,内容和顺序灵活。主试会根据面试者回答调整提问,目标是真实反映。每位面试者问题不同,能了解特定情况但缺乏全面性,效率低,对面试者要求高。

(3)半结构化面试。半结构化面试介于结构化面试和非结构化面试之间。即在面试中对每个人都提出几个共同的问题,其他问题则根据每个面试者的具体情况进行随机提问。

(4)情景面试。情景面试是通过向面试者提供一种特定的情景,观察面试者在特定情景下的行为表现来考查他们的素质表现,并据此预测其未来的工作能力。

(5)压力面试。压力面试是指在面试的过程中通过给面试者提出难题,制造压力,考查面试者的承受能力和情绪反应。这种类型的面试一般适用于面临较大压力职位的招聘。

3. 招聘面谈的过程

(1)招聘面谈前的准备工作

①工作分析。面谈前,工作人员应对招聘岗位的工作内容细致地进行了解和分析,从工作内容、工作职责、工作环境、工作条件以及工作中所需要的知识来勾画出适合该岗位的人物画像,并以此为依据来开展后续工作。

②筛选简历。简历是企业对应聘者进行初步了解的依据。工作人员通过翻看简历,了解所有应聘者的基本情况、个人能力以及性格特点,可以排除一些不合适的人选。这样可以将有限的时间和精力集中于对更高匹配度的应聘者进行面试,确保录用到人岗相适的员工。

(2)制订面试计划

制订面试计划可以确保面试有条不紊地进行。一般会计划好以下内容:

①面试安排

面试时间和地点需与应聘者沟通后确定,避免过长等待。根据应聘者数量分组,安排不同时间段。地点需考虑人数,包括休息室和面试室,笔试需准备考试场所。

②面试小组

面试小组由人力资源部门和用人部门主管组成,必要时请外部专家。涉及多个部门时,应组建多个小组,安排好时间。

③提问问题

拟定专业能力、工作经验、教育背景和简历相关问题,确保面试顺利进行,避免冷场和时间不足。

④面试流程

开场白欢迎辞;说明意图、目的及提问方式;询问教育背景;回顾工作经历;了解职位目标和期望;询问对公司和职位的兴趣和看法;结束时表示感谢。

(3)进行面试

这一环节是我们对前期所有工作的一个实践应用。在做好面试前的准备工作和掌握面试方法和技巧的基础上,我们要对应聘者进行面对面的询问沟通,了解各个应聘者对招聘岗位的胜任能力。最后根据沟通结果进行综合考虑和评估,选出最适合该岗位的人员。

9.6.2 绩效面谈

绩效面谈是向员工反馈关于他们工作表现评价的重要方式。面谈内容主要包括:回顾员工在特定时期的表现;讨论如何提高绩效;制定个人绩效目标;评估培训和开发需求。绩效面谈的核心目的是提升员工和组织的绩效,增强业务能力。通过面谈,员工可以与上级领导交流近期的工作情况、感受和想法。这有助于员工了解上级对自己工作的看法,共同分析原因,确定在下一绩效期间的工作任务和改进点,以便在以后的工作中不断改进,提高工作能力。同时,领导可以了解员工对工作内容和工作流程等管理方式的意见,及时调整,提高绩效管理水平。此外,让员工参与绩效管理也可以提高他们对绩效考核的满意度。

1. 绩效面谈的类型

(1)确定绩效目标的面谈

确定绩效目标是绩效管理的关键。在面谈前,应先收集组织和部门目标,然后根据员工的岗位、能力和SMART原则制订绩效目标方案。方案制订后,应与员工充分沟通,达成一致后依此开展绩效活动。为避免员工不接受,主管在面谈时应解释目标依据和原则,并结合员工意见调整,使目标建立在公正、客观、相互尊重和理解的基础上。

(2)绩效辅导面谈

在确立绩效目标后,主管需辅导员工实现目标。此过程贯穿始终,分为正式和非正式辅导。正式面谈认可员工成绩并帮助、引导其实现目标;非正式途径如电话、示范等。在正式辅导中,双方需及时修正目标,帮助员工实现绩效。

(3)绩效评估面谈

绩效评估是对员工完成绩效目标的全面检查,旨在了解哪些达到或超越预期,哪些不足,并探究原因。评估不仅帮助员工提高工作表现和效率,还能作为奖金评定、晋升和培训的依据。

2. 绩效面谈的过程

(1)面谈开场白

面谈开场白通常由面谈者向面谈对象简单说明此次面谈的目的和基本流程。在此环节中,面谈者应注意调节气氛,例如,以轻松的话题作为开场白,尽量让面谈对象消除紧张和防备心理,使双方十分自然地过渡到正式面谈。

(2)面谈对象进行汇报

根据此次绩效面谈的类型,首先让面谈对象对自己过去一个阶段或现阶段的绩效完成情况进行简单的汇报。此时,面谈者应认真倾听,不要随意打断面谈对象的陈述;重点关注面谈对象的绩效已完成的部分、未完成的部分以及在完成过程中遇到的问题。

(3)对汇报内容进行评价

面谈者在面谈对象汇报完之后,应本着实事求是的精神,不掺杂任何感情色彩,客观地对面谈对象的绩效情况进行分析和评价,并在此基础上确定绩效目标,进行绩效辅导或评估绩效完成情况。

(4)深入讨论达成共识

在双方都对绩效情况表达自我观点之后,双方应该在彼此的要求和期望的基础上进行深入讨论,交换意见,共同达成此次绩效面谈的目的。

(5)面谈结束

在绩效面谈结束之际,面谈者可以对面谈对象进行积极的鼓励,使其在面谈之后备受鼓舞,干劲十足。

9.6.3 社交面谈

社交是指人与人之间的交际往来,是传递信息和交流思想的活动。在管理活动中,社交面谈是获取资源和信息的重要方式。在一定程度上,出色的社交能力成为考察和选拔人才的标准。专业社交是高级执行官成功的关键,擅长社交的人更可能晋升到顶端。社交的主要目的是通过互惠关系分享信息,并且遵循基本步骤和礼仪,带来成功结果。

社交活动分为正式社交和非正式社交,社交成功需有计划、定目标、跟踪。管理者需要接触专业群体,请教能力强或有影响力的人,这样可获取职业、公司和行业知识。此外,参加目标群体活动,校友、前上司、旧同事聚会等,也可增加资源。

成功社交的步骤:确定互惠团体,加入组织,参加会议或活动,担当组织者、演讲人或委员,推销自己,展示热情、自信、诚恳态度,倾听并贡献,与新联系人见面可互赠名片,并跟进联系。工作外也会建立并维持一些重要关系,对话和活动也会创造社交和职业机会。

• 案例拓展

国药控股有限公司招聘故事

本章小结

1. 会议是多人聚集在一起,共同解决或探讨某一问题或想法的过程。

2. 会议一般有传递信息、进行指导、解决问题、作出决策几个目的。

3. 会议的频率、会议的连续性、会议的目的是否明确、意见分歧是否处理得当等因素都会影响会议的成效。

4. 要使会议召开并获得良好的效果,就必须同时做好会前准备、会中控制以及会后反馈三个阶段的工作。相应的,有效会议沟通需要有会前策略、会中策略和会后策略。

5.面谈是人与人之间面对面的交流方式,是企业管理中最直接、最常用的沟通方式。

6.面谈具有计划性、互动性、及时性、角色差异性和不确定性。

7.一般面谈过程分为计划阶段、实施阶段、检查和分析阶段。在计划阶段,我们要提前确定面谈对象、面谈环境、面谈时间和面谈内容。在面谈过程中,我们要注意沟通技巧,要注意态度真诚、善于倾听、语言得体、察言观色和尊重文化差异。

8.常见的面谈有:招聘面谈、绩效面谈和社交面谈。在招聘面谈中,我们介绍了招聘面谈的作用、常见的几种招聘方式和招聘面谈的过程;在绩效面谈中,我们介绍了绩效面谈的类型和绩效面谈的过程;在社交面谈中,我们着重介绍了在日常生活中应该如何开展社交活动。

复习思考

1.简要回答会议沟通的目的。

2.影响会议成效的因素有哪些?

3.如何进行有效的会议沟通?

4.简要回答面谈的概念和特征。

5.简要回答面谈的实施过程。

6.面谈的技巧有哪些?

7.简要回答招聘面谈的实施过程。

8.简要回答绩效面谈的实施过程。

技能提升

【案例分析】

一言堂?!

第 10 章 书面沟通技能

本章思维导图

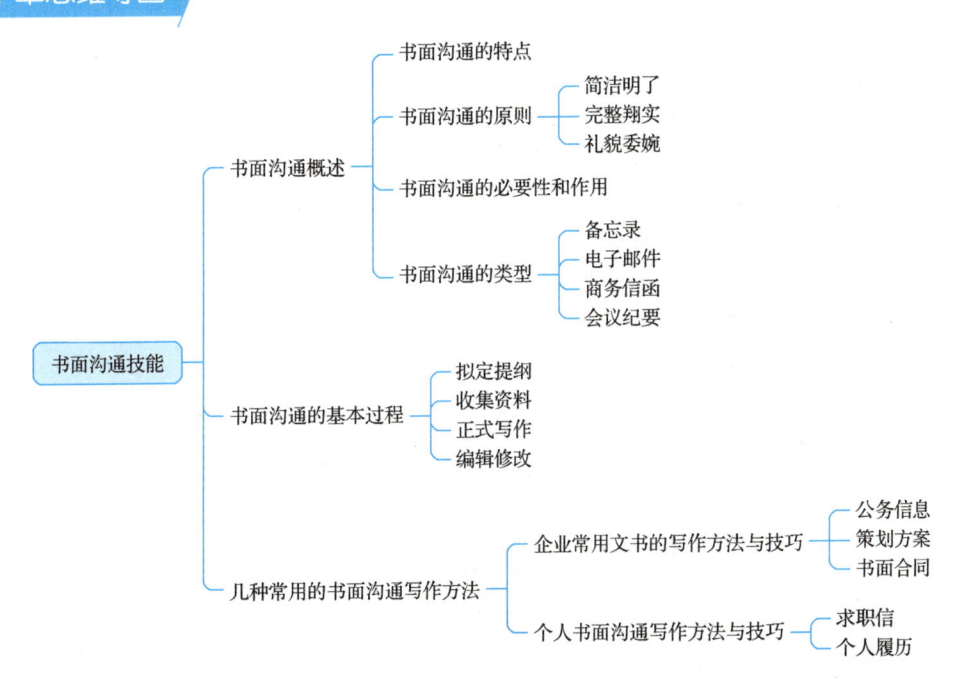

- 书面沟通技能
  - 书面沟通概述
    - 书面沟通的特点
    - 书面沟通的原则
      - 简洁明了
      - 完整翔实
      - 礼貌委婉
    - 书面沟通的必要性和作用
    - 书面沟通的类型
      - 备忘录
      - 电子邮件
      - 商务信函
      - 会议纪要
  - 书面沟通的基本过程
    - 拟定提纲
    - 收集资料
    - 正式写作
    - 编辑修改
  - 几种常用的书面沟通写作方法
    - 企业常用文书的写作方法与技巧
      - 公务信息
      - 策划方案
      - 书面合同
    - 个人书面沟通写作方法与技巧
      - 求职信
      - 个人履历

思政目标

本章的学习,可以使学生在掌握书面沟通内涵的基础上,层层挖掘,具体落实以人为本的管理思想,逐步剖析书面沟通的原则和基本过程,深化学生对书面沟通的认知。通过详细介绍几种不同的书面沟通方式,优化相关人员在实践中的应用,加强学生在工作中的书面沟通能力。

本章学习目标

◆ 掌握书面沟通的特点和原则。
◆ 掌握书面沟通的必要性和重要性。
◆ 熟悉书面沟通的类型。
◆ 掌握书面沟通的基本过程。
◆ 掌握常用的几种书面沟通写作方法。

本章关键词

书面沟通；备忘录；电子邮件；商务信函；会议纪要；公务信息；策划方案；书面合同；求职信；个人履历

引导案例

没有说清楚还是没有听清楚？

有一天，总经理给新来的总经理助理曹小姐布置了一个任务，要求她向各个部门下发岗位职责空白表格，并要求各个部门在当天下午两点之前上交总经理办公室。总经理问曹小姐是否明白意思？她说完全明白，于是就去执行。

结果到了下午，事情出来了：到了规定的时间，技术部没有按时上交。总经理问曹小姐：你向技术部怎么传达的？曹小姐说，完全按照正确的意思传达的。总经理又问为什么技术部没有上交？曹小姐说不知道为什么。

总经理把曹小姐和技术部都召集到总经办会议室问这个事情。技术部负责人回答说：当时他没有听到曹小姐传达关于上交时间的要求。而曹小姐说：自己确实传达了，为什么公司十二个部门就技术部没有听清楚？技术部负责人说，确实没有听到。

（改编自：宗昀洁.职场沟通中，听与说一样重要[J].职业教育(上旬刊)，2021(4)：47-48.）

10.1 书面沟通概述

10.1.1 书面沟通的特点及原则

1. 书面沟通的特点

书面沟通是一种以文字为媒介的信息传递方式，形式主要包括文件、合同、信函、报告等。书面沟通一般不受沟通时间和沟通地点的限制，沟通成本较低。人们主要在解决简单问题或发布信息时采用。书面沟通主要具有以下特点：

（1）有利特点

①书面沟通形式灵活，约束性小。

②书面沟通允许反复修改，能精准表达意思，减少信息错误。

③书面材料可作为证据，方便存档、查阅和引用。

④适合传达事实和意见，可配合口头沟通。

⑤书面沟通有规范性，利于信息传递。

⑥有助于缓和持不同意见者之间的关系。

（2）不利特点

①书面文字难以表达情感，可能导致误解。

②缺乏反馈机制,难以确保信息被正确接收和理解。
③对沟通者要求高,需具备一定的写作能力。
④准备书面材料需花费较多时间。

2. 书面沟通的原则

(1) 简洁明了

有效的书面沟通应提供清晰易懂的信息,使用日常词语和简短句子,避免使用专业术语,除非确信读者能理解。使用简单词语有助于读者理解,节省时间。简洁重在强调,去掉不必要的内容,简单得体地陈述重要信息,避免重复。

(2) 完整翔实

我们在进行书面撰写时,应确保信息的完整性,避免疏忽而漏掉某些重要信息。同时,措辞具体有助于在信息接收者的脑海中形成清晰的认知图像和信任感,加深读者对作者的情境、论证观点和传达感情的理解,从而达到感同身受的效果,有助于作者和读者之间的沟通。

(3) 礼貌委婉

在写作时,要避免过多使用否定词语,多采用肯定语气和礼貌委婉的表达方式。要以信息接收者为中心,站在读者的角度思考,理解他们的感受和处境。要分析读者如何理解信息,然后提供他们所需的内容,解决他们的问题,满足他们的需求。

10.1.2 书面沟通的必要性和作用

(1) 书面沟通是向广大受众有效传达信息的平台,能够使信息更直观、更清晰明了。
(2) 书面沟通能提供明确、稳定的记录,为今后的参考和追溯提供依据。
(3) 书面沟通能跨越时空限制,拓宽交流范围,实现不同时间、不同地点的交流。
(4) 书面沟通具有严谨和权威的特点,适用于学术研究、法律文件和商业合同等领域。
(5) 书面沟通便捷高效,不受时间和空间限制,能更好地组织和管理信息。

10.1.3 书面沟通的类型

书面沟通的类型多种多样,我们主要介绍备忘录、电子邮件、商务信函和会议纪要。

1. 备忘录

备忘录是简单的公文,通常用于组织内部信息的传递,如公告、会议、人事变动、工作任务等。备忘录的写作结构包括书端、收文人信息、称呼、正文、结束语和署名。书端包括发文机关信息。收文人信息与信件写法相同。正文应直入主题,列出信息,说明事由、情况,提出意见和建议。结束语和署名与一般信件格式相同。

2. 电子邮件

电子邮件是两人间沟通信息的私人方式,信息技术发展下更受人们青睐,它使用便捷、成本低,广泛应用于贸易、工作沟通、亲朋通信。写邮件时,我们需遵循一定的写作规范,主要方式有三种:写邮件、回复邮件和转发邮件,适用于不同情况。格式主要包括:收件人、主题、内容和抄送。

(1) 收件人。在发送电子邮件之前,应确认收件人是否正确。

(2)主题。电子邮件一定要表明主题,因为一般收件人都是根据邮件主题来确定是否要详读信件的内容。另外,主题一定要简洁、明确,一看就可以了解邮件内容的中心思想,不要发送无主题和无意义的电子邮件。

(3)内容。正文部分要做到主题明确、语言流畅、内容简洁,避免长篇大论。如果有需要展示的文档、图片、视频等形式可以通过附件来发送。

(4)抄送。在必要的情况下抄送给需要接收信息的相关人员。

此外,我们在使用电子邮件时应注意以下事项:

(1)我们在写邮件时应注意称呼,避免冒昧;当与上级领导或不熟悉的人通信时,注意使用恰当的语气。

(2)注意邮件内容语法和措辞的正确使用,避免使用不规范的问题和表情符号。

(3)不要随意转发电子邮件,尤其是不要随意转发带附件的电子邮件。

3. 商务信函

商务信函主要是组织向外部传递信息的一种方式。商务信函一般由开头、正文、结尾、署名、日期等五个部分组成。

书信书写格式:

(1)开头:写收信人或收信单位名称,单独占一行,顶格书写,称呼后用冒号。

(2)正文:简述业务往来联系的实质问题,包括问候、写信事由、业务联系等。注意尊重对方的询问,先答后问。提出希望和要求。

(3)结尾:简短的两句话,写明希望对方答复的要求。可写"此致""敬祝",也可转行顶格写"敬礼""健康"。

(4)署名:写信人签名,通常写在结尾后另起一行或空一、二行的偏右下方位置。单位名义可写单位名称或具体部门名称,也可同时署写信人的姓名。重要商业信函可加盖公章。

(5)日期:写信日期写在署名下一行或同一行偏右下方位置。

4. 会议纪要

会议纪要是记载和传达会议情况和议定事项使用的一种行政公文。它既可上呈,又可下达,被批转或被转达至有关单位遵照执行,使用范围广泛。

(1)会议纪要的特点

①纪实性

会议纪要如实反映会议的内容和议定事项,不能把没有经过会议讨论的问题写进会议纪要里。

②概括性

会议纪要是对会议繁杂的情况和内容进行综合、整理,概括出会议的主要精神,归纳出主要事项,体现出中心思想。

③约束性

会议纪要要求与会单位和有关人员遵守,有的还需执行,具有一定的约束性。

④特殊性

会议纪要一般采用第三人称写法。由于会议纪要反映的是与会人员的集体意志和意向,常以"会议"作为表述主体,"会议认为""会议指出""会议决定""会议要求""会议号召"等就是称谓特殊性的表现。

(2)会议纪要的内容

会议纪要有别于会议记录。二者的主要区别是:第一,性质不同。会议记录是讨论发言的实录,属事务文书。会议纪要只记要点,是法定行政公文。第二,功能不同。会议记录一般不公开,无须传达或传阅,只作资料存档。会议纪要通常要在一定范围内传达或传阅,要求贯彻执行。

会议纪要的正文一般由两部分组成。开头第一部分一般应写明会议概况,包括会议议行的时间、地点、主持人、出席和列席人员名单、会议议程和进行情况以及对会议的总体评价等。第二部分是会议纪要的中心部分,包括会议的主要精神、讨论意见和议决事项等。

会议纪要的落款包括署名和时间两项内容。署名只用于办公室会议纪要,署上召开会议的领导机关的全称,下面写上成文的年、月、日并加盖公章。一般会议纪要不署名,只写成文时间和加盖公章。

10.2 书面沟通的基本过程

1. 拟定提纲

在写作之前,需要明确传递的信息,即确定中心思想。主题决定了书面沟通的范围,有助于确定包含和排除的内容。建立主题是后续环节的逻辑起点。

确定主题后,需要提出支持主要观点的论点,可以通过回答与主题相关的问题来提出关键性支持论点。我们可以在拟定提纲之前试问自己以下一些问题:

(1)我写作是想要实现什么样的目标和达到什么目的?

(2)在书面材料中我们要陈述和传递哪些具体内容?

(3)不同信息的重要性及顺序如何?

(4)我们进行书面沟通的对象是谁?

(5)对象的信息接收能力如何?

(6)对象会如何理解和运用这些信息?

(7)怎样有效地传达这些信息?

对这些问题的回答有助于你为信息接收者提供合适资料以及传递信息所需要重视的细节和强调的内容。这些信息可以帮助我们创建写作大纲,搭建写作框架。

制定大纲可以清晰指引后续写作,节约时间,提高文章质量。修改大纲比更改完整文章结构要简便。支持性论点可作大纲主条目,每条目下需详述相关细节。大纲无须严格的格式,可由主观点与附属观点构成,显示文章主与辅的内容,可使用节标题来划分内容,方便读者快速了解。

2. 收集资料

在确定写作主题和大纲后,我们需要收集资料。资料来源主要有:查阅文献、网络资源和调查访问。文献包括书籍、报刊、统计年鉴和财务报表。网络资源包括电子数据库和信息发布网站。调查访问需要设计调查工具,如调查问卷或访谈提纲,以收集受访者的反馈。此外,还可以运用头脑风暴法,通过专家会议集思广益,或制作笔记、小卡片记录想法和观点。

在收集好资料后,我们需要对资料进行提炼,因为并不是所有资料对我们的写作都有用。以下是一些提炼材料的技巧：

(1)根据之前确定的写作主题和写作论点进行提炼。

(2)概括观点，区分主要观点和次要观点，考虑主、次观点之间的区别和联系。

(3)在提炼材料时需要先把握那些具有代表性和概括性的观点。

(4)提炼材料时应侧重于在较短的时间内快速提炼要点，将其清晰、准确地表达出来。

3. 正式写作

在经过前期周详的准备工作后，我们就可以开始着手写书面内容了。在总体上要把握全面、清晰、连贯的原则，措辞语法要精准易懂。本书列举了一些写作要点：

(1)措辞具体而不抽象

使用明确、具体的词语，避免使用抽象和宽泛的词语。具体的措辞能激发读者兴趣，产生清晰图像，提高信息传达效率。

(2)使用礼貌的积极性词语

为了建立信任和良好的关系，使用积极、礼貌的措辞。这有助于实现沟通目标，促进有效沟通。

(3)多使用日常用语

使用人们面对面交流时常用的词语，避免使用俗语、俚语和专业术语。这有助于更有效地传达信息。

(4)句子要简短

好的商业写作句子长度应在 15～20 个词，每 100 个词语中长句不超过 10 个。避免长句使读者难以理解信息。

(5)合理地组织段落

段落是连接句子的工具，用于传达中心思想。划分段落时应注意逻辑关系，合理布局，避免段落过多或过少。

4. 编辑修改

在正式写作完成后，我们一定要通篇阅读一遍，检查是否存在错别字或逻辑结构不合理、语句不通顺的地方。通过修改，文章将更加清晰易懂，减少了日后信息传递不到位或信息传递错误的时间成本。

修改过程包括：检查所写内容是否清晰、连贯，语气是否恰当；确定事实是否准确；调整结构以保证连贯性；改写不当的词语或句型；重新编排内容，增加例证，增强过渡。最后一步是准确地对文章进行校对，检查拼写和语法错误，保证书面沟通材料的基本准确性。

10.3　几种常用的书面沟通写作方法

10.3.1　企业常用文书的写作方法与技巧

1. 公务信息

公务信息是指公务活动中所形成和使用的文字材料，是传达企业方针、政策、制度、法规的基本手段和重要工具,发挥着上传下达、下情上报和信息沟通的重要作用。公务信息写作有较为固定化、系统化的表达范式,在写作过程中除了要遵守一般的写作规则以外,还需要遵守特定的写作模式。

(1)明确公务信息的类型

公务信息种类多,写作要求各异。掌握不同类型公文的特点和适用范围,结合实际情况选择合适的格式。常用公务信息包括决议、决定、命(令)、公报等,各有特定的适用范围。写作者需根据受众和内容选择合适类型。重视格式要求,明确时间、人物、地点。信息要真实可靠,准确反映工作情况。

(2)搜集资料,拟定框架

公务写作要求我们全面、精准地掌握所要传达的信息,所以在开会时要认真做好记录,抓住内容重点,围绕工作重心,确定公务信息主旨,保证公务信息的针对性和有效性。

在正式撰写前,我们要先确定写作框架,以便于在明确公文类型、主旨之后,理清公文的写作脉络。以告知类公文为例,其总体写作思路通常为"是什么—为什么—怎么做",即在具体写作的过程中,首先需要确定受众对象,然后阐述其存在的原因,再对其具体内容进行解释,最后提出针对性的解决措施。总结报告类公文思路为"工作成效—存在的问题—解决措施",即先对本阶段工作绩效进行总结,然后对当前存在的问题进行分析,结合问题制定下一步的解决措施,最后再对未来工作内容进行部署。

(3)注意语言表达和措辞规范

公务信息在语句表达、措辞中需要具备庄重、准确、朴实、简洁、严谨、规范等特点。我们在写作过程中要认真辨析词语的准确含义,使词语的意义符合客观实际;注意分辨词语的感情色彩,正确表达作者的立场观点;注意词语间的正确搭配,遵循语言法则;注意词语的规范性以及公文具体使用场合对词语风格的要求,保持公文的严肃性和严谨性。在对公文中所涉及的事物和概念进行表达的过程中,除了必须遵循一般的语法规则、逻辑规则之外,还必须遵循一些特殊要求。其中特别需要注意时间、空间、职务、姓名、数量、范围、程度的表达等。除此之外,我们还要特别重视公务信息固定的表达语句,例如"恳请批示""特此呈报""来函收悉"等。

2.策划方案

企业为了宣传产品、传播信息、获取情报,需要组织开展公关、广告、促销、比赛等各种活动,我们需要从立项、计划、组织实施、总结推广等方面进行周密的布局和筹划,才能保证活动的顺利开展。一份新颖的具有可操作性的策划方案是活动成功的前提。下面我们从策划方案的写作内容进行详细的介绍:

(1)活动目的和意义

首先,我们应阐明开展此次活动的主要目的和意义,主要从社会意义和经济效益两方面来进行分析。社会意义方面,主要考虑社会影响、文化传播、现实问题等影响;经济效益方面,主要考虑产品销量、消费者群体、竞争优势、品牌影响和市场占有率等情况。

(2)活动主题

活动主题要新颖具体,要能够吸引目标群体的注意,激发用户的热情。策划主题要在基于解决企业问题,带来经济效益的基础上精心构思,尽可能满足用户的心理偏好和需求。对目标受众的吸引力大小是活动推广策划成功与否的关键。所以我们在策划方案时,首先要根据企业自身情况(包括预算、能力、资源等)和市场分析情况(包括竞争对手分析、目标消费群体分析、消费者心理分析、产品特点分析等)进行态势分析(SWOT分析),以选定一个最有价值的活动主题。在这场活动中,我们要把最重要的信息传递给大众,把最想要表达的信息充分传达给目标群体,才能引起受众群体的关注,并且比较容易地记住你所要表达的信息。

(3)活动内容

活动内容是策划方案中的重点部分。在此部分,我们要写出详细的活动方案以及活动的前期准备,要对工作人员、活动时间、活动场地、活动宣传、后勤保障、活动流程等进行妥善安排和计划。

(4)经费预算

我们应根据活动预算合理安排活动中的各项支出,支出应尽量详细,明确到各个部门甚至各个环节。

(5)活动负责人及主要参与者

我们要明确此次活动的第一负责人和主要参与人员,以及各自负责的部分和环节,方便我们在活动出现问题或总结活动成果时追踪至个人,以给予奖励或作出惩处。

(6)活动中应注意的问题和细节

因为内外部存在多种不可控因素,就算我们把策划方案设计再细致周到,有时也会受到某些突发事件的影响。所以,我们在设计策划方案时,应做好突发事件应对方案。一旦发生突发事件,便可迅速解决,不影响活动的正常进行。

3.书面合同

2020年5月28日,第十三届全国人民代表大会第三次会议通过的《中华人民共和国民法典》规定:合同是民事主体之间设立、变更、终止民事法律关系的协议。当事人订立合同,可以采用书面形式、口头形式或者其他形式。书面形式是合同书、信件、电报、电传、传真等可以有形地表现所载内容的形式。

合同可以划分为买卖合同、租赁合同、赠予合同、承揽合同、运输合同、建设工程合同等,合同的内容由当事人约定,其虽内容不同,但其总体的写作结构和写作要求是一致的,一般包括下列条款:

(1)当事人的姓名或者名称和住所。

(2)标的:合同当事人共同指向的对象,可以是货物、劳务、工程项目等。标的可以是有形物或无形物,如买卖合同中的商品或货币。它是经济活动要达到的目的,也是每种合同的基础条款。

(3)数量:数量是对标的物的具体量化,它体现了双方当事人对交易规模的约定。

(4)质量:质量是对标的物内在特性和外观状况的具体描述。它涉及标的物的适用性、耐用性、安全性等方面,是合同双方对交易商品或劳务品质的共同约定。

(5)价款或者报酬:支付对方产品、劳务或智力成果的代价,以货币数量表示。应约定单价和总价,涉及不同品种的货物时,应分别约定。

(6)履行期限、地点和方式:包括履行时间界限、地点和方式。应根据双方约定确定,如交货期限、付款期限、履行地点和方式等。涉及分期付款或分批交货时,应明确数量和计量单位。

(7)违约责任:是对不按合同规定履行义务的制裁措施,维护合同双方合法权益的保证。如供方逾期或需方中途退货等违约行为,供方或需方应支付违约金和赔偿金等责任。

(8)解决争议的方法:合同纠纷的解决方式包括友好协商、非诉讼调解、仲裁和诉讼等措施。双方还可协商附加条款,如不能履行合同的处理补充办法等。

当事人可以参照各类合同的示范文本订立合同。

10.3.2 个人书面沟通写作方法与技巧

1. 求职信

求职信是求职者以信件的形式向用人单位表达求职意向的一种应用文。它是求职者向用人单位介绍和推销自己的书面材料,也是沟通求职者与用人单位的桥梁。求职信的基本功能是帮助求职者获得面试机会,进而获得就业机会。从求职者的角度看,他需要通过求职信把自己的专业、优点、能力等个人情况介绍清楚,传达求职的意向,尽量给用人单位留下深刻的印象,引起用人单位对求职材料和求职者本人的关注,从而为找到心仪的工作发挥积极的作用。从用人单位的角度看,是要依据求职信全面了解求职者个人的专业、特长、能力等情况,可以做到人才和岗位需求的精准匹配。所以,一份完美的求职信对于求职者来说至关重要,我们在写的时候应注重以下几点技巧:

(1)内容要有针对性

此处的针对性是相对我们应聘的工作岗位而言的。我们应根据不同的工作要求来写不同的求职信,切不可应聘不同的岗位都使用同一份求职信。我们应根据招聘公司发布的招聘信息,有针对性地写自己的匹配点,例如:一个公司正在招聘办公室文员的岗位,你却在求职信中突出了自己性格外向、交际广泛、喜欢尝试新鲜事物等性格特点,但这样的特点对于这份工作来说未必有利,可能使招聘单位认为你并不适合这份工作。所以,我们在写求职信时,要视岗位需求来定,把符合岗位要求的信息写上去。

(2)内容要简短精练

求职信的内容要紧紧围绕应聘者符合要求、能够胜任、诚心应聘,尽可能让招聘者感受到这就是他们所需要的人才。切忌长篇大论,尽量将内容浓缩到一页纸内。

(3)措辞有分寸

语气要不卑不亢。过于谦卑,会给人庸碌无为的感觉;过于高傲,则会给人傲慢无礼的感觉。语言精练,措辞尽量职业化。

2. 个人履历

个人履历是求职者的敲门砖。也就是说,对于一个求职者来说,个人履历是求职者无限空间范围内的自我形象,或浓妆艳抹,或轻抹淡描;或侧重一点,或面面俱到,都需要视情况斟酌。应聘者在写个人履历时要突出重点,要能够吸引眼球,内容宜短不宜长,宜精不宜粗,在履历中我们应尽可能展示应聘者具备的能力和取得的成就。最后,应聘者可以在个人履历后面附上毕业证书和证明个人能力的各种资料。

(1)个人履历写作方法

个人履历一般由个人基本情况、工作经历和个人特长三大部分组成。

①个人基本情况。个人基本情况包括姓名、性别、年龄、学历、毕业院校、家庭住址、联系方式、教育背景、所学专业、主修课程、课程成绩等。

②工作经历。工作经历包括个人从事过的岗位和职业,要重点介绍主要负责的工作内容以及在工作期间取得的成果,锻炼了哪些能力,并尽量以数据化的形式展现出来。如果是应届毕业生,可以介绍一下自己的实习经历,主要内容与上述相似;如果没有实习经历,可以介绍一下自己参加过的校园实践活动和社会实践活动,例如,社团经验、班干部、志愿活动、专业比赛等。

③个人特长。个人特长部分分为能力特长和性格特长两部分。能力特长包括取得的一些专业证书和获奖证书。专业证书包括语言等级证书、专业职称证书、软件使用证书等,获奖证书包括个人获得的荣誉和奖励。性格特长部分主要介绍自己的性格优点和竞争优势。

(2)个人履历写作技巧

①个人履历必须简洁明了,突出重点。与应聘的工作无关的内容不要写,在职人士一定要突出职场经历、工作经验与比较优势及教育背景、荣誉、特殊技能和成就。应届毕业生应将重点放在对想获得职位的理解、感悟、态度、学历、社团经验、取得荣誉、特殊技能等方面。

②履历内容要量化。尽量用数据或百分比指标来量化你的业绩和技能,例如,多少数量、多少次、占多少百分比等。你的描述越形象具体,雇用单位越容易判断出你是否适合去他们单位工作。

③个人履历越短越好。因为用人单位没有时间或者不愿意花费太多时间查看一篇冗长空洞的个人履历,所以履历的排版、设计要简约大方,内容要简洁,段落分明,最好在一页纸之内完成,一般不要超过两页。

• **案例拓展**

公司总经理的述职报告范例

本章小结

1. 书面沟通具有对沟通双方约束小、提高信息准确性、较强的规范性可以不受时空的限制、永久保存等优点;也存在花费时间较长,对书面写作者要求较高,反馈速度较慢,信息理解出现偏差等缺点。

2. 书面沟通应遵循简洁明了、完整翔实、礼貌委婉的写作原则。良好的书面沟通可以有效传达信息,提供明确而稳定的记录,拓宽交流范围,确保信息的严谨性和权威性,传递方式便捷且高效。一般的书面沟通过程是拟定提纲、收集资料、正式写作、编辑修改。

3. 书面沟通的类型多种多样。本章我们主要介绍了备忘录、电子邮件、商务信函、会议纪要这几种在管理活动中经常使用的沟通方式,还介绍了公务信息、策划方案、书面合同这三种企业常用文书的写作方法和写作技巧,以及求职信和个人履历这两种个人书面沟通的写作方法和技巧。

复习思考

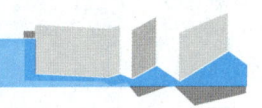

1. 书面沟通有哪些优点和缺点？
2. 书面沟通的基本原则有哪些？
3. 书面沟通的作用有哪些？
4. 书面沟通的基本过程是什么？
5. 商务信函的写作要求有哪些？
6. 策划方案的写作方法是什么？
7. 求职信的写作方法是什么？

技能提升

【案例分析】

一封荒诞的投诉信

第 11 章　演讲沟通技能

本章思维导图

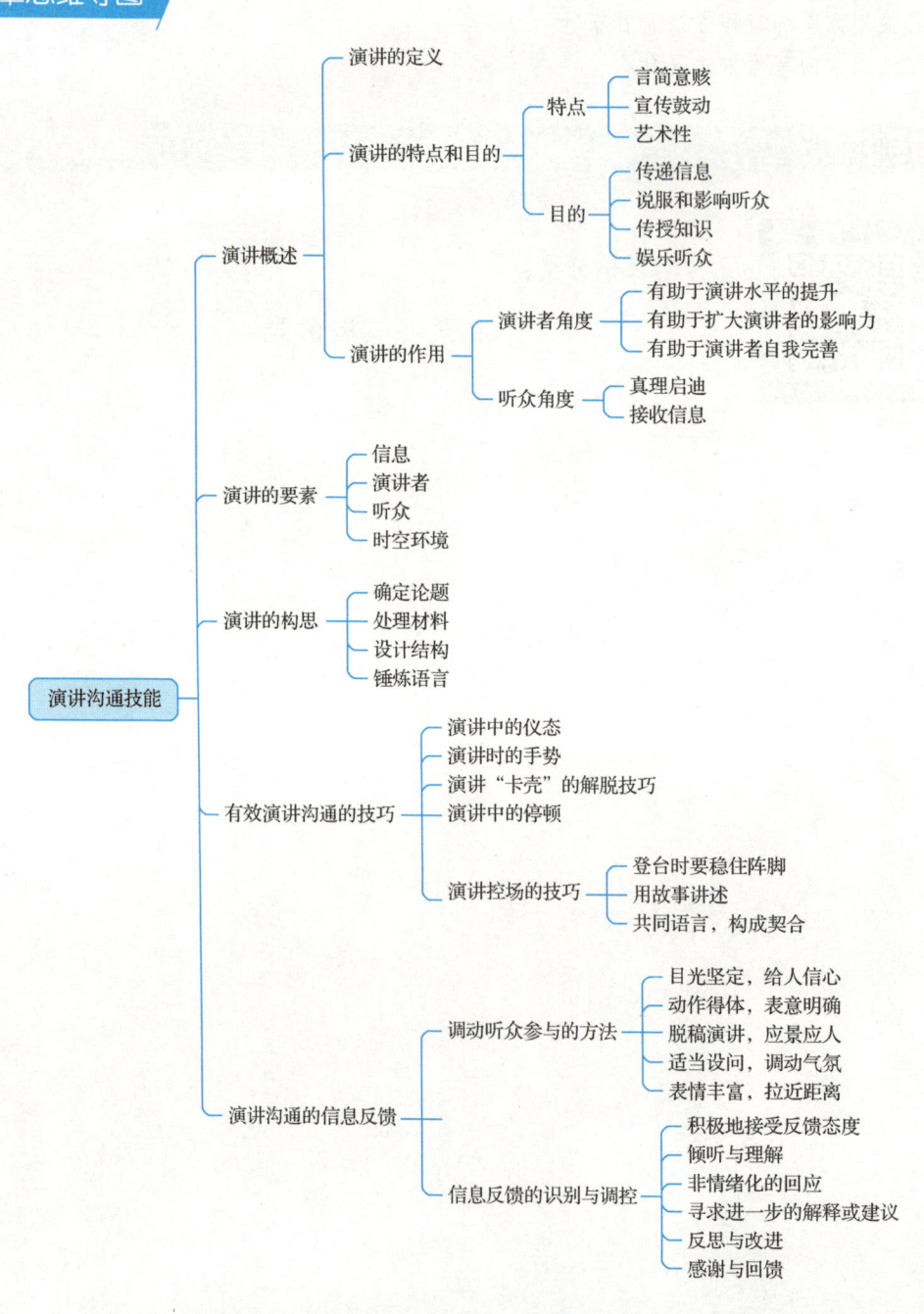

- 演讲沟通技能
  - 演讲概述
    - 演讲的定义
    - 演讲的特点和目的
      - 特点
        - 言简意赅
        - 宣传鼓动
        - 艺术性
      - 目的
        - 传递信息
        - 说服和影响听众
        - 传授知识
        - 娱乐听众
    - 演讲的作用
      - 演讲者角度
        - 有助于演讲水平的提升
        - 有助于扩大演讲者的影响力
        - 有助于演讲者自我完善
      - 听众角度
        - 真理启迪
        - 接收信息
  - 演讲的要素
    - 信息
    - 演讲者
    - 听众
    - 时空环境
  - 演讲的构思
    - 确定论题
    - 处理材料
    - 设计结构
    - 锤炼语言
  - 有效演讲沟通的技巧
    - 演讲中的仪态
    - 演讲时的手势
    - 演讲"卡壳"的解脱技巧
    - 演讲中的停顿
    - 演讲控场的技巧
      - 登台时要稳住阵脚
      - 用故事讲述
      - 共同语言，构成契合
  - 演讲沟通的信息反馈
    - 调动听众参与的方法
      - 目光坚定，给人信心
      - 动作得体，表意明确
      - 脱稿演讲，应景应人
      - 适当设问，调动气氛
      - 表情丰富，拉近距离
    - 信息反馈的识别与调控
      - 积极地接受反馈态度
      - 倾听与理解
      - 非情绪化的回应
      - 寻求进一步的解释或建议
      - 反思与改进
      - 感谢与回馈

第11章 演讲沟通技能

思政目标

无论是在日常生活还是在企业的管理工作中,演讲都是必不可少的一个环节。认识演讲的重要性,把握演讲的技巧,对于企业的管理沟通工作来说尤为重要。本章学习能够帮助学生正确运用演讲沟通技能打动听众,提高沟通效率,掌握公众场合演讲的基本技巧,树立演讲自信心。

本章学习目标

- 掌握演讲的基本内涵,正确认识演讲沟通技能的作用和意义。
- 掌握演讲的特点和目的。
- 熟练掌握并运用演讲的各种技巧。
- 掌握演讲构思中的确定论题、处理材料、营造结构、锤炼语言。

本章关键词

演讲演说;听众;态度;论题;开场白;控场;手势;仪态;信息;即兴演讲

引导案例

林肯在葛底斯堡的演讲(节选)

87年前,我们先帝在这个大陆上创立了一个新国家,它孕育于自由之中,奉行一切人生来平等的原则。

我们正从事一场伟大的内战,以考验这个国家,或者任何一个孕育于自由和奉行上述原则的国家是否能够长久存在下去。我们在这场战争中的一个伟大战场上集会。烈士们为使这个国家能够生存下去而献出了自己的生命。我们来到这里,是要把这个战场的一部分奉献给他们作为最后安息之所。我们这样做是完全应该而且非常恰当的。

但是,从更广泛的意义上说,这块土地我们不能够奉献,不能够圣化,不能够神化。那些曾在这里战斗过的勇士们,活着的和去世的,已经把这块土地圣化了,这远不是我们微薄的力量所能增减的。我们今天在这里所说的话,全世界不大会注意,也不会长久地记住,但勇士们在这里所做过的事,全世界却永远不会忘记。毋宁说,倒是我们这些还活着的人,应该在这里把自己奉献于勇士们已经如此崇高地向前推进但尚未完成的事业,把自己奉献于仍然留在我们面前的伟大任务——我们要从这些光荣的死者身上吸取更多的献身精神,来完成他们已经彻底为之献身的事业;我们要在这里下定最大的决心,不让这些死者白白牺牲……

(资料来源:林肯.人一生要读的60篇演讲稿.北京:中国戏剧出版社,2005.)

林肯是美国第十六任总统,是著名的资产阶级革命家、演说家和雄辩家。《葛底斯堡演讲词》被誉为美国历史上最优秀的演讲词之一。这篇演讲词的思想深刻、博大而富有意义,阐发了一个新生国家、新生政权的性质和宗旨。演说出自国家最高领导人之口,其实就是一篇政治宣言。它的目的在于鼓舞士兵赢得战争的胜利。这篇演讲词在形式上达到了炉火纯青的地步。其结构严谨,自然和谐;句式错落有致,富有变化;措辞精练,语句朴实优雅。文章善于寓理于情,所以能打动听众,引起强烈的共鸣。

在历史长河中,曾经涌现许多优秀的演讲家,比如苏格拉底、富兰克林、戴高乐、丘吉尔。这些杰出人物常常作为演说家在人类历史转折时刻或光荣瞬间留下了许多经典的演讲篇章,比如戴高乐的《告法国人民书》、罗斯福的《一个遗臭万年的日子》、恩格斯的《在马克思墓前的讲话》。这些经典的演讲在许多重要时刻和事件上铭刻下永恒的记忆,传递着历史的温度。

11.1 演讲概述

11.1.1 演讲的定义

演讲也称为讲演或演说,是指在公众场合,以有声语言为主要手段,以体态语言为辅助手段,针对某个具体问题,鲜明、完整地发表自己的见解和主张,阐明事理或抒发情感,进行宣传鼓动的一种语言交际活动。

演讲作为一种社会实践活动,必须具备几个条件:演讲者、听众、沟通二者的媒介以及当时的时间、环境。离开其中任何一个条件都构成不了演讲。演讲是口语表达的最高形式。它不仅是一种以"讲"为主的宣示,还是一种以"演"为辅的活动,是有声语言和肢体语言的有机统一。也就是说,只有将演与讲两个基本要素和谐地统一在一起,才能构成完整的演讲,这是演讲与其他口语表达形式的根本区别所在,也是演讲的本质属性。

11.1.2 演讲的特点和目的

1. 演讲的特点

我们要学习、准备演讲,首先必须了解演讲的特点,作为一种特别的口语表达艺术,演讲具有以下三个显著特点:

(1)它言简意赅,能够讲清问题并较快地见效。

(2)它是一种面对面的宣传鼓动形式。这种形式一方面使得演讲者的发言更富于鼓动性、感染力、灵活可变且易于调整,另一方面又要求演讲者本人要态度诚恳并有耐心。

(3)它具有艺术性。演讲是运用语言和体态来影响听众,因此演讲内容的哲理化、语言的文学化、姿态的戏剧化都不同程度地存在于各类演讲中。

2. 演讲的目的

演讲的主要目的可以归纳为四个方面。

(1)传递信息

在演讲中,传递信息是演讲的重要功能。演讲者要通过语言和非语言信息,让听众了解自己的观点、想法,促进双方达成合作,如各种研讨会就是要达到这一目的。

(2) 说服和影响听众

演讲在有些时候是为了说服某些态度冷漠或持有相反意见的听众转变观点,甚至赞同并采取实际行动支持演讲者的观点。这需要演讲者付出巨大努力和掌握必要的技巧。

(3) 传授知识

演讲者要把丰富的知识和经验传授给听众,那么,演讲者则应当把重点放在知识面的广度和深度以及解释的逻辑性上。如学术报告会、产品的使用说明等都以此为目的。

(4) 娱乐听众

创造一种轻松愉悦的气氛,通过幽默诙谐的话语让听众获得欢乐并有所收获,这种演讲与相声艺术有异曲同工之处。

演讲者为了将明确而清晰的目标传达给听众,需要在演讲前花点时间思考下列问题。如图11-1 所示。

成功的演讲可以有效传达信息,沟通感情,鼓励听众,坚定信念。历史上,但凡卓越的领导人都是演讲高手。演讲绝非单纯的口舌之功、雕虫小技,而是高智力型的复杂脑力劳动。它是有

要明确、清晰地表达目标,需考虑:
- 为了获取听众的认同需要为其做点什么
- 希望此次演讲取得怎样的效果
- 要想语言简洁明了,需要注意什么
- 听众对演讲内容是否有所了解
- 听众需要了解哪些内容

图 11-1 演讲前应考虑的问题

目的、有计划地在大庭广众之下发表意见,使见解一致的听众更坚定其原有的信念。同时,力争不同见解的听众动摇、放弃其原有的思想观点,心悦诚服地接受演讲者的意见。

11.1.3 演讲的作用

演讲作为人类语言和姿态的艺术表现,有着强烈而广泛的社会作用,也有着不可估量的社会价值和极其深远的历史意义。正是这种对人类社会发展的持续性影响,使演讲这门语言艺术长久不衰。简单来看,对演讲作用的认识,应从演讲者和听众两个角度来理解。

1. 演讲者角度

(1) 有助于演讲水平的提升

"宝剑锋从磨砺出,梅花香自苦寒来。"演说家高超的演讲技术,不是天生的,也不是一朝一夕形成的。俗话说,"台上一分钟,台下十年功",演讲也是如此。演讲者反复练习实践,形成自身独特的演讲风格,从而呈现出历久弥新、影响深远的演讲。在这种反复练习的过程中,演讲者不断总结自身的经验,从而为最终成就打下良好基础,实现自我成长。

(2) 有助于扩大演讲者的影响力

随着互联网信息技术日益成熟,人们生产生活交往愈发紧密,人与人之间的信息交流传播愈发迅速,演讲自然也迎来了互联网时代的机遇。如今,演讲者只要获得听众认可,其演讲的视频很有可能被迅速地传播到网络上,扩大影响范围。这时,演讲者良好的言行举止将受到人们的广泛关注,甚至成为人们效仿的对象,自然也为演讲者赢得更多的发展空间和合作机会。

(3) 有助于演讲者自我完善

拥有良好的口才,善于、乐于言谈,尤其是能够从容不迫地在公众场合发表演讲,是表现自身才智的重要途径。演讲作为最高级、最完善、最具有美学价值的人类口语表达形式之

一,集中体现了演讲者哲学、美学、逻辑学、心理学、教育学、语言学和文学等方面的基本理论和知识储备。学习、了解、掌握上述学科中与演讲艺术紧密相关的技巧并付诸实践,能使我们增长才干,开阔眼界,陶冶情操,培养气质,展示形象,扩大知名度,提高事业的成功率。在学习和实践中,我们的口语表达能力、观察能力、分析能力、思维能力、判断能力、应变能力和记忆能力都将得到极大锻炼——演讲本身就是演讲者不断自我完善的过程。

2. 听众角度

（1）真理启迪

演讲者通过演讲阐述观点,往往带有理性、教育性,旨在向听众说明事理,阐明真理,启发听众对社会和人生的正确认识。

（2）接收信息

演讲者通过有声语言、无声语言以及实物展示等演讲手段,在具体的语境中向听众传播知识和信息。在这个过程中,听众了解了新的信息,开阔了眼界,学习到了新的知识技能,也促进了自身的成长。

• 案例拓展

>>>>>>

公元前4世纪中叶,马其顿国王腓力二世企图侵略希腊。为了唤醒同胞、拯救祖国,德摩斯梯尼发表了8篇著名的《反腓力演说》,这些演说言辞犀利、慷慨激昂,极大地激发了人们抵抗入侵、保卫祖国的爱国主义激情。甚至就连腓力二世自己读到演说词时也深受震撼。
（资料来源:王义杰、韩复生.世界名人经典演讲词[M].天津:天津古籍出版社,2005.）

德摩斯梯尼的《反腓力演说》是西方演说史上的名篇。演讲者将火一般的激情与冷峻的理性相结合,措辞激烈而又极富感染力,连他的敌人都被撼动。

11.2 演讲的要素

作为一种人与人之间现实的信息交流活动,演讲具有以下四个要素。

1. 信息

信息可以由演讲者与听众共同分享。演讲中的信息,主要是言语信息。词语的描述,主要是抽象的概念。听众由于阅历不同,观察世界的角度不同,对同一词义的理解就不可能绝对一致。一个典型的例子是,当有人请爱因斯坦解释什么是相对论时,他没有费力不讨好地去解释艰深的相对论公式定律,而回答说:当一个年轻人坐在一位漂亮的姑娘身边,一小时就像一分钟那么快过去了;如果他坐在一个滚烫的火炉上,一分钟就像一个小时那么长,这就是相对论。爱因斯坦运用了一个生动的比喻,以日常生活作为参照系,调动听众的生活经验,使相对论变得浅显易懂了。在演讲中,演讲者也要学会寻找容易被听众接受的参照系,使听众与演讲者分享信息。

2. 演讲者

演讲者是整个演讲活动的主体和中心,也是整个演讲活动的支配者,是演讲成败的决定性因素。演讲者是信息的发源地。演讲者主要以言语传递信息,但也不止于此,还包括用其他形式,如动作、手势、姿态、表情等传递非言语符号的辅助信息。演讲者的生理特征、衣着、音容笑貌等也对传递信息有影响。一个好的演讲者,首先应善于表达自己的思想,把想说的话言简意赅地说出来,把要表达的内容和材料组织得有条有理。其次,演讲者应培养自己的自信心,克服对演讲的恐惧心理。再次,演讲者要学会认识自己,经过对别人的阐述,发现自己的不足。最后,演讲者还要学会与他人相处。一个优秀的演讲者,也会是一个倾听者,尽可能多地了解听众的思想感情和态度观点,以便有的放矢地进行演说。

3. 听众

听众是演讲活动的客体,是演讲的接受者、对象和演讲效果的体现者。它可以是演讲时的现场听众,也包括现代广播电视演讲的非现场的间接听众。在演讲过程中,听众要把耳闻目睹得来的信息转化成能够理解的意思。听众是一个情况各异的群体,极为复杂,要想使演讲被大部分人理解,演讲者在演讲前要对听众有充分的了解。

4. 时空环境

时空环境即演讲的主、客体同处一起的时间和空间环境。演讲的时空环境对演讲效果也有很大的影响。在不合时宜的时间和空间,即使演讲者再高明,演讲的信息内容再好,也可能导致演讲的失败。因此,演讲一定要注意选择合适的时间和地点。

• **案例拓展**

作家的演讲 >>>>>>

11.3 演讲的构思

要做一次精彩而成功的演讲,就要事先做好演讲的构思工作。"凡事预则立,不预则废。"盖楼房要显示设计蓝图才能进行施工,演讲也一样,需要构思才不至于想到哪里,说到哪里。

那么,在演讲之前,要进行哪些构思的工作呢?演讲构思主要有以下四个方面的工作:确定论题、处理材料、设计结构、选择语言。

11.3.1 确定论题

我们把演讲中讲什么叫作选题,把演讲中所要表达的中心思想叫作主题,而演讲的选题或主题的概括,在演讲术语中便称为论题。演讲的主题不仅是演讲者关心的,也是听众关注的。题目是演讲者与听众的最初连接媒介,是听众选择是否听讲的依据,是一篇演讲稿不可缺少的组成部分。题目的确定与演讲的内容、形式、风格息息相关。一个新颖而富有影响力的题目,不仅能在演讲前激发起听众的听讲欲望,而且在演讲之后仍会给观众留下深刻的印象,甚至成为警句而广为流传。可见,题目的选择对演讲起到了画龙点睛的作用。

演讲不能没有题目。确定演讲的题目,是演讲者给全篇演讲树起一面旗帜,它不仅与演讲的形式有关，更重要的是与演讲的内容、风格有直接关系。内容决定了题目，而题目则鲜明地显露出内容的特点。因此，拟定题目应遵循以下原则：

(1) 题目必须有意义

演讲题目应是大多数人都普遍关心的问题，必须指向听众的兴趣，满足听众的需要。给你的发言权，并非要炫耀自己的知识或缅怀往事；进行的演讲，不能只是你自己需要的演讲。而演讲者的神圣权利，也就是要负有言之有理的责任。

(2) 题目要有建设性

在实事求是的基础上，标题要有积极性，体现时代精神，适合现实要求，令人鼓舞，催人奋进，要耐人寻味，富于启发性，能抓住听众渴望听讲的急切心情。同时，题目要饱含情感、爱憎分明，能引起听众感情上的共鸣。

(3) 题目要新奇醒目

演讲的题目也应像磁石一样，一下子吸引住听众。鲁迅的演讲标题很是讲究，很有先声夺人、振聋发聩的吸引力，新奇别致的标题必然会在大量雷同、陈旧、平庸的演讲题目中脱颖而出，受到听众的关注。

11.3.2 处理材料

一旦明确了演讲论题，了解了自己的听众，并且开始研究，那么接下来就需要把注意力放在准备和处理资料的要点上。演讲中所需的资料是指能够证明观点、表达主题的事实资料和理论资料。如果说主题是演讲的灵魂，那么资料应该是演讲的血肉，因为只有材料才能证明、论述主题。处理材料主要包括以下几个方面的工作。

(1) 收集资料。演讲者不仅要表达观点，还要证明观点，才能让听众心服口服。因此，论证是很重要的过程。要大量收集资料，选择最有代表性和说服力的例子进行论证，条理分明，逻辑清晰。收集的资料要以演讲目的为指导，充分支持演讲的主题，具有典型性与真实性，适合听众的口味。

(2) 筛选资料。对于收集上来的大量资料，演讲者需对材料进行筛选。首先，演讲者要根据演讲的主题，将主题与材料进行统一。其次，选取的材料要具有典型性和针对性，选取的材料需生动、有说服力，针对不同场合、不同听众，使用不同的材料。最后，选择的材料需在演讲者的能力范围内，选择可以胜任的材料，才能在演讲时做到滔滔不绝，条理分明。

(3) 使用资料。在材料的使用时，需注意材料使用的先后次序，详略安排。不可只枯燥地陈述。根据演讲的内容，可在其中穿插一些趣味性的材料来集中听众的注意力。另外，对于一些专业术语的解释要尽量使用通俗的语言，帮助听众更好地理解。

11.3.3 设计结构

合理的结构安排是一篇演讲成功的基础。在演讲之前对于如何开头、如何结尾、何处为主、何处为次、怎样铺垫、怎样承接早已了然于胸，在演讲时才能思路清晰、顺理成章，中心突出，铺排严谨，首尾照应，浑然一体。这样不仅利于演讲者在有限的时间内讲更多的内容，也有利于演讲者克服怯场。古希腊著名演说家科拉克斯提出，一个好的演讲结构应包含开场白、正文和结尾。

下面主要介绍开场白和正文。

1. 开场白要巧妙

开场白要巧妙。一个成功的开场白,需做到和听众快速地建立良好的关系和使听众迅速抓住演讲的主题。在演讲之前,演讲者需对开场白进行组织、构思,并根据演讲时的具体对象、具体情境灵活安排。在平常多学习、借鉴一些著名的成功的演讲。

为了组织一个巧妙的开场白,可以借鉴以下几种方法:开门见山,由题目、主题讲起;先声夺人,以名言警句或惊人的意外事件讲起;设问发问,从听众的兴趣点讲起;引而不发,从某个悬念故事讲起;平易近人,从一些幽默笑话讲起等。一个好的开场白从形式到内容都要有新意。

在演讲的开头切忌讲一些毫无必要的客套话,貌似谦虚,实则虚伪。诸如"同志们,我没什么准备,实在说不出什么,既然让我讲,只好随便谈谈"之类的话只会弄烦听众。在演讲的开头东拉西扯、离题万里也是万万要不得的。

2. 正文要层次清楚、重点突出

正文是演讲的主要部分。演讲质量的好坏、论题是否令人信服,都取决于正文的阐述。正文在结构安排上离不开提出问题、分析问题和解决问题。但它又不是一成不变的刻板的公式。我们要根据主题的需要,恰如其分地安排好正文的层次结构,做到层次清楚,逻辑紧密;重点突出,内容连贯。在安排正文的结构时还要注意到,演讲的结构不同于文章的结构,不能肆意铺排,不可太复杂。文章可以反复看,结构复杂一些,读者反复揣摩也会弄懂;演讲一听而过,结构过于复杂,听众会抓不住纲目,始终不得要领。

(1)演讲的正文部分有以下几项要求:

①紧扣开场白。

②突出演讲的重点。

③安排好演讲内容的层次。

(2)划分段落。构段时,要注意内容的统一与完整,并有内在联系。统一,就是一段集中表达一个意思;完整,就是一个意思要在一段里集中讲完。各段之间有内在联系,是指各段之间内容连贯,上下段之间在内容上有逻辑联系,体现出下一段是上一段意思的必然发展。

(3)注意过渡与照应。过渡一般有这样几种情况:①讲述的问题由总到分或由分到总时;②由一层意思转到另一层意思时;③由议论转为叙述或由叙述转为议论时。

照应也有三种情况:①行文和演讲题目的照应;②论点和表现中心思想的关键词的照应;③提出问题和解决问题的照应。

11.3.4 锤炼语言

深刻的主题,动人的材料,精巧的结构都需要用语言来表现。语言的表达水平,直接影响演讲的质量。具体地说,演讲的语言表达有下列几个基本要求:

(1)要口语化。稿子写完后要念一念,请人听一听,看看是否上口、顺耳。这里推荐几种方法:①把长句改成适合听的短句;②把单音词改成双音词,如"应"改为"应该","如"改为"如果";③将听众不易听懂的文言词语、方言改换掉。

(2)要通俗易懂。要采用通行的说法和规范化的语言。①把生僻的词改成常用的词;

②不用生造的词语；③多举例,用它来解释听众感到陌生的事物；④用具体形象的语言解释抽象的理论。

(3) 要生动感人。①用形象化的语言,包括运用各种修辞手法；②发挥语言的音乐美,即声调的和谐和节奏的变化；③运用幽默的语言。

(4) 要准确朴实。郭沫若在全国科技大会上发表的《科学的春天》的演讲,就是语言锤炼的一个绝好范例。他在结尾时讲道:"日出江花红胜火,春来江水绿如蓝,这是人民的春天,这是科学的春天！让我们张开双臂热烈地拥抱这个春天吧！"

• 案例拓展

竞聘演讲

1960年,美国总统选举首次采用电视辩论方式。在之前的民意调查中,尼克松获得微弱的领先优势,但最后美国人的投票数创下了历史纪录,肯尼迪以49.7%对49.5%的优势赢得了选举。调查显示,选民中超过一半的人受到了电视辩论的影响,而6%的人声称是电视辩论让他们做出最后决定。在这场势均力敌的较量中,尼克松败北的原因之一是其仪表输给了肯尼迪。肯尼迪身材高大,精神饱满,古铜色肌肤比尼克松显得更健康而上镜,而且他非常讲究细节,在电视镜头里出现时喜欢穿深颜色的西装,显得庄重大方,他本人又非常幽默风趣,个人魅力爆棚。相比之下,尼克松就没把电视辩论当回事,他在北卡罗来纳州的竞选活动中膝盖受伤,入院治疗。出院后,身体虚弱,面色蜡黄,体重也骤减了。第一次电视辩论时,尼克松根本没化妆,面色苍白,脸带胡茬,显得灰头土脸,浅灰色西装与台上的背景几乎相同,更突显了他苍白的肤色。尽管在后来的电视辩论中,尼克松化了妆,但为时已晚。美国选民更钟情于阳光帅气、看起来能给人带来希望的肯尼迪。

1960年的这次美国总统选举,肯尼迪的胜出和尼克松的败北,充分说明了演讲者的仪表美、服饰美与礼仪的重要性。

[改编自:(美)鲍勒.美国总统竞选轶事.夏保成,等,译.长春:吉林大学出版社,1989]

11.4 有效演讲沟通的技巧

演讲者为了更好地传情达意,除了要提高自己的口语表达能力之外,还必须注重眼神、表情、手势等仪态的运用。如果演讲者忽视仪态的运用,就会使听众感到别扭和乏味,从而使演讲效果大打折扣。

11.4.1 演讲中的仪态

演讲的姿势是成败的关键。要让身体放松,不能过度紧张。演讲者站姿规范如下:

(1) 脊椎、后背挺直,胸略向前上方挺起。

(2) 两肩放松,重心主要由脚掌脚弓支撑。

(3) 挺胸,收腹,精神饱满,气息下沉。

(4)脚应绷直,稳定重心位置。

在演讲时要掌握的仪态技巧包括以下方面:

(1)演讲时要采用放松的、职业化的规范站姿。合适的站姿一般是站稳脚跟,昂首挺胸,这样的站姿能够表现出良好的精神面貌。

(2)采用坐姿可以使演讲显得随和,适于"拉家常"式的演讲。如果演讲采用坐姿,则演讲前不要首先坐在听众的面前,要以崭新的姿态到场,给听众新鲜的感觉。

(3)在开讲时切不可玩弄自己的衣服或首饰,因为这会分散听众对演讲者的注意力,还会给人一种缺乏自我控制的印象。

(4)当演讲者站立起来向听众发表演说时,不要急忙开口。

(5)站立时,要挺起胸膛。这种姿势有利于自信地表达,让听众感受到一种力量。

(6)双手可以自然地垂于身体的两侧,这样才能不引起人们的注意。

11.4.2 演讲时的手势

手势的巧妙应用,能起到调动听众情绪、增添感染力的效果。做手势的时候,要配合你的语言来进行表达,用手势增强演讲的感染力和说服力。

手掌活动范围的不同,体现在演讲效果上也会有不同。

(1)上区手势:在说话中手势超过肩部的动作,称为上区手势。手势在这一区域活动,一般表示理想、希望、喜悦、激动、祝贺等;手势向内、向上,手心也向上,动作幅度较大,大多用来表示积极向上的、慷慨激昂的内容和感情。

上区手势在演讲或大会上运用比较多,在平时交流与沟通中一般很少运用。

(2)中区手势:说话时手势在肩部至腰部之间活动的动作,称为中区手势。

手势在这一区域活动,多表示叙述事物、说明事理和较为平静的情绪,一般不带有浓厚的感情色彩。其动作要领是单手或双手自然地向前或两侧平伸,手心可以向上、向下,也可以和地面垂直,动作幅度适中。

(3)下区手势:手势在腰部及以下活动的动作,称为下区手势。

手势在这一区域活动,一般表示憎恶、鄙视、反对、批判、失望等。其基本动作是手心向下,手势向前或向两侧往下压,动作幅度较小,一般传递出消极否定的信息。

演讲中的手势和眼神表情一样,都属于态势语言,运用得当的话能很好地补充声音语言的不足,使演讲达到 $1+1>2$ 的效果。

手势从根本上讲,是随演讲的内容、自己的情感和现场气氛自然地流露出来的,手势的部位、幅度、方向、力度都应与演讲的有声语言、面部表情、身体姿态密切配合,而这些都需要长时间的积累。

11.4.3 演讲"卡壳"的解脱技巧

如果演讲中出现"卡壳",演讲者除了稳定住自己的情绪外,不要慌张,更不能气馁,最重要的是采用一些巧妙的方法使演讲继续下去,绝不要停下来做回忆状。只要镇定自若、沉着应对,就一定会化险为夷。第一个方法是创造思索回忆的机会,从而想起遗忘的内容。第二个方法是演讲者从哪里记起就从哪里接着讲。对于演讲中出现的意外情况,要能泰然处之,采取适当的补救方法,灵活自如地处理好,有效地驾驭会场,使听众的情绪、注意力高度集中,以保证演讲的顺利进行。

11.4.4　演讲中的停顿

在演讲中,停顿和手势一样重要。成功的演讲者必须掌握好停顿的技巧。《演讲的力量》(The Presentation Secrets of Steve Jobs)一书中强调了停顿的重要性:"吸引观众时使用的4种相互关联的技巧:语调变化、停顿、音量、语速。"这里,介绍运用停顿的几种方法:一是给演讲加标点,二是控制呼吸。有些演讲者往往把演讲词分成短句,以利于自己和听众的呼吸。这些停顿不但给演讲者换气的机会,也给观众回味的可能。三是过渡,有经验的演讲者在不同的意思和段落中间往往安排的不是语言,而是适当的停顿。四是增强幽默感。五是提出问题后稍微停顿,这样可以给听众考虑的时间,他们考虑问题的过程也会有参与其中的体验。六是在开场白中适当停顿,可以达到使听众平静,吸引听众的目的。七是强调演讲中的重点内容。八是使演讲意味深长。

11.4.5　演讲控场的技巧

所谓控场能力,是指演讲者有效而主动地控制演讲场面的能力。演讲者有无控制能力,是衡量演讲技巧是否高超的一种尺度。因为在演讲的过程中,听众成分不一,演讲者自身出现错误,演讲环境复杂,听众的注意力、情绪不同,会场秩序和现场气氛经常会变化,这就要求演讲者处变不惊、灵活控制现场。演讲中,听众的注意力是有一定限度的,超过了一定的限度,听众就会走神。演讲者应考虑到这种情况,适当地运用一些技巧,调节演讲的变化层次,穿插一些新鲜的内容,使听众乐于继续倾听。以下是演讲控场的技巧。

1. 登台时要稳住阵脚

演讲者登台时步子要有力、稳健,给人一种信心百倍的感觉。登台亮相是控场的第一步。登台时,不要急于开口,第一个动作应是用目光环视一下台下听众,用眼睛与听众交流,所传递的信息就是:朋友们,让我们认识认识吧。第二个动作是点点头,或微笑着欠一下身子,这又表示对听众的尊敬。稳住阵脚,这是控场的第二步。

2. 用故事讲述

以形象的和有趣的故事内容支持主题,可以丰富主题的内容,更加有效地传递主题的内涵。故事可以从名人、自我和身旁的经历去发掘,筛选出与主题匹配的故事,通过比喻等方式,带出故事的启发。讲故事必须把握三个原则:高度新鲜、亲身经历、投入情境。故事感动人的程度取决于演讲者或听众与故事的远近程度,越是演讲者自身的故事或越是听众身边发生的故事,越能打动人。

3. 共同语言,构成契合

演讲实际上是一种信息的交流。如果演讲者能与听众产生心理共鸣,也就是演讲者的观点、主张与听众的观点主张相一致,更易于达成共识,缩短演讲者与听众的心理距离,同时也能够树立演讲者可亲的自我形象。这种共同语言或者是听众想说但不敢说或想说但不会说的问题,这类问题直接或间接地与听众的利害关系相关联,演讲者针对此类问题充分地阐述、评论或展望前景,都会引起共鸣。

• **案例拓展**

美国著名主持人拉里·金——说出您的感觉

11.5　演讲沟通的信息反馈

演讲中必须注重听众的反馈,否则演讲者无法掌握听众的心理和兴趣,更无法完成与听众的双向交流。演讲是希望听众接受某种观点或采取某些行动。为了说服听众,演讲者就要同听众进行适当交流,引导听众参与进来。让听众经过思考,自己作出判断,这样会更快、更容易地达到演讲目的。

11.5.1　调动听众参与的方法

演讲不能只是一个演讲者的"独角戏",而应当是演讲者与听众双方互动体验的过程。用热情去感动听众,适当地和听众套近乎,把感情投入进去,这样的演讲一定是非常精彩的演讲,也会是成功的演讲。演讲者要能让听众感受到热情,也调动听众参与的积极性。

1. 目光坚定,给人信心

演讲者上场时务必大方自然,上场后首先以环视法向全场听众致敬,然后才开始演讲。演讲中要动静结合,以恰当的目光、潇洒的动作影响场上气氛,持续吸引听众的注意力。

眼神一不小心就会将演讲者的心理状态出卖。演讲者在演讲过程中,一定要注意与听众进行眼神交流,表现得自信坦诚,这样更容易赢得听众的信赖。

2. 动作得体,表意明确

在演讲场合,如果听众对演讲者的演讲内容十分陌生,会对演讲者及其演讲内容产生怀疑。这时演讲者需要尽快证明自己所讲内容的真实性、可信性。用事实说话可以保持场上的稳定,让演讲深入进行。

3. 脱稿演讲,应景应人

脱离讲稿,不仅有助于增强听众对演讲者的信服感,也有利于演讲者更好地控场,与听众交流。控场和内容有什么关系呢?内容是演讲的核心,控场给了演讲者根据不同听众变化内容的机会——这样才更能吸引听众的注意力。每次演讲,演讲者除了要事先精心策划演讲主题,还要临场结合听众的需求,设置应景内容。

4. 适当设问,调动气氛

演讲者在适当之处提出问题,能促使听众产生积极的反应。演讲者还可以用自己对问题的独到见解征服听众。特别是在演讲气氛低落,听众注意力分散,甚至开小差、打瞌睡时,演讲者可以互动一下,通过提问来调动气氛,控制场面。

5. 表情丰富，拉近距离

演讲是有声语言与态势语言的综合表现。脸部表情是态势语言的重要组成部分。演讲过程中，演讲者如果面无表情，或者表情呆滞，将很难与听众建立起良好的听说关系，从而无法传递演讲的主题思想。而丰富且恰到好处的脸部表情，不仅能使演讲洋溢活力，也能够增强演讲的亲和力，拉近与听众的距离，增强听众对演讲的获得感。

11.5.2 信息反馈的识别与调控

演讲是一种有效的沟通方式，可以传递信息、分享观点和激发思考。在演讲过程中，反馈扮演着至关重要的角色。反馈可以帮助演讲者了解听众的反应，改善演讲效果。然而，接受和处理反馈并不容易。演讲者必须要通过观众的反馈来及时调整自己的演讲方式和策略，而演讲者的信心也在一定程度上来源于观众的肯定。

1. 积极地接受反馈态度

演讲者在接受反馈之前，首先要树立积极的态度。演讲者应该理解反馈是为了帮助自己成长和改进，而不是对个人能力或价值的评判。积极的态度可以使演讲者更加开放地接受不同的观点和建议，从而提高演讲的质量。

2. 倾听与理解

接受反馈的关键是倾听与理解。演讲者应该专心听取反馈者的观点，并确保自己理解对方的意思。这样做可以避免误解和冲突，并为进一步的沟通打下良好的基础。

3. 非情绪化回应

在处理反馈时，演讲者应该避免情绪化。如果接收到负面的反馈，不要立即做出辩解或反驳，而是冷静下来，并考虑反馈的价值。反馈是为了帮助演讲者成长，而不是为了责备或批评。因此，演讲者应该以非情绪化的方式对待反馈，并从中学习和改进。

4. 寻求进一步的解释或建议

有时候，反馈可能是模糊或不完整的。在这种情况下，演讲者可以主动要求反馈者提供更多的解释或建议。这有助于演讲者更好地理解反馈的内容，并找到改进的方向。

5. 反思与改进

接收到反馈后，演讲者应该进行反思，并思考如何改进演讲技巧和表达方式。这不仅包括反馈中提到的问题，还涉及其他方面的改进，如语言运用、表达清晰度等。通过反思和改进，演讲者可以不断提高自己的演讲水平。

6. 感谢与回馈

最后，演讲者应该对提供反馈的人表示感谢，并给予适当的回馈。感谢是对反馈者的认可和肯定，也是建立良好反馈关系的关键。演讲者可以通过回复邮件、私下交流或其他方式，向反馈者表达感激之情，并告知自身所作的改进。

演讲中的反馈接受与处理是演讲者成长和改进的关键环节。演讲者应该树立积极的接受态度，倾听和理解反馈者的观点，以非情绪化的方式回应反馈，并主动寻求进一步的解释或建议。接收到反馈后，演讲者应该进行反思和改进，并感谢反馈者的贡献。通过有效的反馈接受与处理，演讲者可以改善演讲效果，更好地与听众进行沟通。

- **案例拓展**

  史蒂夫·乔布斯在斯坦福大学的演讲(节选)

- **本章小结**

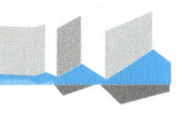

　　1.演讲是指演讲者在特定的时间、环境中,借助有声语言和态势语言,面对听众发表意见,抒发情感,从而达到感召听众的一种现实的带有艺术性、技巧性的社会实践活动。

　　2.要作一次精彩而成功的演讲,就要事先做好演讲构思的工作,包括确定论题、处理材料、设计结构、锤炼语言。

　　3.确定论题简称为拟定演讲的题目,其中特别需要注意题目与内容的关系,标题要富有建设性、要新奇醒目,忌冗长、忌深奥、忌空泛,最后还要加以提炼。

　　4.处理材料就是收集材料、筛选材料和使用材料。

　　5.演讲的结构,演讲者在演讲之前对于如何开头、如何结尾、何处为主、何处为次、怎样铺垫、怎样承接要了然于胸,在演讲时才能思路清晰、顺理成章;中心突出,安排严谨;首尾照应,浑然一体。一个好的演讲结构包含开场白、正文和结尾。

　　6.锤炼语言方面,要求演讲的语言表达有下列几个基本要求:口语化、通俗易懂、生动感人和准确朴实。

　　7.演讲技巧包括掌握克服怯场、表达技巧、控场技巧以及视听辅助手段等。克服怯场心理的方法有:选择你所熟悉的题目、熟悉讲稿、自信、把听众看成是自己的朋友与演讲前可以做几次深呼吸等。表达技巧主要把握有声语言表达技巧与体态语言表达技巧。控场技巧要注意的原则有观察要敏锐、处变而不惊、有礼有节,同时还要掌握必要的意外情况的处理技巧。

- **复习思考**

　　1.演讲有哪些特征?
　　2.如何确定演讲的主题?
　　3.如何安排演讲正文的结构层次?
　　4.演讲的语言表达有哪些基本要求?
　　5.演讲情绪控制的方法有哪些?

- **技能提升**

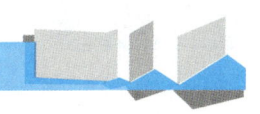

　　测一测你的演讲能力

第 12 章　倾听沟通技能

本章思维导图

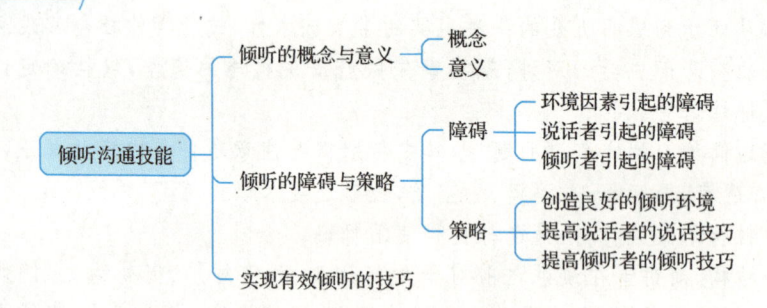

```
                         ┌─ 倾听的概念与意义 ─┬─ 概念
                         │                    └─ 意义
                         │                              ┌─ 环境因素引起的障碍
                         │                    ┌─ 障碍 ──┼─ 说话者引起的障碍
倾听沟通技能 ────────────┤                    │         └─ 倾听者引起的障碍
                         ├─ 倾听的障碍与策略 ─┤         ┌─ 创造良好的倾听环境
                         │                    └─ 策略 ──┼─ 提高说话者的说话技巧
                         │                              └─ 提高倾听者的倾听技巧
                         └─ 实现有效倾听的技巧
```

思政目标

良好的沟通从倾听开始。倾听帮助倾听者获取他人的想法、意见，吸收他人的宝贵经验。帮助管理者凝聚组织，发挥成员价值，高效管理。本章旨在帮助学生正确认识倾听，掌握倾听的策略，最终实现有效倾听。

本章学习目标

◆ 明确倾听的概念，正确认识倾听的意义。
◆ 掌握倾听的障碍与策略。
◆ 掌握实现有效倾听的几种技巧。

本章关键词

倾听；意义；策略；技巧；管理者；讲话者；倾听者；环境；理解；提问；反馈

引导案例

"听"来的钢盔

在 1917 年第一次世界大战时，法国一家餐馆的厨师瑞特利应征入伍了，在一支部队里当上了炊事兵。一天，德军突然向法军的一个阵地发动了猛烈的进攻。炮声隆隆，弹片横飞，顿时法军阵地被炸得烟雾弥漫。傍晚，瑞特利背着一口铁锅到前沿阵地去，准备煮点热咖啡，作为士兵们晚餐后的饮料。不料就在他到达战壕时，德军的大炮又一次开始轰击，炮弹如雨点般直泻到战壕上,在慌乱之中瑞特利连忙把铁锅顶在了头上,接着他就不省人事了。

战斗结束了,这条战壕里的其他士兵都牺牲了,唯一生还的是炊事兵瑞特利。虽然,瑞特利的手臂和背部也被弹片击伤了,但毕竟没有致命的伤处,所以他侥幸活了下来。法国国防部接到这场战斗的报告后,对唯一幸存的瑞特利特别感兴趣,专门派了一个名叫亚特里安的将军去看望瑞特利,了解他究竟是怎么奇迹般地活下来的。瑞特利面对亚德里安将军指着铁锅说:"是它救了我的命。当时我面对突如其来的炮击,无法逃脱,只好把铁锅顶在头上。就这样,它保护了我宝贵的头部没有挨着弹片。"

将军拿起炒菜的铁锅,看了看,脑海里闪现出了"钢盔"的想法,建议设计制造钢铁帽子,给每个士兵发一个,以减少士兵在作战中的伤亡。于是,法国工程师根据亚德里安将军的指示,设计出了现代的军用钢盔,并将其命名为"亚德里安头盔"。第二年,每个法军士兵的头上,都戴上了这种钢盔。后来,军用钢盔就在法国军队中很快推开了。在这战斗中钢盔果然起了大作用,法国的伤亡人数大大减少。

[改编自:唐麒.战争奇谋故事(外国卷).呼和浩特:内蒙古大学出版社,2005]

克林顿曾说过,每次讲话什么都学不到,只有在倾听时才能学到很多东西。钢盔就是法国的亚德里安将军"听"来的。亚德里安将军通过倾听炊事兵瑞特利生还的故事,脑海中闪现了"钢盔"的想法,最后使法国在作战中的伤亡人数大大减少。倾听可以与周围人保持联系,及时获取对方的想法并通过分析获取有价值的信息,将此信息运用到实践中。成功的管理者会更注重倾听,这有助于管理者做出正确的决策。

12.1 倾听的概念与意义

12.1.1 倾听的概念

中国有句老话叫:"说三分,听七分。"在人的一生中,运用听的时间是最多的,也是最频繁的。良好的沟通首先从倾听开始,会听甚至比会说还重要。然而,人们在研究言谈技巧的时候,总是把重点放在说话上,而不是放在倾听上。在提高说话技巧、读写能力的同时,也要提高倾听的技巧,积极主动投入倾听中,尤其对于管理者来说非常重要。

说到倾听,许多人总以为"听"即是"倾听",然而二者的区别是很大的。"听"是我们通过耳朵听到内容,是一种无意识的行为。"倾听"是我们大脑去主动获取信息的行为,是一种有意识的行为,并对获取到的内容根据逻辑思维及以往的知识赋予其意义。倾听是人主动接收言语和非言语信息,利用逻辑思维及以往知识确定其含义并对此作出反应的过程。

• **知识链接**

有效倾听的特征

倾听在管理工作中占据十分重要的位置,是管理沟通的关键环节。在组织中,良好的倾听技巧可以提高工作效率,改善人际关系,创造良好氛围。作为一名管理者,要做好与上级、同事及下属的沟通,培养良好的倾听习惯,准确传达上级信息,激发员工的积极性和进取心,倾听员工的意见和想法,提高自己的倾听技能。倾听是一项技巧,是一种修养,更是一门艺术。学会倾听是每个优秀人才必不可缺的素质之一。成功的管理者都是能够真正领略倾听价值的人。

12.1.2 倾听的意义

谈话是人与人之间相互沟通的重要途径。倾听在谈话中具有重要作用,它保证了我们与周围人的日常接触。意识到倾听的重要性,重视倾听技巧的培养,可以在日常交流、商务谈判的过程中达到满意的效果。

1. 倾听可以激发对方的谈话欲望,产生激励作用

倾听可以让倾诉者觉得自己的话有价值。当有人在认真听倾诉者讲话时,倾诉者会更加积极地表达观点,他们会愿意说出更多更有用的信息。如果倾听者同时以友好语言或眼神来肯定倾诉者,倾诉者可能会放松自己的警觉,将原本要隐藏的想法表达出来,有利于获取更多的有用信息。倾听可以提高倾诉者的自信心和自尊心,加深彼此的感情,激发倾诉者的工作热情。在组织中,员工对上级进行汇报时,上级如果同时给予员工认真倾听的态度,员工会在汇报中表现得更加积极。

作为管理者,在任何时候、任何地点或任何环境,都要做到有效倾听别人的想法或意见。认真倾听,可以鼓励倾诉者把自己的见解表达出来。认真听取下属的想法也是有效激励下属的一种重要方式。

2. 倾听可以帮助管理者作出正确决策

善于倾听,培养倾听技能对管理者来说尤其重要。善于倾听是管理者的必备素质之一。有效倾听可以帮助管理者作出正确的决策。对于缺乏经验的管理者来说,听取别人的意见,再加上自己的判断,可以弥补经验不足的缺点,减少错误决策。通过倾听,管理者可以更好地接收上层的指令,并完全理解其含义,更好地倾听下属、同事要传达的信息,并对信息进行评估,将其作为决策的重要参考。这些信息都直接影响决策者的决策水平和管理成效。在组织工作中扮演倾听方,将听取到的意见整合形成一套方案,使事情得到有效解决。

3. 倾听可以获得重要信息

俗话说:"听君一席话,胜读十年书。"倾听是获得消息的重要方式之一。倾听可以获得对方要传达的信息,减少信息失真的程度。认真倾听使我们对讲话者所说的内容进行判断,吸收其中的完整有效信息。倾听可以感受到对方的动作、表情、语气,并据此判断对方的性格、态度、谈话目的等。倾听可以发现对方的说话漏洞,发现对方的弱点,尤其是在想说服别人的时候,可能会因为急于表达自己的观点而错过重要信息,多听他人意见就尤其重要。

4. 倾听可以培养亲和关系

心理观察显示,人们喜欢善听者甚于善说者。有的人喜欢发表自己的意见,如果你愿意给他们一个机会,他们会觉得你和蔼可亲,值得信赖。耐心倾听是人际交往的一部分,可以减少人际摩擦,得到对方的认同,促进彼此的了解。作为倾听者时,表达者会因为良好的倾

听认为对方值得信任,培养亲和关系。在组织内部,下属发表的意见和想法中包含对公司有益的事情,作为一名管理者,愿意花时间倾听下属的意见,会使下属觉得管理者和蔼可亲,值得信任,下属会对愿意用心倾听自己的人产生信赖关系,将真实想法和盘托出,上下级关系更加融洽和友好。

5. 倾听能够使他人感受到被尊重

在倾听的过程中,被倾听者会产生被关注、被尊重的感觉,从而得到激励,更加积极地投入到这场沟通过程中来。被倾听者希望得到倾听者的关心与尊重,在倾听过程中获得关爱与自信。通过倾听,倾听者可以向被倾听者表明,自己十分重视他们的想法和意见。尤其是在商业活动中,管理者可通过倾听消除下属、顾客的一些不满,获取他们的信任,从而有利于事情的顺利解决。

6. 倾听可以掩盖自身弱点

一个人不可能对所有的事情都了解,当出于对他人所谈论内容一无所知或未曾考虑时,保持沉默便可在该问题上持保留态度。沉默掩盖了自身弱点,喋喋不休有时候会暴露自身的无知。

12.2 倾听的障碍与策略

12.2.1 倾听的障碍

倾听的障碍是指在倾听过程中可能会影响倾听效果的各种因素。倾听障碍的产生会影响信息的传递,造成信息的失真,影响倾听的效率。倾听是由人主动获取信息的过程,在这个过程中,各种因素可能会造成倾听的障碍。在此,将倾听的障碍分为环境因素引起的障碍、讲话者引起的障碍及倾听者引起的障碍三种。

1. 环境因素引起的障碍

任何沟通交流都是在一定的环境中进行的。环境因素是影响倾听的最常见的因素之一,对人的听觉与心理活动有着重要影响。环境因素主要包括两类:主观环境因素和客观环境因素。主观环境因素包括交谈双方的心情、性格、谈话主题等。客观环境因素包括环境地点、声音、气味、光线以及色彩、布局等。环境影响倾听效果主要表现在环境会使信息在传递过程中受到干扰,以致造成信息的扭曲、失真。另外,环境会对倾听者的心境造成影响,影响倾听者是否愿意认真听。在生活中,沟通环境千差万别,为达到最佳倾听效果,要慎重选择沟通地点。

表 12-1 中列出了六种环境类型,从每种环境类型的封闭性、氛围、对应关系三方面进行了介绍,并指出不同环境类型的主要障碍来源。封闭性是指根据谈话空间的大小、有无遮挡、光照强度等,分为开放、一般及封闭三种。氛围是指环境的主观特征,人们在这个环境下的心理感受,是轻松愉快还是认真严肃,同时也指对环境是开放的还是排斥的。对应关系指的是讲话者和倾听者在人数上的对应,不同的对应关系会导致沟通者之间不同的心理压力,对应关系包括一人对一人、一人对多人、多人对多人三种。

表 12-1　　　　　　　　　　　　　环境类型特征及主要障碍来源

环境类型	封闭性	氛围	对应关系	主要障碍来源
办公室	封闭	严肃认真	一对一，一对多	不平等造成的心理负担，紧张，他人的打扰
会议室	一般	严肃认真	一对多	对其他在场的人的顾忌，时间的限制
现场	开放	可松可紧，较认真	一对多	外界干扰，事前准备不足
谈判	封闭	紧张，投入	多对多	对抗心理，说服对方的愿望太强烈
讨论会	封闭	轻松，友好，积极投入	多对多，一对多	缺乏从大量散乱信息中发现闪光点的洞察力
非正式场合	开放	轻松，舒适散漫	一对一，一对多	外界干扰，易跑题走神

2. 讲话者引起的障碍

讲话者是信息的来源，由讲话者引起的倾听障碍主要包括语言因素引起的障碍及讲话者消极的身体语言。为实现良好的倾听效果，讲话者要注意可能造成倾听障碍的因素。

(1) 语言因素引起的障碍

语音、语义、语法及语言表达等语言因素都有可能引起障碍。语言表达能力的不同及不适当的语言表达会造成沟通的障碍。语言障碍可能是讲话者的文化背景、语言习惯、语音语调、知识经验等差距引起的。

(2) 消极的身体语言

身体语言是重要的组成部分，恰当的身体语言有助于倾听者的理解。不当的身体语言会带来障碍甚至误解。一些消极的身体语言，比如，跷起二郎腿，双臂抱于胸前，不停用手敲打桌面等，传达了不耐烦的信号，大大降低了沟通的质量。另外，身体语言与口头语言的不相符也是造成倾听障碍的一种，比如，讲话者说的是东边，而指的却是西边时，通常会使听者感到困惑。

3. 倾听者引起的障碍

在沟通过程中，倾听者本身是造成效率低下的主要原因。在信息传递的过程中，倾听者思想不集中、假装倾听等都达不到好的倾听效果。良好的倾听效果需倾听者具备相应的理解能力、良好的态度及精神状态。下面是一些由于倾听者引起的障碍。

(1) 思想不集中

思想不集中可能由内部因素和外部因素造成。内部因素包括思想僵化、身体因素以及年龄因素等。当倾听者由于工作和心理的压力而心事重重时，很难做到有效倾听。外部因素是指干扰倾听者接收信息的因素。在表达者信息传递的过程中，电话铃声、意外来访、交谈环境等因素会干扰信息的传递，影响有效沟通。对于内部干扰和外部干扰，可能无法完全避免，但可在平常进行训练，使其弱化或部分消除。

(2) 假装倾听

在沟通对话中，有这样一种情况，虽然倾听者的眼睛盯着讲话者，脸上露出微笑，时不时点头表示赞同，甚至会说些"是吗""我知道"的短评，给人留下正在倾听的印象，但可能他的思绪已经飘去很远了，并没有把注意力放在讲话者那里，这便是假装倾听。对于假装倾听的人来说，讲话者的信息只是从耳边流过，完全或部分未进入倾听者的头脑中，既浪费了时间，又浪费了谈话机会。假装倾听的人总是一边倾听别人讲话，一边考虑其他不相关的事情，这种倾听效果无疑是不好的。

(3) 急于发言

人们都喜欢自己主动发言,很多人急于表达自己的观点,在对方还没陈述完毕的时候,就迫不及待地打断对方。有一类倾听者似乎从不缺说话题材,在每一类问题上都喜欢侃侃而谈,既给人不尊重他人的感觉,又接收不到有用的信息,降低了倾听的效果。

(4) 以自我为中心

人总是关注自我,喜欢与自己相同的看法与意见。因此,在倾听过程中,总是不可避免地去注意与自己相同的看法,关注与自己观点相同的人,这样往往会忽视与自己不同的意见,这会错过聆听他人好的想法、观点的机会,甚至会对他人产生抵触情绪,不愿继续倾听下去。以自我为中心的人往往会没办法与他人进行愉快的交谈。

(5) 感情因素

倾听能力也受到感情因素的影响。由于感情因素的影响,倾听者会注意听自己想听的话,接收所有信息,排斥听不想听到的内容,从而错过很多信息。由于个人偏见的影响,倾听者对传播信息者存在偏见,或先评估说话人,继而会厌烦所讲的内容或觉得讲的话题不重要,从而无法正确倾听并理解全部内容。

(6) 心智时间差

有效倾听的一个主要障碍源于这样一个事实,即人们的思维速度远比讲话速度快,思维的速度比说话至少要快四倍。讲话的低速度和思维的高速度之间的差异给人的大脑留下了空闲时间,讲话者可能还在慢慢地叙述,听讲者的思绪却早已神游四方,或停留在某处,产生了厌倦,拒绝进一步思考,错过许多有价值的内容。

12.2.2 倾听的策略

我们所谈及的"倾听",是在相互交谈中的倾听,倾听者不但要集中注意力专心地听,还要适当给予反馈,倾听需要双方的共同参与。在倾听中,倾听者正确运用倾听的策略,会收到意想不到的效果。下面分别从创造良好的倾听环境、提高讲话者的说话技巧及提高倾听者的倾听技能三方面进行说明。

1. 创造良好的倾听环境

交谈是在一定的环境中发生的。通过适应和控制环境中的因素,消除外在的环境方面的干扰是改善倾听效果的首要方法。选择有助于倾听的时间和地点,对多数人来说,午餐后和下班前是一天中倾听效果最不佳的时候,尽量避免在这段时间安排重要的倾听内容。根据谈话内容和目的的不同,选择不同的谈话地点,如在办公室谈话比较严肃、正式,适合比较重要的谈话;选择在咖啡厅谈话则会更轻松愉悦,有助于增进感情。在谈话时,尽量排除所有分心的事情,如他人的突然闯入、电话的打扰等。根据不同的目的选择不同的谈话场合,排除干扰,在适宜的时间、恰当的地点,创造愉快的谈话氛围,会达到更好的倾听效果。

2. 提高讲话者的说话技巧

在创造了良好的倾听环境后,作为谈话中的引导者,为了提高谈话的效率,讲话者首先要做到让别人懂得你。提高讲话者的讲话技能,需注意以下内容。

(1) 讲话速度要适当。在说话的过程中,根据谈话现场的气氛、要表达的内容适当调整语速。快速往往表示激动、欢快,中速为平常的描述,慢速用于庄重的场景。需要注意的是,在交谈过程中,语速不可过快,过快的语速容易使听者无法及时跟上思路,无法完全理解讲话者的意思;而过慢的语速往往容易使听者走神,大脑放空。因此,讲话者要学会适当地调整语速。

(2)不要过于注重细节。在说明一个问题的时候,如果讲话者总想把所有的细节都解释清楚,往往会造成一个结果,那就是到最后连自己也不知道要讲的中心问题是什么。讲话者要时刻记得自己讲话的主题,不应过于注重细节而偏离主题。

3.提高倾听者的倾听技能

倾听是一种主动的行为,倾听者本身的因素大大影响着倾听的效率。提高倾听者的倾听技能,可以促进有效沟通,可以从积极预言、完整准确地接收信息、正确地理解信息、及时给予反馈四方面进行。

(1)积极预言

倾听的时候,我们往往能够根据对方的性格特点或者处事风格努力推测讲话者可能想说的话,有助于更好地理解和体会对方的感情,做出适当的、相应的反应,预测他们即将采取的行为。预言在倾听的过程中发挥了承上启下的作用。适当"预期"是有益的。

(2)完整准确地接收信息

在倾听过程中适当做笔记,把一些关键的问题及时地记录下来,不但有助于聆听,而且可以集中话题,加深记忆,方便后续的思考。在做笔记的过程中,注意不可句句都记,这样会造成这句还没记完,讲话者已经说到下一句的情况,影响倾听的完整性。

在倾听过程中,采用复述的方法,适当重复对方的话来验证自己是否获得准确信息,同时也是对讲话者的一种反馈,让对方知道在认真听讲。倾听者可采用"您说的是不是……""您觉得……"等话语来进行反馈复述。

要做到听清全部信息,不要听到一半就心不在焉,首先保证听到信息的完整性,听完对方讲话也是一种礼貌的表现。

(3)正确地理解信息

正确地理解信息是对听到的内容进行解码的过程。双方文化水平、社会环境的差异等原因,会造成对同一件事情的不同理解。理解对方是倾听的主要目的,要提高理解的效率,可以从以下几方面着手。

从对方的角度出发,考虑讲话者的背景和经历,以换位思考的态度站在对方的角度与立场,体会讲话者的处境与感受,思考讲话者为什么这样说,掌握讲话者的真实意图。

控制自身的偏见和情绪,一个人总会被自己的喜恶影响,喜欢一个人时觉得她说的话是对的,讨厌一个人时会没耐心听他讲话。这样会对沟通产生很大的影响,容易造成信息失真。

结合视觉辅助手段,倾听非语言暗示。充分利用对方提供的传单、小册子、视频之类的辅助性材料,将视觉、听觉充分结合,加深理解和记忆。注意观察对方的身体语言。身体语言往往能看出许多隐藏的信息,比如,平常沉默寡言的人开始喋喋不休,而且伴随着摸下巴,摆弄衣角,把手藏到背后等动作时,表示可能在说谎;东张西望、看时间等动作表示讲话者此时处于厌烦状态。

(4)及时给予反馈

倾听的过程不仅仅需要讲话者传递信息,也需要听者及时给予反馈。反馈是听者在交流过程中进行的反应或回答,这些反应或回答能够被讲话者所感知察觉。反馈包括语言信息和非语言信息。在交流过程中,对讲话者及时给予回应,如采用"是吗""没问题""请问您刚才的意思是…吗"等话语,用点头、微笑等积极的身体语言来表示在认真听他们讲话。及时的反馈是倾听过程的重要内容,讲话者会根据倾听者的反应来检查自己的行为结果,知道自己说的内容是否被准确接收,正确理解,并且使对方知道自己是愿意听他讲话的,鼓励讲话者的谈话欲望。

• **案例拓展**

倾听下属的心声　>>>>>>

12.3　实现有效倾听的技巧

1. 保持良好的倾听状态

在倾听时显示出感兴趣的样子,使对方相信是在认真地听。在倾听时保持开放的心胸和积极的态度,跟随讲话者的节奏。人们总是去倾听自己感兴趣的事情,对不感兴趣的事情充耳不闻。因此,培养倾听的兴趣,可以有效阻止注意力分散,排除干扰,保持清醒和兴奋状态。

2. 注意注视眼睛

端详对方的脸、眼睛,尤其注视着对方的眼睛,将注意力集中到对方的外表。注视对方的眼睛,而不是看窗外,看天花板。目光接触是一种非言语信息,表示在认真听对方讲话。若眼睛不断地飘向别处,给出了不情愿与对方一起甚至对他的事不感兴趣的暗示。

3. 使用开放性姿势

开放性姿势可成为一个信号,显示你对当事人和他的信息的接纳程度,表达出信任与尊重。身体动作要轻松自如,同时也会给对方轻松自如的感觉。经常将身体倾向对方,将身体轻微倾向对方表示对讲话者的话感兴趣,自然而然地表现出关心。交叉双臂,跷起二郎腿是封闭性姿势,这种姿势容易被人误会是不耐烦、抗拒或高傲的表现。双手双脚的交叉有削弱你给他人关心感和愿意提供帮助的感觉。双臂交叉常常被认为是防卫姿势,当倾听意见的人采取此姿势时,大多是保留态度。

4. 及时用动作和表情给予呼应

用恰当的表情、动作给予呼应,使对方相信是在认真倾听,用点头、摇头、眼神等身体语言鼓励信息传递。如果倾听者适时给予动作和肢体语言的呼应,比如,自然地微笑,身体微微前倾,常常看对方的眼睛,点头示意等,讲话者会感受到鼓舞,自己的说话内容是对方感兴趣的。在不懂时,用皱眉、迷惑不解等表情,给讲话者反馈信息,以便其调整。

5. 适时适度地提问

以开放的方式询问听到的事,成为谈话的主动参与者,会增进彼此间的理解。在提问时,对问题进一步澄清概念,增进了解,而不是给对方造成压迫感。沟通双方有问有答,才能达到双方沟通、交流互动的效果。根据谈话内容和其他信息,将自己的疑问或者理解表达出来,在进行提问前,思考自己要提出的问题是否合理,从而得到对方的解答或者确认。提问要适时,把握恰当的时机,等明确要提出的问题时,不要着急提出,等对方表达完之后,再进行提问,避免打断对方的思路,但提问时间不宜与话题时间间隔过长,否则会使思路重新返回,不利于谈话的继续进行,会延长沟通时间。提问的内容、数量、速度和语气方式要适度。任何事情都要把握一定的度,提问也是如此,如果超过了这个度,会造成对方的反感,影响沟通效果。

6. 弄清楚各种暗示

高效的倾听者需要"听懂"信息发出者发出的所有可被理解的信息,其中就包括暗示。这需要倾听者具备高度的注意力和理解力。比如,很多人不敢直接说出自己真正的想法和感觉,往往会运用一些叙述或疑问,百般暗示,来表达自己的想法。不懂对方的暗示,可能会错过主要内容或对方谈话中的重点,从而浪费了宝贵的时间。

• 案例拓展

"销售大王"乔·吉拉德的倾听教训

本章小结

1. 倾听是人主动接收言语和非言语信息,利用逻辑思维及以往知识确定其含义并对此作出反应的过程。

2. 有效的倾听可以激发对方的谈话欲望,产生激励作用,帮助管理者作出正确决策,获得重要信息,培养亲和关系,使他人感受到被尊重及掩盖自身弱点。

3. 倾听的障碍包括环境因素引起的障碍、讲话者引起的障碍及倾听者引起的障碍。实现有效倾听的策略有:创造良好的倾听环境、提高讲话者的说话技巧和提高倾听者的倾听技能等。

4. 要想实现有效倾听,需掌握相应的倾听技巧。其中包括保持良好的倾听状态、注意注视眼睛、使用开放性姿势、及时用动作和表情给予呼应、适时适度地提问和弄清楚各种暗示六方面。

复习思考

1. 倾听的特征有哪些?
2. 倾听的意义是什么?
3. 倾听过程中倾听者因素引起的障碍包括哪些?
4. 具体说明使用开放式姿势过程中需注意的内容。

技能提升

倾听能力测评

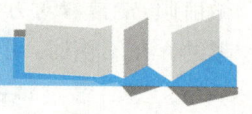

第 13 章　谈判沟通技能

本章思维导图

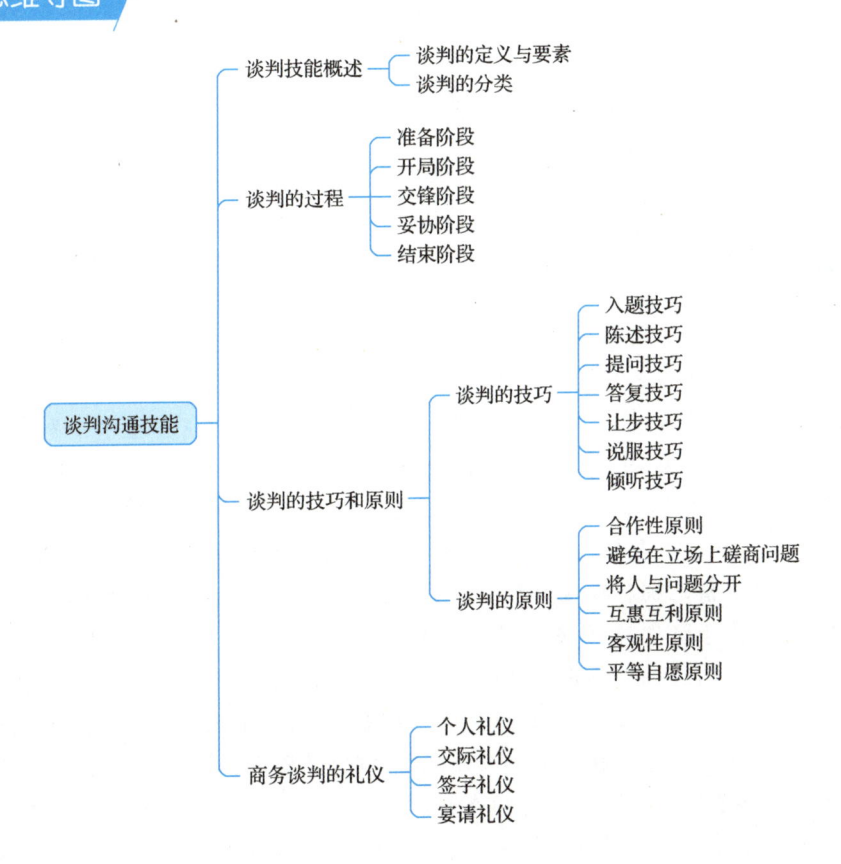

- 谈判沟通技能
  - 谈判技能概述
    - 谈判的定义与要素
    - 谈判的分类
  - 谈判的过程
    - 准备阶段
    - 开局阶段
    - 交锋阶段
    - 妥协阶段
    - 结束阶段
  - 谈判的技巧和原则
    - 谈判的技巧
      - 入题技巧
      - 陈述技巧
      - 提问技巧
      - 答复技巧
      - 让步技巧
      - 说服技巧
      - 倾听技巧
    - 谈判的原则
      - 合作性原则
      - 避免在立场上磋商问题
      - 将人与问题分开
      - 互惠互利原则
      - 客观性原则
      - 平等自愿原则
  - 商务谈判的礼仪
    - 个人礼仪
    - 交际礼仪
    - 签字礼仪
    - 宴请礼仪

思政目标

随着经济和贸易的不断发展，谈判在商务活动中发挥着不可替代的作用。谈判无时不有，无处不在，是企业获取市场信息的重要途径，是拓展市场的重要力量。一场成功的谈判甚至可以帮助企业化解重大危机。本章的学习，可以帮助学生恰当地运用谈判策略，培养学生在谈判中随机应变的能力，掌握谈判中的礼仪，从而达到谈判的目的。

本章学习目标

◆ 了解谈判的内涵、要素与分类标准。

- ◆ 掌握谈判的过程与策略。
- ◆ 掌握谈判的技巧和原则。
- ◆ 正确运用商务谈判的礼仪。

本章关键词

谈判；谈判主体；谈判客体；谈判目的；谈判结果；谈判过程；谈判技巧；入题；陈述；提问；答复；让步；说服；倾听；谈判原则；商务谈判礼仪

引导案例

丁苯橡胶价格谈判

中方某公司向韩国某公司出口丁苯橡胶已一年，第二年中方又向韩方报价，以继续供货。中方公司根据国际市场行情，将价格从前一年的成交价每吨下调了120美元（前一年1200美元/吨），韩方感到可以接受，建议中方到韩国签约。中方人员一行二人到了韩国该公司总部，双方谈了不到20分钟，韩方说："贵方价格仍太高，请贵方看看韩国市场的价格，三天以后再谈。"中方人员回到饭店感到被戏弄，很生气，但人已来韩国，谈判必须进行。中方人员通过有关协会收集到韩国海关丁苯橡胶进口统计，发现从哥伦比亚、比利时、南非等国进口量较大。中国进口也不少，中方公司是占份额较大的一家。价格水平南非最低，但高于中国产品价。哥伦比亚、比利时价格均高于南非。在韩国市场的调查中，批发和零售价均高出中方公司的现报价30%～40%，市场价虽呈降势，但中方公司的给价是目前世界市场最低的价格。为什么韩国人员还这么说？中方人员分析，对手以为中方人员既然来了，肯定急于拿合同回国，可以借此机会再压中方一手。那么，韩方会不会不急于订货而找理由呢？中方人员分析，若不急于订货，为什么邀请中方人员来呢？再说韩方人员过去与中方人员打过交道，有过合同，且执行顺利，对中方工作很满意，这些人会突然变得不信任中方人员了吗？从态度看不像，他们来机场接中方人员，晚上一起吃饭，保持了良好气氛。从上述情况分析，中方人员共同认为：韩方意在利用中方人员出国心理，再压价。根据这个分析，经过商量，中方人员决定在价格条件上做文章。总的来讲，首先态度应强硬，（因为来前对方已表示同意中方报价），不怕空手而归。其次，价格条件还要涨回市场水平（1000美元/吨左右）。再者不必用二天给韩方通知，仅一天半就将新的价格条件通知韩方。

在一天半后，中方人员电话告诉韩方人员："我方调查已结束，得到的结论是：我方来韩前的报价低了，应涨回去年成交的价位，但为了老朋友的交情，可以下调20美元，而不再是120美元。请贵方研究，有结果请通知我们。若我们不在饭店，则请留言。"韩方人员接到电话后一个小时，即回电话约中方人员到其公司会谈。韩方认为：中方不应把过去的价再往上调。中方认为：这是韩方给的权利。我们按韩方要求进行了市场调查，结果应该涨价。韩方希望中方多少降些价，中方认为报价已降到底。经过几回合的讨论，双方同意按中方来韩国前的报价成交。这样，中方成功地使韩方放弃了压价的要求，按计划拿回合同。

（改编自：丁建忠. 商务谈判教学案例. 北京：中国人民大学出版社，2005）

在这个案例中,我们深刻认识到了谈判在商业交往中的重要性和谈判技巧在谈判中的重要性。在双方谈判的过程中,中方运用了信息收集、信息分析、方案假设、论证和选取等五个步骤。一步步运用谈判技巧,中方公司最后成功地按计划拿回了合同。在日常生活中,谈判无处不在。为了能够更好地解决问题,达到目的,我们需要进行谈判,运用各种谈判技巧,来为自己或者企业获得更多的利益。

13.1 谈判技能概述

13.1.1 谈判的定义与谈判活动的基本要素

1. 谈判的定义

谈判是人类生活中不可或缺的交往活动,是人类沟通的基本形式之一,几乎每个人每天都要进行各种形式的谈判。随着生产力迅速发展,国际贸易不断扩大,任何公司和企业都不可避免地进行谈判活动。企业与外界组织、人员发生联系,谈判就会存在。谈判越来越成为现代管理者必须拥有的技能。谈判能力是管理者的必备素质之一,也是管理者能否成功的关键因素之一。

谈判是指社会生活中的个人、组织及国家之间,为了解决他们共同关心的问题,或是为了改善关系而进行反复磋商、寻求解决途径和达成协议来满足各自需要的沟通协调活动。当某一个人或群体的利益取决于另一个人或群体为追求自己的利益而采取行动时,或当双方所追求的各自利益需要以合作的方式才能得以实现时,就应当进行谈判。

从谈判的定义中可以得出以下几个内容:

(1) 谈判是以满足某种利益为目的的活动。谈判的基本目的是人们有某种要满足的需要。如果一方或双方意识到有可能从对方获得满足的需要,就可能发生谈判。没有目的的谈话被称为闲谈,不能称为谈判。

(2) 谈判是双方和多方共同参与的过程。谈判要在双方交流与沟通,尊重对方的意见,了解对方需要的基础上达成一致。

(3) 谈判具有一定的协商性。谈判人员都有自己的目的,希望自己的需求能够得到满足,问题能够得到解决。谈判双方或多方通过磋商合作来达到自己的目的,获得利益,就需要不断地进行协商调整。谈判是一个说服与被说服的过程,最终谈判双方达成共识。

2. 谈判活动的基本要素

(1) 谈判主体

谈判主体是参与谈判的当事人,既可以是双方也可以是多方。参与谈判的人员至少要有两人,且两人都想在对方身上获得满足时,谈判才成立。

(2) 谈判客体

谈判客体是谈判的议题与内容。谈判的议题是由双方共同关心的内容决定的。在谈判之前,需进行大量的资料收集准备工作,以确定谈判的议题。

(3)谈判目的

谈判目的是当事人想要达到的预期效果。谈判是有目的的,谈判人员要知道为什么进行这场谈判,没有目的的谈判称为闲谈。谈判人员根据谈判的目的来确定自己的要求以及妥协的程度。

(4)谈判结果

一个完整的谈判必须有相应的结果,没有结果的谈判称为不完整谈判。谈判成功或是失败,都标志着一次谈判的完成。

谈判是一门科学,更是一门艺术。谈判涉及心理学、管理学、语言学、公共关系学、技术科学等知识的综合运用,也是一个人沟通能力、交际能力和思维艺术性的综合反映。一个组织的谈判能力在一定程度上反映了该组织的协调、配合及对事物的把控能力。

13.1.2 谈判的分类

分清谈判的类型,有利于获得谈判的主动权。谈判的类型有很多种,按照不同的参考标准可以有不同的划分标准。在此,从五种不同的角度对谈判进行分类。

1. 按照谈判利益主体划分

按照谈判利益主体划分,可将谈判分为双方谈判和多方谈判。双方谈判为只有两个谈判主体参与的谈判。多方谈判为由三个或三个以上当事方参与的谈判。

2. 按照参与谈判人员规模划分

按参与谈判人员规模划分,可将谈判分为小型谈判、中型谈判和大型谈判。小型谈判人数为2~4人,中型谈判人数为5~12人,大型谈判人数为12人以上。

3. 按照谈判地点划分

按照谈判地点划分,谈判可分为主场谈判、客场谈判、中立场谈判和主客场轮流谈判。主场谈判是指在自己所在地,自己作为东道主进行的谈判,包括在自己居住的国家、城市或办公所在地。客场谈判是指谈判人员到对方所在地进行的谈判。中立场谈判是指既不在己方所在地也不在对方所在地,而是在第三方所在地进行的谈判。主客场轮流谈判为谈判各方轮流交换谈判场地进行的谈判。

4. 按照谈判双方接触的方式划分

按照谈判双方接触的方式划分,可将谈判分为口头谈判和书面谈判两种。口头谈判是指双方通过语言交流进行的谈判,比如,面对面的口头谈判、电话谈话等。口头谈判多是咨询性、征求意见性的谈判。书面谈判是指谈判各方利用文字、图表等书面语言进行交流,并使用信函、传真、电子邮件等通信工具进行的谈判。书面谈判常适用于经常性经济交往活动的谈判或较远距离的谈判。

5. 按照谈判方式划分

按照谈判方式划分,可将谈判分为纵向谈判和横向谈判。纵向谈判是指在确定谈判的主要问题后,逐个讨论每一个问题,逐个解决每一个问题,一直到谈判结束。横向谈判是指在确定谈判涉及的主要问题后,开始逐个讨论预先确定的问题,在某个问题上出现矛盾或分歧时,就把这一问题放在后面,讨论其他问题,如此周而复始地讨论下去,直到每一个问题都谈妥为止。

13.2 谈判的过程

谈判是一个十分复杂的过程。谈判的过程包括谈判从开始到结束所经历的各个阶段。随着谈判的深入,谈判中的氛围、谈判主体采用的技巧、策略都会有所改变。一般情况下,谈判分为以下五个阶段,在每个阶段都有不同的策略选择。谈判的战略是对谈判长期的、总体的把握。

1. 谈判准备阶段

做好谈判前的准备非常重要。一般来说,谈判的准备越充分,谈判的效果就会越好。谈判的准备阶段主要包括以下五个方面的工作。

(1) 明确谈判目标。谈判目标作为谈判的航标,在商务谈判中非常重要。在确定谈判目标时,要确定谈判的最高目标、现实目标以及最低目标。谈判的最高目标是指在谈判中可获得的最佳效果,最高目标是谈判的努力目标。现实目标也称为折中目标、可接受目标,是谈判中可以实现的、比较现实可行的目标。最低目标也被称为底线目标、基本目标,是谈判者让步的最后限度。谈判是相互妥协的过程,确定让步的程度可以使谈判者从容不迫地面对对方的压力。

(2) 收集谈判信息。谈判者要全面准确地掌握有关信息,谁掌握了信息,谁就掌握了谈判的主动权。只有在谈判前及时收集相关的情报和信息,才能采用相应的谈判策略、方法,有针对性地制订相应的谈判方案和计划。谈判前收集的信息内容主要包括谈判环境信息、相关市场行情、谈判对手信息和己方与谈判有关的信息四个方面。根据不同的谈判类型、目的,有针对性地分析信息资料,制定适当有效的谈判策略。

(3) 制订与选择方案。当谈判具有可行性后,需对谈判方案进行制订与选择。谈判方案是谈判人员在谈判开始前对谈判目标、议程、策略等预先做出的计划安排。谈判方案作为指导谈判人员的纲领,指引着谈判人员的行动方向,在整个谈判过程中起着非常重要的作用。在谈判之前,谈判者应先拟订出各种解决问题的方案,对这些方案进行比较分析,看哪一种方案更能获得更多的利益,同时分析对方可能提出的方案以及对方的方案会对自己的影响,及可采取什么应对办法。

(4) 组建谈判队伍。谈判是一项复杂的工作,筛选谈判人员是一个非常重要的过程,关系到谈判是否成功。在组建谈判队伍时,要注意考虑两个方面的内容:一是考查谈判人员自身的专业能力和心理素质。二是基于谈判人员的特点,明确谈判人员之间的分工职责。

(5) 编制谈判计划。确定好谈判人员之后,根据选择的方案编制谈判计划。谈判计划是谈判人员在谈判前预先拟定的关于谈判主题和谈判要点的具体内容和步骤。谈判计划应简明扼要,以便谈判者能牢牢记住,并贯穿于谈判过程中。计划必须具体,要求列出谈判的主要内容和基本问题。计划还必须灵活,应根据谈判过程的变化情况,灵活地予以调整。

2. 谈判开局阶段

开局阶段是谈判的前奏。谈判开局是至关重要的,决定着后面计划的展开。一般谈判者都会制定一个开局目标,常常把创造融洽和谐的谈判气氛作为开局目标。谈判者一般会去创造和谐友好的谈判气氛,增加双方的了解和信任,使双方了解彼此的意图。在开局形成良好的气氛,接下来双方沟通和协商就会比较轻松。建立了和谐的谈判气氛后,谈判各方进行开场陈述和初次报价,在此过程中表达自己的立场,提出自己的目标条件,摸清对方的原则和态度。

3. 谈判交锋阶段

谈判交锋阶段是双方对实质性问题进行磋商洽谈的阶段,此时谈判双方的对抗和实力会体现出来。双方开始根据对方在谈判中的行为来调整己方的谈判策略,修改谈判目标,从而逐步确立谈判协议的基本框架。在此阶段,谈判各方为了实现从谈判中获利的目标,开始正确、有效地运用智慧、策略、技巧和手段来获得谈判的成功。

谈判交锋主要是各方讨价还价的过程。还价是谈判一方根据对方的报价和自己的谈判目标,主动或应对方要求提出自己的价格条件。在还价的过程中,要注意还价的起点及还价的时机。还价起点是第一次还价的价位,对谈判的进程有重要影响。还价不宜太高也不宜太低,太高有损己方的利益,太低则显得诚意不足。还价时机是指何时还价,还价时机得当可以减少还价次数,改善还价效果。在讨价还价的过程中,谈判者应根据自己的利益要求选择不同的讨价还价方式,根据对方的还价和自己掌握的资料对价格进行全面的分析,找到突破口作为自己讨价还价的筹码。讨价还价是一个漫长的过程,要具备充分的耐心,坚持不懈,获得最后的胜利。

4. 谈判妥协阶段

谈判妥协阶段是谈判双方在达成共识的基础上,就双方彼此存在的矛盾进行协调解决,最终找到折中办法,达成协议的过程。交锋阶段使谈判双方明确了谈判的范围并不断缩小这个范围,每一次交锋之后都会有一轮磋商,使某一方作出妥协让步,从而达成协议。圆满的谈判会使双方的利益都得到满足,求得一定程度的平衡。

5. 谈判结束阶段

当谈判双方经过激烈艰苦的交锋和妥协,求同存异或求同去异,彼此都认为已经达到了各自的利益要求时,便可以签订协议,此时谈判即将结束。如果在谈判交锋和妥协的阶段,谈判双方争执不下,不能达成共识,可以采取最后期限策略来求得问题的解决。谈判的结束阶段包括签订协议与总结谈判。

(1)签订协议。谈判成交后,涉及的便是谈判的签约。在签订协议时,尽量使用简洁的文字;避免使用模棱两可的语句,使协议内容明确,防止条款之间出现矛盾的现象;不要轻易在对方拟订的谈判协议上签字。

(2)总结谈判。谈判结束后,应该对整个谈判的过程作出总结。总结内容包括:谈判的准备工作是否充分、对谈判结果是否满意、谈判人员的表现、谈判的有效策略和行动以及是否达到对方的目的等。通过总结,谈判人可以找出谈判过程中出现问题的原因并作出解决方案,为以后的谈判提供经验和参考。

13.3 谈判的技巧和原则

13.3.1 谈判的技巧

谈判沟通是一种斗智斗勇的谈话方式。为了提高谈判的效率,增大谈判成功的可能性,同时也为了更好地促进谈判双方的关系发展,谈判中应该注重技巧的运用。

1. 入题技巧

双方谈判人员刚进入谈判场所时，往往会有忐忑不安的心理，尤其是谈判新手在一些重要的谈判中更是如此。因此，采用适当的入题方法，有助于消除尴尬心理，轻松地开始会谈。

(1) 迂回入题。从题外话入题，可将有关气候和季节的变迁、旅途见闻、新闻以及社会名人等作为话题引入。或是通过介绍己方的生产、经营等情况，给对方提供一些必要的资料等进入话题，同时可以展示自己的雄厚实力。

(2) 开门见山法。直接谈与整体有关的内容。

2. 陈述技巧

谈判中陈述的用途极广。控制谈判的进展，传达你想让对方知道的信息，打破僵局时的明确表态，己方观点的表达都需要陈述的技巧。

(1) 语言运用要准确。陈述中的措辞用语要审慎斟酌，不要讲模棱两可的词句，不滥用省略语，不故弄玄虚，不卖弄语言技巧，不要不懂装懂地滥用那些陌生的专业术语。要让对方真正明白你要表达的事情和真实见解，因为任何一个谈判对手都不会接受他不了解或误解的事情。

(2) 要学会巧妙地表达"不"。在谈判过程中，当你不同意对方意见时，一般不应直接用"不"这个词，而应尽量把否定性的陈述用肯定的形式表达出来。例如，"我再考虑一下""我必须和我的合作者再商量一下"，等等。

3. 提问技巧

提问是一种非常流行的谈判技巧，且贯穿于谈判过程的始终。提问可能有不同的目的：有时是获取信息，促进双方的沟通；有时是回避回答问题，拖延时间。对于提什么问题、如何提问、何时提问都需要高超的技巧。

提问有很多方式。通过提问，提问者可以把握场上的主动权，给对方以攻势。发问方式并无优劣可言，最好的发问是有利于谈判成功的发问。

• **知识链接**

提问的类型 >>>>>>

在提问时，提问者要注意尊重对方，切忌表现出自己高于对方的情绪，使对方的自尊心受到伤害。提问要得当，应把握好提问时机，提问时机往往是赢得谈判主动权、引导谈判按发问者思路进行的关键之所在。注意提问的语气和语速，在提问前要对语气语调仔细考虑，切忌随意性。

4. 答复技巧

在谈判中回答问题不是一件容易的事情。在谈判对手强势提问的压迫下，回答者要面对相当大的精神压力，如何巧妙地回答，使自己不至于处于被动的境地，是需要探索、逐步掌握的技巧。回答问题时可参考以下技巧。

(1) 精心准备。要想有效回答对方的提问，除了对谈判的观点、资料了如指掌外，还要预先估计对方可能提出的问题，并精心准备如何回答，准备的时间越多，做出的回答会越好。

(2) 不要彻底回答问题。采用留有余地的答复方法来回答那些会使自己陷入不利局面的问题。不彻底回答包括缩小范围和不正面回答两种。答话人将回答范围缩小,例如,问产品指标时,不回答所有能代表产品质量的指标,而是选择其中几个有特色的指标进行回答。不正面回答是指在回答问题时没有直接回应问题的核心,而是通过模糊或含糊其辞的方式来避免正面回答。

(3)不要急切地回答对方的提问,先让自己获得充分的思考时间。在答复前作好充分的思考是谈判者的权利。尤其是碰到对手提出一些旁敲侧击、模棱两可的问题时,更需要辨其意旨,明智作答,切不可轻率作答,以免上当。

(4)减少问话者追问的兴趣和机会。回答问题时,减少问话者继续追问的兴致和机会。问话者如果发现回答者的漏洞,往往会刨根问底地问下去,所以回答问题时要特别注意不要让对方抓住某一点继续发问。在对话中如果有一时难以回答或不想回答的问题,可以把别人问过来的问题再问回去,自己不回答,让对方在反思中自己寻找答案。

5.让步技巧

让步是保证谈判获得圆满成功的原则和策略,是双方合作精神的具体体现。谈判中的让步是客观存在的,也是不可避免的。从某种意义上讲,让步是谈判成功的保障。双方在经历了开局、磋商阶段,对各自利益进行了最大争取,此时双方可能陷入僵持、对峙阶段。如何运用让步技巧,是影响谈判结局的关键性步骤。

(1)小步让步。成功的让步通常是很小的一步,用自己较小的让步给对方带来较大的满足。如果让步幅度过大,会给人一种自信心不足的感觉,信任就会受到影响,对方就会进一步施压,迫使己方作出更大的让步。

(2)不作无谓的让步。让步应体现出利己的宗旨,用己方的让步,换取对方在某一问题上的让步。

(3)合理选择让步时机。让步要审时度势。让步的时机与谈判顺利进行有着密切的关系。根据需要,既可以我方先于对方让步,也可以后于对方让步,甚至是双方同时作出让步。让步时选择的关键在于应使己方的小让步给对方造成较大的满足感。

6.说服技巧

谈判双方的出发点都想要对方改变初衷而心甘情愿地接受己方的意见,这就需要说服。说服贯穿谈判的始终,且是谈判中最复杂、最富有技巧的工作。以下几个说服技巧将有利于在谈判中更有效地说服对方。

(1)建立轻松愉快的洽谈气氛。一个人考虑是否接受说服之前,他会衡量说服者与他的熟悉程度和亲善程度。因此,在说服之前,应与之建立相互信赖、热情友好的人际关系。

(2)强调利益的一致性。既然谈判的目标是满足各自的需要,在说服过程中就应尽量去发现对方的迫切需要或第一位需要,要立足说明双方利益的一致性,淡化相互间的矛盾性,这样对方就比较容易接受己方的观点。

(3)换个角度进行说服。当意见不合的时候,彼此都想说服对方,都存在一定的防备心理,此时不能强硬地与之争辩,巧妙地转移对方视线,换个角度进行说服。暂时抛开可能会产生冲突的话题,从另外的角度谈起,一步步过渡到想要的内容,有了缓冲之后,彼此的谈话会更愉快。

(4)说服要循序渐进,有耐心。说服他人是一个漫长的过程,因为每个人的观念是不同的,让别人接受自己的想法需要层层推进,不可急功近利,引起他人的防备心理。说服必须耐心,不厌其烦地动之以情,晓之以理,把对方接受己方建议的好处和不接受建议的害处讲深讲透。谈判者不能心急,要给对方时间考虑。

7. 倾听技巧

谈判中的倾听技巧主要是在谈判中怎样听、听什么,以保证谈判者在谈判中能够及时、准确、恰当地接收或反馈信息。

(1)专心致志地倾听。谈判者在听别人发言时,精力集中地聆听,不要心不在焉。注意对方的措辞、表述方式、语气和声调,都可以为谈判者提供有效的信息,发现对方字句背后潜在的含义。

(2)有鉴别地倾听。有鉴别地倾听,必须建立在专心聆听的基础上。因为不用心听,也就无法鉴别对方传来的信息哪些为真,哪些为假,哪些有用,哪些无用。一般而言,人们讲话是边想边说,来不及很好地整理,往往不能突出要点。聆听者应当像过筛一样,去粗取精,去伪存真地鉴别,这样才能抓住要点。同时,"听话听声,锣鼓听音",聆听时要注意对方说话中的真正含义。

(3)倾听中要有积极的回应。在倾听过程中要注意多与对方进行眼神交流,观察对方的眼神变换,就会知道对方说的是真话还是言不由衷。

13.3.2 谈判的原则

谈判的原则是谈判的基本准则、指导思想,决定了谈判者在谈判中采用什么谈判策略和谈判技巧,以及怎样运用这些策略和技巧。它既是从谈判的性质中引发出来的,也是对谈判经验的总结。具体来说,谈判有以下几个原则:

1. 合作性原则

无论哪种类型的谈判,即使是政治谈判、军事谈判,谈判的双方都是合作者关系。谈判需要双方的合作与配合,达成统一的意向。谈判的目的是改变现状或协商行动,若没有双方的合作与配合,就无法达成合作的意向。因此,谈判双方要在一定程度、一定范围、一定时间内进行合作。谈判双方应从客观、冷静的态度出发,寻找双方共同的合作途径,消除障碍,达成协议。

2. 避免在立场上磋商问题

立场是具体的、明确的,是谈判者为了达到心目中的利益或目的而作出的行动准则。坚持立场能够使谈判者在谈判中取得一定的成果,为在有压力、不确定的情况下提供一种标准,为可接受的协议提供了具体的条件。在立场上讨价还价是一种不明智的选择,这违背了谈判的基本原则,降低谈判效率,损害双方的关系,破坏和谐的谈判气氛。在谈判中,谈判者应着眼于利益,而不是立场,寻找增进共同利益和协调利益冲突的解决办法。

3. 将人与问题分开

区分人与问题是指在谈判中把对人,即谈判对手的态度和讨论问题的态度区分开来。谈判的主体是人。因此,谈判的进行必然受到谈判者个人的感情、心理、价值观等方面的影响。要正确对待谈判和谈判对手。谈判产生的前提是人们各方的需要和利益不一致,但谈判的目的是使各方成为共同利益、解决问题的伙伴,而不是扩大分歧。谈判中由信任、了解、尊敬和友谊建立的谈判关系,可能使谈判更加顺利和有效。在谈判中,将对方看成同舟共济的伙伴，而不是对手和敌人，携手寻求共同有利的条件。

4. 互惠互利原则

谈判的一个重要原则，就是协调双方的利益，提出互利性的选择。互惠互利是双方的基本出发点。在谈判中应根据双方的需要和要求互通有无，使双方都能得到满足。在利益上不仅为自己考虑，也要为对方着想。通常谈判破裂的原因之一就是双方为了维护各自的利益互不相让，但是双方的根本利益所在是否都集中在一个焦点上，却是值得认真研究和考虑的。人们在同一事物上可能有不同的利益，在利益选择上也有多种途径。为了更好地协调双方的利益，不要过于仓促地确定单一方案，在双方充分协商、讨论的基础上，进一步明确双方各自的利益，找出共同利益、不同利益，从而确定互利互惠的谈判方案。

5. 客观性原则

谈判的客观性原则就是要求谈判者尊重客观事实，服从客观真理，而非凭借主观意志、感情用事。因此，必须做到全面收集客观信息材料。客观分析材料，公开揭露事实真相，要求对所掌握的材料客观仔细地分析，揭露出隐藏在背后的东西。坚持使用客观标准。客观标准是指社会公认的，不以谈判者好恶为转移的标准，诸如法律规定、公认惯例、谈判先例、科学数据等，都属于客观标准范畴。

6. 平等、自愿原则

平等原则是指商务谈判中无论各方的经济实力强弱、组织规模大小，其地位都是平等的。自愿原则，是指有独立行为能力的交易各方能够按照自己的意愿来进行谈判并作出决定。在商务谈判的过程中，双方在观点、利益或行为方式等方面的分歧是客观存在的，这些分歧通过平等协商来解决。

• 案例拓展

谈判的主动权 >>>>>>

13.4 商务谈判的礼仪

礼仪是指人们在社交活动中形成的行为规范与准则，具体表现为礼貌、礼节、仪表和仪式等。谈判也是人们的一种交往活动，也需要注重礼仪，从见面之初的介绍、寒暄、会谈开始，再到磋商，直到终局，都有赖于谈判者运用恰当得体的礼仪，再加上适宜的谈判技巧，对谈判的进展施加影响，最终使双方的意见达成一致。

一般而言，商务谈判应遵守以下礼仪：

1. 个人礼仪

现代社会中，人们越来越重视自己给他人的"第一印象"，即仪表。仪表在人的沟通交往中起着重要的作用，常常影响后续的沟通效果。商务人士适当地修饰与装扮不仅能够展现个人风格，也是对他人的一种尊重，为商务沟通谈判奠定良好的基础。

具体来说，首先应保持头发的清洁。发型要整齐，散乱的头发给人以精神萎靡不振的感觉。面部要保持清洁。男士剃净胡须,女士化妆,表示尊重。然后,着装要符合自己的职业身份,符合时代特色、环境、场所和季节。另外,在商务谈判中,保持规范、得体的姿势非常重要。谈判者要有良好的坐姿、站姿和走姿。谈判者的表情可以表达谈判者的内在意识,起着非常重要的作用。在交谈中,眼睛注视对方的眼睛或脸部,以示尊重别人。保持微笑,可以拉近彼此的距离,创造良好的沟通氛围。

2. 交际礼仪

谈判中的交际礼仪主要包括问候、握手、介绍、迎见、落座、谈吐等。在此,针对交际礼仪的各方面作简单的介绍。在问候时,要热情而友好,做到话到、眼到、心到。注意在公共场合切忌大声地呼名喊姓。握手是日常生活交往中最常见的礼节,注意不要戴手套、墨镜握手,不要滥用双手,只有亲朋好友见面才可以使用双手。在进行自我介绍时,注意掌握好时间,一般在干扰较少、对方有兴趣时,且初次见面时适合自我介绍。在商务谈判中,双方落座不宜过远,否则会显示出冷淡、疏远、拒绝的心态。在谈判过程中,要注意礼貌的谈吐,使洽谈的内容更容易为对方所接受,可以天气、运动等作为寒暄的话题,切忌打探对方的隐私。

3. 签字礼仪

商务谈判中,双方达成一致意见后,接下来就是签字确认双方达成的协议,应充分准备,认真组织。商务谈判的进行过程中或商务谈判结束后,双方应指定专门的人员按照达成的协议做好待签文本的定稿、翻译、校对、印刷、装订等工作。在布置签字场所时,总体原则是庄重、典雅、整洁、大方。陈设上除了必要的签字用桌椅外,其他一切陈设皆不需要,比较正规的签字桌应为长桌,铺设的台布最好为深绿色。在举行正式签字仪式之前,各方应将确定好的参加签字仪式的人员向其有关方面通报。签字人员应注重仪表仪态,举止要落落大方,自然得体。

4. 宴请礼仪

在谈判过程中,为增进双方间的友谊,促进谈判的顺利进行,双方有时会进行宴请招待。在宴请时注意遵从民俗惯例及现代环境。在中餐礼仪中,要注意桌次、席位的尊卑排列问题。安排满意的菜单,即必须考虑来宾的宗教、健康、风俗、职业的饮食禁忌。用好主要杯、盘、碗、碟、筷、匙等餐具。用餐的时候不要吃得摇头摆脑,狼吞虎咽,满脸油汗。切记不可反复劝菜、夹菜和劝酒。这种举动可能会被误认为是一种强迫,不利于营造宴会的友好沟通气氛。宴会进行过程中不可以一边饮酒,一边吸烟。

本章小结

1. 谈判是指社会生活中的个人、组织及国家之间,为了解决他们共同关心的问题,或是为了改善关系而进行反复磋商、寻求解决途径和达成协议来满足各自需要的沟通协调活动。

2. 谈判的过程分为谈判准备阶段、开局阶段、交锋阶段、妥协阶段及结束阶段。不同的阶段运用不同的谈判策略。

3. 谈判的技巧包括入题技巧、陈述技巧、提问技巧、答复技巧、让步技巧、说服技巧及倾听技巧。

4. 谈判的原则是谈判的基本准则、指导思想,主要包括合作性原则、避免在立场上磋商问题、将人与问题分开、寻求互惠互利的方案、客观性原则及平等自愿原则。

5.商务谈判的礼仪非常重要,会对谈判进展施加影响,影响谈判结局,其主要包括个人礼仪、交际礼仪、签字礼仪及宴请礼仪。

复习思考

【案例分析】

愉快的会面

技能提升

模拟谈判实践

第四篇

管理沟通专题篇

  本书的第四篇将深入探讨四个重要的管理沟通专题：危机沟通、变革中的沟通、冲突管理沟通以及管理沟通的未来发展趋势。这些主题均为管理者在实践过程中经常面临的情况，需要特别关注。危机沟通是指组织遭遇突发事件或公关危机时，管理者如何与内外部利益相关者进行有效的沟通，以减轻危机的影响，恢复组织的正常运作，并维护组织的形象和信誉。变革中的沟通是指在组织进行战略变革或组织变革时，管理者如何与员工和其他利益相关者进行有效的沟通，以推动变革的顺利实施，增加员工的接受度和支持度，减少变革遇到的阻力和负面情绪。冲突管理沟通则是指在组织中存在利益、观点、价值等方面的分歧或对立时，管理者如何通过沟通的方式化解或解决冲突，实现双赢或多赢的结果，推动组织的和谐与发展。管理沟通的未来发展趋势则是当下大数据、云计算、人工智能等环境因素的变化而对管理沟通提出的新的要求。本篇预测了管理沟通未来的发展趋势，分析了在学习型组织、企业动态联盟、虚拟组织与网络中以及数字化转型下如何实现有效沟通，加快实现组织目标。

第 14 章 危机管理沟通

本章思维导图

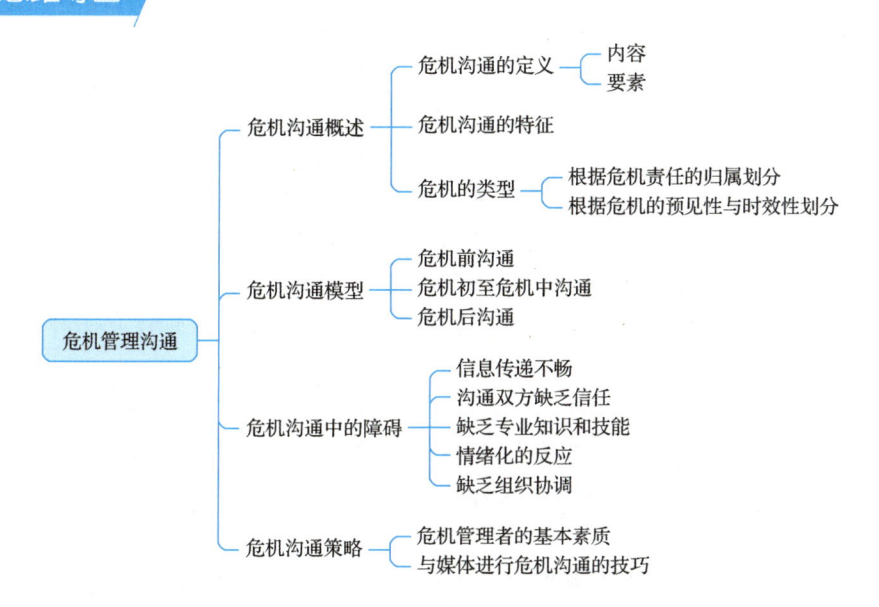

- 危机管理沟通
  - 危机沟通概述
    - 危机沟通的定义
      - 内容
      - 要素
    - 危机沟通的特征
    - 危机的类型
      - 根据危机责任的归属划分
      - 根据危机的预见性与时效性划分
  - 危机沟通模型
    - 危机前沟通
    - 危机初至危机中沟通
    - 危机后沟通
  - 危机沟通中的障碍
    - 信息传递不畅
    - 沟通双方缺乏信任
    - 缺乏专业知识和技能
    - 情绪化的反应
    - 缺乏组织协调
  - 危机沟通策略
    - 危机管理者的基本素质
    - 与媒体进行危机沟通的技巧

思政目标

在危机管理过程中，应注重实施真诚与公平为原则的沟通方式。本章学习可引导学生深入理解危机沟通的内涵。同时，以问题导向和结果导向相结合的方式，加强学生的危机沟通理论基础，提高他们的风险防范意识，进而提升他们应对危机事件的能力。

本章学习目标

- ◆ 掌握危机沟通的基本内涵，理解危机沟通的作用和意义。
- ◆ 了解沟通的几种分类方式。
- ◆ 掌握危机沟通的基本模型。
- ◆ 掌握危机沟通的策略，尤其是与媒体沟通的技巧。

本章关键词

危机管理；危机沟通；沟通对象；突发事件；预警；评估；利益相关者；领导者；媒体；社交媒体；报道

> 引导案例

公关史上的"灾难"——上海车展宝马 MINI 事件

2023年4月19日有网友爆料称,在上海车展宝马 MINI 展台参观时,展台工作人员拒绝给中国访客发放冰淇淋,宣称已经没有了。但外国访客来领时,不仅拿到了冰淇淋,工作人员还很贴心地教他们如何食用。宝马 MINI 展台存在"双标"和搞"歧视中国人"的问题。此番"区别对待",激起网络舆论千层浪。

宝马 MINI 星期四(4月20日)下午在官方道歉声明中称:MINI 发起的"上海车展现场礼——甜宠"活动本意是给逛展的大小朋友送上一份甜蜜。因我们内部管理不细致和工作人员失职引起了大家的不愉快。对此我们真心道歉!然而这份敷衍的道歉声明,缺乏作为品牌的起码真诚,它不能让网友们感到满意。部分细心的网友发现,MINI 中国社交媒体的官方账号并未同步作致歉声明,而是选择关闭评论区,假装"无事发生,一切安好"。

也许是事态的发展进一步恶化,超出了品牌方的预期,4月21日上午9点,宝马 MINI 就车展冰淇淋事件再度致歉,称视频里的"老外"是同事。声明称,18、19日除了每天发放300份冰淇淋外,还预留了非常少的一部分给现场的同事,视频里看到的4~5个"老外"就是同事,他们佩戴了员工胸牌。

宝马 MINI 的危机公关解决速度还是很快的,但仅以文案描述,将锅甩给管理漏洞和提出一个"老外"同事的理由显得那么苍白,所以这样漏洞百出的解决方法和方案也是造成网友不满和不买账的理由。不少网友甚至对这份带有甩锅意味的声明表示:"编了一晚上,就这?"

车展的事故只是此次宝马危机的一部分,后续"危机公关"的失败才真正使宝马 MINI 品牌受到了重创。截至4月22日收盘,宝马汽车公司股价日内跌3.62%。宝马在本次事件中的"傲慢"与"区别对待",使企业的市值蒸发150亿元人民币,相当于5亿个冰淇淋的价格。

宝马这次公关事件的败笔,再次给广大品牌方提出警醒。企业常常讲"以消费者为中心",不能只是说得好听,必须落到品牌的一言一行之上。

[改编自:胡一璠,胡兴民,宋子义.史上最贵的冰淇淋[J].销售与市场(上半月),2023(6):78-81.]

14.1 危机沟通概述

14.1.1 危机沟通的定义

危机沟通,作为管理沟通领域的重要分支,着重于组织在各类突发性和不可预测的危机情况中,如何进行有效的信息处理与传递。危机沟通是企业组织在面临危机时,为了应对内外部的公众和利益相关者进行的有效沟通,以实现危机的有效应对和化解,从而降低损失的行为。危机沟通既是一门科学也是一门艺术,它可以取得危机内涵中的机会部分,降低危机中的危险成分。危机沟通被认为是一种战略性的、有目的的沟通活动,它不仅仅关注信息的传递,还强调了情感、信任、透明度以及危机应对的有效性。在危机沟通中,组织需要积极回应和应对各种挑战,以最小化负面影响,维护信誉,以及在危机解决后恢复正常。

危机沟通的定义需要考虑到以下要素:

(1)战略性:危机沟通并非一种随意性的应对手段,而是基于周密策划的战略方案,目标在于在危机紧要关头实现明确的目标。它需要预先规划和筹备,以应对各类潜在危机。

(2)信息传递:信息的准确、及时、透明传递具有极其重要的作用。危机沟通涵盖了如何收集、整理及传达信息,以满足不同受众的需求。

(3)情感和信任:情感和信任发挥着举足轻重的作用。组织需展现出关怀、同情与诚实,以赢取受众的信赖和支持。

(4)透明度:透明度是危机沟通的必然要求。组织应提供清晰的信息,不隐瞒任何问题,坦然面对挑战,以应对媒体及公众的质疑。

(5)有效应对:危机沟通不仅仅关注信息的传递,还涉及危机应对的有效性。组织需采取明智的措施以减轻危机的影响,并积极寻求解决方案。

• **知识链接**

危机沟通的定义拓展　>>>>>>

14.1.2 危机沟通的特征

图 14-1 所示是危机沟通的特征。危机沟通是一个关键的管理沟通领域,危机沟通与常规沟通相比,具有一些显著的特征,主要有以下几个方面:

图 14-1 危机沟通的特征

(1)紧迫性和不可测性:危机通常具有突发性和紧急性的特点,需要我们高度重视。由于它们难以预测,可能会随时出现,因此危机沟通必须具备应对紧急情况的能力,能够迅速采取行动。此外,危机沟通的紧急性还体现在需要在危机发生后尽快启动,及时向内部和外部的利益相关者传递准确、完整和一致的信息,避免信息的延迟、失真和矛盾,防止危机的扩散和升级。一旦危机爆发,企业组织通常需要快速反应、科学决策和果断行动,以控制局势。

(2)信息、资源有限性:在面临危机的情况下,信息通常会显得残缺不全,甚至混乱不堪。

为此,组织机构必须努力地收集、整理和核查信息,以提供真实可信的资讯。同时,在危机期间,企业组织的资源往往严重不足,需要企业在有限的资源下实施最优的沟通策略,以最大限度地减少损失。

(3)动态性和多样性:在面对危机时,需要充分考虑到不同受众群体的需求和关切,包括内部员工、外部利益相关者、媒体和公众等。这些受众群体具有不同的信息需求、关注重点和态度反应,因此需要制定多样化的危机沟通策略,以满足他们的不同需求。同时,危机沟通的动态性也要求根据危机形势的发展变化,不断调整沟通目标、策略、内容和方式,灵活应对各种沟通挑战和困难。此外,在危机沟通中,需要充分考虑多元性这一特点。面对多种多样的沟通对象,需要采用不同的沟通渠道、工具和技巧,以实现沟通的针对性和差异性。例如,对于内部员工,可以通过员工大会、内部网站、电子邮件等方式进行信息传递;对于外部利益相关者,可以通过新闻发布会、官方网站、社交媒体等渠道进行信息发布;对于媒体和公众,可以通过新闻稿、公开声明、官方微博等方式进行信息传播。

(4)舆论、情绪导向性:在危机情境中,公众舆论可能会迅速形成,媒体和社交媒体的报道和评论会对危机的演变产生重大影响。因此,危机沟通需要积极应对及管理公众舆论和情感导向。企业组织需要关注公众和利益相关者的舆论,并采取相应的应对措施,以影响危机沟通的效果。此外,危机情境通常伴随着情感的高度激发,受众和利益相关者可能会感到恐慌、愤怒或焦虑。因此,危机沟通需要处理这些情绪,赢得信任。

(5)合理性和合法性:危机处理应严格遵守法律和法规的约束,组织应当确保其行为合法并遵循相关规定。在危机沟通中,与法律团队的紧密合作至关重要。

(6)双向性和互动性:危机沟通不仅是组织单向传递信息给利益相关者的过程,更是组织与利益相关者交换信息和意见的双向过程,以及组织与利益相关者建立关系和信任的互动过程。在危机沟通中,组织需要倾听利益相关者的声音,了解他们的感受和诉求,回应他们的问题和关注,解释和说明组织的立场和行动,寻求利益相关者的理解和支持,实现沟通的对话和协商。危机沟通的双向性、互动性有助于增强组织的透明度和可信度,缓和组织与利益相关者之间的紧张和冲突,促进组织与利益相关者之间的合作共赢。

14.1.3　危机的类型

危机沟通的对象、内容、策略和效果,在很大程度上受到危机类型的制约。不同种类的危机对组织造成的威胁程度、责任归属、公众反应、媒体关注等方面均有区别。因此,正确识别和区分危机类型,是制订有效的危机沟通方案的关键基础。对于与沟通相关的危机类型,可根据危机的责任归属和危机的预见性来划分。这两个重要标准分别体现了危机的道德层面和认知层面,对危机沟通的目标、原则、策略和技巧具有深远的指导意义。

1. 根据危机的责任归属,可以将危机分为以下四种类型:

(1)无责任危机:该类危机事件是由不可抗力因素或外部攻击所引发的,组织方面并无直接或间接的责任,也无法对此类事件进行预防或控制,例如自然灾害。此类危机事件对组织的威胁相对较小,公众对组织的同情和支持相对较高,媒体对组织的批评和质疑相对较少。在危机沟通方面,主要目标是表达关切和同情,提供救助和援助,以及保护和恢复组织的声誉。

(2)低责任危机:这类危机多是组织的技术或运营失误导致的,组织应承担一定的责任,但并非故意或恶意行为。例如,产品缺陷、服务失误、事故或故障等。这类危机对组织的威胁程度,公众对组织的理解和宽容态度及媒体对组织的监督和追责程度都属于中等。在危机沟通方面,主要目标是承认错误、道歉,解释情况、澄清事实、改进措施、纠正错误,以及恢复和弥补组织的信任和声誉。

(3)高责任危机:此类危机乃因组织管理不善或道德失范引发,组织负有明显责任,且是故意或在知情状态下导致的,诸如违法违规、欺诈欺骗、侵权侵犯等行为。此类危机对组织构成较大威胁,公众对组织的愤怒和抵制情绪强烈,媒体对组织的指责和抨击也很强烈。危机沟通的主要目标在于承担错误、改正错误、道歉赔偿、改革重建,以及挽回和重塑组织形象与声誉。

(4)转嫁责任危机:这类危机一般是由组织的竞争对手或敌对势力造成的,组织没有责任,但被诬陷或陷害,例如,谣言诽谤、恶意竞争等。这类危机对组织的威胁具有不确定性,公众对组织的态度也表现出不一致性,同时媒体对组织的报道也可能存在不公正。针对这类危机,危机沟通的主要目标是进行辩解和反驳,揭露和揭穿,证明和澄清,以维护和捍卫组织的权益和声誉。

2. 根据危机的预见性与时效性,可以将危机分为以下三种类型:

(1)潜在危机:这类危机是由组织的潜在风险或问题引发的,组织应通过预警或预测发现和预防。例如,市场变化、竞争压力、政策调整、技术创新等。这类危机对组织的威胁最小,公众对组织的期待最低,媒体对组织的关注最少。危机沟通的主要目标是分析和评估,规划和准备,预防和避免,适应和创新。

(2)突发危机:此类危机是由组织无法预知或控制的突发的事件或事故引发的,如火灾、爆炸、飞机坠毁、人质劫持等。此类危机对组织的威胁较大,公众关注度高,媒体报道多。危机沟通的主要目标是应急和处置,抢救和救援,稳定和安抚,调查和总结。

(3)持续危机:这类危机是由组织的长期的问题或矛盾引发的,组织难以解决或消除。如环境污染、道德沦丧、文化冲突等。这类危机对组织的威胁持久,公众对组织的压力持续时间长,媒体对组织的监督持久。危机沟通的主要目标是沟通和协商,调解和化解,改善和改进,和谐共赢。

14.2 危机沟通模型

在企业经营领域,危机不可避免,这是决定组织生死存亡的关键时刻。有效的应对策略不仅有助于个人或团队的成长,更可以为未来的工作积累宝贵的经验。然而,若应对不当,危机不仅可能对相关人员和企业股价产生不利影响,甚至可能摧毁品牌。

因此,对每个企业或品牌而言,做好应对危机的准备至关重要。相对于日常沟通,危机处理需要采用一套特殊的沟通方式和技能,要求危机沟通专家展现出最高的专业水准。他们必须时刻保持警觉,集中力量作出一致反应,平衡各方需求,并具备引领企业渡过危机、实现复苏的复原力。充分准备是成功应对危机的基石。只有充分准备,我们才能在危机来临时采取有效的应对策略,保护企业或品牌的声誉和利益。因此,对于每个企业或品牌来说,建立完善的危机应对机制和培养专业的危机沟通团队是至关重要的。

如图 14-2 所示的危机沟通模型,它可以帮助管理者和沟通专家有效地应对各种危机情境。这个模型包括危机前沟通、危机初至危机中沟通、危机后沟通三个阶段,每个阶段都有其特定的目的、内容和方法。通过运用这个模型,我们可以系统地分析危机的特点和影响,制定合理的危机应对策略,建立有效的危机沟通渠道和机制,采取有效的危机解决措施,以及对危机应对的过程和结果进行评估和反思,从而提高危机沟通的效果和水平。

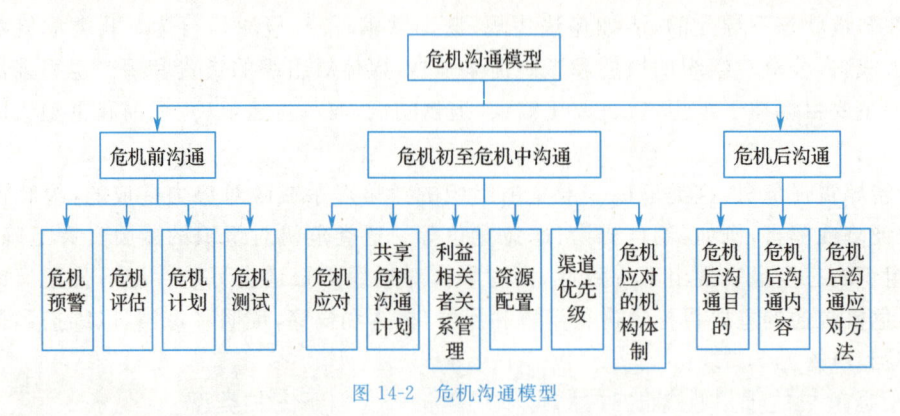

图 14-2 危机沟通模型

14.2.1 危机前沟通

在面临危机时,有效的沟通是组织或企业的第一道防线,也是至关重要的环节。危机前的沟通主要涵盖危机预警、危机评估、危机计划和危机测试等方面。这些方面对于组织或企业应对即将到来的危机具有至关重要的意义。

(1)危机预警:在危机预警方面,组织应建立一套健全的危机预警机制。该机制能够科学地收集、分析和评估各种内部和外部信息,包括社会、市场、政治和技术等变化。及时发现危机的迹象和风险,为组织提供预警提示。此阶段的沟通不仅着重于监测社会、市场、政治和技术的变化,以便发现可能对组织产生不利影响的因素,还需要持续关注新闻报道、行业趋势、政策变化等,以便捕捉到可能导致危机的迹象。只有通过这种危机预警机制,组织才能提前感知危机的来临,使得应对措施能够在最佳的时间窗口内实施。

(2)危机评估:当危机发生时,危机评估是至关重要的第一步。组织应对危机进行准确、全面的评估,包括确定危机的性质、原因、影响和发展趋势,以判断危机的严重程度和紧急程度。此阶段的沟通需要在最短时间内收集并整理关于危机情况的信息,以便制定合适的沟通策略。危机评估的目的是帮助组织了解当前局势,确保决策者明智地采取行动。这包括了解危机事件的背景、受众反应、社交媒体的传播速度等信息,以便更好地制定应对策略。

(3)危机计划:在危机发生前,组织应该制订一份全面、实用的危机沟通计划,并将其纳入组织内部的参考手册中。该计划应该包括危机沟通的目的、内容、方法、流程、人员、资源、时间等要素。危机沟通计划可以帮助组织在危机发生时迅速采取行动,确保信息传递的准确、及时和透明,维护组织的声誉和稳定。

(4)危机测试:组织在制订危机沟通计划后,应该对计划进行测试,以检验其在实际操作中的适用性。危机测试可以通过模拟危机情境,检验危机沟通的效果和问题,提出改进和完善的建议。危机测试可以帮助组织提高危机沟通的质量和效率,增强危机沟通的信心和能力。

考虑到危机可能带来的舆论压力和信息传播速度,一旦某个问题或事件已经在社交媒体和新闻中广泛传播,执行危机沟通计划的机会可能已经消失。因此,提前建立危机预警机制、准备危机沟通计划、系统和程序是至关重要的。除此之外,还需要对计划进行测试,以确保其在实际应对中的适用性。只有通过这些前期准备工作,组织才能在危机来临时快速、有效地作出反应,维护声誉、化解风险,最终实现品牌的持续增长。这是管理沟通领域中至关重要的一环,也是危机前沟通的核心内容。

14.2.2 危机初至危机中沟通

危机初至危机中的沟通是管理沟通中至关重要的任务,因为它们直接涉及机构或企业如何应对、处理和克服突发危机,以最大限度地减少对声誉和信任的负面影响。危机中的沟通涵盖多个关键方面,包括危机应对、共享危机沟通计划、利益相关者关系管理、资源配置、渠道优先级以及危机应对的结构。

1. 危机应对

危机应对是指组织在危机发生时,根据危机评估的结果,采取相应的沟通行为。这包括向沟通对象传递关键信息,以达到沟通的目的,缓解危机的压力,并尽力恢复组织的信任和声誉。危机应对的目的是在危机中有效地传递信息,管理危机的发展,维护声誉和信任。通过及时、准确、透明和诚实的沟通,组织可以降低危机对其品牌和声誉的负面影响。

2. 共享危机沟通计划

投入时间制订危机沟通计划相当于企业或组织已经为一切可能的突发问题或事件做好准备。接下来,企业或组织需要在内部共享危机沟通计划的详细内容,以确保所有可能卷入危机的人员都清晰了解计划。这包括首席执行官、重要部门的主管、客服人员和参与危机沟通的全体人员。共享危机沟通计划的目的在于确保所有相关人员了解计划,以便在危机发生时迅速有效地执行。

3. 利益相关者关系管理

组织在危机中,应该维护和管理与各种利益相关者的关系,包括股东、投资者、监管机构、合作伙伴、客户、员工、媒体和公众等。利益相关者关系管理可以帮助组织建立信任和信心、掌控局势,为未来发展建立更牢固的关系。组织应该明确在危机期间需要联系的重要人物,及时向他们通报危机的情况和进展,以及采取的措施和结果。

4. 资源配置

危机的强烈程度往往是危机沟通专家之前未曾体验过的。因此,企业或组织需要确定所需的资源,并了解从何处可以获得这些资源。在危机应对中,资源包括人力、时间、技术和物资等。企业或组织需要清晰地确定在危机应对中谁将扮演关键角色,以确保在必要时能够调动足够的资源。资源配置的目的是确保危机沟通专家和团队拥有足够的支持,以应对危机和应对在危机期间的挑战。

5. 渠道优先级

在危机中,组织需要选择合适的沟通渠道,以便有效地传递信息,达到沟通目的。渠道优先级可以帮助组织优化沟通效果,节省沟通成本,增强沟通影响力。组织应该根据目标受众的特点和需求,以及不同渠道的优势和劣势,确定渠道的优先顺序。例如,如果组织在社交媒体或数字平台上有很强的影响力,那么这些就可以作为组织在危机中沟通的优先渠道;但也不能忽视其他传统的沟通渠道,如本地媒体、面对面沟通、服务台和前台员工沟通等;关键在于如何让沟通效果最大化,这就需要组织理解受众心理。

6. 危机应对的结构

清晰的角色设置是为了确保危机沟通专家和团队在危机中能够协调合作,执行计划,以及迅速适应新情况。这包括沟通领导、内部沟通主管、负责联系合作伙伴的主管、负责危机波及人员的主管、数字媒体沟通主管、员工福利主管等。每位团队成员的职责和权限都应清晰定义,以确保危机应对的协调性和效率。危机应对结构的目的在于使沟通专家和团队能够高效地应对危机并采取相应行动。

危机初至危机中的沟通是一项复杂而综合的任务,要求组织具备高度的准备性和反应性。通过精心策划、资源配置和良好的沟通实践,组织可以在危机中保持声誉和信任,确保最佳的危机应对结果。

14.2.3 危机后沟通

危机发生后,组织或个人需要与各方利益相关者进行有效的沟通,以恢复正常运营和声誉。危机后的沟通是危机管理的一个重要环节,也是展现组织或个人价值和实力的一个重要机会。

• **知识链接**

危机后沟通的目的 >>>>>>

危机后沟通的内容需要具有以下关键元素:

(1)情况说明:这是危机后沟通的基础,也是最重要的部分。情况说明需要详细描述危机事件的经过、原因、影响和解决过程,确保受众充分了解发生了什么,避免信息的不完整和不准确导致的误解和猜测。

(2)解决方案:这是危机后沟通的核心,也是最关键的部分。解决方案需要提供已经采取的行动和未来计划,以解决危机事件带来的问题,如赔偿、补救、改进等。解决方案需要具有可行性、合理性和有效性,以显示组织或个人的责任和能力。

(3)反思和改进:这是危机后沟通的深度,也是最有价值的部分。反思和改进需要深入分析危机事件的根本原因,以便从中吸取教训,并制订长期改进计划,以预防类似事件再次发生。反思和改进需要具有诚实性、自省性和创新性,以显示组织或个人的进步和发展。

(4)感谢和道歉:这是危机后沟通的情感,也是最有人情味的部分。感谢和道歉需要表达对利益相关者的关心、理解、支持和感谢,同时道歉并承认过错,以建立真诚和谦逊的形象。感谢和道歉需要具有诚意、恰当和及时,以显示组织或个人的尊重和礼貌。

危机后沟通的应对方法主要有以下几种:

(1)媒体公告:这是危机后沟通的最常用的方法,也是最直接的方法。媒体公告可以通过新闻稿、声明或新闻发布会等形式,向媒体和公众传达信息,达到广泛的传播效果。媒体公告需要注意信息的及时性、准确性和完整性,以避免信息的失真和滞后。

(2)社交媒体:这是危机后沟通的最流行的方法,也是最灵活的方法。社交媒体可以利用微博、微信、抖音等平台,传播信息,与受众建立互动,达到个性化的沟通效果。社交媒体需要注意信息的真实性、正面性。

(3)内部沟通:这是危机后沟通的最重要的方法,也是最基础的方法。内部沟通可以通过邮件、会议、培训等形式,向员工提供详细信息,让他们明白危机事件的情况,维护内部的稳定和团结。内部沟通需要注意信息的一致性、透明性和积极性,避免信息的混乱和隐瞒。

(4)面对面会议:这是危机后沟通的最有效的方法,也是最有说服力的方法。面对面会议可以与关键利益相关者面对面交流,回答问题,提供更多细节,并建立信任。面对面会议需要注意信息的专业性、清晰性和礼貌性。

(5)热线和客户支持:这是危机后沟通的最贴心的方法,也是最人性化的方法。热线和客户支持可以提供给受害者或受影响方咨询、帮助和安慰,达到关怀和疏导的沟通效果。热线和客户支持需要注意信息的及时性、专业性和友好性,避免信息的延迟和冷漠。

总之,危机后的沟通是危机管理的一个重要环节,对于恢复机构或企业的正常运营和声誉具有重要意义。

• **案例拓展**

史上最牛女秘书事件

14.3 危机沟通中的障碍

危机沟通是危机管理的重要组成部分,也是危机处理的关键环节。然而,危机沟通并不是一件容易的事情,它面临着许多障碍和困难,这些障碍会影响危机沟通的效果和效率,甚至会导致危机沟通的失败。危机沟通中的障碍包括以下几个方面:

(1)信息传递不畅:在危机发生时,信息传递往往会受到各种因素的影响,如通信中断、信息封锁等,导致信息无法及时传递给相关人员,从而延误了危机处理的最佳时机。信息传递不畅会造成危机沟通的不及时、不准确、不完整,从而影响危机管理者的判断和决策,也影响危机相关人员的认知和行为。

(2)沟通双方缺乏信任:在危机发生时,沟通双方往往缺乏信任,一方可能会对另一方的动机和意图产生怀疑,从而阻碍了有效的沟通。例如,在 2011 年的日本福岛核事故中,由于日本政府和东京电力公司在事故初期隐瞒了事故的真实情况,导致公众对他们的信任度大幅下降,也影响了他们的后续沟通和危机处理。沟通双方缺乏信任会造成危机沟通的不真诚、不坦诚、不合作,从而影响危机管理者的信誉和权威,也影响危机处理相关人员的合作和理性。

(3)缺乏专业知识和技能：在危机发生时，需要用专业的知识和技能来应对和处理危机。然而，相关人员由于缺乏这些知识和技能，往往会导致沟通中出现误解和混乱。缺乏专业知识和技能会造成危机沟通的不专业、不科学、不规范，从而影响危机管理者的专业性和可信度，也影响危机处理相关人员的理解和接受。

(4)情绪化的反应：在危机发生时，人们往往会有恐惧、焦虑等情绪化的反应，这些反应会阻碍有效的沟通。例如，在2019年的巴黎圣母院大火中，人们对这一历史文化遗产的情感依恋，导致他们在沟通中表现出悲伤、愤怒等强烈的情绪，也影响了他们对事故原因和责任的客观判断。情绪化的反应会造成危机沟通的不理智、不冷静、不客观，从而影响危机管理者的平衡和公正，也影响危机处理相关人员的冷静和理智。

(5)缺乏组织协调：在危机发生时，需要有一个高效的组织来协调各方面的行动。然而，缺乏有效的组织协调，往往会导致沟通效率低下，无法有效地应对危机。例如，在2005年的美国新奥尔良飓风卡特里娜中，由于联邦、州、市等各级政府之间缺乏有效的沟通和协调，救援行动混乱和延迟，也影响了灾民的生存和安全。缺乏组织协调会造成危机沟通的不统一、不协调，从而影响危机管理者的领导和控制，也影响危机相关人员的协作和配合。

因此，为了解决这些问题，危机沟通团队需要建立一套完善的沟通机制和流程，确保信息能够及时、准确、完整地传递给相关人员。同时，危机沟通团队还需要建立信任，提高相关人员的专业知识和技能，以及管理情绪化的反应和加强组织协调。只有这样，才能有效地应对危机，保护相关者的利益，维护组织的声誉和形象。

14.4　危机沟通策略

14.4.1　危机管理者的基本素质

危机管理者是危机沟通的关键人物，他们需要具备以下基本素质：

(1)良好的心理素质：危机管理者需要具备冷静、理智、坚韧不拔的心理素质，能够在危机发生时保持冷静，不被情绪左右，同时要有足够的耐心和毅力，能够应对各种复杂的情况。危机管理者应该有自信和勇气，面对危机的挑战和压力不轻易放弃或妥协。危机管理者也应该有自我调节和自我反省的能力，能够及时调整自己的心态和情绪，避免产生消极的情绪和行为。

(2)敏锐的洞察力：危机管理者需要具备敏锐的洞察力，能够及时发现危机的征兆，以及捕捉危机中的重要信息，以便能够做出正确的决策。危机管理者应该有敏锐的观察力，能够关注危机的发展和变化，以及危机处理相关人员的反应和需求。危机管理者也应该有分析和判断的能力，能够对危机的原因和影响进行客观和全面的分析，以及对危机的应对和预防进行合理有效的判断。

(3)卓越的沟通能力：危机管理者需要具备卓越的沟通能力，能够有效地与各方进行沟通和协调，包括内部员工、股东、客户、媒体和公众等，以便能够建立信任和良好的关系。危机管理者应该有良好的表达和沟通的能力，能够清晰和准确地传递危机相关的信息，以及表达自己的态度和意图。危机管理者也应该有倾听和理解的能力,能够积极和主动地倾听各方的意见和建议,理解各方的需求和期望。

(4)专业的知识和技能:危机管理者需要具备相关的专业知识和技能,包括危机管理知识、行业知识、法律知识等,以便能够正确地应对各种危机情况。危机管理者应该掌握危机的定义、类型、特征、阶段、原则、策略、方法等,以及危机沟通的理论、模型、流程、技巧等。危机管理者也应该有行业知识和技能,能够了解自己所处的行业背景、环境、规则、趋势等,以及行业内的危机案例和经验。危机管理者还应该有法律知识和技能,能够熟悉危机相关的法律法规、政策指导、权利义务等,以及危机中的法律风险和责任。

(5)灵活的应变能力:危机管理者需要具备灵活的应变能力,能够根据不同的危机情况制定出相应的应对策略和方案,同时要善于调整策略和方案,应对不断变化的情况。危机管理者应该有创新和变通的能力,能够根据危机的特点和影响,以及沟通对象的特点和需求,设计出适合的沟通策略和方案,以及采用合适的沟通媒介和方式。危机管理者也应该有执行和监控的能力,能够有效地实施和执行沟通策略和方案,以及及时地监控和评估沟通的效果和反馈。

(6)高超的领导能力:危机管理者需要具备激励团队、协调各方、决策果断等高超的领导能力,能够带领团队有效地应对危机,最大限度地减少损失和影响。危机管理者应该有组织和协调的能力,能够建立和维护一个高效的危机管理团队,以及与其他部门和机构进行有效的沟通和协作。危机管理者也应该有决策和指挥的能力,能够根据危机的紧急程度和重要性,以及沟通的目的和效果,作出及时和正确的决策,指挥和调度各方的行动。

总之,危机沟通管理者需要具备全面的素质和能力,才能够有效地应对各种危机情况。这些素质和能力包括心理素质、洞察力、沟通能力、专业知识和技能、应变能力和领导能力等。只有具备了这些素质和能力,才能够有效地保护利益相关者的利益,维护组织的声誉和形象。

14.4.2 与媒体进行危机沟通的技巧

在数字时代,企业的每一次危机都可能成为舆论的焦点。当危机发生时,媒体不仅仅是信息的传播者,更是企业面对公众的窗口。因此,与媒体建立良好的关系,成为企业在危机中寻求解决之道的重要一环。在危机中,企业需要迅速掌握媒体资源,及时发布信息,回应公众关切。这需要企业与媒体建立长期、稳定、互信的关系。只有这样,才能在危机来临时迅速获得媒体的信任和支持,避免陷入被动局面。同时,与媒体建立良好的关系也有助于企业在危机中塑造正面形象。在危机中,企业的反应、态度和行动都受到媒体和公众的高度关注。与媒体保持良好的沟通,可以传递出企业的价值观和文化,展示企业的责任感和诚信度。这有助于缓解公众的情绪,减轻危机对企业形象的影响。然而,与媒体建立良好的关系并不是一蹴而就的。企业需要持续投入时间和资源,加强与媒体的沟通和合作。在平时,企业可以通过多种方式与媒体保持联系,如邀请媒体参加企业活动、主动提供新闻素材、分享企业故事等。这些举措都有助于增进媒体对企业的了解和信任,为企业在危机中的应对提供有力支持。

在数字时代,与媒体建立良好的关系是企业在危机中寻求解决之道的关键一环。与媒体进行危机沟通的模式如图 14-3 所示。以下内容将结合媒体的特性,详细阐述企业如何与媒体合作进行危机沟通,并针对不实媒体报道采取措施。

图 14-3　与媒体进行危机沟通的模式

通常来说,公众从以下渠道获取有关生命、健康、安全和环境的风险信息:媒体、倡议团体和舆论领袖。然而,公众对危机的反应会在很大程度上受到媒体的影响。因此,了解媒体在危机报道时的做法至关重要。

• **知识链接**

危机发生时,媒体将会有哪些行动?

媒体在危机处理中也扮演着重要的角色。通过以下方式,媒体可以帮助组织积极地应对危机:

(1)提供危机前的教育,帮助公众了解相关的危机信息和应对措施。
(2)加大警告力度,及时传递危机预警信息,提醒公众注意安全。
(3)传达要求和信息给公众,增强与公众的沟通和互动。
(4)抚慰公众情绪,提供心理支持和安慰。
(5)帮助组织作出反应,提供专业的建议和解决方案。
(6)成为组织的信息发布渠道,及时传递最新的信息和进展。
(7)帮助组织寻求外部帮助,协调各方面的资源,支持危机处理工作。

因此,对于媒体的利用应考虑以下因素:

(1)建立和维护良好的媒体关系。在危机发生前,应该主动与媒体建立联系,了解媒体的特点、需求和偏好,以及媒体对组织的看法和期望。在危机发生时,应该及时与媒体沟通,提供必要的信息和协助,以及回应媒体的问题和关切。在危机结束后,应该继续与媒体保持联系,感谢媒体的支持和合作,以及评估媒体的报道和反馈。

(2)选择合适的沟通媒介。在危机发生时,应该根据危机的紧急程度和重要性,以及沟通对象的特点和需求,选择合适的沟通媒介,即传递沟通信息的渠道和工具。根据沟通媒介的特点、优势和局限,以及沟通对象的偏好和习惯,确定沟通媒介的组合和使用方式,以便有效地传递沟通信息。

(3)制定和执行沟通策略。在危机发生时,应该根据危机的特点和影响,以及沟通对象的特点和需求,制定出适合的沟通策略,即为了达到特定的沟通目的,采取一系列有计划的沟通行为。在执行沟通策略时,应该灵活地调整和改变沟通策略,根据危机的变化和发展,以及沟通对象的反馈和反应,及时地更新和修正沟通信息,以适应沟通的动态和复杂性。

(4)传递真实、准确、及时、一致和透明的信息。在危机发生时,应该真实、准确、及时、一致和透明地传递危机的相关信息,包括事实信息、情感信息和行动信息。事实信息是指对危机的描述和分析,情感信息是指对危机的态度和感受,行动信息是指对危机的应对和预防。传递真实的信息,是指不要隐瞒或歪曲危机的真相,以免造成公众的失信和质疑。传递准确的信息,是指不要出现错误或误导的信息,以免造成公众的误解和混淆。传递及时的信息,是指不要拖延或延迟信息的发布,以免造成公众的恐慌和不安。传递一致的信息,是指不要出现矛盾或不一致的信息,以免造成公众的困惑和怀疑。传递透明的信息,是指不要封锁或控制信息的流通,以免造成公众的抵制和反感。

● 知识链接

在危机沟通中,具体的媒体活动形式有哪些? >>>>>>

基于媒体在危机事件发生后的行为、积极用途与活动方式,综合企业与媒体的关系,可采取以下策略,与媒体进行危机沟通合作:

(1)走在事件的前面:在危机发生时,应该及时主动地与媒体建立联系,提供第一手的信息,表明组织态度,以赢得媒体的信任和支持。

(2)积极聆听、快速反应:在危机发生时,应该积极地倾听媒体的意见和建议,以及回应媒体的问题和关切,尤其应注意对虚假信息作出快速的反应,以免造成公众的误解和恐慌,及时地纠正错误或误导的信息,以及澄清谣言或误解。

(3)监控媒体,预测报道的趋势:在危机发生时,应该密切地监视媒体的报道和反馈,以及分析媒体的态度和立场。应该预测媒体报道的趋势和方向,以及可能产生的影响和后果。应该根据媒体的报道和反馈,及时地调整和改变沟通策略和方案,以适应媒体的需求和期望。

(4)表明信誉、诚实以及配合:在危机发生时,应该展示自己的专业知识和技能,以及对危机的认识和掌控,诚实地承认自己的错误和不足,以及对危机的责任和后果,并配合媒体报道和调查,提供必要的信息和协助。

(5)保持冷静和低调,并表现出尊严:在危机发生时,应该避免与媒体发生冲突或对抗,以及表现出情绪化或激动的态度。应该尊重媒体的工作和职责,接受媒体的监督和评价。

(6)回应的重心应放在事实性信息上,不要进行人身攻击或无谓的言辞攻击:在危机发生时,回应的重心应放在事实性信息上,不要进行人身攻击或无谓的言辞攻击,以免降低自己的形象和信誉。应该以事实为依据,以理为凭,以证为据,以公为本,回应媒体的质询和指责。应该避免使用攻击性或贬损性的语言,以及涉及敏感或不相关的话题,以免引起不必要的争议和反感。

(7)寻求帮助:在危机发生时,应该寻求帮助,引入额外的资源,以便更好地应对危机。应该与其他的机构或专家进行合作和协调,利用他们的知识、经验和资料,提高自己的信誉和权威。应该与其他的机构或专家保持一致的信息和立场,以及协商一致的策略和方案,以避免出现沟通的混乱和矛盾。

此外,媒体平台并不一定会对危机沟通起到积极作用,针对一些媒体不实报道,可以采取以下应对措施,旨在危机中保护和恢复组织的声誉:

(1)在发现新闻报道出现不准确的情况下,应保持冷静,避免过度反应。采取礼貌的方式,与记者及其上级进行电话沟通,指出报道的错误。若错误较为重要,要求对方进行更正。如对更正结果仍然不满,可进一步联系执行编辑或制片人,并提交书面反馈。

(2)对于大部分报纸所提供的网络版面,记者可以随时对报道错误进行修正,以避免后续报道中再次出现错误。在面对报道中出现的不公正或贬损的表述时,可以主动以信函或联系编辑或制片人,表达自己的观点。这种方式既能改善后续报道中的内容,又不会使用冒犯的言辞。

(3)若对报道的语气或角度感到不满,但承认其具备事实依据,则不建议进行过度干涉。

(4)对于小型媒体或缺乏公信力的报社或节目,若问题不严重,可以选择忽略,以避免无谓地吸引注意。在遇到问题时,迅速对问题进行分析、评估,并作出决策,但要避免为了主动而主动。

(5)为防止记者随意剪辑采访内容,可考虑全程录音采访过程。同时,积极做好准备,深入了解问题、环境、利益相关人、媒体报道等因素。但也要避免过于主动而忽视了实际情况。

(6)在遇到问题时,可寻求舆论领袖和第三方机构的帮助。同时要迅速反应,不放过任何看似合理的攻击。若负面报道未针对机构,建议避免过度回应,以免成为公众焦点。

(7)在与他人交流时,要注意语气,避免表现出傲慢态度。同时,不要轻视对手或质疑他们的动机。首先进行内部沟通,例如,在发布重大通告前,先与员工和合作机构的员工进行沟通交流。

总之,在应对危机事件时,与媒体进行有效的沟通合作至关重要。采取积极的策略和措施,可以更好地应对危机,保护并恢复机构的声誉。同时,应与媒体建立良好的关系,充分尊重媒体的工作和职责,接受媒体的监督和评价。在处理危机事件时,要保持冷静、低调,展现出尊严,以事实为依据、以理为凭、以证为据,以及以公为本,回应媒体的质询和指责。最后,在与他人交流时,应注意语气,避免表现出傲慢态度。同时,切勿轻视对手或质疑他们的动机。

本章小结

1.危机沟通是指组织在面对不可预测的、紧急的、负面的事件或挑战时,进行的有效的信息处理和传递的活动,旨在维护组织的声誉和利益。可根据危机责任的归属与危机时效性等方式划分危机的类型。并且,危机沟通具有动态性和多样性,信息、资源有限性、紧迫性和不可测性,舆论、情感导向性,合理性和合法性以及双向性和互动性等几个特征。

2.根据危机的责任归属,可以将危机分为无责任危机、低责任危机、高责任危机、转嫁责任危机;根据危机的预见性与时效性,可以将危机分为潜在危机、突发危机、持续危机。

3.危机沟通模型包括危机前沟通、危机初至危机中沟通和危机后沟通三个阶段,每个阶段都有不同的目标、任务和技巧。

4.危机沟通中的障碍包括信息传递不畅、沟通双方缺乏信任、缺乏专业知识和技能、情绪化的反应以及缺乏组织协调等。

5.危机沟通策略包括危机管理者的基本素质、与媒体进行危机沟通的技巧等。要求危机管理者具备心理素质、洞察力、沟通能力、专业知识技能、应变能力和领导能力等,以及掌握媒体的特点、规律和技巧,建立和维护良好的媒体关系。

复习思考

【案例分析】

中美史克危机公关:康泰克——PPA

技能提升

测一测你的危机沟通能力

第 15 章　变革中的沟通

本章思维导图

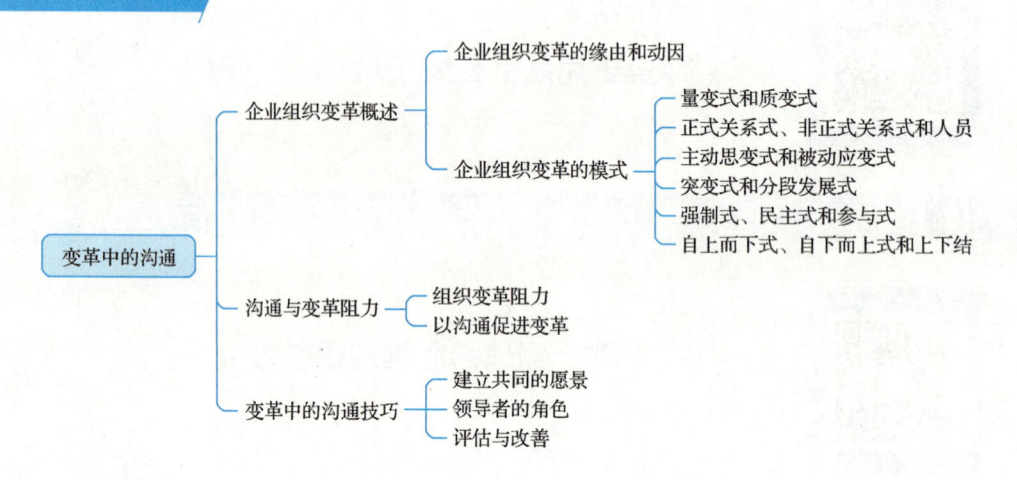

- 变革中的沟通
  - 企业组织变革概述
    - 企业组织变革的缘由和动因
    - 企业组织变革的模式
      - 量变式和质变式
      - 正式关系式、非正式关系式和人员
      - 主动思变式和被动应变式
      - 突变式和分段发展式
      - 强制式、民主式和参与式
      - 自上而下式、自下而上式和上下结
  - 沟通与变革阻力
    - 组织变革阻力
    - 以沟通促进变革
  - 变革中的沟通技巧
    - 建立共同的愿景
    - 领导者的角色
    - 评估与改善

思政目标

企业组织变革是客观的,是不以人的意志为转移的。所以,管理者必须学会适应环境,促进变革,使企业在变革中成长。本章学习主要使学生掌握企业组织变革的必然性以及沟通在企业组织变革中的意义,学习和掌握在企业组织变革的关键时期运用的沟通技巧,使企业增强转危为安的能力,借鉴成功企业的经验,学会在企业组织变革中实现有效沟通的技巧。

本章学习目标

- 了解企业变革的特点和缘由。
- 掌握企业变革的模式。
- 掌握沟通在企业变革中的特殊意义和作用。
- 重点掌握企业变革中沟通的策略和手段。
- 重点掌握成功企业变革中的沟通技巧。

本章关键词

组织变革;解冻;变革过程;重新冻结;变革;变革方案评估

第 15 章 变革中的沟通

> **引导案例**

变革管理帮助 PMC-Sierra 度过危机

PMC-Sierra 公司是一家为通信、企业和存储网设备提供集成处理器和高速混合信号半导体器件的供应商。公司 CEO Bob Bailey 在这里经历过辉煌，同时也进行了一场挽救公司的变革。Bailey 最初在 PMC 的日子很顺利。1992 年，PMC 公司的销售额只有 200 万美元，1993 年 Bailey 由 AT&T 公司的微电子部门加入 PMC 公司。在 1994 年，Bailey 接受 Sierra 对 PMC 的收购。这次收购最终产生了 PMC-Sierra 公司，Bailey 成为合并后公司的首席执行官。到了 20 世纪 90 年代晚期的时候，PMC-Sierra 公司经历了一个爆炸式增长的阶段，2000 年的公司收入神话般地达到了 6.94 亿美元。

然而，事情总是存在着辩证的关系。正当公司蒸蒸日上的时候，电信行业泡沫一时间就让这家公司跌进冰窖。

第一次变革：裁员但需要保持信心

对于辉煌的 2000 年，Bailey 认为行业泡沫让整个电信业都失去了理智，PMC 在那个时候也犯了很严重的错误。简单的一个数字，在 2000 年初的时候公司还只有不足 660 人，而年底已经达到了 1750 人。

当时的公司都幻想着企业可以进行新一轮的飞跃，然而此时泡沫破灭后的危机却来了。仅仅一个季度的时间，公司的收入就从 2000 年的 6.94 亿美元一下子降到了 2 亿美元，"过去供不应求的产品突然变得无人问津，当时生产的产品积压了三年都没有卖出去。"Bailey 回忆，当时的情况是"感觉公司已经到了生死的边缘"。

在这个时候，公司决定进行大规模的内部重组，从情绪来说这是相当困难的阶段，因为公司作出的第一个决定就是裁员，而大多数员工加入公司不足一年。Bailey 认为，这种策略是国际公司遇到困难的第一个举措，减少开支是所有 CEO 在遇到危机时首先想到的事情。

"唯一被解雇的原因，就是公司没有资金支付他们的工资。所以这是个很大的压力，也是很痛苦的一个经历。但是同时，我们必须意识到，如果你不解雇一些员工的话，可能整个公司都不能生存，到最后所有人都得失业，所有人都得离开公司。所以，当时做的工作就是你必须做到尽可能客观，你必须去做对公司长远生存和发展来说最有利的事情。"Bailey 解释这样做的唯一理由。

不过，在裁员的技巧方面，Bailey 认为不应把能力作为主要标准，而是信心和勇气。公司将员工人数压缩了近一半，留下来的员工都是对公司未来还保存希望的人。

第二次变革：新战略把握核心

如果说第一次重组让 PMC-Sierra 内部的溃乱心理得到了抑制，那么第二次重组则是真正的业务变革开始。

2001 年一季度的重组，并不能从根本上解决 PMC-Sierra 在市场上遇到的问题，公司下滑的趋势尽管得到了缓解，但依旧存在。到了这一年的第四季度，公司的收入下降到了历史的最低水平，只有 2000 年的 1/5。

由于第一次重组基本上稳定了公司内部的动荡心态,也消除了失败心理,Bailey 终于在 2001 年第四季度开始了在公司业务上的大规模改革。

此时,Bailey 认为,PMC 已经能够看到收入下降到了什么样的程度,而且也能够大概地预测到什么时候,或者说收入掉到一个什么样水平的时候会出现复苏。

在这次重组过程当中,Bailey 首先要对所有从业的计划、项目和策略进行重审和评估,看看哪些工作对客户来说是最重要的,哪些工作是与收入最密切相关的,或者哪些工作是最具有战略性的。

与此同时,Bailey 大胆制订了成本计划和目标。"越是在困难的时候越需要勇敢地做出一些大胆的尝试。"Bailey 表示,一味地收缩并不能解决所有的困难,关键还是在于如何找到对的方向并敢于出击。

在重组发生之后,PMC-Sierra 公司所做的重点是调查哪方面的工作或者哪方面的项目会受到最大的影响,哪些相关的人员会受到最大的影响,然后做到有的放矢,尽最大可能提高效率。

通过采用适当的技术、强有力的多元化战略和适度的成本控制,PMC-Sierra 公司经受住了目前下滑趋势的考验。

第三次变革:打造新的能力

实际上在 2003 年初 PMC-Sierra 做第三次重组的时候,公司还没有开始恢复盈利。当时受到这个重组影响比较大的,是在设计中心方面,比较受影响的就是针对电信部门。

"因为当时我们设计中心的设计能力已经超出了我们的客户在盈利基础上使用这些技术的能力,也就是说供大于求了。所以我们必须重新调整设计的能力,使得这个设计能力能够和我们客户给我们带来的业务机会相匹配。"Bailey 解释为什么要进行第三次公司内部的重组行动。

不仅如此,PMC-Sierra 在经历了电信行业的动荡之后,开始逐渐改变过分依赖电信部门的情况。在投资方面,Bailey 承认 PMC 确实有一个重心的转移,最早的时候 90% 的投资是在电信方面,但是现在这个比例已经下调到差不多 40%。

现在 PMC 公司业务主要由三个主要部门组成:第一个是电信和服务提供商部门,第二个是以 MIPS 为主的微处理器部门,第三个是企业和存储部门。"我们的收入分布是,大概 60% 的收入是由电信和服务部门提供的,35% 左右的收入是由 MIPS 微处理器部门提供的,还有大概 5% 的收入是由企业和存储产品部创造的。"Bailey 介绍。

通过三次及时地重组,PMC-Sierra 艰难地度过了行业的危机。在 2003 年第三季度的时候,PMC-Sierra 公司开始慢慢恢复盈利。Bailey 表示,盈利的恢复,也为 PMC-Sierra 在 2004 年和 2005 年的持续增长,提供了在财务上可操作的空间。可以说,三次重组让 PMC-Sierra 起死回生。

(资料来源:杨云龙. 变革管理让 PMC-Sierra 度过危机[J]. 科技智囊,2004(07):60-61.)

15.1　企业组织变革概述

15.1.1　企业组织变革的缘由和动因

- **知识链接**

　　组织变革的含义及作用　>>>>>>

1. 组织变革的缘由

　　组织的建立与组织模式包括组织结构和组织关系的确定,都是为实现组织的目标服务的。因此,组织不应是僵硬的,一成不变的。当组织目标或者影响组织目标的若干因素发生了变化,那么组织模式、组织结构、组织关系也应作出不同程度的相应变化,否则就无法保证组织目标的实现。

　　一般说来,组织模式应力求相对稳定,但任何组织都处于动态的社会中。环境的变化影响组织目标的各种因素的变化,组织也会通过变革而发生某些变化,一成不变的组织几乎是不存在的。可见,组织的变革是绝对的,而组织的稳定是相对的。当出现下述情况时,组织的变革就十分必要了:①决策失误;②沟通不灵;③业绩不理想;④缺乏革新。

　　造成上述情况的原因可能来自组织外部,也可能来自组织内部。来自组织外部的原因主要是整个社会经济发展,包括国内外政治、经济环境的变化对组织的社会职能和结构的影响;来自组织内部的原因主要是组织目标的调整、人员素质的提高、技术能力的更新、管理水平和人际关系的变化,以及组织成员价值观念的新追求和对权力观念的再认识。

- **知识链接**

　　组织变革的目标　>>>>>>

2. 组织变革的动因

　　任何设计得再完美的组织,在运行了一段时间以后也都必须进行改革,这样才能更好地适应组织内外环境变化的要求。组织变革实际上是而且也应该成为组织发展过程中的一项经常性的活动。诱发组织变革的需要并决定组织变革目标方向和内容的主要因素可以分成外部因素和内部因素两个方面。

　　(1)外部因素

　　外部因素主要包括社会、经济、政治、文化等几个方面。通常,组织难以控制这部分的因素,所以只有主动适应外部环境。换句话说,整个组织要随着外部环境的变化而进行相应的变化。只有变才能应变,也只有变才有出路。外部因素具体包含以下几个方面:

　　①政治因素

　　一个国家政局稳定与否,直接影响着组织的日常经营。对于跨国公司而言,贸易往来的国家政局也对企业当前的组织经营有着重要的影响,如两国的军事、外交、贸易等都会影响组织变革。

②经济因素

随着全球经济一体化的发展,不仅国内的利率、通货膨胀率、证券市场指数、经济周期等因素会影响组织的发展,国际经济形势的变化也会对组织的运营产生重大影响。例如,当今全球经济不景气的压力迫使许多组织变得更加注重成本的节约,而即便在强势的经济环境下,诸如利率、政府预算赤字和汇率等方面的不确定性也都有可能促进组织变革。

③竞争环境

竞争不可避免地会影响到组织的价格结构和产品类别。例如,当竞争者开始降价开展竞争时,竞争的伙伴就可能将别无选择,只能跟随降价。同样,主要顾客群体的偏好将迫使企业改变竞争策略去迎合顾客。

④科技因素

科学技术是第一生产力。科技的迅猛发展,新工艺、新材料、新技术、新设备的出现,都给组织固有的运行机制带来强有力的挑战。在这样的新形势下,组织只有做出相应的变革才能进一步生存和发展。例如,昂贵诊断仪器的技术改进为医院和医疗中心创造了显著的规模经济;在许多组织中,机器人已经取代了人类的劳动;而在贺卡行业中,电子邮件和互联网使人们发送贺卡的方式发生了重大的改变。

⑤法律法规

法律法规也是组织变革的另一常见动因。例如,对上市公司管理的相应法律、法规的出台与修订,不仅有效地对上市公司的信息披露提出了更高的要求,而且改变着上市公司经营与管理的水平。例如,《中华人民共和国公司法》的出台与修订对于建立健全现代企业制度,促进经济持续发展具有重要作用。

⑥劳动力市场

劳动力市场的波动也会迫使管理者进行组织变革。如果组织需要某种技能的员工,则组织应当改进其人力资源管理,以吸引和留住那些组织急需的高技能员工。例如,那些面临护士严重短缺的医疗保健机构必须改变其工作时间表。

⑦社会文化

社会文化方面的影响包括价值观决定了什么样的产品或服务可以为市场所接受,进而影响到组织的变革。如战略管理专家迈克尔·波特就认为,一个国家居民挑剔的程度越高,越会对企业产生压力,从而提高一国的竞争优势。

⑧其他因素

复杂的组织间联系或利益关系等因素也会促进组织发生变革。例如,战略联盟、虚拟组织等结构与权责体系的变化势必促进组织变革,否则,组织将因适应性滞后而面临竞争力衰减的风险。

(2)内部因素

内部因素主要来自组织的内部活动和决策,主要是人的变化、组织运行和成长中的矛盾所引起的。具体的组织内部因素包括以下几个方面:

①组织目标选择

组织目标的选择决定着组织变革的方向,同时在一定程度上规定了组织变革的范围。组织目标的选择通常具有三种基本状态,这三种基本状态的改变会相应地要求组织进行调整和变革:其一,既有组织目标已经实现,新的组织目标要求组织进行变革;其二,对组织目标进行修正,也会引起组织变革;其三,既有组织目标无法实现,转向新的组织目标,从而引起组织变革。

②组织结构调整

组织结构调整主要是指对组织结构中的权责体系、部门体系等的调整,组织结构调整必然要求组织进行相应的变革。组织结构的改变要求调整管理幅度和管理层次,重新划分核心部门与协调部门的权责体系等。如果组织结构设计不合理或原有组织结构已经不适应新的发展与变化,那么也需要进行组织结构的调整与变革。

③组织职能发展

随着社会的不断发展,组织的职能也发生了较大的变化,社会越来越强调组织的社会服务职能,而不再将利润作为唯一目标。社会要求现代组织必须兼顾公众和社会的利益,并对公众和社会负责。这种组织职能的转变迫使组织必须做出相应的调整和变革,以求得更好的生存和发展。

④技术变革

技术变革对组织具有深远的影响,尤其在动态的组织环境中,技术变革可能会对组织产生至关重要的影响。例如,某种新技术的采用会导致生产组织的深刻变化、劳动生产率的大幅度提高,并影响到组织结构和员工的心理状态。

⑤管理创新

在某种程度上,管理创新比技术创新对组织变革的推动力更大。管理部门的工作是维持组织运转和进行组织变革的必要基础与条件。因此,在组织变革中,管理部门必须根据客观情形,审时度势,作出高效率的决策,推动和指挥整个组织变革的进程。

⑥其他因素

引起组织变革的动力非常复杂。组织中的其他因素,诸如领导者的领导作风、组织价值观、组织制度、组织战略等的变化都会对组织变革产生一定的影响。

15.1.2 企业组织变革的模式

组织针对现存的问题和面临的内外环境的变化,以及所选定的组织变革的方向和内容,需要采用适当的方式对现有组织进行切实的改造和变革。按照不同的标准,我们可以将组织变革的模式进行各种划分。

1. 量变式和质变式

按照变革的程度,组织变革的模式可以分为量变式与质变式两种。

(1)量变式是以改变组织机构和人员数量为主的一种变革方式。其变革的重点在于增设或撤销部门单位,增加或减少管理人员等。这种变革比较简单易行,适合在组织关系结构、责权体制和制度规范等方面都基本适宜的情况下,用以解决机构臃肿、人员过多、管理费用开支过大等较为单一的问题,对管理职能强弱的调整也有一定的效果。但这种变革,只涉及组织中的表层问题,是一种以控制管理组织的规模为主要目的的变革。

(2)质变式则是以解决组织的深层次问题为重点,能使组织效能和内部关系发生根本变化的一种变革方式。按照质变的广度区分,它可以是局部性的,也可以是全局性的。某个部门的组织形态发生质变,并不一定意味着整个组织也发生质变。部分质变对全局性质变的影响程度,不仅取决于这一部门在整个组织中所处的地位,同时还与其同其他部门联系的紧密程度有关。

2. 正式关系式、非正式关系式和人员式

按照变革的对象,组织变革的模式可以分为正式关系式、非正式关系式和人员式三种。

（1）正式关系式是以组织中经过正式筹划的,为实现组织目标而围绕工作任务展开的人与人或人与机构之间的关系为变革对象,主要是通过管理机构和管理体制的设计和再设计来实现的,具体包括:职位和部门组合、工作程序设计、等级层次划分、横向联系手段以及职责权限分配等。

（2）非正式关系式,即以组织中未正式筹划而产生的相互影响和相互作用关系为变革对象,具体做法包括:相互交往分析、敏感性训练、群体发展、组织会议和组织内人事调解等。

（3）人员式,即以只改变组织成员的知识、技能、态度、价值观等为对象,具体变革策略包括各种管理发展和教育培训计划。

3. 主动思变式和被动应变式

按照变革力量来源的不同,组织变革的模式可以分为主动思变式和被动应变式两种。

（1）主动思变式来源于企业内部,而且是在预见的基础上作出变革的决策。由于组织变革通常需要一段较长的时间才能产生效果,组织若能在危机来临之前就着手进行组织变革,就可以避免组织在绩效大幅度滑坡或者生死存亡之际,仓促地进行组织改革。

（2）被动应变式是在迫于外部压力的情况下产生的,如由于经济绩效不佳的压力以及宏观行政干预和政治环境的压力而进行的组织变革。这些都是被动的而不是主动的,是应变的而不是思变的。

4. 突变式和分段发展式

按照变革的进程,组织变革的模式可以分为突变式和分段发展式两种。

（1）突变式是在短时间内一次性地变革组织。这种变革方式雷厉风行,一次到位,解决问题迅速,但由于涉及面广,速度快,容易引起心理震荡,并招致成员抵制。因此,内容广泛而又深刻的突变式变革,除非是危机之际对变革的客观要求十分迫切,并在认真准备和周密计划的基础上才能进行。

（2）分段发展式是在对组织现状和内部条件的全面论断及综合分析的基础上,有计划、有步骤地逐个变革分阶段目标,最终促成变革总目标的实现。

5. 强制式、民主式和参与式

按照变革方案的形成过程,组织变革的模式可以分为强制式、民主式和参与式三种。

（1）强制式,指变革主要由组织少数几个领导人讨论决定,而变革的其他涉及者不参加变革方案的制订过程,这样形成的变革方案往往需要通过强制命令来付诸实施。采取强制变革,变革方案的制订过程效率比较高,所费的时间和成本也低,但由于有关人员对变革没有事先准备,推行中可能面临很大的阻力。

（2）民主式,是与强制式截然相反的方式,指在变革的有关人员相互协商的基础上形成的变革方案。由于变革方案的实施是在有关人员对变革有充分的思想和能力准备后才开始的,因而推行中的阻力较小,但变革形成过程历时很长,整个变革见效较慢。

(3)参与式,也称民主集中式,是在变革方案形成过程中,既广泛动员各层次人员参与,又对人们的思想观念有意识地加以引导,以便尽快地形成统一的方案。其主要特点是实施于制订过程中,即在制订变革方案时就充分考虑推行的各种条件,从而使变革方案更加符合实际和具有广泛的群众基础,也有利于减少变革的阻力。

6. 自上而下式、自下而上式和上下结合式

按照变革的起始点,组织变革的模式可以分为自上而下式、自下而上式和上下结合式三种。

(1)自上而下式,即变革先从中、上层管理组织入手,再扩展到整个组织。自上而下的变革便于对总体组织作出调整,但其涉及面大、范围广,需要进行周密的计划,而且从减少阻力方面考虑,适用于较浅层次的变革。

(2)自下而上式,即先从基层组织变革入手,再考虑中、上层组织的变革。自下而上的变革便于"分块"进行,待收到局部效果后再扩及整个组织。但组织中许多问题由于往往相互牵扯,所以可能会拖延变革的进程。

(3)上下结合式,即对组织的上下各方面同时进行组织变革。由于组织是一个由高、中、低层级构成的有机整体,通常的组织变革推行过程需要将上下各方面结合起来,统筹安排。

上述从不同侧面对组织变革方式所作的区别是相对的,它们在实际中往往相互交叉。组织变革不能绝对地采取某一种方式,而应根据实际情况灵活地、综合地运用变革方式,充分发挥它们各自的功效,使它们相互取长补短,相得益彰,取得整体最佳的变革效果。

• **案例拓展**

阿米巴模式组织结构

15.2 沟通与变革阻力

15.2.1 组织变革阻力

人们的变革思想是被"激发"出来的,但通常他们也会反对、抗拒变革。如果管理者希望在企业内部成功引入积极的变革,那就必须了解人们为什么会反对变革。任何组织变革的成功都有赖于绝大多数组织成员的赞成、支持和积极配合,但任何一项变革也都涉及对原有制度、关系、行为规范、传统和习惯的改变,这些都会造成人们心理上的失衡和行为上的抵制,从而对变革产生阻力。

• **知识链接**

组织变革的过程

传统观点认为,抵制变革的原因来自技术;而现代观点则认为,阻力来自文化、经济、社会、心理等多个方面。任何组织都处于一个不断发展、变化的过程中,组织内部也必然会产生一种变革的客观要求。当组织文化及核心价值观与变革的要求不相符合并产生矛盾时,组织文化固有的稳定性和惯性就发展成为组织变革的障碍。组织文化对组织变革的阻碍,在组织环境急剧变化的过程中表现得更为明显。这是由于组织文化往往是组织精神多年的沉淀,在长期内具有相当的稳定性。组织发展和变革的阻力可以从两个层次来分析,即组织层次和个人层次。

1. 组织层次

在组织层面上产生变革阻力的因素有很多,既包括组织结构、规章制度等显性阻力,也包括组织文化、氛围、员工的工作习惯等隐性阻力。由于组织变革会对组织内部各部门、各个群体的利益进行重新分配,那些原本在组织中权力较大、地位较高的部门和群体必然会将变革视为一种威胁。

(1)组织结构的惯性。组织固有的机构、机制具有稳定性,要改变运行已久的系统需要花费很长的时间。当组织面临变革时,结构惯性就充当起维持稳定的反作用力。任何一种新的主意和对资源的新用法,都会触犯组织的某些权力,所以往往会受到抵制。

(2)群体惯性。即使个体想改变他们的行为,群体规范也会成为约束力。例如,在长期的工作中,员工与员工之间、员工与领导之间、员工与组织之间已经形成了某种默契或契约。一旦实行变革,如果只是个别员工或管理人员接受新的方式,而大部分人采取的是抗拒的态度,那么他们也可能会一起抵制。

(3)变革的有限性。变革的有限性是指在组织局部实施变革,而非整体的系统的变革。组织由一系列相互依赖的子系统组成,不可能只对一个子系统实施变革而不影响到其他的子系统。如果只是对一个子系统进行有限变革,加之沟通不畅,则未变革的子系统就可能成为变革的阻力。

(4)对原有资源分配和权力关系的威胁。组织的资源是有限的,组织的变革会导致资源分配关系的重新调整和决策权力的重新分配,这会导致某些群体的不满和抵制。组织中控制资源的群体和长期以来已有的权力关系往往倾向于满足现有状态,从而成为变革的抵制者。

2. 个人层次

(1)个人的心理阻力

①职业心向对变革的障碍。经常性的工作和长期从事的职业,容易使员工形成心理上的准备状态,称为职业心向。在变革过程中,新的工作、新的技术、新的方法、新的组织结构,同组织员工原有的职业心向发生冲突,会产生心理压力和负担。如果这种压力和负担超过了员工的心理承受能力,便会产生抵触和反对态度,阻碍变革的进行。

②保守心理对变革的障碍。具有保守思想的人往往迷恋传统,安于现状,习惯于原有的秩序和章程,害怕变革。变革思想和保守思想的冲突往往贯穿变革的全过程。

③习惯心理对变革的阻碍。人们总是习惯于按自己固有的行为模式或思维方式去思考问题、解决问题、处理事情,这是一种心理定式效应。这使得人们不愿放弃过去的惯例。而变革会有许多不确定性,这就意味着人们要改变原有的行为习惯和已经达成的心理平衡。根深蒂固的心理定式和行为惯性会使人们产生消极的反抗力量,从而不自觉地抵制变革。

(2) 个人利益的关注

变革意味着利益的重新分配,旧的利益分配平衡被打破,新的利益平衡格局建立起来。当发生变革时,人们往往担心自己不能适应新的环境和新的工作,尤其是当报酬与工作能力息息相关时,工作任务或工作规范的改变会引起人们的经济恐慌。如果变革带来了预期收益,人们便会支持变革,否则就会抵制变革。

15.2.2 以沟通促进变革

变革过程的阻力往往导致组织难以推动变革。约翰·科特建议推动者可以采用教育和沟通、参与和投入等多种方式消除个人或组织对变革的抗拒。其实,这些方式通常都离不开沟通,甚至其中很多方式本身就是沟通。缺乏必要的沟通是大多数企业变革失败的核心问题。实际上,变革的速度越快,就越需要进行沟通。变革中沟通的原则如下:

1. 公开地沟通

这不仅意味着员工们能够积极发表自己的意见,提出自己的疑问,发出自己的呼声,而且意味着员工可以了解领导层变革的意图,获得实施变革的指令,掌握变革的进度,以及为了参与变革还要讨论这些意图和指令,这样便可消除员工心理上由于不确定性而产生的紧张与焦虑。

2. 正式地沟通

在企业的动态经营中,变革自始至终都需要大量的正式沟通,尽管高层管理者并不能与员工进行全面的交流,但至少可以打开沟通的渠道,定期与员工进行诚挚的对话。公司原有的沟通渠道、沟通机制以及方式方法也许未必能满足变革的需要,这就要对原有的沟通渠道、沟通机制和方法加以重构,并增加新的沟通渠道、沟通机制和方法。

3. 相互理解地沟通

沟通各方必须承认差异,尊重和深刻理解相互依赖的重要性。沟通发生的原动力已经由劝导和说服转化为理解和谈判。而在变革中,更多地需要人们本着相互理解和相互让步的原则,致力于取得"双赢"的结果。因为,沟通的基础已经由原来的依靠共同价值的取向,转变为依赖于在不同甚至有时是对立的价值观体系中保持中立的价值取向。实现沟通的前提也由过去双方在共同价值观引导下承认某些问题并达成意见一致,转变为以是否承认相互依赖为重点。

4. 真实、准确、反复地沟通

在任何一个组织中,信息的流通都是其决策速度和准确性以及计划执行质量的最重要决定因素之一。确保信息正确、及时地传递是沟通的基础。建立信息系统,定期发布有关变革的信息,宣传变革的重要意义,通报变革的重要事项,解决变革中出现的问题,支持变革的首创精神,提出未来变革的任务,是发动员工投身变革行动的重要手段。信息交流要经常反复地进行,任何信息的脱节和失真都有可能使谣言产生而破坏变革。真实的信息有利于建立相互之间的信任,信任对于领导者来说是最宝贵的财富。

5. 坦诚地沟通

坦诚能够使组织成员在变革中的一些实际问题上消除误解,统一认识,共同推进变革的深化。它不仅可以确保变革的必然性,而且可以确保变革的持续性。当沟通网络中的大多数人都能坦率、平等地面对实际情况时,他们往往会根据既定的一套企业目标作出大致相同的选择。

- **案例拓展**

  杜邦公司的组织变革

15.3 变革中的沟通技巧

成功的变革,是一个全员参与的过程。成功的变革家必须善用沟通的手段,来促使变革的实现。要想变革成功,需要从以下三个方面来努力。

1. 建立共同的愿景

在成功的变革过程中,领导小组都会为企业描绘未来的前景。这种愿景规划明确了组织在未来的努力方向。要使变革有效,需要让大家对变革达成清晰的共识,即共同的愿景,帮助人们理解变革的目的并对变革作出承诺。员工需要有参与感,并共同制定目标,而不只是由别人传达给他们一种目标陈述。高层管理者必须找到一种方式,能够把目标有效地传达给全体员工。

2. 领导者的角色

组织变革中的高层管理者通常把变革看作一个动态的过程,分阶段进行。高层管理者在组织变革中扮演三种角色:角色模范、沟通者、激励者。

(1) 角色模范

领导是一般员工和管理人员的榜样,其模范行动是一种无声的号召,对下属起着重要的示范作用。当变革即将到来时,所有人的目光都会投向CEO,寻求来自领导层的力量、支持和指引。高层管理者们就要身体力行,积极采纳新的方式,使下属感觉到挑战和激励。高层管理者必须统一号令,并以身作则。

(2) 沟通者

领导者只有充分地理解员工对变化的情绪反应以及新的制度和政策可能会在员工中引起的焦虑,才可能取得员工的信任。领导意义上的沟通不同于管理意义上的将数据、事实和决策在上下级间如实、准确地传递,高层管理者往往运用故事、比喻、暗示、描绘、口号、演说等方式向下属描述发展战略,向员工灌输激情和信念,激发其成就感,最终使高层管理者个人的理想和信念成为组织的理想和信念。

(3) 激励者

领导者要意识到,抓住员工心理,有效地加以激励,从而调动起每个人的积极性是变革成功的关键。高层管理者在组织变革的过程中需要拥有主人翁意识,在自己的影响力范围内承担激励职责,引导员工发现问题并提出解决方案,同时辅以刺激性的激励和回报。激励的形式既可以是物质上的,也可以是精神上的。

3.评估与改善

变革方案在推行过程中的评估是影响变革进行的重要因素。变革方案评估的过程其实也是沟通的过程。对于变革结果的评估往往既包括口头语言沟通,也包括书面语言沟通,甚至还有身体语言的沟通等。评估变革方案的一种最好方式是使用四水平模型。

● 知识链接

四水平模型 >>>>>>

本章小结

1.企业组织变革是为适应外部环境与内部管理变化而进行的,以改善和提高组织效能为根本目的的一项管理活动。诱发组织变革的需要并决定组织变革目标方向和内容的主要因素可以分成外部因素和内部因素两个方面。

2.组织变革的模式主要有量变式和质变式;正式关系式、非正式关系式和人员式;主动思变式和被动应变式;突变式和分段发展式;强制式、民主式和参与式;自上而下式、自下而上式和上下结合式。

通过本章学习,学生主要掌握组织变革的特点和缘由,企业组织变革的模式,沟通在企业组织变革中的特殊意义和作用,企业组织变革中沟通的策略和手段,成功企业组织变革中的沟通技巧。学习这些内容有助于提高应对组织变化的能力。

复习思考

1.企业组织变革的特点和原因是什么?
2.企业组织变革的模式有几种?
3.如何以沟通促进变革?
4.实现变革中沟通的有效策略有哪些?
5.变革沟通的障碍体现在哪些方面?
6.变革沟通的技巧有哪些?
7.学校和班级里有哪些方面突发事情需要你去做变革沟通?
8.收集变革沟通的成功案例并给予评议。

技能提升

【案例分析】

新产品开发小组的兴衰

第 16 章　冲突管理沟通

本章思维导图

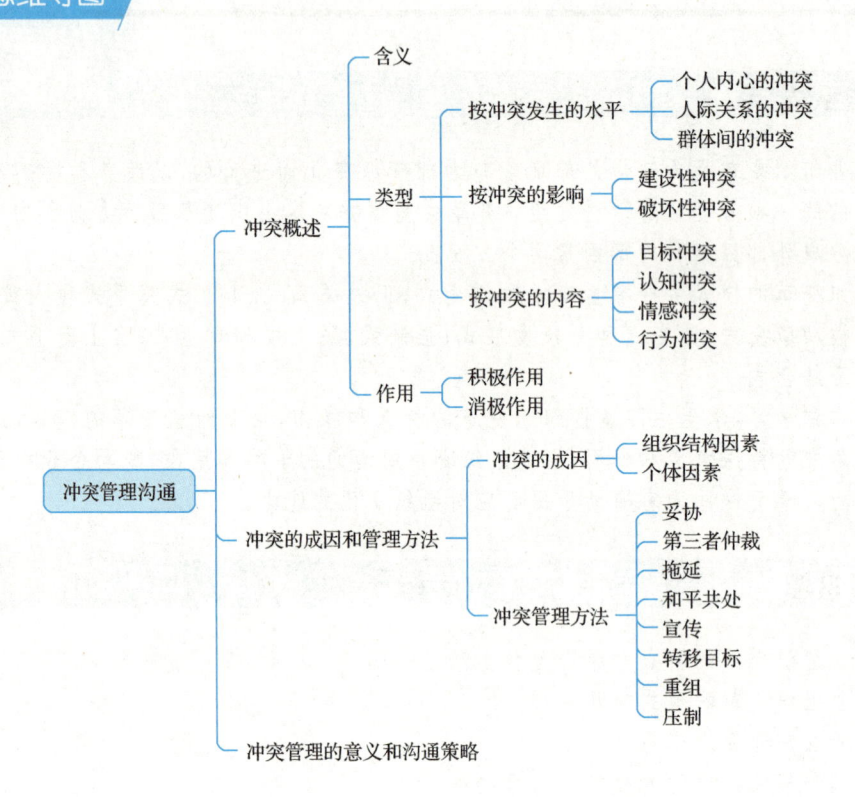

- 冲突管理沟通
  - 冲突概述
    - 含义
    - 类型
      - 按冲突发生的水平
        - 个人内心的冲突
        - 人际关系的冲突
        - 群体间的冲突
      - 按冲突的影响
        - 建设性冲突
        - 破坏性冲突
      - 按冲突的内容
        - 目标冲突
        - 认知冲突
        - 情感冲突
        - 行为冲突
    - 作用
      - 积极作用
      - 消极作用
  - 冲突的成因和管理方法
    - 冲突的成因
      - 组织结构因素
      - 个体因素
    - 冲突管理方法
      - 妥协
      - 第三者仲裁
      - 拖延
      - 和平共处
      - 宣传
      - 转移目标
      - 重组
      - 压制
  - 冲突管理的意义和沟通策略

思政目标

世界上有人群的地方就会有矛盾和争斗。随着社会竞争激烈程度的加剧，企业内部的人际冲突也是时有发生。因此，企业的各级管理者，特别是思想工作者应该对冲突有全面科学的认识，并据此探究各类冲突的处理方法和合理运用。本章的学习，可以让学生在正确认识冲突的基础上减少或避免日常工作中的冲突，培养学员的团队合作意识。

本章学习目标

- ◆ 掌握如何避免冲突，有效沟通。
- ◆ 能对实际工作中可能出现的冲突进行分析，提出有效的应对措施。

冲突管理沟通　第 16 章

本章关键词

个人内心冲突；人际关系冲突；群体间冲突；建设性冲突；破坏性冲突；目标冲突；认知冲突；感情冲突；行为冲突

引导案例

第五设计院的人际冲突

第五设计院是一个大型综合设计单位，建院很早，兵强马壮，专门承包冶金系统各公司、厂、矿的大中型项目设计，以一贯的高质量设计赢得行业各界的普遍赞誉和尊敬。

高级工程师马凯宁是该院现任第一设计室主任，担任现职已有 7 年之久，业务能力强，管理经验也颇丰富，被视为本院骨干。本室内的第七课题组由 8 名男工程师组成，他们共同在该组工作多年，关系融洽。该组原组长数月前调至另一设计室任副主任，组长一职暂空缺，目前先由组内资历最深的贾克乐工程师代理。

不久前，室内分配来一位新人苏黛薇，是刚从一所名牌工科大学毕业的研究生，是本院首批分来的硕士之一。

小苏初来乍到，能分到五院工作，她感到很高兴。她在工作中埋头苦干，全身心都投入到设计任务中。小苏对工作很认真，碰上困难问题，她会自动加班到深夜，查文献，翻资料，总要尽快搞个水落石出。因为她这样勤奋刻苦，再加上基础扎实，所学的知识又新，所以总是比别的同事早好几天就完成了分派给她承担的那部分设计任务。她是闲不住的，任务一完，就坐立不安，总是又去找马主任要新任务干。有时，她就问贾工、萨工和蓝工，能不能把手头的活分点给她，好帮他们加快进度，但每回都被他们断然回绝了。

她来院工作 5 个月后，有一回老贾来找马主任，反映小苏的一些工作方面的问题，他认为，小苏总是一副狂妄自大，不可一世的样子，好像就她是"万能博士"，啥事都懂。还对别的同事的工作指手画脚的，组里人对她意见都很大。

事后，老马把该怎么跟小苏谈，仔细地琢磨了一下。他知道，这老贾虽说只是代组长，实际上他早就是大伙的"头"，这是代表组里其他人来谈的。几天后，马主任把小苏叫到了办公室。在谈话过程中，老马肯定了小苏在技术方面的工作，让领导感到很满意，不过也指出她与组内其他同事的关系，有点问题。结果小苏当场就表达了自己的反对意见，她认为组里的其他人在工作态度、工作积极性方面本身就存在问题，并且批评了他们的一些"不良"行为。结果她的一番"评论"不仅没有得到马主任的认同，反而让马主任十分不快，马主任认为，自己手下员工的评论、鉴定是他作为管理者的工作范围，而不是小苏这样一个技术工作人员的工作范围，并且让小苏专心于自己的技术活，不要插手其他的事情。

小苏离开马主任的办公室时，觉得自己十分的委屈，她觉得自己一直干得很不错，而那些工程师却远未发挥出他们的潜力，但是也没有办法，只好默默地回到了设计室。

小苏和大伙之间产生矛盾的原因是什么？小苏应如何处理好与同事之间的人际关系？老马作为领导应如何帮助小苏解决人际冲突？如果你是小苏（或老贾，或马主任），你将如何做？

（资料来源：斯蒂芬·罗宾斯.组织行为学[M].16 版.北京：中国人民大学出版社，2021.）

在上述案例中,作为一名新员工,小苏所面临的正是初到一个工作环境中不可避免的人际冲突。而作为一名领导者,马主任面临的则是管理工作中极其重要且不可避免的人际冲突问题。

美国的一所大学在研究诸多成功管理者的案例时发现,一个人的成功,智慧、专业技术和经验因素只占15%,其余85%则取决于有效的人际沟通营造的良好人际关系。这表明,一个优秀的管理者同时更应该是一个沟通的高手。

从上面这个案例我们可看出,良好的人际关系是个人和组织稳定、向上发展的重要因素之一,而怎样营造良好的人际关系?这需要靠有效的人际沟通。因此,要想成为一名卓越的管理者,就应该了解管理工作中各种冲突产生的原因,并且善于利用有效的技巧来化解这些冲突。

16.1 冲突概述

16.1.1 冲突的含义和类型

1. 冲突的含义

冲突是指两个或两个以上的社会单元之间,由于目标、特点,利益和认识上互不相容或互相排斥,产生心理或行为上的矛盾,从而导致抵触、争执或攻击的行为。

冲突不同于竞争,它的特殊性在于目标的不相容性,即冲突双方都认为对方的目标是自己一方达成目标的障碍,双方的目标是不可调和的。

2. 冲突的类型

组织是一个复杂的系统,因此,组织内的冲突也会表现为不同的层次、不同的类型。出于研究问题的方便,管理专家将冲突划分为几大类型。

(1)按冲突发生的水平,冲突可以分为个人内心的冲突、人际关系的冲突、群体间的冲突。

①个人内心的冲突

个人内心的冲突通常是指个人价值观、目标和需要之间的冲突。对个人内心冲突研究作出最大贡献的是著名的心理学家勒温。勒温按照相互接近与回避等两种不同的倾向进行组合,提出了关于个人内心冲突的四种类型:接近——接近型、回避——回避型、接近——回避型、多重接近——回避型。

• **知识链接**

勒温的个人内心冲突四种类型 >>>>>>

②人际关系的冲突

人际关系冲突又叫个人与个人之间冲突或人际冲突,主要强调冲突的产生在个体之间,指两个或两个以上个体因其在认知、态度、价值观、行为或目标上存在矛盾、分歧和不一致,而发生的对抗等行为方式。人际冲突既可能发生在同一组织或群体成员之间,也可能发生在不同组织或群体的成员之间,是一种普遍存在的冲突类型,也是其他各种冲突的基础和诱因。对于管理者而言,人际关系的处理能力以及沟通能力非常重要。

③群体间的冲突

群体间的冲突是指两个或两个以上的群体之间的对抗或矛盾。群体间的冲突通常可以分为水平冲突和垂直冲突。

a.水平冲突。水平冲突通常是指组织架构内,横向部门之间因资源、利益分配、权力分布目标差异等而引起的冲突。

b.垂直冲突。垂直冲突是指组织中通过纵向分工形成的不同层次之间的冲突。比如,上级部门和下级部门之间的冲突。

(2)按冲突的影响,可以将冲突分为建设性冲突与破坏性冲突。

①建设性冲突

建设性冲突是指冲突各方目标一致,实现目标的途径手段不同而产生的冲突。建设性冲突的特点表现在:第一,冲突双方的根本目的是实现共同的目标和解决现有问题;第二,冲突双方的直接目的是了解彼此观点,寻找解决问题的办法;第三,冲突双方以争论的方式将问题充分暴露出来,防止不良问题的继续蔓延。第二,可以促进不同意见的交流和对自身弱点的检讨,促进更好的沟通。第三,可以促进组织内部的良性竞争,提高组织效率。第四,建设性冲突还可以防止思想僵化,提高决策质量。

• **知识链接**

如何激发建设性冲突 >>>>>>

②破坏性冲突

破坏性冲突又称非建设性冲突,是指由于认知上的不一致,组织资源和利益分配方面的矛盾,员工发生相互抵触、争执,甚至攻击等行为,从而导致组织效率下降,并最终影响到组织发展的冲突。破坏性冲突的特点主要表现为:双方极为关注自己的观点是否取胜;双方不愿听取对方意见,而是千方百计陈述自己的理由,抢占上风;以问题为中心的争论转为人身攻击的现象时常发生;互相交换意见的情况不断减少,以致完全停止等。破坏性冲突会给组织造成消极影响,包括影响组织氛围,降低组织士气;增加组织内部的紧张情绪,使员工压力增大;造成资源浪费,导致绩效下降。

对于破坏性冲突,组织的管理者应该及时地预防和干预。通常而言,当冲突发生时,管理者首先是要正确分辨冲突的类型,判断何种冲突有可能演变成为破坏性冲突。其次是评估冲突当事人,对卷入冲突的人、各自的兴趣、个性特点、冲突情境应充分了解。再次,是分析冲突根源。判断冲突是由哪些因素引起的,比如,沟通不畅、结构因素、个人特质差异等。最后是针对破坏性冲突产生的原因,采取一定的策略去解决。

• **知识链接**

破坏性冲突的解决策略 >>>>>>

(3) 按冲突的内容,可以将冲突分为目标冲突、认知冲突、情感和行为冲突。

①目标冲突

目标冲突是指个人或群体同时要达到两个相反的目标,由于两个目标背道而驰,不可能同时达到而引起的冲突。当个人所期望的结果与他人不同时,就会发生目标冲突。孔子曰,"君子和而不同,小人同而不和",在一个组织中,因目标不同而产生冲突是无法避免的。要想化解因目标冲突而产生的矛盾,通常可以采用三种方式:结构法、对抗法和促进法。

②认知冲突

认知冲突是指认知主体已有认知结构与新知识或新情境之间不能包容,或不同认知主体对某一问题存在不同看法的现象。前种情况可称为主体内认知冲突,后种情况可称为主体间认知冲突。在组织行为学中所提到的认知冲突,一般是指认知主体之间的冲突。

• **知识链接**

认知科学的理论中,认知的过程包括哪几个步骤?
>>>>>>

③情感冲突

情感冲突是指双方在情绪上或感情上与别人不协调时发生的冲突,如互不信任。情感冲突的产生一般会有特定的事件和背景,找到情感冲突产生的事件和背景是处理情感冲突的前提。在了解了事件的背景后,就要充分运用沟通来解决冲突。首先,关注和了解冲突双方的情绪,并弄清情绪波动的真实原因,一般而言在对方情绪比较激动时,不宜急于作出解释和澄清。接着,让对手的情绪得到发泄,通过倾听的方式引导对方说出矛盾和不满,让对方的情绪逐渐稳定。最后,为了解决情感冲突,还可以采用一些具体的行动,比如,共同参与团体活动、赠送小礼物、请吃饭等。

④行为冲突

行为冲突是指个体或群体的行为不被他人或其他群体所接受而产生的冲突。以个体和群体之间的关系为例。群体往往是指成员之间相互依赖、相互影响的集合体。群体内部有一定的结构,群体成员有共同的目标,各个成员有自己的角色,并且群体中还存在着特定的规范。当群体成员遵守群体规范,承担群体中应担负的职责,对群体有归属感和认同感,自觉地在大事件和原则性问题上与群体保持一致时,该成员能够融入群体。然而,当个体在群体活动中搭便车,违反群体规范,损害群体利益,行为不被群体其他成员所接受时,个体和所在的群体之间会产生行为冲突。

由此可见,冲突存在于很多形式当中,管理人员应当理解冲突出现的不同方式和解决的不同方法。冲突存在的背景强烈地影响着冲突解决的过程。首先,考虑冲突的积极方面和消极方面。其次,讨论组织中可能发生的不同水平冲突。最后,找出处理冲突的一些基本策略。冲突具有两面性,作为一种积极力量,解决冲突的必要性使人们寻求改变他们行事方法的途径。

16.1.2 冲突的作用

在一个组织中,冲突的作用相当复杂,为了比较全面地考查冲突的作用,我们可以把冲突的作用分为两个方面,即积极作用和消极作用。

1. 积极作用

(1)促进改革

个体之间或群体之间冲突的产生,说明在某些方面出现了问题,有些方面可能已到了非改革不可的地步,这样,冲突有利于组织领导者下决心进行改革。

(2)建立新的和谐关系

由于老的关系引起冲突,使矛盾公开了,这样有利于扫除引起冲突的消极因素,较易建立新的和谐关系,增强组织内部的团结。

(3)激发完成任务的干劲

冲突往往伴随着竞争,而有时竞争会有效地激励员工和群体努力为实现组织目标而工作。竞争双方可能都憋着一股气,来证明自己是对的、自己是行的,产生了良好的"增益"效果。

(4)宣泄员工的不满情绪

在冲突中,员工会宣泄自己的不满情绪。这种不满情绪如果不宣泄出来,对于员工的身心健康相当不利,因此,冲突是一种"出气筒",适当地宣泄对员工相当有益。

(5)了解真实的信息

在冲突中,双方传递的信息往往是不加伪装的,领导者在处理冲突的过程中,会了解许多在其他渠道中不易了解到的真实信息,这对于领导者全面掌握信息、正确决策,更好地激励员工都有重大意义。

(6)促使组织更换领导者

冲突之后,特别是一些重大冲突之后,会发现某些冲突是由于领导者引起的。改变原来的领导者,产生新的领导者,可以缓解或解决冲突,有利于组织的发展。这个措施相当重要,许多杰出的新领导者,往往是在冲突中产生的。

(7)促进完善制度

有些冲突的产生是组织内部制度不完善而造成的,例如,职责不分明。通过冲突,领导者可以了解到究竟问题出在哪里,追根究底,找出组织内部制度不完善的地方,然后加以修正。

(8)满足员工追求卓越的心理

有些冲突是由于一方认为对方工作不够出色而引起的。这时,双方都认为自己在追求卓越,同时展示了双方的人格特点,有利于了解员工的真正素质与水平。

(9)有利于阐明观点与立场

冲突双方为了说服对方、为了证明自己的观点和立场是正确的,往往会千方百计寻找论据,这样,真理越辩越明,有关冲突的观点与立场会越来越明白,这对于解决某些疑难问题大有益处。

(10)有利于产生新的目标

在原有的目标下,可能冲突双方都不满意,这时为了缓解冲突,领导者可能提出一个双方都能接受的新目标,新的目标可能促进组织的发展。

2. 消极作用

(1)产生消极的情绪和状态

在冲突时,每个参与者都会有情绪激烈波动的状态。有时冲突会给参与者带来很大的精神压力。这种消极的情绪、状态和精神压力会使员工产生一些极端的不理智行为，如打架、破坏工具和设备等。

(2) 造成组织巨大损失

组织中的资源缺乏是造成冲突的一个原因，但冲突也可能使资源分配更加不公平，这样挫伤了一部分员工的工作积极性，而且激烈的冲突时间持久，会给组织的时间和金钱带来很大的浪费，最严重的是由于冲突造成的离心力，对其破坏性不可低估。

(3) 使一部分人才流失

由于冲突长期得不到解决，一部分员工会觉得再留在该组织中不能很好地发挥作用，而选择跳槽。这样，组织可能由于一部分人才的流失而不能很好地完成任务。

(4) 破坏组织结构和秩序

在冲突时，一方或双方有可能曲解组织的目标。当冲突蔓延时，一部分员工会对组织的指示、命令茫然无措，不知道该听谁的。一部分员工则会把组织的指示、命令当作儿戏，他们不受上级的约束，严重地破坏了组织结构和秩序。

(5) 导致员工人际关系恶化

有些冲突本身就是性情不和造成的，如果处理不当，员工之间关系会不断恶化。这时往往会出现恶意攻击、无端谩骂、人身侵犯等。这种恶化持续一段时间后会使群体分离、组织分散，应引起各级管理者的高度重视。

• **案例拓展**

如何解决亚通网络公司的冲突　　>>>>>>

16.2　冲突的成因和管理方法

16.2.1　冲突的成因

在组织中，员工之间发生冲突会有各种各样的原因，有些原因是显而易见的，有些原因是深层的、不可见的。群体中冲突产生的原因通常包括两个方面：一是组织结构因素，源于组织的性质和工作的组织方式；二是个体因素，源于个体间的差异。

1. 组织结构因素

导致冲突产生的结构因素包括：专业化、任务的依存性、资源稀缺、目标差异、权力分配、职责规定不清。

(1) 专业化

所谓因专业化引起的冲突是指当工作高度专业化时，员工都成为某领域的专家，不了解其他领域的工作，从而导致冲突。这类冲突类似于自扫门前雪，由于不了解其他领域的情况，那么只从本领域出发，为了实现本领域的利益甚至可以牺牲其他领域。

(2)任务的依存性

任务的依存性是指一个部门任务的完成在材料、资金、技术和信息等方面依赖另一个部门,因此要求双方成员花时间、精力来协调和共享信息、资源。在协调不一致时,冲突容易产生。

(3)资源稀缺

因资源稀缺而产生冲突,是冲突发生的常见原因。组织内各部门分享着有限的资金、物资设备和人力资源等。由于实现目标的需要,各部门都想尽可能多地占有资源,从而导致冲突的产生。无论是个体还是群体,其生存和发展都离不开资源,然而组织为了节省成本总是提供有限的资源,为了争夺有限的资源,冲突无法避免。资源冲突的危害非常大,会造成不同个体和不同部门之间关系的紧张,相互之间敌对,工作链的断裂。同时,也会造成员工的不满以及对组织的不信任。不仅如此,资源的稀缺还有可能造成因争夺有限资源而产生的拉帮结派的小团体现象。最后,许多优秀的员工也会因为组织不能提供支撑其发展的资源和平台,选择离开组织。

(4)目标差异

组织有组织的目标,团队有团队的目标,个人也有个人的目标,如何将这些不同的目标统一起来,是每个管理者都在探寻的课题。如果某个体目标的实现影响了其他个体目标的实现就会产生冲突。不仅如此,每个部门的经营目标反映了其成员正在努力实现的确定目标,一个部门目标的实现也可能会影响另一个部门目标的实现,从而产生冲突。

(5)权力分配

权力往往是资源的基础。为了更多地获得权力,双方可能会围绕权力的取得展开斗争,从而产生冲突。

(6)职责规定不清

制度往往是一个企业的基本准则,无规矩不成方圆,一个良好运行的企业必然需要完整的规章制度,并且保证组织内部按照规章制度来运行,从而使员工的工作规范科学,有条不紊。没有健全的规章制度,则意味着组织内无法可依,无章可循,员工对自己的工作和职责没有清晰的认识。干什么、谁来干、如何干、成果归属等问题界定不清,权责混乱、角色模糊。当发生了一件无法界定责任的事情时,组织成员会倾向于互相推诿;当产生了效益时,组织成员又会争抢功劳,从而产生冲突。

2. 个体因素

导致冲突产生的个体因素包括:技术和能力、个性差异、价值观、文化差异、沟通障碍、角色差异等。

(1)技术和技能

技能和能力的差异有时会产生冲突,最典型的就是当相互间有较强依赖性时,技能较为熟练的员工很难与缺乏技能的员工一起工作。

(2)个性差异

世界上没有两片完全相同的叶子,也没有两种完全相同的人。个体由于先天遗传因素和后天环境的影响,难免会产生各种各样的个性差异。个性就是个体在物质活动和交往活动中形成的具有社会意义的稳定的心理特征系统。个性具有独特性和稳定性的特点,这种特点意味着人与人之间的个性是不同的,并且这种差异性很难改变。因此对于同样一件事,因个性的不同会产生不同的理解,持有不同的态度,采取不同的行为,从而产生冲突。

(3) 价值观

价值观是指一个人对周围的客观事物(包括人、事、物)的意义、重要性的总评价和总看法。一方面,表现为价值取向、价值追求,凝结为一定的价值目标;另一方面,表现为价值尺度和准则,成为人们判断事物有无价值及价值大小的标准。每个人由于成长的环境不同,受教育的程度不同,参与的社会实践活动不同,因而对于事物的看法和评价标准也会不同。因此,对于同一客观事物,不同的个体会持有不同的价值观,产生不同的态度和行为。这种不同的态度和行为,有可能导致冲突。

(4) 文化差异

随着经济全球化,越来越多的企业会采取全球化战略。在组织全球化战略中,很重要的一点就是人力资源的全球化。企业会在全球范围内雇用人才,雇员构成趋于复杂,来自不同地域的管理者和雇员带来了不一样的思想和文化。对其他文化缺乏理解是产生冲突的原因之一。

(5) 沟通障碍

在组织行为学中,人们将组织中各种信息的发送、传递和接收称之为沟通。沟通既是人们之间传递信息、命令、观点、态度的过程,也是感情交流的过程。沟通能否顺利进行,受到很多因素的影响,比如,表达能力、文化因素、组织结构因素、认知因素、情绪因素、沟通的渠道因素,等等。因为沟通的方式、技巧错误而导致的信息误解会导致冲突的产生。

(6) 角色差异

个体在社会中、组织中和家庭中都扮演着各种各样不同的角色。当一个人不能胜任他所扮演的角色时会发生冲突。角色冲突通常包括以下几种类型:一类是角色间冲突,是指个体同时扮演几种角色而产生冲突。比如,一个人在工作单位要扮演员工的角色,在家庭要扮演丈夫或妻子、父亲或母亲、儿子或女儿的角色,在社会上要扮演社会公民的角色等等。另一类是角色内冲突,角色内部冲突主要是角色定位要求与角色特质之间的冲突。人力资源管理最强调的一点就是人岗匹配。如果个人的能力、气质、性格无法达到岗位的要求,那么就会造成挫败感、压力以及信心的缺乏,从而导致冲突的产生。

16.2.2 冲突管理方法

对于冲突管理,目前尚没有一个通用、统一、明确的定义。相当多的社会科学研究人员将冲突管理定义为:为了实现个人和群体的目标而对冲突所进行的调解、解决活动。

管理冲突实际上包括两个方面:一是设法消除冲突产生的负面效应,二是利用和扩大冲突产生的正面效应。在组织中,管理者处理冲突常用的方法有以下几种。

1. 妥协

妥协是指要求冲突双方各退一步,以达成双方都可以接受的目标的一种方法。妥协是目前在许多组织中最常用的方法之一。

2. 第三者仲裁

所谓第三者仲裁,是指由一位权威人士来判断冲突双方谁是谁非的一种方法。权威人士可以是双方的上级,或是有关机构工作人员,或是双方都认可的其他人士。采用这种方法时,首先要让冲突双方充分阐述各自的观点、立场,以事实为根据、以规章为准绳。仲裁的最佳结果是双方口服心服,服从仲裁。在仲裁后要注意对双方可能会产生的挫折心理,要给予适当疏导。

3. 拖延

所谓拖延,是指面对冲突时不予处理,等待其自然缓解或消除的一种方法。拖延也是管理者常用的一种方法,对涉及面较小、不会构成重大危害作用的轻微冲突,可采用拖延方法。但是,如果对目前看来微不足道,可是一经拖延,或者矛盾一经积累,会造成重大损失的冲突,不能采用拖延方法,要及时解决。

4. 和平共处

和平共处是指冲突双方求同存异,避免把矛盾公开、加剧的一种方法。一般没有重大原则差异的冲突可以用和平共处的方法来解决。

5. 宣传

宣传是改变态度的有效方法之一。宣传几乎可以用在一切冲突中。在冲突中,许多人都是由于态度不同而造成对事物的看法不同,要转变冲突双方的态度,缓解和消除冲突,选用宣传方法是明智的。可以请冲突双方转换一下角色,从对方的角度来看问题;也可以请有关的权威人士来解释一下事物的本质,使双方用较客观的态度来审视原来的观点是否有偏差;也可以组织冲突双方坐下来,心平气和地谈谈为何会有这种认识;也可以告诉冲突双方,其他人、其他群体或其他组织以前是如何解决这类冲突的。

6. 转移目标

当冲突激烈、又无其他适当解决方法时,转移目标是一种可以选用的方法。所谓转移目标,是指寻找一个外部竞争者,把冲突双方的注意力转移到第三者身上来缓解或消除冲突的一种方法。在运用转移目标方法时,一定要注意消除冲突双方固有的冲突因素,否则第三者消失后,冲突因素又会成为主要矛盾,管理者还是要回过头来解决这些问题的。

7. 重组

重组是指解散原有群体,重新建立新的群体。一般当一个群体内的冲突十分激烈,又长期得不到解决,该群体由于冲突而处于瘫痪状态时,可以选择重组这一方法。在重组以前要考虑以下事项:

(1)非重组不可吗?有时冲突主要是由个别人引起的,只要把个别人调走,或许就可以解决冲突。

(2)重组后是否能解决冲突,如果不能解决冲突,还是不重组为好。

(3)重组的代价与冲突的代价哪个大,如果重组代价大就不重组,如果冲突代价大就重组。

在管理中,尽量少用重组的方法,这样可以以较小的代价换取较大的收益。

8. 压制

压制冲突是指由上级用行政命令来限制冲突的一种方法。由于压制冲突没有真正消除冲突的根源,虽然冲突双方一时迫于上级的压力而停止冲突,但一旦时机成熟又会爆发。另外,即使不爆发冲突,冲突的一方或双方也会觉得处理不公平,因积极性受到打击而影响工作。因此,压制冲突的方法应尽量少用,一旦暂时用了,日后要想办法解决冲突的根源。

研究发现,最有效的冲突管理模式是强调高度稳定的竞争型和协作型。妥协型并非有效地解决冲突的方法,因为双方的需求都没有得到满足。协作型能够产生有创意的解决方案,使双方都满意。迁就型能解决冲突,但会给做出让步的一方带来压力,他们必须迁就对方的需要。竞争型只会看到自己,不会看到他人的观点,即便看到别人的观点与自己不同,也不愿意妥协。只要自己赢,绝对不会做出让步。成功的冲突管理应该是双方承认并接受分歧,共同努力,相互谅解,力求找到有创意、互利的解决方案。

• **知识链接**

主管人员可以尝试以下方法将冲突公开化　　　>>>>>>

• **案例拓展**

避免空难——全新的冲突管理　　　>>>>>>

16.3 冲突管理的意义和沟通策略

1. 冲突管理的意义

冲突管理成功的关键是实现双赢,长远的解决办法是建立共同遵守的游戏规则。而双方的坦诚沟通,有利于彼此建立共同遵守的规则,解决现实问题。冲突管理的意义主要有以下几个方面:

(1) 建立直接的交流

一般来说,冲突必须由直接与冲突有关的双方亲自解决。然而,在发生冲突的初期双方直接沟通的可能性已被打断,这时,恢复直接对话的首要条件,即将对立双方拉到同一张谈判桌上,则成为第一要点。

(2) 监督对话

冲突的双方最初根本不可能真正地沟通。没有外力的帮助,他们在原有的片面观察问题的基础上极可能在很短的时间内再度彼此误解,重新争吵。所以在解决冲突的第一个阶段有必要有一个中立的第三方密切监视冲突双方的双向行为。

(3) 袒露感情

若双方不能坦白地说出主观的感受,例如失望、受冤屈和被伤害的感觉,则很难解决冲突。只有袒露感情,才能减缓积蓄已久的压力,使冲突恢复到根源上,即具体的需求和利益上去。

(4) 正视过去

仅仅说出感觉还不够,双方都必须让对方明白,引起自己失意、失望和愤怒的具体情景、情况或事情以及具体原因。做到这一点,对方才能明白自己在冲突中所占的分量,不论是有意的还是无意的,并且学会去承认这个事实。反过来,这也成为他不再将对方视为冲突中的唯一"责任者"的基本前提。

(5) 取得双方可承受的解决办法

障碍清除以后,即应共同制定一个长远的解决办法,关键是不允许出现"输方"。双方在这时最好的举措是,跳出自己的阴影,照顾双方的利益去协商解决的办法。合作才是化解冲突的关键步骤。坦率地交谈往往让双方如释重负,却容易导致盲目乐观,以为一切正常。只有严格地遵守制定好的规则才有助于克服新的危机,不至于重新陷入争吵之中。新的协作系统需要维护,不过随着时间的推移,双方将逐渐学会与对方打交道,相互关系会正常起来。直到这时,冲突才算真正地消除了。

2. 冲突管理中的沟通策略

(1)冲突出现前加强平时沟通

管理者应当在组织内部建立起良好的沟通机制,让每个员工都可以参与进来。通过这样的机制,促进员工与管理者之间的沟通,搭建起与员工之间有效沟通的桥梁,管理者能够更加了解员工,熟悉他们所关心的问题,对组织成员形成基本的认识。管理者可以多组织非正式的讨论、聚餐,为团队成员在轻松愉悦的气氛里沟通打下坚实的基础。

(2)冲突中及冲突后融入沟通

管理者在处理冲突的时候,不必进行单独沟通,在了解冲突的起因、过程和结果的时候,管理者就是在和冲突双方沟通。这个时候,管理者要运用一些沟通技巧,比如对方在讲述的过程中,要多进行眼神的交流,让对方感到被理解,这就会让对方真正敞开心扉,告诉管理者真实的想法。有的管理者不注重沟通,完全是审犯人的感觉,那当然只能得到冲突双方的冷淡态度了,尤其是在商讨最终的解决方案的时候,有的管理者纯粹就是宣判,指责冲突双方的过错,让他们负责任。这些单向的灌输都不叫沟通,他们没有借助到沟通的力量。冲突的结束可不是冲突管理的终止,问题是解决了,但是为了保证它不会死灰复燃、卷土重来,用沟通来让管理延续,解决一切隐患。事实上,事后的沟通能够让冲突双方深刻地反思错误和接受正确的观点,从冲突之中有所收获。

(3)真正做到科学地聆听

①在应对冲突时,一个管理者要提前做好各方面的准备,要保证自己有一个特别好的精神状态。尤其是管理者的注意力一定要集中,要全面把握对方话语的真实意义和要点。

②接下来一定要把重要的信息分离出来,就是要找到对方语言里面的基本信息和话语中心、最强烈的需求和真实的思想状态,了解讲话者的真实想法和感觉,真正听懂其意图。

③听就一定要听完,如果打断再想继续就难了,对方正在认真地说,却被毫无原因地打断,原本酝酿的感情可能就此被硬生生地截断,当然也就不愿意再继续透露更多的信息。

④管理者在听的过程中要控制好自己的情绪,不能随便流露出自己的情感,尤其是对于不认同的事情,不能马上表现出反感、不满的负面情绪,就算是真的认同和赞赏,也同样要控制住。在科学的聆听过程中,管理者要明白,公正公平是冲突管理中最重要的原则,所以听的时候要处于完全中立的状态,才不会造成对方的心理失衡。

(4)把握反馈、利用互动化解冲突

反馈,其实就是接收到信息的一方对于信息的反应。对于沟通双方来说存在给予反馈和接受反馈。

①管理者和员工应树立反馈意识,把反馈当成沟通中固有的一部分,反馈应当是频繁且无限制的,要互相分享观点,重视反馈。

②建立反馈机制,要有畅通的信息渠道,只要员工想反馈,就有途径反馈;只要管理者想接受反馈,就有地方接受反馈。

③要有定期的反馈活动,不仅平时反馈,管理者在公司内部也可以安排定期的员工反馈时间,让员工的反馈信息都得到集中的接收,减少员工心里的意见,一定程度上可以减少很多冲突的爆发。

④保障信息被利用,员工对公司的决策、制度等的意见都是很宝贵的,管理者一定要认真对待,加以分析,根据实际情况将其利用起来,该改善的就改善,该改正的就改正。

总之,沟通是冲突管理的利器,只有好好开展沟通活动,真正将沟通融入冲突管理之中,才能够最大限度地发挥沟通的作用,借沟通之力应对冲突管理,才能更好地合理避免冲突,真正地将"干戈"化为"玉帛"。

本章小结

1.冲突是指两个或两个以上的社会单元之间,由于目标、特点、利益和认识上互不相容或互相排斥,产生心理或行为上的矛盾,从而导致抵触、争执或攻击的行为。

2.按照冲突发生的水平,冲突可以分为个人内心的冲突、人际关系冲突、群体间的冲突;按照冲突的影响可以将冲突分为建设性冲突与破坏性冲突;按照冲突的内容可以将冲突分为目标冲突、认知冲突、感情冲突和行为冲突。

3.在一个组织中,冲突的作用相当复杂,冲突有积极作用也有消极作用。

4.群体中冲突产生的原因通常包括两个方面:一是结构因素,源于组织的性质和工作的组织方式;二是个体因素,源于个体间的差异;导致冲突产生的结构因素包括:专业化、任务的依存性、资源稀缺、目标差异、权力分配、职责规定不清;导致冲突产生的个体因素包括:技术和能力、个性差异、价值观和利益冲突、沟通障碍、文化差异等。

5.冲突管理的意义:建立直接的交流、监督对话、袒露感情、正视过去、取得双方可承受的解决办法。

6.冲突管理中的沟通策略:冲突出现前加强平时沟通,冲突中及冲突后融入沟通,真正做到科学地聆听、把握反馈、利用互动化解冲突。

复习思考

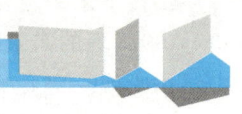

1.冲突的类型分成哪几种?
2.冲突的积极作用有哪些,消极作用有哪些?
3.简要概述冲突的成因。
4.阐述冲突中的沟通策略。

技能提升

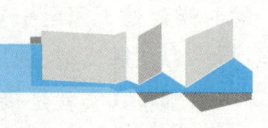

【案例分析】

最后的通牒

第 17 章 管理沟通的未来发展趋势

本章思维导图

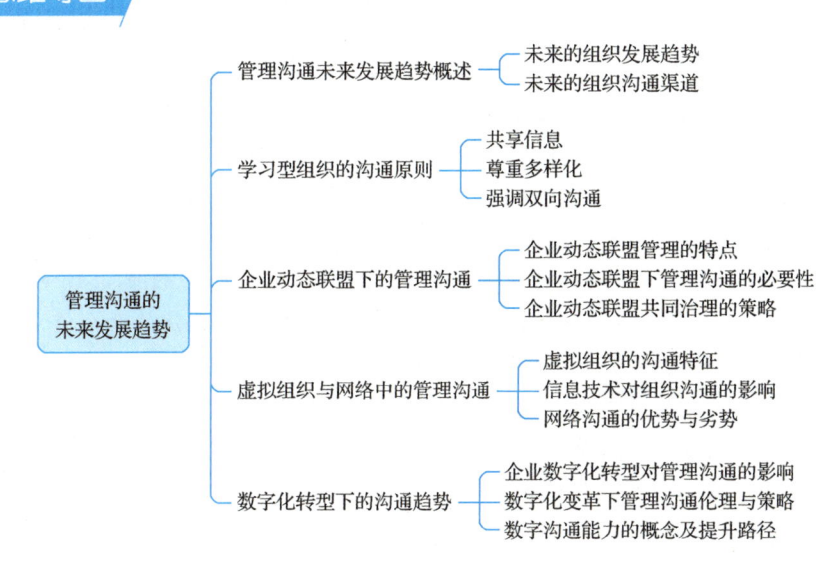

- 管理沟通的未来发展趋势
  - 管理沟通未来发展趋势概述
    - 未来的组织发展趋势
    - 未来的组织沟通渠道
  - 学习型组织的沟通原则
    - 共享信息
    - 尊重多样化
    - 强调双向沟通
  - 企业动态联盟下的管理沟通
    - 企业动态联盟管理的特点
    - 企业动态联盟下管理沟通的必要性
    - 企业动态联盟共同治理的策略
  - 虚拟组织与网络中的管理沟通
    - 虚拟组织的沟通特征
    - 信息技术对组织沟通的影响
    - 网络沟通的优势与劣势
  - 数字化转型下的沟通趋势
    - 企业数字化转型对管理沟通的影响
    - 数字化变革下管理沟通伦理与策略
    - 数字沟通能力的概念及提升路径

思政目标

具体落实以人为本的管理思想,引导企业管理人员在对管理沟通未来发展趋势进行初步了解基础上,明确在经济技术的影响下不同形式的组织在管理沟通中的区别,确定企业的未来发展方向,提升学生在组织变革形势下的沟通能力,进而增强业务能力和管理能力。

本章学习目标

- ◆ 了解组织未来的发展趋势。
- ◆ 掌握学习型组织概念及管理沟通原则。
- ◆ 了解企业动态联盟的特点及沟通的必要性。
- ◆ 掌握虚拟组织的沟通特征与网络沟通的优势和劣势。
- ◆ 了解数字化背景下组织管理沟通的发展趋势。

本章关键词

学习型组织;动态联盟;虚拟组织;网络沟通;数字化转型;管理沟通伦理;数字沟通能力

> **引导案例**

与消费者数字化沟通——未来宝马的营销趋势

当前,全球汽车产业正处于"百年未有之大变局"中,以电动化、数字化为代表的变革正步入深水区。作为高档车领域电动化的先行者和引领者,宝马近年来在数字化方面更是不断加大投入,加快推进以客户为中心的全面数字化进程。2020年10月12日,宝马在线上举行了"宝马中国数字化体验媒体沟通会",阐释宝马在中国"以客户为中心""用数据赋能"和"打造适应数字化进程的组织"的数字化战略。宝马从2019年开始在全国推广"BMW网络领创项目",对经销商网络进行软件和硬件的全面创新升级。通过这个新平台,宝马将原来分散的各个板块整理起来,可以极大地提升运营效率。2019年,宝马在中国成立领悦数字信息技术有限公司,这是高档汽车生产商中第一个专门从事数字化服务的机构。"数字化转型是打造业务运行IT系统和数据能力的闭环。宝马的能力是体系集成能力,而领悦的核心能力是集成业务、系统和数据。"

诺达(Pieter Nota)作为快消品行业出身的营销专家,也是新任的负责BMW销售和品牌以及售后业务的宝马集团董事。他在采访中提到,宝马当下最关注的两个重点,一是希望跟消费者建立数字化的直接沟通和体验,二是锐化宝马品牌的魅力,尤其宝马的"极致驾驶乐趣"这个品牌定位。消费者作为数字化营销的重点,宝马希望的是一种双向的消费者关系,包括在中国的社交媒体方面做的一些实践,例如,通过社交媒体和数字化平台与消费者进行交流,都在强调双向的客户沟通。

(资料来源:网通社新闻报道,2018-10-03)

17.1 管理沟通未来发展趋势概述

17.1.1 未来的组织发展趋势

当前,数据智能在企业数字化转型过程中变得愈发重要。党的二十大报告指出,坚持把发展经济的着力点放在实体经济上,推进新型工业化,加快建设制造强国、质量强国、航天强国、交通强国、网络强国、数字中国。未来的组织发展趋势将是变革和创新、数字化转型、灵活性和敏捷性、多元化和包容性,以及员工发展等方面的综合体现。这些趋势将帮助组织适应快速变化的环境,实现可持续发展,并保持竞争优势。

1. 组织结构扁平化

随着经济高速增长,市场环境日益复杂,各企业间的竞争力随之增加,由卖方市场到买方市场的变化说明消费者的定位细分化程度更高,也对企业提出了更高层次的要求。受信息技术变革的影响,传统管理中的管理层次和管理幅度的观点在很多情况下与当前企业发展不能匹配,也会使得公司在市场竞争中处于不利的位置。

第 17 章 管理沟通的未来发展趋势

为抓住网络与数字化经济的发展机遇,应对不确定的各类风险变化,企业的组织结构也在逐渐发生转变,从过去的金字塔式垂直组织结构向扁平网络化的组织结构转变,并且更加注重激发员工的创造力和自主性,管理决策将更加分散。对于组织领导者来说,能够将重心放到有关组织发展及团队管理等系统性事务中,员工的整体素质也会有较为明显的进步;对于企业来说,扁平化模式能够使得企业更加灵活且高效率,决策速度将大幅度提高,增强企业自身竞争力的同时提升抵御内外部突发风险的能力。

2. 跨区域化显著

区别于传统的经济发展,当前世界作为一个整体,组织的发展也将更加具有多元化和包容性,组织需要打破传统,吸引并留住各类人才。多样性和包容性能够促进创新和团队协作,为组织带来更广阔的视角和更好的绩效。随着科技的迅猛发展,数字化技术的运用为组织跨区域化的发展提供了技术支撑。例如,人工智能、大数据、云计算等技术使得组织成员在全球各地进行沟通和业务的推进,大幅度提升了组织效率。数字化技术也是创新业务和优化客户体验的重要工具。

3. 组织更加注重人文发展

人文发展体现的是对人的重视和激励,具有人文关怀和人文精神,能够充分调动人的积极性、能动性和创造性。企业要想在市场经济竞争中立于不败之地,保持活力,必须将"人"这一核心要素摆在重要的战略高度,认真对待。目前,组织的发展越来越重视"人"作为企业主体的重要性,未来的组织将更加注重员工的发展和成长。组织将提供更多的培训、学习和发展机会,帮助员工不断提升技能和适应变化。同时,组织也会重点关注员工的工作满意度和福利待遇,以提高员工的忠诚度和工作绩效。

17.1.2 未来的组织沟通渠道

在信息技术与互联网的影响下,未来组织的沟通渠道将以网络沟通为主。组织内部与外部的沟通在网络影响下将会大大提高沟通效率。组织未来的沟通渠道将从以下几个方面展开:

1. 数字化的在线沟通

随着科技的发展,在线沟通工具和平台已经成为人们生活和工作中不可或缺的一部分。未来,这种趋势将继续加强。组织内部的沟通将更多地依赖数字化和在线沟通渠道,如电子邮件、即时通信工具、社交媒体等。这些工具不仅可以实现实时通信,还可以共享文件和信息,提高沟通效率。

2. 视频会议和虚拟协作

随着视频会议技术的不断发展,未来的组织沟通将更加依赖视频会议和虚拟协作,如腾讯会议、Teams等。这种沟通方式可以方便地实现远程会议和培训,使员工可以在任何地方随时参与讨论和协作。此外,虚拟协作还可以节省时间和成本,提高工作效率。

3. 内部社交网络和社区

未来的组织沟通将更加注重内部社交网络和社区的建设。越来越多的组织正在构建组织内部的沟通平台,组织内部的沟通平台能够在注重信息隐私性的基础上提升内部沟通的便捷性,同时员工可以通过内部社交网络和社区分享知识和经验,提出问题并获得帮助。这种沟通方式可以提高员工的参与度和归属感，促进知识共享和创新。

4. 个性化沟通

未来的组织沟通将更加注重员工的个性和需求。在以人为本的背景下，组织沟通中员工可以根据自己的偏好和需求选择适合自己的沟通方式和渠道，例如，在线学习、虚拟团队、社交媒体等。个性化的沟通可以提高员工的满意度和工作效率，对组织和员工个人都是双赢的选择。

5. 人工智能和机器学习在沟通中的应用

人工智能和机器学习技术如今已被广泛应用于组织沟通中。人工智能技术可以帮助组织更好地理解员工的需求和行为，提供更加个性化的建议和支持。例如，人工智能可以分析员工的行为和语言，提供个性化的反馈和建议；机器学习可以帮助组织更好地了解员工的绩效和表现，提供更加准确的评估和反馈，为组织沟通带来更多的可能性。

17.2　学习型组织的沟通原则

知识经济迅速崛起，对企业提出了严峻挑战。现代人工作价值取向的转变，终身教育、可持续发展战略等当代社会主流理念对组织群体的积极影响，为组织学习提供了理论支持。学习型组织这一概念是由美国哈佛大学教授佛睿思特在1965年首次提出的适应当下时代发展并与之相匹配的组织模式。学习型组织是指通过获取或创造新知识，具有不断开发、适应与变革能力的组织。学习型组织是为了实现共同的发展目标，由员工个人学习、团队学习和组织学习三个方面组成的相互影响、相互作用、相互促进的一种正式的组织形式。该组织通过持续的学习及其互动达成共识，从而调动和发挥包括最高领导者在内的全体员工的积极性、主动性与创造性，促进企业的全面发展。

- **知识链接**

学习型组织的特点

学习型组织的沟通原则是建立在组织内部和与外部之间有效沟通的基础之上的，主要有以下几点：

（1）共享信息。学习型组织通过共享信息来推动知识的流动和创新的产生。组织中的成员将信息公开、及时地传递给其他人，以便促进团队合作和共同学习。

（2）尊重多样性。学习型组织鼓励开放和透明的沟通环境，使员工有信心和安全感，表达自己的观点和问题。管理者应该提供一个宽松的氛围，让信息能够自由流动并且形成良好的人际关系。

（3）强调双向沟通。双向沟通可以帮助组织更好地理解员工的需求，通过员工的反馈和意见，领导者可以及时了解到员工在工作中所面临的问题和困扰，有针对性地提供解决方案，满足员工的需求，从而增强员工的工作动力和满意度。通过倾听和反馈来推动组织的持续改进，通过有效的沟通提出改进的建议和意见，并在组织中得到落实。

17.3　企业动态联盟下的管理沟通

17.3.1　企业动态联盟管理的特点

随着信息技术的不断发展，将信息技术引入企业的生产、经营、管理之中的全新竞争战略在企业中不断扩大应用。企业面临着知识化、数字化、虚拟化、网络化、敏捷化和全球化的深刻变革，同时引发市场的急剧变化。动态联盟是信息化环境下企业的必然选择，其本质是企业以分享市场为形式，以资源共享为路径，以知识创新为手段，以自身利益最大化为目的，为率先占领市场所采取的战略。

企业动态联盟(Dynamic Alliance of Enterprises)是指由两个或两个以上有着共同战略利益和实现资源互补的企业为了实现一定的战略目标，通过各种协议、契约，在一定时期内形成的一种合作性的竞争组织。

企业动态联盟的特点有：

(1)"联盟"模式。企业动态联盟要求各个结盟企业能用一种更加主动、更加默契的方式进行合作，向着相同的战略目标进行更为密切的配合，通过紧密合作去适应变化的新型组织模式。

(2)分散性。各联盟成员企业来自不同的国家和地区，跨区域的联盟在企业动态联盟中是经常可以看到的，各企业在地理上较为分散，大多数时间企业间都进行远距离的沟通交流。因此，他们之间的协作是以快速畅通的信息传递为基础的。

(3)动态性。各成员企业是因共同利益所构成的联盟，受全球经济发展的影响，市场是不断变化的，因此，联盟企业也需要把握市场机遇，应对环境的不确定性。

(4)临时性。在世界经济复杂变化的背景下，动态联盟企业是根据企业实际情况面向某一机遇产品或应对某种风险而联盟的一种企业组织形式，所以具有明确的生命周期，当目标完成或风险解除后联盟将解体或制定新的战略目标。

企业动态联盟的特点决定其运转是要有信息技术支撑的。它的分散性、临时性和"联盟"模式的特点，需要成员间有进行信息共享、沟通协调的平台，这是实现"联盟"模式的基础条件。而企业动态联盟的动态性，则需要它有快速决策的能力，在分析各种不同类型数据信息知识的基础上，支持盟主企业的快速决策，抓住市场机遇，实现组织目标，而这也是企业动态联盟的核心功能。

17.3.2　企业动态联盟下管理沟通的必要性

1. 边界的模糊性

企业的边界实际上是企业的一个形态。以科斯为代表的交易费用学派认为，企业是作为价格机制的替代物出现的，企业在"内化"市场交易的同时产生了额外的管理费用，当管理费用的增加与市场交易费用节省的数量相等时，企业的边界就定格于此。传统企业与市场之间的界限是清晰的。

企业作为新型企业组织模式的动态联盟，不具备独立的法人资格，不是法律意义上的完整的经济实体，不受组织结构的约束，成员的加入与退出通过协商即可实现，构成组织网络的各个节点，都以平等身份保持着互动式联系，打破了传统的企业组织界限，动态联盟的边界是柔性的、模糊的。

企业动态联盟的运作基础是一套完善的网络，通过网络迅速地将分散于世界各地的资源整合起来，而不受空间的限制。随着信息化程度越来越高，企业组织需要的都可以在市场上通过交易获得，而不必通过自己的生产车间或者是自己的组织生产出来，即部分核心的价值活动在自己的掌控当中，大部分边缘性的价值外包到了市场上。

2. 独特的风险性

企业动态联盟优势体现在通过资源共享、优势互补大幅度地降低研究开发成本，通过利益共享和风险分担降低投资风险。但风险分担并不代表着风险不存在或是总体减少，而是企业在获得响应市场灵活性的同时又出现了一些新的风险问题。主要表现为：

（1）核心技术优势的流失风险。即当技术处于劣势的一方企业完全熟悉了生产工艺，掌握了技术诀窍后，就可能出现这一企业脱离合作群体而单独经营，以取得更大利益的情况。

（2）成员企业选择不当和联盟组建体制不合理的风险。企业动态联盟可能涉及股权参与的联盟，也包括非股权形式的联盟，这种竞争对手之间的合作具有内在的不稳定性，如果成员企业选择不当、联盟体制不合理，那么联盟失败的风险随时存在。

（3）联盟管理风险。动态联盟组织边界的扩大，极大地拓展了联盟的治理边界，在公司内部治理方面，股东－董事会－经理班子之间的委托代理关系变得愈来愈复杂，在公司的外部治理方面，不同地区的市场发育程度存在巨大差异，企业道德风险无处不在，动态联盟的网络体系难以对动态联盟整体的经营绩效作出准确及时的反映，导致联盟的投资管理、战略管理风险更加复杂。

（4）成员企业传递性风险。企业动态联盟是对不同成员企业核心能力的一种整合，并且这种整合针对某一产品或某一任务时，带有一定串联的性质。因此，任何成员企业个体面临风险，都会导致其核心能力的降低，从而削弱联盟的整体功能，并且将企业风险的破坏性传递给了联盟体和其他企业，并有可能引发另外的风险。

3. 文化的差异性

企业文化是一个企业长期形成、积淀起来的能体现企业风格、特性的有关的企业经营思想、理念、管理技术、价值观念等的内容，它有鲜明的个性。一个动态联盟，文化的一致性越高，成功的可能性就越大，反之，失败的可能性就越大。但企业动态联盟中每个成员企业都有各自的历史、经历、观点与信仰，有其独特的管理传统、系统和风格，企业文化差异是必然的。这种差异主要来源于社会环境中的伦理规范、道德约束、国家政策法规对于企业及个人行为规范的制约、企业及员工的自身追求和整体素质等，最终影响企业员工的目标追求、价值观念及事业方向，导致企业文化方面的差异和冲突。因此，在企业动态联盟中，不可避免地会出现不同企业不同价值观和经营理念的冲突，由于文化上的不和谐而导致合作失败，最终削弱动态联盟模式的生命力。

4. 不稳定性

动态联盟最根本的特征，在于它是合作性的竞争组织，是介于市场与企业之间的一种特殊的组织结构。联盟企业之间虽然签署了超出正常市场交易的长期协定，但只是以市场机遇和契约为纽带，是一种战略性的合作伙伴关系。联盟的参与者将随着环境、市场和产品的变化而始终处于动态调整之中，具有高度的不稳定性。具体表现为：

（1）管理权关系不稳定。核心竞争力是联盟控制权的决定因素，联盟各方的核心竞争力随环境变化会此消彼长，每一方都期望自身收益最大化，并且在联盟中拥有话语权和控制权，这导致联盟各成员往往难以协调一致，协调和控制过程带有很大的不确定性。

（2）收益不稳定。联盟合作伙伴在评估潜在利益时，往往是期望值过高，评估过于乐观，界定的利益范围过于狭窄，这可能与各方原有的期望值相悖。由于经济情况不明，合作伙伴的利益不清楚，过于注重眼前利益，企业也很少愿意在它们认为拥有核心优势的价值环节上建立联盟，任何一个合作伙伴都想给自己留足机会，即使是承诺也难以完全兑现。这使得联盟中各成员之间的合作层次难以提高，合作伙伴的价值贡献难以突出，收益难以稳定。

（3）市场与技术变化不稳定。新技术、新产业的出现，令市场规模的变化及发展趋势难以预测，合作伙伴对客户、市场、联盟的发展前景预测更是难上加难。

17.3.3 企业动态联盟共同治理的策略

企业动态联盟是一个动态的、开放的体系，对于动态联盟的成员企业而言，各方都是重要的利益相关者，是一个通过各种契约组成的利益共同体，合作伙伴在各自利益之间保持一种战略兼容性。动态联盟具有的边界模糊性、风险性、文化的差异性和高度的不稳定性决定了企业动态联盟的治理不同于市场机制和单个企业的治理，必定是各方成员企业在很大程度上实行内部治理和外部治理相结合的共同决策、共同治理。通过共同治理，提升联盟中每个合作伙伴竞争力发挥的作用。

1. 强化内部治理

（1）确立合理的股权结构，明确联盟成员企业责任权利的对等关系。高度集中和高度分散的股权结构中的决策行为人在权力制衡的构建方面有不可克服的缺点。高度集中的股权结构会导致权力高度集中，不利于对经理人的监督和制衡。高度分散的股权结构会使内部人控制现象无法抑制，增加了代理成本。

（2）建立有效的企业动态联盟董事会。董事会是共同治理的关键，应把完善董事会结构、完善董事会制度作为治理重点。

• **知识链接**

如何建立有效的企业动态联盟董事会？ >>>>>>

（3）建立名副其实的动态联盟监事会制度，严格规范监督机制。监事会既要有监督的职责，更要有监督的权力。只有两者不分离，监事会才能真正发挥监督作用。可将部分董事的提名权交给监事会；由监事会主持召开股东大会；赋予监事会代表公司起诉违法董事和高级人员以及审核董事会提交的财务报告的权利等。总之，要保证监督机构的有效性，就要保证监事会的独立性、专业性、积极性和监督权力。

2. 加强外部治理

由于动态联盟独特的组织特征,其外部治理主要依靠信任关系和信任保障机制。可以采用的信任保障机制有名声保护机制和合同保护机制。

(1) 名声保护机制。名声保护机制也就是关注声誉,依靠声誉可以建立和发展相互之间的信赖关系。如果一方因利益而欺骗,那么会损害自身声誉而影响到将来合作的收益,从而使其陷入极为不利的境遇。因此,动态联盟必须调查和记录各成员的声誉信息并建立相应的信息披露机制,构建合作利益的保护机制,尤其是建立违约责任追究和利益惩罚机制,明确动态联盟的任务及性质、界定各方责权利的协议,防止相互欺骗和机会主义行为产生。建立企业动态联盟信任治理中心,其主要功能是进行信任评价、信任保障、信任激励以及提供各种信任信息活动。以信任作为资源协调、配置及治理的基本工具将获得较低的治理成本,实现动态联盟各成员的双赢或多赢。

(2) 合同保护机制。动态联盟各成员企业是将一定的契约安排结合在一起的,各成员在管理方式和组织结构上的差异,使得联盟内部很容易产生领导权限不清、分工不明和决策迟缓等问题,并直接威胁着联盟的效率和持久性。核心成员的退出、改变等给动态联盟带来了冲击,尤其是掌握关键技术或投资比例较大的成员的退出会给动态联盟带来灾难性打击。因此需要建立动态的合同网体系。

3. 建立有效的信息网络系统

企业动态联盟的共同治理必须要有灵活性和适应性,使联盟成员随时能对市场环境和合作关系的变化作出相应的反应。当市场发生变化或成员之间发生矛盾时,只有在信息网络体系中进行充分的信息交流,各成员才有足够的回旋余地,及时进行调整,联盟的共同治理效应才能显示出来。因此,建立以动态联盟的协调中心和信息库为中心的信息网络系统,实现各成员企业特别是大企业的信息资源共享,是联盟赖以生存的基本条件。协调中心的主要功能是数据库管理、信息传送、运行协调、动态评估,在联盟协议的规则下,无条件支持成员企业之间、成员企业与协调中心之间通过信息网络的实时对话,保持信息资源共享。

• **案例拓展**

物流企业的动态联盟 >>>>>>

17.4 虚拟组织与网络中的管理沟通

17.4.1 虚拟组织的沟通特征

党的十九届四中全会将数据增列为生产要素。数据成为关键的创新输入,并全面介入资源配置过程。创新要素集聚和配置正加快从地理空间、物理空间转向虚拟空间、网络空间。同时,以跨界融合、协同联合、包容聚合为特征的数字化创新,驱动产业技术变革和组织变革,产业边界模糊化、产业集群虚拟化成为新经济时代下产业组织的新趋势。所谓虚拟组织,即以信息技术为支撑的人机一体化组织,也就是运用技术手段把人员、资产、创意动态地联系在一起。也就是说,虚拟组织是指两个以上的独立的实体,为迅速向市场提供产品和服务、在一定时间内结成的动态联盟。从虚拟组织的概念中可以得出,虚拟组织的沟通特征有以下几点:

1. 跨边界性

虚拟组织传播以新的网络经验感知的方式存在,信息、人才与资源的流通可以相对宽松地在组织边界内外进出。这种组织形式始终保持动态的无约束的跨边界互动,将有助于提高虚拟组织的能力,为企业创造出更大的价值。

2. 更加密集地沟通

这也是虚拟组织的沟通区别于传统组织沟通的重要特征。就资源特别是个体时间的耗费而言,虚拟组织传播可以将所有的信息便捷地传递到每个成员,效率更高,组织资源协调更加迅速与便捷。

3. 网络性

虚拟组织是以网络传播工具为基础构建的组织。资源整合、知识信息储备,乃至日常具体工作的完成,均是通过网络技术平台来实现,体现了网络传播工具与人类智力资源与能力的完美结合。

4. 聚集性

虚拟组织借助网络平台,吸引来自不同地域组织、受不同文化熏陶的合作者,通过科学分工与流畅的协作达到最佳的资源整合,同时也实现了各种人才的集合,平等交流,共同完成特定的组织任务,实现共享目标、共享合作的共同愿景,从而快速建立起虚拟组织成员的信心。

17.4.2 信息技术对组织沟通的影响

以互联网、大数据和人工智能为代表,日新月异的数字信息技术成果已经充分渗透到全球经济运行的各个领域。如今,中国正由工业经济时代加速跨入数字经济时代。2021年初,我国发布了《国民经济和社会发展第十四个五年规划和2035年远景目标纲要》,明确了建设数字中国的目标,强调要加快数字化发展,以数字化转型带动经济生产方式、人文生活方式和社会治理方式的变革,并提出了云计算、大数据、物联网等7项重点产业和智能制造、智慧能源、智慧政务等10类数字化应用场景,全面迎接数字信息技术时代的到来。信息技术的发展对组织的各方面都会产生不同程度的影响。组织的沟通也随着技术的变革不断更新优化,主要对以下几个方面产生影响。

1. 有利于组织结构扁平化,信息传递层次减少

信息技术的使用,扩大了管理幅度,从而使管理层次的减少成为可能。在扁平化结构下,员工可以直接通过E-mail等方式与高层领导交流,中层管理人员传递信息的作用被弱化,信息传递层次减少。员工由于掌握信息而拥有了一定的决策权,挖掘、处理、管理以及应用信息已经成为员工的一项日常工作,从而组织的权力被分散,这有利于发挥集体的智慧,为组织的决策服务。

2. 加快信息流动，降低沟通成本

借助信息技术，文件不需要"串联式"传递，可以在网上同时抄送给有关领导和职能部门，大大加快了办公节奏。各位领导也不会看到其他领导的批示，相互影响小。同时，文件的发送时间、处理流程、回复状况也能够一目了然，增加了流程的可控性。在技术的影响下，组织的信息流动速度将大大加快，沟通将更加便捷。

3. 信息更加透明，责任明确

利用信息技术，员工将原本分散在企业内部各业务部门、各层管理机构中的孤立的数据，构建关联数据库并实现实时动态更新，增强了企业信息的透明度。作为管理者所获得的信息不再是被下级人员"过滤"过的信息。如果需要，还可以做到溯本求源，一查到底，为及时有效决策提供帮助。作为组织的管理者，在组织内部网上公开应当公开的决策信息，如此下级人员获得的信息也不是经过管理者删选过的。同时，共享数据库不仅能够提高纵向信息沟通的效率，而且能够有效促进企业内部横向的业务协作。

4. 信息编码更加规范

与传统沟通采用自然语言不同的是，现代信息技术，特别是计算机通信技术借助的是机器语言。机器语言具有统一的标准和规范，要求组织内各部门发布在网络平台上的数据具有规范的数据管道、统一的数据口径、明确的数据来源和相同的编码规则，这样各部门数据之间的"契合度"更精确、更规范。信息在编码和译码过程中采用相同的标准，不同语言、不同经验的人可以很方便地进行沟通，不易产生误解。

17.4.3　网络沟通的优势与劣势

网络沟通作为当下使用频率较高的沟通形式，是指组织通过基于信息技术的计算机网络来实现组织内部和组织外部的沟通。网络沟通的形式是组织适应虚拟化网络数字化发展的需要，管理者能够提高与组织内各人员的交流沟通速度，组织能够降低成本，提高工作效率。网络沟通的优势有以下几点。

（1）沟通效率提升。网络沟通可以快速传递信息，不受时间和地域限制。通过电子邮件、即时通信工具或在线会议等，沟通者可以快速与他人进行交流，节省了传统方式下的时间和资源，并且可以节省员工的出差时间和费用。

（2）组织交流范围扩大，促进协作和团队效能。通过网络沟通，人们可以与世界各地的人进行交流，拓宽了交流范围。这对于开展全球化业务、拓展市场和合作伙伴关系等方面具有重要意义。交流范围的扩大也能够促进跨团队和跨地域的协作。团队成员可以通过在线协作工具实时共享和编辑文件，高效完成项目任务和工作。

（3）方便记录信息和追踪相关数据。网络沟通可以方便地记录和保存沟通内容，便于后续查阅和核对，在日常管理中对于解决争议、项目管理和知识管理等方面是非常有益的，能够更清楚迅速地查询原因及落实责任。

（4）便于管理者灵活安排工作。网络沟通使得远程办公成为可能。员工可以通过视频会议、在线聊天等方式与团队成员和上级进行交流，灵活安排工作时间和地点，平衡工作和生活。

网络沟通与传统沟通相比更加灵活便捷，但同时也存在一些挑战和限制，主要有以下三个方面：

（1）缺乏非语言沟通，容易产生误解。网络沟通无法传递非语言沟通的细微差别，如肢体语言、表情和声音等，这可能导致信息的误解或失去一些重要的沟通内容。此外，由于文字本身的局限性，网络沟通容易产生歧义和误解，可能会导致合作关系的破裂。

（2）容易导致信息过载和分心，影响交流质量。网络沟通的速度和便利性可以轻松地让人们接收大量信息，但这也会导致信息过载和分心现象的产生。在处理大量电子邮件、聊天消息和社交媒体通知时，注意力可能分散，沟通过程的急躁和匆忙，影响沟通质量和工作效率。

（3）难以建立信任和个人联系。与过去传统沟通相比，网络交流会拉开沟通双方的实际距离，同时网络交流缺乏实时互动的特点可能降低人们的主动性和参与度，因此会使人们感觉缺乏面对面交流时所建立的信任关系。这可能会给处理敏感问题、建立合作关系或进行高度情感交流等情况带来挑战。

网络沟通有利有弊。因此，管理者应当合理利用网络沟通的优势，同时克服存在的劣势，将网络沟通作为组织沟通的增值项，有助于提高组织的沟通效能和协同工作能力，加快企业的发展。

• **案例拓展**

把点对点服务发挥到极致

17.5 数字化转型下的沟通趋势

17.5.1 企业数字化转型对管理沟通的影响

党的二十大报告提出，加快发展数字经济，促进数字经济和实体经济深度融合，打造具有国际竞争力的数字产业集群。当前，我国正处在经济结构的转型关键期，数字经济是中国实现高质量增长的重要推动力，国务院国资委也于2020年8月21日印发了《关于加快推进国有企业数字化转型工作的通知》等政策文件，传统行业的数字化转型势在必行。数字化转型将进一步促进企业的飞跃发展，提升自身竞争力。企业的数字化转型也将对管理沟通的未来发展趋势产生影响。

（1）沟通渠道的转变。数字化转型使得组织内的沟通更具有实时性和跨地域性，从过去的线下面对面交流转变为通过使用各种数字工具和平台的交流，管理层可以立即与员工进行沟通，不受时间和空间限制，沟通渠道被大大拓宽，渠道的转变可以提高管理决策的效率，并促进团队之间的协作和合作。

（2）沟通信息透明度持续提升。数字化转型提高了信息透明度。在数字化转型的影响下，沟通和信息的传达可以跳过层层传递，直接传达给员工。信息准确性和沟通速度大幅度提升，沟通效果也将更加明显。员工可以更好地理解企业的愿景和使命，并参与到组织的决策过程中。

企业数字化转型给管理沟通带来了许多积极的影响,包括提高沟通效率、增强信息透明度等。然而,也需要注意数字化转型可能带来的挑战,需要在实践中加以解决。

17.5.2　数字化变革下管理沟通伦理与策略

数字化变革给管理沟通的伦理与策略带来了新的挑战与机遇。在管理沟通伦理方面,首先是隐私与数据保护。数字化变革带来了大量的数据采集和存储,管理者在进行沟通时必须注重保护员工和客户的个人隐私,确保数据安全,并遵守相关法规和道德规范,在法律允许的范围内进行。其次是信息的真实性与透明度。管理者应确保传达的信息是准确、真实和透明的。在数字化的环境下,信息的不准确性或失真可能会对组织产生负面影响。最后是公平与包容性。管理者应该确保数字化技术在沟通过程中不会造成信息的失衡或歧视,保证沟通的公平性和包容性,尊重各种观点和声音。

任何事物都会带来负面的影响。针对数字化变革下的管理沟通可能带来的伦理问题,企业应采取相应的措施避免或减少问题的产生,主要措施有以下几点。

(1)利用数字化展开多渠道沟通。数字化变革为管理者提供了更多沟通渠道的选择,通过电子邮件、社交媒体、在线会议等多种方式与员工和客户进行沟通,不同的渠道都有其自身优势,如电子邮件能够保存沟通记录,方便回顾和跟踪;社交媒体实现实时沟通的同时也可以增强企业形象和品牌认知;在线会议能够实现远程交流办公,提升办事效率。管理者可以根据情况选择合适的渠道来提高沟通效果。管理者也应不断跟进新兴的沟通技术和工具,适应不断变化的沟通需求,并不断改进和优化沟通策略,推动组织的发展和创新。

(2)运用数据驱动决策。数字化的变革提供了大量的数据,管理者可以利用这些数据来分析和评估沟通效果。通过使用适当的数据分析工具和技术,管理者可以进行深入的数据分析和评估,了解当前的沟通效果。数据分析可以涵盖诸如沟通范围、参与率、反馈情况、效果评估等方面。通过对数据进行综合分析,管理者可以识别出潜在的问题和机会,同时制定相应的决策和行动计划,包括调整沟通策略、改进沟通内容、优化沟通渠道等。通过数据驱动决策,管理者能够更加准确地了解哪种沟通方式和内容对员工和客户产生积极影响,从而更好地满足他们的需求和期望。在数字化变革的背景下,运用数据驱动决策对于管理者来说具有重要意义。

(3)数字化变革对管理沟通的伦理与策略提出了新的要求。管理者需要注重保护个人隐私和数据安全,确保信息的真实性和透明度,同时要注重公平和包容性。在策略方面,管理者可以选择多渠道沟通,强调沟通技巧与培训,并利用数据驱动决策来优化沟通效果。

17.5.3　数字沟通能力的概念及提升路径

以互联网为依托、数字资源为核心要素、信息技术为内生动力、融合创新为典型特征的数字经济,作为一种新的经济形态革故鼎新、大势已现。移动互联网的发展,在全世界范围掀起了一股强劲的数字经济旋风。人工智能在世界范围内引发了新一轮竞争,将传统的组织竞争重新定义,数字化时代已经来临。在此背景下,数字沟通能力的概念可以定义为:沟通者通过数字化的方式与他人有效地进行沟通信息的能力。为适应社会的数字化发展,企业整体或个人的数字沟通能力提升都尤为关键。

捕捉关键信息,提高信息利用率。数字时代,最突出的特点就是信息多样化。面对各种各样的信息,管理者必须要掌握足够的信息。在这个网络飞速发展的世界,要想让听者全身心投入解决这个挑战,首先要做的就是问问自己:有人聆听我吗?如果自己没有被倾听与理解,那么这样的沟通就还没有成功。因此,被倾听的第一个关键是要掌握信息,而且要掌握重要的信息。数字化沟通能力的提升首要要提高信息的利用率,善于在纷繁复杂的信息中提取出重要有价值的信息,从而更好地进行沟通。

加强数字沟通的意识。数字时代为生活带来了日新月异的变化,体现在生活的方方面面,在沟通方面也尤为明显。作为管理者,需要不断更新自己的沟通方式,利用好数字时代带来的便利,学会在新兴媒介网络上进行沟通。因此,要以开阔的思维来对待领导行为方式和领导能力的不断调整与适应的过程,久而久之将产生持久稳定的效果。就组织而言,应当构建数字化沟通平台。完善的沟通平台是企业顺利实现数字化沟通的基础。企业必须健全自身的数字化平台,完善数字化传播体系。企业数字化沟通平台主要包括企业自建平台与合作平台。

• **案例拓展**

钢轨全寿命大数据管理平台

本章小结

1. 在数字化转型的影响下,未来的组织发展趋势将是变革和创新、数字化转型、灵活性和敏捷性、多元化和包容性,以及员工发展等方面的综合体现。

2. 在信息技术与互联网的影响下,组织未来的沟通渠道从数字化的在线沟通、视频会议和虚拟协作、内部社交网络和社区、个性化沟通等几个方面展开。

3. 学习型组织是以共享信息、双向沟通、尊重多样性为沟通原则的新型组织模式。

4. 企业动态联盟是由有着共同战略利益和实现资源互补的企业通过各种协议、契约,在一定时期内形成的一种合作性的竞争组织。由于企业动态联盟具有边界的模糊性、独特的风险性、文化的差异性以及不稳定性等特点,所以对其沟通进行管理具有必要性的意义。

5. 企业动态联盟需要实行内部治理和外部治理相结合的共同决策、共同治理,通过共同治理,从而提升联盟中每个合作伙伴竞争力所发挥的作用。

6. 虚拟组织的沟通具有跨边界性、更加密集地沟通、网络线以及聚集性的特点。网络沟通作为当下使用频率较高的沟通形式,有其优势也有其劣势。因此,管理者应当合理利用网络沟通的优势,同时克服存在的劣势。

7. 数字化变革给管理沟通的伦理与策略带来了新的挑战与机遇,企业应当注重保护数据隐私及信息的真实透明性,保证数字化转型的顺利推进。

复习思考

1. 学习型组织的未来管理沟通发展趋势如何?

2.企业动态联盟如何规避存在的风险?
3.信息技术的发展对组织及其沟通方式产生了哪些影响?
4.结合实际,企业该如何提升数字沟通能力?

技能提升

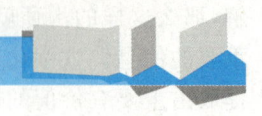

【案例分析】

两个"邮件门"事件

第五篇

领导力与沟通艺术实践篇

　　一个领导者如果要做好战略,就需要先带好核心团队;如果要带好核心团队,就要明确自己的角色定位并确定自己的能力能够很好地影响他人。这需要一个人首先能够管理好自己,并确保自己是一个有愿景、有目标能拿到成果的人。如果要管理好自己,就需要自己内在和谐,安稳,如果要内在和谐,就需要先处理好自己的压力和情绪,也就是说,作为领导者要带领团队最终实现组织目标,需要先进行自我沟通,在自我认知中实现自我提升和自我超越,在自我沟通的基础上实现有效的团队沟通。在这个过程中,领导者要使自己的领导力不断提升,发挥自己的能力和智慧,让团队成员信服自己。

　　在此基础上,本书的第五篇内容将探讨沟通实践的另一个层面——领导力提升。领导力提升与沟通艺术是密不可分的。作为领导者,在日常工作和管理过程中,需要跟不同的员工进行交流沟通,怎样通过沟通艺术和沟通方法提升自己在员工心中的影响力和信服力是需要进行探讨的话题。因此,本篇第一章内容首先进行了领导力内涵以及作为领导者需要借助哪些沟通艺术实现更好管理的总体阐述,以此为基础,本篇第二章内容主要编写了领导者向内修炼,即进行自我沟通的方法策略,第三篇内容编写了领导者的外在修炼,即在团队中怎样运用沟通艺术,发挥团队的协作效应。

第18章 领导力内涵与沟通艺术

本章思维导图

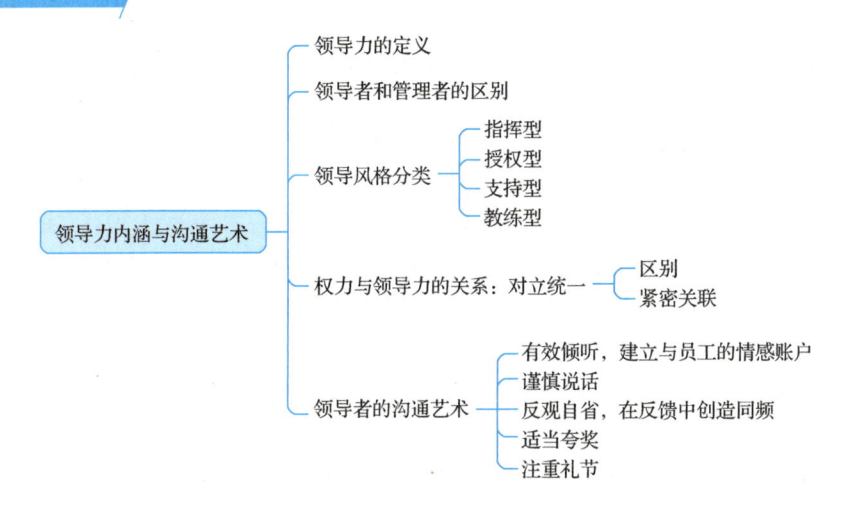

```
                        ┌── 领导力的定义
                        │
                        ├── 领导者和管理者的区别
                        │
                        │                  ┌── 指挥型
                        │                  ├── 授权型
                        ├── 领导风格分类 ──┤
                        │                  ├── 支持型
领导力内涵与沟通艺术 ──┤                  └── 教练型
                        │
                        │                            ┌── 区别
                        ├── 权力与领导力的关系：对立统一 ──┤
                        │                            └── 紧密关联
                        │
                        │                   ┌── 有效倾听，建立与员工的情感账户
                        │                   ├── 谨慎说话
                        └── 领导者的沟通艺术 ──┤── 反观自省，在反馈中创造同频
                                            ├── 适当夸奖
                                            └── 注重礼节
```

思政目标

本章学习引导学生在掌握领导力的基本概念的基础上，明确区分领导者和管理者的区别，以及权力与领导力的关系，重塑企业管理者对领导角色的认知。通过介绍四种领导力风格，丰富优化管理者在日常工作中的领导风格，提出领导者在与下属沟通时应注意的一些技巧，提高谈话内容和质量以及工作效率。

本章学习目标

◆ 掌握领导力的基本概念。
◆ 了解领导者与管理者的区别。
◆ 掌握四种领导力风格。
◆ 了解权力与领导力的关系。
◆ 掌握领导者的沟通艺术。

本章关键词

领导力；管理者；领导者；指挥型；授权型；支持型；教练型；权力；沟通艺术

> **引导案例**

遴选一名新的研究主管

桑德拉·科克是五大湖食品公司中负责研发的副总裁,该公司是一个拥有约 1000 名员工的大型快餐企业。由于公司最近进行了一次重组活动,桑德拉需要选用一个新的负责发展并测试新产品同时直接向她汇报工作的研究主管。五大湖食品公司的研究部门中有约 200 名员工。因为桑德拉已经感受到了总裁和董事会要求她提高公司的总体增长率和生产效率的压力,因此这一主管人选的确定就显得特别重要。

桑德拉遴选出了 3 位候选人。3 个人都来自相同的经理层。由于每位候选人都有极强的能力证明,桑德拉很难做出选择。亚历克萨·史密斯是公司的老资格员工,还在高中时就在公司的收发室做兼职,毕业以后在公司内先后担任了 10 个不同的职位,现任新产品市场开发的主管。而亚历克萨的业绩也多次说明了她极强的创造力和洞察力。在她的工作岗位上,亚历克萨已经为公司发展了 4 条新的生产线,并使它们打入市场。此外,亚历克萨还以其强调工作的持续性而闻名于公司内部:每当开始一个新的项目,她一定会坚持参与直到项目结束。这或许就是她所参与的 4 条生产线都能获得成功的原因。

第二位候选人是凯尔希·梅茨,她已经在公司工作了 5 年,现在是质检部门主管,以聪明著称。在加入公司之前,她从哈佛大学获得了工商管理硕士学位,并且是她所在班级中的佼佼者,人人都认为凯尔希终有一天会自己开公司做经理。同时,凯尔希还很有亲和力,在她的行为分析中,社交活动和人际关系总是能够得到很高的评价。公司高层中无论谁都可以说出和凯尔希合作时愉快的事情。加入公司以来,她已为公司开发投产了 2 条生产线。

第三位候选人是托马斯·圣地亚哥,他为公司服务了 10 年。在公司确定发展方向和制订战略计划的时候,公司的高层管理者常常会向他进行咨询。他一直是个"公司人",潜心专注于公司的远景建设。他信奉公司的价值理念并积极促进公司目标的发展。在他的表现评价中,诚实正直是尤为突出的一项品质。在他管理下的员工都很相信托马斯是公正的,并且能够一视同仁地对待他们。可见,托马斯在公司是很受人尊敬的。在他为公司效力期间,他参与开发了 3 条新的生产线。

由于公司高层的压力,桑德拉知道在这个新设立的职位上的人必须是最合适、最优秀的。现在桑德拉·科克所面对的问题就是如何进行挑选。

(资料来源:康青.管理沟通[M].6 版.北京:中国人民大学出版社,2022)

18.1　领导力的定义

杰克·韦尔奇曾说过,把梯子正确地靠在墙上是管理的事,领导的作用在于保证梯子靠在正确的墙上。因此,领导力不是特质,不是行为,也不是结果,而是一个由内而外的过程,如图 18-1 所示。

现代领导科学研究表明,领导力首先是一个影响的过程。重视个体影响力,对于加强组织领导力建设至关重要。个体影响力主要包括:胜任领导的能力、胜任领导的个性以及制约领导有效性的个人因素等重要层面。

从胜任领导的能力而言,需要具备业务、人际关系和战略思维三种不同类型的能力;从胜任领导的个性而言,需要激发培育领导欲望、领导行为风格、领导积极心态等个性心理品质;从领导有效性的个人因素来讲,需要领导者具备成就需要、变革创新、教育他人、组织群体以及有正确价值取向等基本条件。在此,个体领导力与组织领导力相互包容,高度融合,共同构成了领导力的核心内容。因此,我们可以说,领导力的实质是影响力。领导者要懂得做人的艺术而不是单纯做事的艺术,最终才能够以个人的品质和个性影响他人。

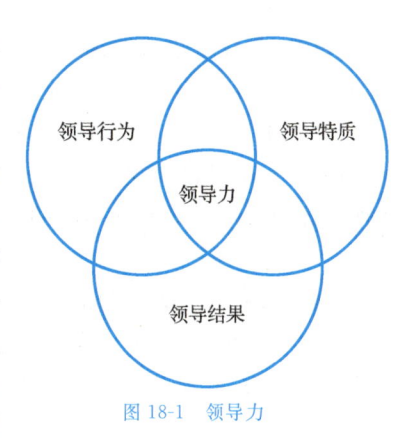

图 18-1 领导力

同时,领导力是一种非权力影响力,也就是说,它不是组织附加给领导者的强制力,而是领导者自身素质和现实的领导行为造成的影响力,是实现领导管理艺术的最高境界。对领导者而言,我们可以获得组织赋予的权力,但如果没有人格魅力,我们就难以拥有忠实的追随者。

必须强调指出的是,就领导力的适用范围来讲,任何人的优秀的品格、较强的能力、渊博的知识和较强的亲和力,都会对人产生一定影响力。也就是说,领导力并非专为企业组织中高层管理者所独有的能力,中层管理者、基层管理者也都具有领导力。推而广之,每一个企业组织成员都具有领导力,企业组织之外的社会上的每一个人也都同样具有这种能力。

• **案例拓展**

麦克斯维尔关于提升领导力的 21 个建议　>>>>>>

18.2　领导者和管理者的区别

1977 年,哈佛大学管理学教授亚伯拉罕·扎莱兹尼克发表了一篇经典文章《管理者与领导者:他们有区别吗?》。从此以后,领导者与管理者成为两个并不相同却极易混淆的概念。

领导者与管理者的关系是怎样的呢?

第一,领导者和管理者都是组织中拥有权力的个体,在组织中处于重要位置,对组织的发展产生重大影响。

第二,领导者与管理者是包含与被包含的关系,管理者从领导者中分离出来,即管理者有机会成为领导者。

第三,领导是一个影响的过程,负有协调群体活动的责任;而管理是一个指挥的过程,管理者的工作绩效依赖于被管理者。

第四,领导者更多使用个人影响力,影响他人执行任务;而管理者更多运用职位职权,指导他人执行任务。

总的来说,在理想情况下,领导和管理具有较强的相容性和交叉性,领导者和管理者工作的最终目标都是实现组织发展。但领导者与管理者还应区别对待,就像扎莱兹尼克所说:"领导者和管理者是两种不同的人。"领导者和管理者的区别都有哪些呢?

1. 人格特质

领导者犹如能力强劲的孤胆英雄,在做好自我控制的基础上去控制他人。领导者放眼长远,充满想象力,且善于沟通。管理者不是天才或者英雄主义者,而是坚韧、勤奋、聪明、宽容的。管理者将领导力视作管理的手段,更重视理性与控制。

2. 侧重方向

领导者所承担的责任是使组织有明确的方向,制定最合适的战略规划,适应不断变化的现实,即领导者真正的责任是开发未来前景,明确变化战略,确保组织成长。管理者需对绩效负责,通过制定详细的步骤或时间表,并监督计划实施的结果,确保目标的最终实现。

3. 目标态度

领导者对目标的态度是积极主动的,而非被动反应的。领导者要在"什么是想要的""什么是可能的""什么是必需的"三方面加以引导。管理者对目标的态度通常是被动的,管理目标源于"必需"而非"想要",但对目标的执行是非常坚定的。

4. 横向职能

领导者的职能是使组织最大限度地适应外部环境,因此需要建立核心管理团队,并通过带领此团队实现目标来领导整个组织。领导者要能从根本上、宏观上把握团队的行为过程。管理者的职能是使组织最有序、最有效,确保实现常规与特定的功能,因此需要稳定团队主体架构,并通过制度和规则实现管理的需要。管理者要具有很强的可操作性,能够注意到必要的细节和隐性的问题,要通过对人、财、物、时间、信息、资源等的安排与配置,使得诸因素得到合理运用,发挥最大效用。

5. 工作想法

领导者将工作的重心放在影响力建设、战略规划、目标激励和创新变革方面,并对长期存在的难题制订新的解决方案,且在解决问题的过程中能够主动触及风险和承担风险。管理者的工作重心是计算利益、减少冲突和调配资源,为达到方便执行和取得预期绩效,通常要规避风险。

6. 纵向发展

对于领导者而言,促进改革是非常重要的工作。任何组织随着时代的发展,变革都是持续存在的。团队组成离不开变革,团队执行离不开变革,整体适应环境变化离不开变革,整体保证未来发展离不开变革……这一切都由领导者牵引、影响,带领他人共同完成。

管理者也需要具备一定的变革意识,但并不是主要的。在领导者确定变革方向后,管理者要做的是稳定队伍,然后照章执行。因此,管理者起承上启下的作用,保证变革既深入彻底,又平稳到位。

7. 同理感受

领导者主要关注人的思想,关注事件和决策对参与者意味着"什么"。在人际关系中保持高水平感情投入,即以更加本能和更具有同理心的方式与他人建立联系。管理者喜欢与他人一起工作，并且关注参与者"如何"做成事情。在人际关系中保持低水平感情投入，只需达到调和差异、寻求妥协和平衡权力即可。

综合来看，成为领导者而非管理者，并不是成为一个领导式样的个体，而是成为能够带领组织的领导者。

领导过程和管理过程看似相同，其实存在根本性差异：复杂企业的领导过程分为三个部分——确定经营方向，联合组织成员，授权与激励。管理岗位的管理过程也分为三个部分——计划与预算，人员和资源配备，规划与控制问题。领导过程和管理过程的具体差异见表 18-1。

表 18-1　　　　　　　　　　　领导过程和管理过程的差异

领导过程	管理过程
确定经营方向： ①放眼长期目标 ②偏重宏观，但不绝对宏观 ③强调对风险的控制与承担	计划与预算： ①追逐短期成绩 ②偏重微观，但不绝对微观 ③强调对风险的回避与预见
联合组织成员： ①注重整体性 ②强调目标感和投入度	人员和资源配备： ①注重专业化 ②强调能力值和服从性
授权与激励： ①侧重于授权 ②采取心理激励	规划与控制问题： ①侧重于管制 ②采取经济激励

区分领导过程和管理过程要从相同中找出不同，如上表中的领导过程和管理过程都包含"激励"成分，但两种激励存在根本的不同。

作为领导者，激励行为的目的是让被领导者在获得成就感、掌控感、自尊感和归属感的同时，兴奋地完成任务，具体包括：

(1) 沟通愿景时强调被领导者的价值。

(2) 让被领导者自行决定如何实现与其相关的目标或目标的一部分。

(3) 通过教练、反馈、榜样等方式给予被领导者支持。

(4) 认可和奖励被领导者的工作成绩。

作为管理者，激励行为的目的则很简单——让被管理者遵守标准或计划，一般通过经济刺激来实现。而作为一名领导者，不再只关注被领导者的工作业绩，而是将关注重点转移到被领导者能否在未来更主动、更自由地创造更多价值。

• 案例拓展

哈罗德·吉尼领导下的国际电话电报公司

20世纪60年代，国际电话电报公司的高层管理人员坚决贯彻落实吉尼的企业管理模式：

领导者以严明的纪律和规则管理所有处于关键岗位的员工。这意味着持续不断地制定具体规划和预算,以便达成由吉尼提出的诸多财务目标,如"每年的每股盈利增长率(Earnings Per Share)保持在15%"便是一个重要目标;采用有效的经济激励措施引导员工以"达成具体规划和实现预算目标"为己任,持之以恒,攻坚克难;构建周密的掌控机制(财务掌控机制、常态化的工作总结会议),并密切关注这些机制所产生的数据信息;以高标准、严要求,更加全面系统地开展上述工作。

这一模式运用到诸多业务领域,并取得了重大成功。其间,国际电话电报公司收购了几十个公司。通过吉尼的企业管理模式,这些公司变得更具竞争力,从而获取了更大的商业利益。在此过程中,企业总收入由1960年的8.11亿美元攀升至1970年的636亿美元,净收益增长了10倍(3800万美元增长至3.93亿美元)。总的说来,这是令人印象深刻的业绩表现。

然而,这种管理模式并非尽善尽美,它缺乏足量的领导力。在过去十年间,竞争强度的激增导致商业环境的不确定性和不可控性增多,使得企业在面对新变化时显得捉襟见肘。在全新的商业环境下,要将具体规划(除了非常短期的计划),尤其是财务规划做好变得更加困难(悲观一些的人可能会说这完全不可能)。将管理的侧重点放在正式结构、配套系统、职位描述等方面将会造成刻板与僵硬的管理模式,导致企业无法对具有竞争力的全新增长点作出迅速回应。试图掌控所有人的管理倾向抑制了创新和积极性的萌发,而创新和积极性的萌发恰恰是真正竞争环境下所极度需要的。倘若上述问题无法得到妥善解决,终将会导致糟糕的业绩表现。对于糟糕业绩,企业通常会添加更加繁复的管理流程,恶性循环(糟糕业绩—繁复管理流程—更糟糕的业绩—更繁复的管理流程)就会周而复始,永无宁日。在这些情况下,为了完成几乎不可能完成的财务目标,某些倍感压力的员工甚至会铤而走险,做出有悖职业道德的行为。

很明显,案例企业"缺乏足量的领导力"。强有力的管理偏向于"严苛僵化",在没有领导力的情况下,管理常常会变得更加官僚主义,新颖的想法会变得越来越少,并出现掌控过度的情况。同理,强有力的领导力偏向于"变化无常",如果缺少管理(用于掌控事务和了解现状),领导力会演变为不可控的癫狂状态。因此,管理和领导力二者缺一不可。倘若两者中的任意一个处于孤立无援的状态,皆会导致企业运转的反常情况。

[资料来源:(美)约翰·P.科特.领导力要素.袁品涵,译.北京:中信出版社,2019]

18.3　领导风格分类

1. 四种领导风格

现代企业中,一般具有四种不同的领导风格,分别是:指挥型、授权型、支持型和教练型。指挥型和支持型的领导风格是基础,教练型及授权型的领导风格是我们应该提倡的。如图18-2所示。

指挥型领导者通过指挥使下属完成工作这一特点,是很多职业经理人可能采用的。即通过下达命令或者指示的方式让下属按照你的指令去办事,最后完成指令上的工作目标。

指挥型领导往往会让员工们直接按照指令做事,因此也就给员工们留下更为直观的印象。

授权型领导者给下属一个明确的授权,希望下属在授权之后自行安排,最终完成工作目标或者任务。在做事情的过程中,只要是在授权范围内,可以完全发挥他的主观能动性去完成这件事情。

支持型领导者对下属主要采取支持性的行为,而不采取指挥性的行为,也就是支持性的行为很强,指挥性的行为很弱。作为一个优秀的经理人,支持是一种基础。如果不支持你的下属,下属又怎会全力地去做好工作。有时候,应该对下属提出的一些问题,或给出好的建议,或是引导他们,而不要轻易否定。

图 18-2 四种不同的领导力风格

教练型领导者对下属的指挥行为和支持行为都比较强。作为一个管理者,首先应该是个"教练",下属的大部分工作能力实际上是上司在工作当中以教练的方式教给他的。上司如果不能做一个好教练,下属就成长不起来。

2. 领导风格对员工不同发展阶段的影响

指挥型的领导风格对处于第一阶段的员工最有利。在这个阶段,员工的工作积极性和热情都很高,但能力很弱,容易听从指挥,而且他对公司情况不了解,最容易信任的就是他的上司,因此,对他下达命令非常容易得到认同。这个时候,采取指挥式的领导风格是最好的,可以把员工的意愿充分地利用起来,弥补其工作能力的不足。

教练型的领导风格对处于第二阶段的员工最有利。处于这个阶段的员工,其工作意愿可能非常低,而且能力也不高,这时候员工最消沉,对公司、对工作的信心等处于最低谷。领导者通过扮演下属的教练,可以帮助下属尽快地成长起来。

支持型的领导风格最适合处于第三阶段的员工。这个阶段,员工的工作能力已经比较强了,而且有变动的意愿,这时领导者的角色就要转换为一个支持者,让员工自己解决工作中出现的问题,激发员工的积极性,使工作状态保持在较高水平上,避免工作状态忽高忽低。

授权型的领导风格最适合处于第四阶段的员工。这个阶段,员工的能力强、意愿高,很显然,指挥式的、支持式的、教练式的领导风格都不能适合这个阶段的要求了,因为员工有能力,也有工作的意愿,教练、指挥、支持都显得多余,这时候应该信任他,给他充分授权。

不同发展阶段的员工适用的领导风格见表 18-2。

表 18-2　　　　　　　　员工不同发展阶段适用的领导风格

阶段	员工特点	适用的领导风格
第一阶段	弱能力、高意愿	指挥型
第二阶段	有些能力,但意愿低	教练型
第三阶段	能力较强,有变动的意愿	支持型
第四阶段	能力强,意愿高	授权型

18.4　权力与领导力的关系

领导力不是权力,不是职务,不是地位,不是谋略。领导力是一种影响力,是一个人改变和影响他人心理和行为的能力。而权力的行使者向权力的接受者施加影响,是为了实现自己的目标,这个过程不需要权力的接受者与行使者具有共同目标,接受者只负责听从命令,具体实施,因此权力是在无冲突情况下实施的。

权力和领导力的区别就在于:权力的实施者让接受者做接受者本来不会做的事,或者权力的实施者让接受者做实施者想要他们做的事;领导者是促使被领导者为追求特定的、共同的目标行动,而这些目标代表了领导者和被领导者共有的价值观、动机、需求、期望。

权力与领导力既存在不同,又紧密关联。权力是单方面运作的,因此会一直有抵抗;领导力是双方面共进的,变抵抗为向上管理。权力具有带来变化的潜力,因此任何变化都是权力的应用;领导力将潜力变成现实,能为团队带来有意义的变化。运用权力不一定是领导力,但发挥领导力一定要运用权力——权力是领导力的资源。

只有把权力运用到实现组织目标上才是发挥领导力。比如,某团队在进行一项项目攻坚,下属都明确下一步的目标是什么,必须在两天内实现,现在时间很紧张,下属要怎么做?其实,无须领导者多说什么,下属都知道要加班完成自己的工作任务。但是,下属仍然会有抗拒心理,毕竟没人愿意加班。此时,领导者要发挥说服力、专业力、关系力和吸引力,将下属高度团结起来,同时给予下属愿景类回报和实质性回报。领导力的成功发挥最终会让下属从被动工作到甘心情愿追随。

总的来说,权力和领导力是对立统一的关系,一个人拥有权力不一定有领导力,一个人具有领导力不一定拥有权力。但是当具备一定的条件时,两者又是可以相互转化的。一个拥有权力的人可以在长期的工作中不断积累经验,掌握领导艺术,提高领导能力,将权力转化为一种领导力;一个拥有领导力的人也可以在长期的努力工作中逐渐得到上级领导的赏识,提拔其到一定的职位,便拥有了权力。

• **案例拓展**

亚科卡(IACOCCA):关于领导力的一次探究　>>>>>>

18.5　领导者的沟通艺术

作为领导者,具备高超的沟通能力已经成为领导活动得以有效实施的重要保证。沟通本身也已经成为领导者工作的重要内容之一。对于领导者来说,沟通是为了实现组织目标,黏合组织内部的运作关系,整合组织内外部的各种资源,实现相互支持、相互配合、相互助力。为了达到这个目的,需要运用各种沟通艺术和方法。

1. 有效倾听，建立与员工的情感账户

拿破仑说过，能控制好自己情绪的人比能拿下一座城池的将军更伟大。沟通并不仅限于言语对话，沟通是说者与听者信息产生共鸣振动的过程，是沟通者彼此间同理情感与调频意识的过程。遇到很多冲突的地方，往往是双方无法理解彼此的真实需要。有的言语都变成沟通中想用来征服或战胜对方的武器，使得沟通变成争辩的表象。高品质的沟通是维持和谐人际关系的基本要素。沟通，倾听是关键。倾听会让你成为"信息富翁"。倾听是收集信息的过程，表达是基于对信息的提炼和对信息的再加工。说者亦听者，听者亦说者，沟通即在接收中给予反馈，在给予中接收信息。

2. 谨慎说话

沟通追求的是双方情感的认同，是有明确目的的谈话而不是随意聊天。因此，沟通双方要尽力寻求双方的共同点，消除分歧点，才能达到沟通的目的。沟通中的"说"是很有学问的。首先，我们要做到对事不对人，不要把日常中对个人的感情和认知带到事情中来。当出现一件事时，可以针对这件事出现的问题去分析原因，找出解决办法，而不要去评价事情执行者的人品个性怎么样，有时甚至不注意地上升到人身攻击，引起当事人的不满和抗拒心理，影响沟通效果。其次，领导者要做到适时输出。谈话中如果只是倾听，谈话者必然会感到单调乏味，此次沟通可能很快就会结束，但如果领导者可以进行一些话题引导，在交流中向他人透露一些信息，反倒可以促进对话，勾起谈话者的分享欲，使双方均能分享经验，交流心得，较好地达成此次沟通的目的。最后，领导者要会提问，一是要把握好提问的时间，不能打断对方的说话，让对方感到突兀，思绪被扰乱，二是要把握好提问的内容，既不能问得过于直白，让对方难以接受，还要可以从问题中获得此次沟通所需的内容。

3. 反观自省，在反馈中创造同频

领导者创造团队的共鸣是以整体共同的信任与拥护为基础，没有抗拒、怀疑、分离，扪心自问一下：自己眼中的员工是什么样的？此刻是否呈现出很多关于他们负面评价的想法，员工的诸多令你不顺眼、不顺心的事情会涌现出来。然而，这些问题存在的地方正是领导者需要检视自身的地方，要反求诸己，自己看是否存在不恰当的领导方式。

沟通与反馈在企业发展过程中起到重要作用。再大的企业也是由点滴汇聚而成的，凝结无数点与滴的黏合剂就是沟通和反馈。

因此，领导者要将沟通与反馈联系起来，并从反馈回应中判断沟通的程度、走向。很多领导者认为自己懂得这个道理，并且常常实施，他们与员工沟通时会要求员工当场表达自己的想法并表态，以达成一致。我们透过案例来看看实际操作时会遇到哪些问题。

● 案例拓展 2

>>>>>>

领导者问 A 员工："这件事交给你去做，你有什么意见？"

A 员工："呃……没有。"

领导者："好的，去做吧。"

领导者问 B 员工："这项任务交给你去完成，应该没什么问题吧？"

B 员工："上次那件工作的结论还没有下来，到底怎么样了？"

领导者："还得再等等，你先把这件事完成。"

领导者问C员工:"这件事交给A去做了,你还有别的任务,没有意见吧?"
C员工:"没问题,您向来具有慧眼。"
领导者:"好,那就这样吧!"

上述案例中的领导者跟三位员工交谈都得到了反馈,但对于工作却没有任何实质性的助益。C员工用了一句恭维的话,领导者欣然接受;B员工提出了与这件任务无关的问题,领导者忽略了员工隐藏在话语之后未尽事宜的疑问;A员工的反馈中带有迟疑和停顿,说明他是有顾虑的,但领导者未予理会。这三种状况都可能引发执行不力、任务完成不好或者无法完成的局面。

领导者需要通过员工的反馈,了解自己在领导工作中存在的问题,实施有效的工作行为,透过员工的反馈,透过管理现象,看向自己,打开思维,打开心灵,保持与团队心智同频,产生协同效应。

4.适当夸奖

心理学家威廉·詹姆斯认为,人类性情中最强烈的渴望就是得到他人的认同。在企业管理中,有时金钱并不足以调动员工的工作积极性,但是一句褒奖会得到员工更多努力的回馈。人类的本性中都有渴望受到夸奖和赞美的需要,即总是希望得到他人或组织的肯定和赞赏。所以,一个优秀的领导者应主动发现员工身上值得赞美的地方,并进行真诚赞美,从而拉近自己与员工的距离,激发员工的工作热情。

5.注重礼节

首先,领导要注重自己的穿着整洁,干净整洁能向谈话者传递出自己对此次沟通的重视。另外,许多人在大众面前的第一印象,主要通过外表来展现。尽管个人形象和个人的人品、能力没有必然的联系,但却能从一定程度上反映其文化修养和审美观念,可以体现出领导者的外在魅力。其次,领导者要注意自己的言谈举止,领导者的说话是其文化水准、性格特征、嗜好、经历的直接表现,不仅影响到个人魅力,而且关系到工作的实际效果。领导者要善于运用言谈形象,做到言谈文雅,更容易获得沟通对象的尊重与亲近。同时,要防止语言过激而伤害彼此间的关系,注意委婉措辞、礼貌争辩,就算是对下属也要做到尊重,不要摆出一副高高在上的样子。另外,领导者在沟通时要表现得举止大方得体,才能有感召力和吸引力。在沟通协调时,注重细小的礼仪,会让沟通变得更顺畅。

本章小结

1.领导力首先是一个影响的过程。个体影响力主要包括胜任领导的能力、胜任领导的个性以及制约领导有效性的个人因素等重要层面。

2.领导者和管理者在人格特质、侧重方向、目标态度、横向职能、工作想法、纵向发展和同理感受上都有明显差别。领导过程和管理过程看似相同,其实也存在根本性差异。

3.四种不同的领导风格分别是:指挥型、授权型、支持型和教练型。

4.权力与领导力既存在不同,又紧密关联。权力是单方面运作的,因此会一直有抵抗。领导力是双方面共进的,变抵抗为向上管理。运用权力不一定是领导力,但发挥领导力一定要运用权力——权力是领导力的资源。

5.作为领导者,需要运用各种沟通艺术和方法实现组织目标,具体包括:有效倾听,建立与员工的情感账户,谨慎说话,反观自省,在反馈中创造同频,适当夸奖和注重礼节。

复习思考

1. 什么是领导力?
2. 领导者和管理者的区别是什么?
3. 领导力风格有哪几种?
4. 权力与领导力之间的关系如何?
5. 领导者在沟通时应注意哪些问题?

技能提升

【案例分析】

一名年轻商业领导者的领导力

第 19 章 自我沟通助力领导力提升

本章思维导图

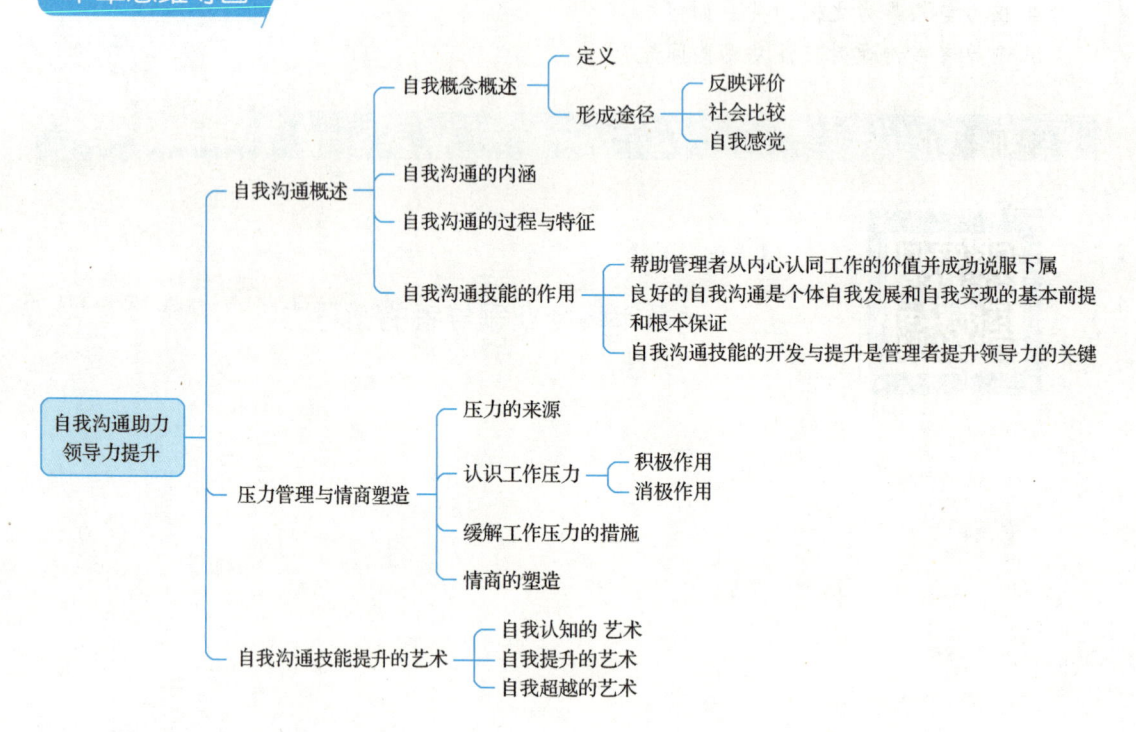

- 自我沟通助力领导力提升
  - 自我沟通概述
    - 自我概念概述
      - 定义
      - 形成途径
        - 反映评价
        - 社会比较
        - 自我感觉
    - 自我沟通的内涵
    - 自我沟通的过程与特征
    - 自我沟通技能的作用
      - 帮助管理者从内心认同工作的价值并成功说服下属
      - 良好的自我沟通是个体自我发展和自我实现的基本前提和根本保证
      - 自我沟通技能的开发与提升是管理者提升领导力的关键
  - 压力管理与情商塑造
    - 压力的来源
    - 认识工作压力
      - 积极作用
      - 消极作用
    - 缓解工作压力的措施
    - 情商的塑造
  - 自我沟通技能提升的艺术
    - 自我认知的艺术
    - 自我提升的艺术
    - 自我超越的艺术

思政目标

自我沟通又称向内沟通。自我沟通技能的开发和提升对领导力的提升具有关键作用。本章主要介绍了自我和自我沟通的概念,并在此基础上提出了压力管理和情商塑造的方法,进而提出自我沟通技能提升的三个阶段。通过本章学习,学生可以正确掌握自我沟通的艺术,从内心认同工作的价值,缓解工作压力,从而实现领导力的提升。

本章学习目标

- ◆ 了解自我的概念和自我概念的作用。
- ◆ 掌握自我沟通的内涵、过程、特征及作用。
- ◆ 了解压力和压力的来源。
- ◆ 正确认识工作压力并掌握缓解工作压力的措施。

◆ 掌握提升情商的方法。
◆ 掌握自我技能提升的三个阶段。

本章关键词

自我沟通；反映评价；社会比较；自我感觉；主我与客我；自我沟通过程；压力理论模型；生理压力源；心理压力源；情商塑造；认知自我；提升自我；超越自我

引导案例

谦逊型领导对员工工作投入的影响

自我概念理论认为，员工在与组织环境不断互动的过程中逐渐形成并发展某种自我概念。自我概念一旦形成，个体就倾向于坚持并维护这一概念，并产生与之一致的态度或行为。组织自尊是个体在组织情境下对自我重要性、自我价值和胜任能力的认知，是自我概念的核心变量。领导者的谦逊行为能最大限度地满足员工的尊重需求，提升其组织自尊水平。然而，谦逊型领导的谦逊行为的真实性是影响领导谦逊效果的重要因素。换言之，只有当下属感知到领导的谦逊行为是真实的时候，领导者的行为才有效。

工作投入是员工对其所从事工作的投入程度。员工工作投入的产生与个体特征、工作和家庭因素有关。研究表明，谦逊型领导重视、鼓励和支持员工成长，这有助于提升员工的工作投入。谦逊型领导有助于提高下属的组织自尊水平。具体原因有：第一，谦逊型领导对新思想和新信息持开放态度，有先听后说的习惯，且乐于接受他人的反馈和想法，让员工认为自己有能力且被领导重视；第二，谦逊型领导能给员工真诚的赞扬，并注意到员工的独特优势，认可和欣赏下属的优点，肯定员工的工作和努力，让员工感觉自己受到重视；第三，谦逊型领导关注和重视员工的成长，并为之提供相应的支持和帮助。因而，自尊水平较高的员工会产生与自我概念一致的态度和行为，进而更加努力地工作，表现出更高的工作投入。

研究发现，下属对领导谦逊行为真实性的感知可能是影响谦逊型领导效果的重要调节变量。真实性感知是个体对自身需求、动机意识及相关评价信息的总体知觉。当员工感知到领导的谦逊行为是真实的时候，他会认为领导是值得信任和尊敬的，同时也会因为得到领导信任和受到尊重而提高组织自尊水平。反之，员工无法与领导建立信任关系，会导致组织自尊水平降低。

组织自尊在谦逊型领导与员工工作投入之间起中介作用，为领导者提高员工工作投入找到了新的实现路径。因此，领导者要重视员工组织自尊的培养，在管理过程中要采取有效措施，以提升员工的组织自尊水平。在日常工作中要善于倾听员工的意见，乐于接受员工的反馈和想法，给予员工真诚的赞扬，并注意员工的独特优势，鼓励和支持员工成长。另外，员工的真实性感知越高，谦逊型领导对员工组织自尊的积极影响越强。为此，领导者要树立为团队成员服务的意识，并为团队成员提供持续的服务指导和相应的工作支持。此外，领导者还应注意与团队成员的良性互动，增进与员工的信任。

[选编自：赖华强,陈双双,赵永乐.谦逊型领导与员工工作投入：基于自我概念理论的视角[J].江苏经贸职业技术学院学报,2023(05):36-39.]

19.1 自我沟通概述

19.1.1 自我概念的定义与形成途径

1. 自我概念的定义

自我概念,简单地说就是个体如何看待和感受自己。它反映了个体对自我的判断,由此影响着个体的情绪体验与行为表现。自我概念形成的基础是个体所处的文化与组织的价值观。文化规定了个体怎样才算有能力以及怎样才是符合道德规范的认知与判断。个体所处的组织时刻都在向个体传递着种种期望。在这两者的基础上,个体体现文化的程度以及实现组织期望的程度,决定了个体的自我概念。

2. 自我概念的形成途径

自我概念的形成有以下三种途径:

(1) 反映评价

反映评价也叫反射性评价,就是我们从他人那里得到的有关自己的信息,即以他人的看法作为衡量自我概念的标准。一个人不同于其他人的自我意识不是生来就有的,它首先来自他人的反映评价。

(2) 社会比较

这是指个体通过与他人的比较来确定衡量自己的标准。我们每一个人总是在不断地通过社会比较发展和充实着自我概念。但个体所得出的关于自己的结论在很大程度上依赖于和谁进行比较。做学生时,可能会比较谁的成绩好,谁的朋友多;工作之后,可能会比较谁的薪水高、谁的工作干得出色、谁的服饰讲究、谁生活得舒适;担任领导了,可能会与其他单位的领导比工作情况和所拥有的资源等。个人的满足感、个人的评价标准往往通过社会比较不断地发生变化。

(3) 自我感觉

自我感觉是指自己看待自己的方式。它的作用是随年龄增长,自己在实践活动中的行为表现和取得的成果会成为一面镜子,这面镜子能反映出自己的体力、智力、情感、意志、品德等情况,从而使之成为自我认识评价的依据。对一般人来讲,随着年龄的增长,自我感觉发挥的作用会越来越大。

19.1.2 自我沟通的内涵

除了与他人进行沟通,自我沟通(Self-Communication)也是十分重要的沟通形式。它是发生在同一行为主体的自我意识沟通,如个体自身的独立思考、自我反省、自我知觉、自我激励、自我(内心)冲突以及自我批评等。

自我沟通是在主我(I)与客我(me)之间进行的一种信息交流过程,通过从内心准确认识,把握和修正自己的感受、想法、情绪乃至行为,从而达到提升自我,有效地实现与周围环境或对象进行沟通的目的。自我沟通能力是任何一个成功的沟通者必须具备的基本素质。

人们的沟通策略和方式,极大地依赖于他们是如何定义和评估自己的。然而,人们对自己的定义和评估是依靠自我沟通过程来实现的。

自我沟通是其他任何一切沟通活动的基础,也是个体自我发展和自我实现的基本前提和根本保证。个体通过自我沟通,对自我进行审视与反省,进而树立奋斗目标,制订行动计划,为随后的自我发展和自我实现奠定了基础。

19.1.3 自我沟通的过程与特征

1. 自我沟通的过程

沟通是指沟通主体为了实现某种目标,通过编码和组织信息,选择有效的沟通渠道输出信息,沟通客体通过解码来接收信息,并以反应的方式对信息作出反馈的过程。这个过程包含主体、客体、目标、信息、渠道、反馈等要素。自我沟通同样也遵循这一过程,不同的是,沟通的主体与客体都是同一对象——"自我"。自我沟通过程如图19-1所示。

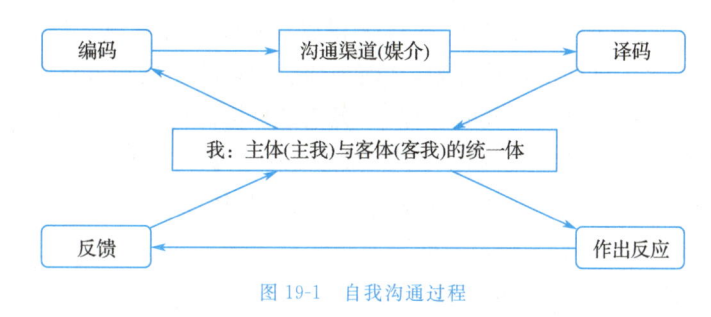

图 19-1 自我沟通过程

自我沟通首先可以被看成是一种生理过程。人体包括信息接收装置(感官系统)、信息传输装置(神经系统)、记忆和处理装置(人的大脑)以及输出装置(发声等表达器官及控制这些器官的肌肉神经)。这些组成了人进行自我沟通的信息处理系统。

2. 自我沟通的特征

自我沟通相对于一般沟通活动而言,有其自身的特殊性,具体主要表现在:

(1)主体与客体的同一性。在自我沟通的过程中,沟通的主体与客体都是"我"本身。"我"同时承担着信息编码和解码的功能。

(2)自我沟通的目的在于说服自己,而不是说服他人。因此,自我沟通常常在自我的原来认知和现实的外部需求与期望出现冲突时发生。

(3)沟通过程中的反馈来自"我"本身——主我。由于信息输出、接收、反应和反馈几乎同时进行,因此这些基本活动之间没有明显的时间分隔,它们几乎同时发生、同时结束。

(4)沟通媒介是以"我"为载体的,可以是"我"的语言(如自言自语)、文字(如日记、随感等),也可以是自我的心理暗示。

• **知识链接**

自我沟通与管理沟通的联系

19.1.4　自我沟通技能的作用

1. 帮助管理者从内心认同工作的价值并成功说服下属

成功沟通的前提是成功的自我沟通。"要说服他人,首先要说服自己"就是对自我沟通重要性和必要性的现实概括。在一般情况下,无论从管理民主性看,还是从激励理论看,每一个个体积极性的发挥来自自身对工作的认同。管理者要指导、管理和激励下属去完成某一项任务,首先应该从内心里认同其工作的价值。管理者自身和下属共同认同工作价值的过程,实际上是一个自我沟通前提下的人际沟通过程,是一个主体和客体认知趋同的过程。在双因素激励理论中,研究者认为,个体对工作的兴趣属于内在的激励因素。因此,管理者要成功实现管理的职能,提升领导能力,本质上要求管理者意识到工作本身的意义和价值,并由此对工作产生兴趣。

2. 良好的自我沟通是个体自我发展和自我实现的基本前提和根本保证

一方面,正是由于成功的自我沟通,个体才得以对自我进行审视与反省,进而才得以树立自己的奋斗目标,制订自己的行动计划,从而为随后的自我发展和自我实现奠定基础。另一方面,在个体自我发展和自我实现的过程中,无论是目标的树立、方向的确立、计划的制订还是具体行为、行动的采取、实施、调整、控制,其中每一步骤的顺利完成都是以个体一定的自我沟通为手段的,实际上也都是个体自我监控能力的具体表现。

3. 自我沟通技能的开发与提升是管理者提升领导力的关键

自我沟通的目的是在取得自我内在认同的基础上,更有效率、更有效益地解决现实问题。自我沟通是手段和过程的内在统一,而最终目标在于解决外在的问题。因此,自我沟通是一个内在和外在的统一过程的联结点,没有自我沟通过程,本我认识和外界需求就成为各自孤立的分离体。

- **案例拓展**

别让思维走进死胡同　>>>>>>

19.2　压力管理与情商塑造

19.2.1　压力的来源

压力的来源指的是在日常生活中,由于各种因素而引起的一种紧张状态。它可以来自人、环境和社会等方面。压力源包括外部压力源和内部压力源。外部压力源主要有经济负担大、工作超负荷、学业负担重、职业发展不理想等。内部压力源则包括身体因素、心理因素以及精神上的问题。

• **知识链接**

全球情绪能力先驱汤姆·斯通提出的
束缚人们的 12 种核心动力 >>>>>>

罗宾斯的压力理论模型认为,压力是一种动态情景,在这种情景中,个体要面对与自己所期望的目标相关联的机会、限制及要求,并且这种动态情景所产生的结果是不确定的而又被个体认为是重要的。这个定义有两层含义:①压力总是与各种限制与要求相联系;②潜在压力转化为现实压力的两个必备条件是:结果具有不确定性,同时结果对个体来说是十分重要的。

哪些因素会导致压力感的产生?它会给个人带来何种后果?为什么在同样的压力条件下,不同的人压力感有强有弱?罗宾斯的压力模型如图 19-2 所示,提出了压力源是由环境、组织和个人三方面潜在的因素构成的。这几方面的因素是否会导致显性压力感的形成,取决于个体差异。个体差异影响压力感的 5 个中间变量为个人认知、工作经验、社会支持、控制点(内控—外控)、敌意感,相应的结果则包括生理症状、心理症状与行为症状三个方面。

19.2.2　认识工作压力

在如今这个到处都充满竞争的社会中,组织想要生存和发展进步,就必须时刻准备好迎接各种压力和挑战,任何能够帮助企业获取竞争优势的战略,最终都必须具体分解为各种相应的工作任务和执行活动。

竞争越激烈,组织所承担的工作任务和执行活动也就越多,由此面对的工作压力也就越大。而说到底,组织就是由各种不同的成员所组成,组织所承负的压力最终都会分解到组织中的每一个成员身上。

在管理学和组织行为学研究领域,对工作压力的认识显得更为积极。在管理学领域,对工作压力的研究较为关注工作压力源因素、工作压力与工作绩效的关系。在压力管理的策略上,更加强调的是组织中工作压力的有效保持与工作压力系统在组织内的合理分解与分担。

大部分工作压力的引发因素及其可能造成的后果,见表 19-1。

表 19-1　工作压力的引发因素及其可能造成的后果

工作压力因素	引发因素	可能造成的后果
工作条件	生产线歇斯底里症;物理危险;技术压力;工作超载;条件多变	生理和心理疲劳;烦扰和紧张感增加
角色压力	角色不稳定;性别偏见	焦虑和紧张增加;工作业绩低下
人际关系因素	不理想的工作和社会支持体系;竞争、嫉妒、生气;缺乏关心	压力增加;血压升高;对工作不满
职业发展	降职;升职;抱负受挫	生产力低下,自信心降低;焦虑增加;对工作不满
组织结构	僵化和非个人结构	工作动力降低;对工作不满
家庭、工作之间相互影响	配偶缺乏支持;不规则的工作时间或工作负荷过重	工作家庭冲突增多;精神压力大;工作动力降低

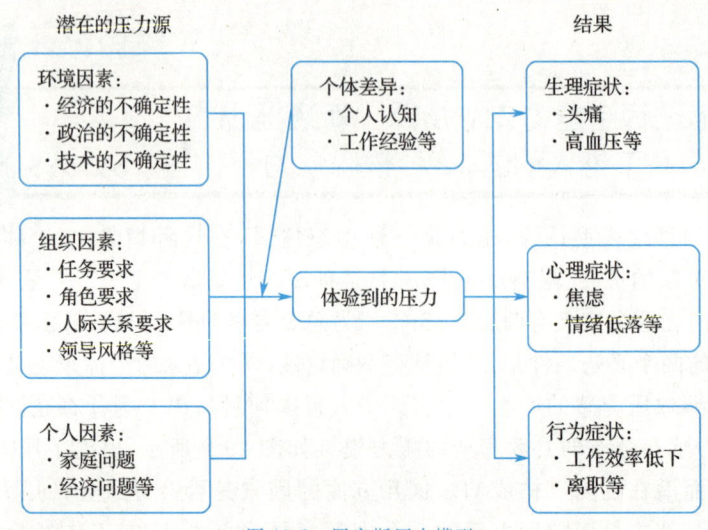

```
潜在的压力源                                    结果

┌─────────────┐
│ 环境因素:    │
│ ·经济的不确定性│────┐    ┌─────────────┐    ┌─────────────┐
│ ·政治的不确定性│    │    │ 个体差异:    │    │ 生理症状:    │
│ ·技术的不确定性│    │    │ ·个人认知    │────│ ·头痛        │
└─────────────┘    │    │ ·工作经验等  │    │ ·高血压等    │
                   │    └──────┬──────┘    └─────────────┘
┌─────────────┐    │           │
│ 组织因素:    │    │           ▼
│ ·任务要求    │    │    ┌─────────────┐    ┌─────────────┐
│ ·角色要求    │────┼───▶│ 体验到的压力 │────│ 心理症状:    │
│ ·人际关系要求 │    │    └──────┬──────┘    │ ·焦虑        │
│ ·领导风格等  │    │           │            │ ·情绪低落等  │
└─────────────┘    │           │            └─────────────┘
                   │           │
┌─────────────┐    │           │            ┌─────────────┐
│ 个人因素:    │    │           │            │ 行为症状:    │
│ ·家庭问题    │────┘           └───────────│ ·工作效率低下│
│ ·经济问题等  │                             │ ·离职等      │
└─────────────┘                             └─────────────┘
```

图 19-2　罗宾斯压力模型

通过历代学者对工作压力的研究探讨,我们可以发现,工作压力对个体发展的影响有消极的一面,也有积极的一面,关键在于压力是否在我们应对能力范围之内。适度的压力对员工会产生正向刺激,可以使员工处于兴奋状态,明确工作目标,增强工作动力,迅速提高绩效。

1. 工作压力的积极作用

适度的压力可以使人集中注意力、提高忍受力、增强机体活力以及减少错误的发生。压力可以说是机体对外界的一种调节的需要,而调节则往往意味着成长,在压力情境下不断地学会应付工作任务的有效方法,可以使应付能力不断提高,工作效率也会随之提高。

2. 工作压力的消极作用

工作压力过度或者严重不足,引起的紧张症状可归为生理症状、心理症状和行为症状三种类型。

(1)生理症状。压力感出现的初期,最容易引起注意的就是生理方面的症状。人的心理还能够承受,但是生理器官可能比较明显地反映出来,主要包括新陈代谢紊乱,心率、呼吸加快,血压升高,头痛,易患心脏病等。

(2)心理症状。工作不满意或工作满意度下降可以说是工作压力过度的最简单、最明显的心理影响后果。当个人工作繁杂、工作方式过于单调,绩效反馈机构和机制不健全,对工作缺乏控制感,又常常伴随角色模糊以及角色冲突时,压力感和不满意感都会增强,对工作丧失兴趣,工作参与程度也会随之降低。除了工作满意度下降外,还会出现其他心理症状,如紧张、焦虑、易怒、情绪低落等。

(3)行为症状。个人面对沉重的压力,在行为方面也会发生一些改变,包括工作效率下降、缺勤、离职,或饮食习惯改变,如嗜烟、嗜酒、烦躁、睡眠失调等。

• 案例拓展

工作再设计模型——如何缓解工作情景压力
>>>>>>

19.2.3 缓解工作压力的措施

当下,社会竞争不断加剧,变幻莫测的职场令人难以琢磨,就业压力和失业压力并存。为了生存,我们不得不在压力中前行,优胜劣汰。我们无法控制压力的存在,但可以采取有效措施去缓解工作压力。

1. 提升自信心,抵御压力

抵御工作压力的一个重要因素是树立自信心。自信心是一个人相信自己的心理状态,它反映了个体对自己是否有能力完成某项活动的信任程度,是个体对自己实力的正确估计和积极肯定。自信心强的人通常具有高能量,当工作压力变大时,提高自信,坚持"我一定能做得到"的想法是十分必要的。

2. 情境性的自我管理

情境性的自我管理包括认知重构、运动和呼吸训练等。我们可以通过改变假设来缓解压力体验,比如,面临意外的失败,想到失败可能会带来的种种后果,个体会感到很大的压力。如果能改变假设,把这次失败看成是工作中的一个小事件,或是成功过程中常见的一次挫折,心存感激地接受失败带来的教训以及积累的工作经验,多思考明天应如何做才能取得成功……那么个体的压力体会就会减轻很多。另外,当我们面临很大的任务挑战时,也可以通过运动放松和呼吸训练来减轻压力体会。

3. 控制自己的情绪

控制自己的情绪首先要学会对自己的情绪保持敏感。当自己出现情绪起伏时,争取在第一时间觉察到情绪波动的信号,这样可以保证有足够的时间去消化和分散注意力。就像火灾一样,在火势蔓延达到难以控制的地步之前赶紧想办法灭火,不要错过了最佳时机。

• **知识链接**

控制情绪的方法 >>>>>>

4. 善用沟通技巧,解决工作压力

在职场中,因为涉及各方利益,难免会有冲突和矛盾。如何应对和处理这些问题呢?学习一些正确的沟通方法,管理好自己的情绪,在处理事情时,合理地表达自己的诉求,能够达到更好的沟通效果。

在社交中,我们可以遵循两个原则:一是工作方面,从大局出发,不带个人情绪,有事说事,没事不随意打扰别人;二是情感需求方面,可以与朋友常联络,话题既有趣又有意义,善于倾听,使对方在聊天中缓解工作压力。

5. 养成乐观的心态

良好的心态可以增强个体的适应能力,从根本上减少过度压力反应的机会。因此,个体应注意养成良好的心态,树立正确的价值观。人的一生不仅要追求结果,更应注重过程的体验,即使有暂时的挫折,也要保持乐观的心态。同时,努力提升自身业务水平和人际交往能力,也可以有效减少因自身能力不足而体会到很大压力的可能性。

• **案例拓展**

美国商人与墨西哥渔夫的对话
>>>>>>

19.2.4 情商的塑造

情商是成功所需要的几种智力因素之一。人们在语言、逻辑、数学和音乐方面的能力千差万别,在感情处理上的表现也各有不同。

美国拉特斯大学研究员莫里斯J·伊来亚斯在《推进社会的和情感的学习》一文中认为,"情商是在日常生活、学习及处理与他人的关系时理解他人情感和表达自己情感的能力"。使用情商是十分有必要的,因为它将有助于:

(1)靠逻辑和情感解决问题。

(2)在变化的环境里保持灵活性。

(3)帮助其他人正确表达其需要。

(4)沉着而理性地应付难缠的顾客。

(5)保持乐观和积极的形象。

(6)不断学习如何完善你自己和你的组织。

南开大学管理学教授韩经纶提出,如今面对知识爆炸和竞争的加剧,个人为了获得成功,仅靠天赋和技能是远远不够的。如何在一个团队中与人相处,建立良好的人际关系更为重要,缺乏感情魅力的人在处理人际关系冲突或抱怨时会束手无策,他们在紧张和压力大的环境中会失去自我控制,进而毁掉自己的幸福。

因此,本书在此基础上总结了几个情商塑造方法,希望对学生情商的提升有所帮助。

1. 明智地思考

学会如何进行明智思考,将会帮助你作出更优的决定,避免做出让自己后悔的事;减少你生活中的压力,同时也减少对他人的压力。

丹尼尔·戈尔曼在《情商》一书中认为,自我认知是在情感发生时对情感的识别能力,这种能力是情商塑造的关键之处。自我认知就是了解自己的想法和情感,有了对自己的正确认识,才会有作出更好选择的能力。首先正确认识自己的大脑,其次聆听自己内心的想法,最后学会控制自己的思维,阻止本能的反应。

在正确自我认知的基础上,修正你的思考方式:即使现在情况处于无序和混乱状态,但自己仍然可以采取行动来改善它;保持积极态度,对不能控制的事情停止抱怨,让自己保持冷静。

除此之外,乐观的思考也有助于情商的发展和事业的成功。乐观的人的幸福程度和精力水平都较高,他们认为自己是重要的,所从事的工作是有价值的。

2. 提升社交魅力

情商高的人知道怎样在与别人的互动中展示魅力,他们能够在变化的环境中针对特定人的需要使用适当的语言和行为。成为有魅力的人的三个关键是:

(1)运用社交技巧与别人进行有效沟通。
(2)控制自己的情感以应对恼怒和压力。
(3)发生变化时,要灵活地适应。

构建社交技巧的方法有:拓展情感词语,使用不同词语真实准确地表达你对别人的感情;改善倾听技巧,认真地倾听别人,当别人感受到尊重和关注时,他们就更可能平静而真诚地表现自己;适应别人的沟通需要,在对沟通客体进行分析的基础上采用合适的沟通策略和风格,确定最可能取得沟通成功的策略。

另外,善于情感控制也有助于提升社交魅力。当人的情感超越了理性,与其进行积极有效的沟通是很困难的。人们不得不经常应对情感失去控制的人,他们可能是同事、上级、顾客,甚至是自己。愤怒的情感就像个小偷,偷走了你大脑的一部分,偷走了你的部分理智,让你说出了一些事后感到懊悔的话,愤怒的情感有时变得那样强烈,以至于演变成语言上的谩骂和行为上的暴力。

- **知识链接**

控制情感的好处与挑战 >>>>>>

控制情感的技巧有:保持大脑的平静,放慢呼吸频率,做一个深呼吸并放松,了解你的情感,了解导致你生气的真正原因;准备一套方案来应对生气的人,对消极的人给予反馈,等等。

3. 构建灵活的工作技巧

构建灵活的工作技巧,利用问题解决导向灵活地解决工作当中遇到的难题,有魅力地组织、鼓励人们互相尊重。有魅力组织的领导人是情感控制的表率,在处理情绪失控的局面时,他们会保持冷静和思路清晰。在有魅力的组织中,粗鲁、敌意和不尊重是令人难以接受的,因为这些会降低员工的工作热情,削弱有效解决问题的能力。

一个有出色表现的团队和"仅仅完成任务"的团队之间是截然不同的。前者是有战斗力的、实现或超出目标的以及帮助组织和团队成员成长的。后者会使团队陷入困境,往往是由于较差的人际沟通技巧、不明确的角色和较低的承诺。后者实际上很少能够完成他们的任务。

较高业绩团队的领导者往往能够:
(1)统一全体成员的思想,使每一个人都"同在一个屋檐下"。
(2)激发人们对共同目标的热情。
(3)利用团队会议时间激发团队的能量,使每一个人都能够在开放和坦诚的讨论中贡献自己的智慧。

19.3　自我沟通技能提升的艺术

自我沟通技能的提升有三个动态发展阶段,分别是:认知自我、提升自我、超越自我,如

图 19-3 所示。

超越自我
突破自我超越的障碍
超越目标和愿景

提升自我
修炼信誉与胸怀
自我否定与自我学习

认知自我
审视自我动机
静心思考自我

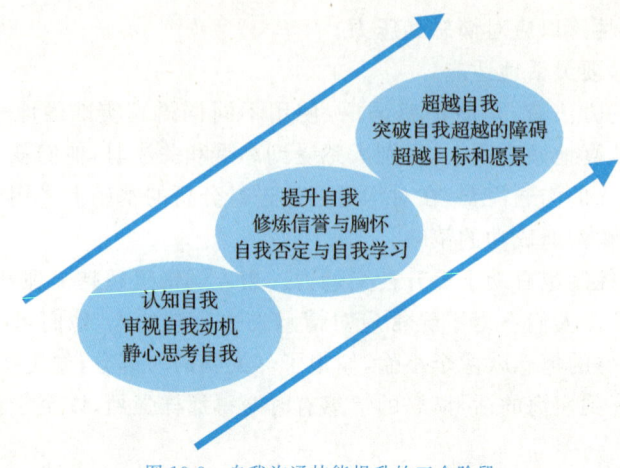

图 19-3　自我沟通技能提升的三个阶段

19.3.1　自我认知的艺术

1. 客观审视自己的动机

认识自我,就是人在社会实践中,对自己(包括自己的生理、心理、社会活动和整个主观世界)以及自己和周围事物关系的认识。自我反省是对自我再次认识的过程。管理者处于一个多变的环境,自身的内部动机时刻都可能与外部动机发生冲突,这就需要管理者经常性地从内部动机和外部动机两方面去审视物质的自我、社会的自我和精神的自我。所谓内部动机,就是由于个体自身的需要而产生行为;外部动机是根据社会环境的需要而产生行为。内部动机和外部动机是一个相互作用的过程。重新审视自己的动机,是为了唤起自己残缺的内在动机,激发对外在动机的兴趣,认识自我在工作中的价值,从而以饱满的精神投入到工作中去。

2. 静心思考自我

有效的管理者应该做自己时间的主人。作为管理者需要思考、处理的问题往往比一般人多许多。管理者的时间几乎都被他人占据,这也是由管理者的工作性质决定的。为了有效地管理下属,实现组织目标,管理者要清醒、客观地审视自己的动机,首先要以静心地审视和反省自我为前提,这就要求管理者懂得静心思考的艺术。

管理者要花很多的精力去分析下属和上司的需要,去安排、指导并监督工作的完成情况,对于工作中出现的种种问题,要进行决策和处理。当然,这些都是管理者职责范围内的,但是管理者一定不要成为工作的奴隶。在繁忙中,务必给自己留出思考自我的时间。

为了能够静心思考,首先要善于创造安静的空间,把自己从烦琐的事务中脱离出来,从他人的干扰中脱离出来。这样的空间,可能是在你的办公室里,可能是在自己的家里,可能是在自然界里,也可能是在其他地方,关键在于你是不是有意识地去发现这样的空间或利用这样的空间。属于自己的空间要靠自己去创造,靠自己的心灵去创造。人们除了空间上营造与自然、人类和自我共鸣的环境外,还要努力在时间上延伸自我的价值。管理者要学会静心思考,应该以学会自我控制时间为基础,做自己时间的主人。具体要遵守以下四个方面的原则：一是学会把时间花在重要的事情上，而不是紧急的事情上；二是学会分清相对重要和相对紧急的事；三是在时间管理策略上应注重结果而不是过程；四是在必须说"不"的时候，要果断拒绝，不要感到内疚。

无论是创造自己的空间，还是创造自己的时间，根本目的是创造一个自己能够自由思考的环境。

19.3.2　自我提升的艺术

1.修炼信誉和胸怀

管理者的自我修炼是多方面的，目的是通过修炼达到态度与行为的改变和提升，但态度与行为的改变是以基本素质的改变为基础的。要想有效地与他人进行沟通，从管理者自我沟通的角度来看，也必须从基本素质与态度、行为两方面来不断修炼自我。管理者的基本素质包括很多内容，在这里主要强调管理者信誉和胸怀的修炼。对于态度与行为的改变，则要求管理者通过不断地自我学习与自我否定来达到提升自我的目的。

（1）信誉修炼。所谓信誉，就是"言必行，行必果"和"一诺千金"。古人对领导者的要求是"修身、齐家、治国、平天下"，这里的"修身"，就是具备良好的品德。在社会呼唤诚信回归的今天，信誉是企业经营管理者品德的第一体现。

• **知识链接**

现代企业的管理者怎样才能做到有信誉？　>>>>>>

（2）胸怀修炼。古人用"河海不择细流""有容乃大"的哲理来激励人们开阔胸怀。现代企业的经营者是企业的领导者，必须具有广阔的胸怀，否则就会"无容则小"，导致企业无法形成团队。现代企业经营者作为企业整体生产经营活动的领导者和责任承担者，其工作内容主要是与人有关的管理和与事有关的决策这两项活动。日新月异的科技进步和日趋激烈的市场竞争，要求管理者在工作决策时一定要谨慎做事，谋定而动；在关键时刻，要善于抓住机遇、敢于迎接挑战，不要总是瞻前顾后、患得患失，保持一种处事不惊、镇定自若的胸怀。

• **知识链接**

现代企业管理者怎样拥有宽阔的胸怀？　>>>>>>

2.在自我否定和自我学习中提升自我

不断地学习进取，是当今社会的竞争格局对现代企业经营管理者提出的要求，而能否进行主动学习，首先取决于能不能自我否定。除了自我的学习与探索，还需要倾听他人的意见。有些经营管理者，总是醉心于向别人展示自己的成功业绩、经验、成果，而面对部下提出的各种意见或建议，他们不是觉得对方过于幼稚无知，就是只听上两句就直接打断。经营管理者的自我提升的关键所在，并不是用什么方法去进行学习的问题，而是要善于自我否定，抛开自身的成功与经验，并且在这个过程中，还要积极有效地倾听他人的意见，从而不断进行新的探索。

19.3.3 自我超越的艺术

1. 突破自我超越的障碍

自我超越又叫自我突破或自我完善。自我超越是个体成长、学习、修炼的最高境界。认识自我和提升自我是超越自我的必要条件。没有自我的认识，也就无所谓超越的目标；没有提升的过程，也不可能超越自我。自我超越是每一个人都希望达到的境界，但又不是每个人在任何时候都能实现的。在自我发展的过程中，我们要努力跨越自我超越的障碍，把握自我超越的关键所在，有意识地开展自我超越的心理练习。

在现实生活中，存在着一些不利于突破自我思维的障碍，具体表现在以下几个方面：

(1) 思维定式。所谓"思维定式"，指的是一种思维方式形成之后，就会长期积淀下来，并以一种固定的框架限制人们的思维。有了这种思维框架，人们往往喜欢走老路、向后看或维持现状；对新事物，不是坚决反对，就是看不惯。自我超越要求个体在思想上首先要打破自我的思维定式，进行思维创新。

(2) 盲目崇拜权威。权威人物往往在某方面做出的贡献较大，或者他们是某些领域的专家，对于他们的贡献与成果，我们自然应予以尊重。但是，尊重并不等于盲目崇拜。所谓"盲目崇拜"，是指个体认为杰出权威的一切理论甚至是一举一动都是绝对正确的，不假思索地完全接受或模仿。盲目崇拜也就是个人迷信。一个人一旦对某人产生了个人迷信，就会对其思想不加分析地继承，自己完全丧失创新的勇气，创新思维就会因此窒息。

(3) 过于谨小慎微。一个勇于创新的人，往往是一个勇于尝试的人，既要认真吸收自己或他人的经验或成果，又要善于发现存在的不足之处，不断探索新的道路。在这个过程中，需要有一种勇气，一种不怕失败、甘冒风险的勇气。过于谨小慎微往往走不出一条新路，自我超越也就无从谈起。

(4) 过时的知识结构。每一个人，由于出身、经历、所受教育与社会实践的不同，形成的知识结构也千差万别。在当今知识更新周期不断缩短的情况下，以往的知识体系如果不能及时地注入新鲜的知识血液，那么迟早会形成接受新知识的阻力，思维模式就会僵化守旧。

2. 超越目标和愿景

所谓"愿景"是指期望的景象，它是个体所追求的理想目标。为了实现新的目标和愿景，具有自我超越意识的人会永不停止地学习，向他人学习，向生活和工作学习，向社会学习，向自然界学习。

建立个人愿景，要求人们看清自己真正想要的是什么，把精力聚焦在真正追求的目标上。萧伯纳曾这样描述愿景，生命中真正的喜悦，源自当你为一个自己认为至高无上的目标，献上无限的心力的时候。它是一种自然的、发自内心的强大力量。正是因为它是人们真正想做的事情，所以人们自然会给自己或他人以承诺，即使面对挫折时，也能坚忍不拔、意愿坚定地进行下去。

在建设性的自我沟通中，应建立"以自我为目标"的理念，也就是要从纵向的、历史的角度去设定目标和愿景，去评判自我，超越自我，而不是一味地横向比较。该理念强调的是自我精神追求的不断提高，是一种不断设定内心目标、持续自我激励的过程。自我超越的人不是封闭自我的人,他在设定自我目标和愿景的过程中,不断地向他人学习。在与他人、外界沟通过程中敏锐地觉察自己的无知、力量不足和成长极限,并以改变结构方式,把自己从原有的思维与行为的框架中跳出来,从而使创造性张力更有力量。在学习过程中不断"摈弃"自我,由此就会发现自身人格的力量不断地得到升华,与他人的关系得到正强化,团队合作更容易实现。

本章小结

1. 自我概念是由一系列的态度、信念和价值标准所组成的有组织的对自己的认知结构。自我概念实现的途径有三个:反映评价、社会比较和自我感觉。

2. 自我沟通是在主我(I)与客我(me)之间进行的一种信息交流过程,通过从内心上准确认识、把握和修正自己的感受、想法、情绪乃至行为,从而达到提升自我,有效地实现与周围环境或对象进行沟通的目的。

3. 自我沟通技能的开发和提升对领导力提升具有关键作用。

4. 罗宾斯的压力模型提出了压力源是由环境、组织和个人三方面潜在因素构成的。这几方面的因素是否会导致显性压力感的形成,取决于个体差异。

5. 工作压力对个体发展的影响有消极的一面,但也会有积极的一面,关键在于压力是否在我们应对能力范围之内。

6. 缓解工作压力的有效措施有:提升自信心,抵御压力;情境性自我管理;控制自己的情绪;善用沟通技巧解决工作压力;养成乐观的心态。

7. 情商是成功所需要的几种智力因素之一。情商塑造可以借助以下几种方法:明智地思考、成为有社交魅力的人和构建灵活的工作技巧。

8. 自我沟通技能提升的艺术有三个阶段,分别是:认知自我、提升自我和超越自我。

复习思考

1. 简述自我的概念和自我沟通的概念。
2. 自我沟通技能对领导力提升具有哪些作用?
3. 压力的来源有哪些?如何正确认识并缓解工作压力?
4. 情商塑造的方法有哪些?
5. 自我沟通技能提升的艺术有哪三个阶段?

技能提升

测一测,你是否具有工作压力?

第 20 章　团队沟通助力领导力提升

本章思维导图

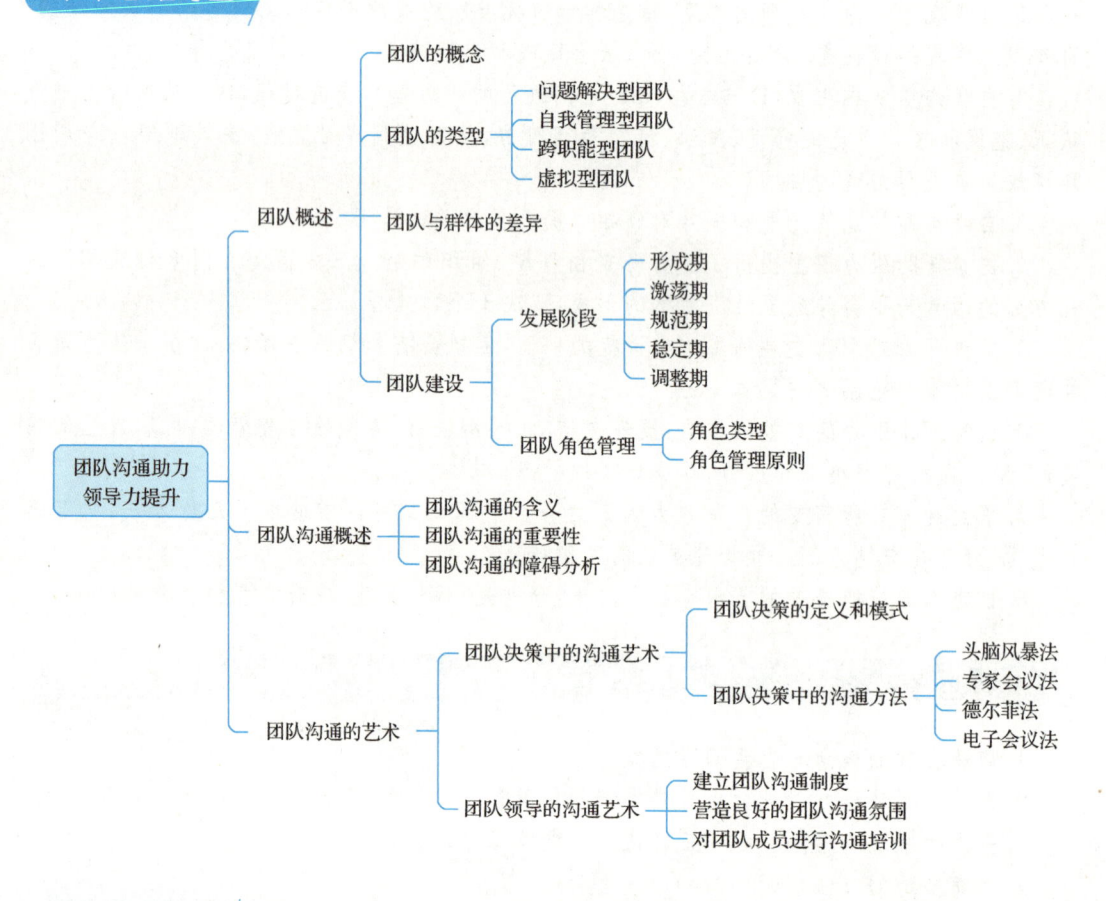

- 团队沟通助力领导力提升
  - 团队概述
    - 团队的概念
    - 团队的类型
      - 问题解决型团队
      - 自我管理型团队
      - 跨职能型团队
      - 虚拟型团队
    - 团队与群体的差异
    - 团队建设
      - 发展阶段
        - 形成期
        - 激荡期
        - 规范期
        - 稳定期
        - 调整期
      - 团队角色管理
        - 角色类型
        - 角色管理原则
  - 团队沟通概述
    - 团队沟通的含义
    - 团队沟通的重要性
    - 团队沟通的障碍分析
  - 团队沟通的艺术
    - 团队决策中的沟通艺术
      - 团队决策的定义和模式
      - 团队决策中的沟通方法
        - 头脑风暴法
        - 专家会议法
        - 德尔菲法
        - 电子会议法
    - 团队领导的沟通艺术
      - 建立团队沟通制度
      - 营造良好的团队沟通氛围
      - 对团队成员进行沟通培训

思政目标

领导力的提升和塑造除了向内实现自我沟通以外，还需要向外与团队实现有效沟通。本章主要介绍了在团队沟通中会遇到的问题与解决措施。本章学习可以使学生在团队沟通中掌握正确的方式和策略，从而更好地强化团队沟通，进一步发挥团队的协作效应。

本章学习目标

- ◆ 了解团队的概念和类型以及团队建设的过程。
- ◆ 掌握几种团队角色以及他们在团队中分别起到的作用。

- 了解团队沟通的含义和作用。
- 掌握团队决策的几种方法。
- 掌握提高团队领导力的技巧。

本章关键词

团队沟通；跨职能型团队；问题解决型团队；自我管理型团队；虚拟型团队；团队建设；团队发展模型；团队角色；团队决策；专家会议法；头脑风暴法；电子会议；德尔菲法；团队领导

引导案例

联合化学公司

联合化学公司是一个大型日化产品生产商与经销商，有五个制造工厂。在北京和天津的两个主要工厂，既是公司的制造工厂，又是公司的研发中心。

工序设计小组由八位男性工程师与项目经理李经理组成。该项目小组已在一起工作了许多年，各成员之间关系十分融洽。由于小组工作量增加，李经理又雇用了一位新设计工程师——小陈。她刚从一所国内著名的大学获得硕士学位。小陈被分配到负责扩大工厂现有设备能力的项目中。另有三位设计工程师也被分配到项目小组中：丁工（38岁，在公司任职15年），曲工（40岁，在公司任职10年）和高工（32岁，在公司任职8年）。

作为新员工，小陈对合作工作十分热忱。她非常喜欢她的工作，因为工作具有挑战性，并向她提供了一个应用在大学中所学到知识的机会。在工作上，小陈对自己要求严格。她和项目小组成员的关系也很友好，但她从不与他们进行非正式交谈。

小陈是一位勤奋的员工，对待工作很认真。偶尔碰到难题时，她会用几个小时去解决它。因为她的执着和她所受的教育，在项目的不同阶段，小陈总是能比她的同事提前几天完成自己那部分工作。这对她来说有时是一件烦恼的事，因为在她的同事赶上来之前，她不得不去向李经理要求其他额外工作，以使自己变得繁忙。起初，她也曾想帮其他人完成他们的工作，但每次都遭到断然拒绝。

在小陈进入设计小组五个月后，丁工就小组中的问题找到了李经理。以下为两人间的对话：

李经理：丁工，我知道你想和我讨论一个问题。

丁工：是的，李经理。我不想浪费你的时间，但小组内其他工程师希望我能就小陈问题与你谈谈。她自以为无所不知的自负态度激怒了每一个人，她并不是那种我们愿意与之共事的人。

李经理：丁工，我并不那么认为，小陈是一名优秀员工，她的设计工作总是完成得很好。她正在做公司希望她做的事情，而且也做得很不错。

丁工：公司从没有让她破坏小组中的士气或让她告诉我们该怎样做工作。小组内的敌对情绪最终可能会导致整个小组工作质量的降低。

李经理：这样吧，我准备在下周和小陈谈一次，讨论一下她这六个月的表现。我会把你的意见放在心上的，但我并不能保证她会就你们所认为的自负态度有所改变。

丁工：改变她的行为并不是问题，关键是她并没有权力指导其他人。她公开指明其他人做什么,你可以想象,她正在用她威力无穷的、毫无用处的方程和公式,给你上一堂高级设计课程的感觉。她最好赶快调离,否则我们就走人。"

李经理仔细考虑了下周与小陈的会谈。他知道了丁工是设计工程师中的非正式领导,他通常代表其他工程师说话。第二周周四,李经理把小陈叫到办公室,对她半年来的工作进行回顾。以下为谈话的一部分:

李经理:我想谈谈你工作表现的另一方面。正如我刚才所说的,你的技术工作非常优秀,但你和其他同事的关系存在一些问题。

小陈:我不明白,你所说的问题指的是什么?

李经理:好吧,说得具体点。某位设计小组成员向我抱怨你的"无所不知"的态度和试图指导其他人如何做的行为已经给他们造成了麻烦。你应当对他们耐心一些,不能公开指明他们的工作表现。这是一个优秀的工程师小组,他们在过去几年中的工作是无可指责的。我不想有任何问题影响小组的工作质量。

小陈:我的看法是,首先,在他们或在你面前,我从没有公开指责过他们的工作表现。起初,当我领先于他们时,我曾想去帮助他们,但我被直率地告知应关心自己的工作。我听取了建议,专注于自己本职工作。但你不清楚的是,在小组中五个月后,我发现设计小组向公司索取了过高薪水。其他工程师都在偷懒,他们的工作进度明显落后于他们工作能力所能达到的。他们对收音机所播放的音乐、当地的足球队、准备去酒吧更感兴趣。我很抱歉,这与我所受的教育完全不同。于是,最后他们不再把我看成是一个合格的工程师,而只是一个破坏了他们的职业规则的女人。

(资料来源:郭丰.管理就是激活团队:打造问题解决型团队的九个维度[M].北京:中华工商联合出版社,2019.)

上述案例中的情形是一个团队里经常会遇到的沟通问题。对一个团队而言,沟通不畅是许多问题产生的根源。可以说,良好的团队沟通是团队通过协作来解决问题的前提,团队的管理者和其他成员应不断提高自身的团队沟通能力。

20.1 团队概述

20.1.1 团队的概念和类型

1. 团队的概念

早在 1954 年,管理大师彼得·德鲁克就已经开始提出团队的观念。他认为,知识工作者增多而带来的问题已经成为 21 世纪管理的挑战,在信息爆炸时代,对管理者而言,一个人要全面了解工作任务的完成情况已经变得越来越困难。因此,知识型的工作越来越倾向于通过团队合作的方式完成。随着团队合作模式的广泛应用,组织面临的最重要的问题之一就是探讨影响团队绩效的因素及其内在作用机制。团队沟通则是影响团队合作成功的关键因素之一。

团队是指将不同专业技能不断进行整合来实现预定团队目标的一群人。团队具有内在的悖论性,这是由于团队是由两名及以上的成员组成,因此团队包含存在于共同体之中的相互矛盾和对立的情感、思想和行为。团队工作本身就是一个悖论,因为它包括一些明显的矛盾因素,而每个因素的存在又都是合理的。团队工作既需要成员具有不同的特点,同时又把成员整合成一个工作群体。成员在知识、技能、经验、观点等方面具有差异性,这一点是非常明显的。没有这些差异性,团队的任务是不可能完成的。然而,需要把具有不同特点的成员整合成像一个人在做事那样的群体,才能完成工作任务。虽然这看似是矛盾的,实际上这个说法是能站得住脚的:团队工作的悖论就是在保持差异性与整合差异性之间寻求平衡。这个平衡的找寻就必须依赖于团队沟通。

2.团队的类型

组织中团队有以下四种类型:

(1)问题解决型团队

在团队出现的早期,大多数团队属于问题解决型团队,就是由同一个部门的若干名员工临时聚集在一起而组成。他们每周碰头,一起讨论如何提高产品质量、提高生产效率、改善工作环境、改进工作程序和工作方法,互相交换看法或提供建议。但是,这些团队没有对自己形成的意见建议单方面采取行动的决策权。

(2)自我管理型团队

问题解决型团队在成员积极性方面略微缺乏,为了弥补这一缺陷,自我管理型团队逐渐形成,它们是自然形成的工作小组,被赋予了很大的自主权,反过来,它们被要求控制自己的行为,充分调动积极性和主动性,以此来完成工作或任务。这种类型的团队通常由 10~16 人组成,集计划、命令、监督和控制行动的授权和培训于一身。

同时,自我管理型团队的成员拥有广泛的自主权和自由,以及可以像经理般的行事权力。可以说,自我管理型团队是一种真正独立自主的团队,团队成员不仅探讨问题怎么解决,并且严格执行问题的解决方案,对工作承担全部责任。彻底的自我管理型团队甚至可以挑选自己的成员,并让成员相互进行绩效评估。

需要注意的是,自我管理型团队并不一定带来积极的效果,例如,其缺勤率和流动率偏高。这说明,自我管理型团队形式的采用有一定的范围,需要具备一定的条件。

(3)跨职能型团队

跨职能型团队是团队形式的进一步发展。这种团队通常由来自同一等级、不同工作领域、跨越横向部门界线的员工组成,他们聚集在一起的目的就是完成一项特定的任务。可以说,盛行于今的项目管理与跨职能型团队有着内在的联系。

跨职能型团队是一种有效的组织形式,它能使组织内(甚至组织之间)不同领域员工之间交换信息,激发出新的观点,协调复杂的项目,解决面临的问题。但是,跨职能型团队不是"野餐聚会",而是有着硬任务,在其形成的早期阶段往往要消耗大量的时间,使团队成员学会处理复杂多样的工作任务,使背景不同、经历和观点不同的成员之间建立起相互信任的关系。

当然,跨职能型团队也有一些不足之处,主要表现在其形成之初,需要花费大量的时间来帮助团队成员熟悉环境并建立信任。但与此同时,选择的团队成员往往具备丰富的工作经验,有助于高效快速地提出创造性或独特性的解决方案。

(4)虚拟型团队

虚拟型团队的产生依赖于经济全球化、组织间协作、资源贡献利用三重需要的推动,是一种新型的组织形态。虚拟型团队的成员一般来自不同时区、不同空间、不同组织,甚至素未谋面,他们利用信息网络技术进行联结,有着共同的理想目标以及利益需求。虚拟型团队的最大优势是能够不受时空的限制,充分调动各地的人才、资源、设备等,从而高质量地完成团队任务。

20.1.2 团队与群体的差异

群体是人们通过某种社会关系联结起来,进行共同活动和感情交流的集体。它既同社会和个人相区别,又介于社会和个人之间,并且是联结二者的中介。群体是相对于个体而言的,但不是任何几个人就能构成群体。群体是指两个人或两个人以上,为了实现共同的目标,以一定的方式联系在一起进行活动的人群。

团队区别于群体的特征是:成员间的紧密合作和特定的、至高无上的团队目标。团队的存在是为了实现共同的目标,团队成员为了实现共同的目标而相互依赖与合作;团队具有约束力,而且在一定时期内保持稳定;团队成员具有管理自己的工作和内部各种流程的权限;团队在一个更大范围的组织内运作,通常与其他团队相互联系。由于团队成员间需要紧密合作,因此,团队的形成有时是非常困难的。

群体与团队的区别主要体现在领导、目标、协作、责任、技能以及结果六个方面,见表20-1。

表 20-1　　群体与团队的区别

区别	群体	团队
领导	有明确的领导人	当团队发展到成熟阶段,团队成员就会共享决策权
目标	目标必须跟组织保持一致	除了与组织的目标保持一致外,还可以产生自己的目标
协作	可能是中等程度,甚至有时有些消极,有些对立	团队中的成员都是齐心协力朝目标努力的
责任	群体的领导者要负很大的责任	除了领导者要负责之外,每一个团队成员也要负责共担责任
技能	可能是不同的,也可能是相同的	成员的技能是相互补充的,把不同知识技能和经验的成员综合在一起,形成角色互补,从而达到整个团队的有效组合
结果	绩效是每一个个体的绩效相加之和	团队的结果或绩效是由大家共同合作完成的成果

只要经过一定时间的磨炼,群体也是有可能发展为一个团队的。但如果要发展成为一个高绩效的团队,还需要具备以下几个标准条件,见表20-2。

表 20-2　　构成团队的标准条件

条件	标准条件
少量成员	3~25人 6~12人为最佳

(续表)

条件	标准条件
互补技能	技术和功能方面的特长 解决问题和决策技能 人际技能
对一个共同的目的和绩效目标作出承诺	绩效的分离单元 管理层通过在公司绩效需求之内定义权限的界限和范围来指明方向。一个共同的目的是团队揉成一个整体,总体力量大于单个个体力量之和 团队将各种指标转换为具体且可衡量的绩效目标。具体的绩效目标有助于团队跟踪进步
共同的方法和内部流程	成员间的社会契约与他们的目的相关联并指导他们如何一起工作 具体的绩效目标有助于团队跟踪进步
彼此负责和具有约束力	在达到团队目的、实现绩效目标和方法的过程中,团队成员逐步形成默契的配合,彼此承诺和信任

● 知识链接

团队相比起群体具备哪些优势？　>>>>>>

20.1.3　团队建设

团队建设是公司为了实现最终目标而有计划、有目的地组建团队、管理团队和发展团队的过程。团队发展的不同阶段对应不同的目标和任务,不同的团队成员承担着不同的角色分工。因此,明确各阶段的主要工作和做好团队角色管理对实现团队目标具有重要意义。

1. 团队的发展阶段

团队发展建设是一个系统性的有效过程。布鲁斯·塔克曼的模型是团队发展最有名的模型之一。该模型提出,团队发展分为四个阶段:形成期、激荡期、规范期和稳定期,后来他又研究添加了第五阶段:调整期。如图 20-1 所示。

形成 → 激荡 → 规范 → 稳定 → 调整

图 20-1　塔克曼的团队发展模型

(1) 形成期

形成期是团队成员确定和团队组建的时期。在该阶段,公司领导者或团队管理者应根据组织目标或团队任务,通过一些招募渠道,例如人才市场、公司内部选拔等来招募团队合适的人选。在此阶段,团队成员缺乏共同目标、了解和信任,整个团队还没有建立起规范,或者对于规范还没有形成共同的看法。管理者需要尽快建立起团队规范并采取一定的措施让团队成员熟悉起来。

(2)激荡期

团队组建完成以后,由于团队成员知识背景、个性特征和思维逻辑等各不相同,或多或少会存在矛盾与摩擦,对于团队的发展方向也争论不休。管理者在激荡期需要对成员的个性特征和思维方式进行调节和磨合,缓解矛盾冲突。在安排任务的过程中,团队成员之间的矛盾开始显现,领导能力、团队结构及权力问题在这一阶段占主导地位。团队必须经受住这种考验并迅速找到解决问题的方法,平稳度过这一阶段。

(3)规范期

这一时期是团队经过磨合之后走向规范化的时期。团队成员逐渐了解了领导者的想法和组织的目标,彼此之间建立了共同的愿景,也产生了默契,逐渐形成了团队的凝聚力。在这一阶段,团队领导者的任务之一是创建分组,推行有效的工作方法,根据团队成员的偏好和技能分配任务。团队领导者也应该允许有不同的声音,避免团队陷入趋同思维的陷阱。如果成员不敢提出反对意见,那么潜在的有价值建议就会被埋没。管理者可以通过定期召开团队成员交流大会等收集成员想法,接纳成员合理建议,并开始适当划分职权,规范奖惩制度来激励成员。

(4)稳定期

团队经过形成、激荡和规范,开始变得成熟,能够应对复杂的挑战,执行其功能角色,并且可以根据需要自由交换。这一时期是团队高效运作的时期。管理者应该考虑如何高效完成工作任务的问题了。在这一时期,团队成员已经形成向心力和合作默契,纷纷献计献策,把全部精力用在如何提高团队效率和效益上来,这是一个出成果的阶段。在这一阶段,团队成员之间合作默契,领导者也已经形成了自己的领导方式,同时允许团队多样性存在。成员有更多的灵活性,能够积极地相互帮助和扶持。成员的成就应该得到领导的认可和祝贺。领导者需要努力促进和鼓励多样性,并时刻顾全大局,不断提醒团队成员不忘初心。

(5)调整期

调整期是团队发展后期,包括团队解散或团队重组。团队解散是任何团队生命周期的自然组成部分。它既可能是整个团队任务的结束,也可能是一些成员离开团队。在这一阶段,领导者需要关注两件事——学习和欣赏。团队重组是公司考虑通过重新进行团队部署,调整团队成员构成或注入新能量,来重新激发团队活力的手段。

上述五个阶段反映的是团队建设的一般性过程,但是实践中的团队建设过程常常有所偏差。团队建设过程会出现跳跃或是各个阶段的融合的现象,如在团队发展的前期和后期都可能产生激荡,在前期出现激荡的原因可能是团队成员定位之前的混乱思想,而后期出现的激荡可能是奖酬分配过程中出现的"不公平"的现象导致的。

2. 团队角色管理

每个团队由若干成员组成,团队中的每个人都是既能够满足特定需要而又不与其他角色重复的人。梅雷迪思·贝尔宾曾说过:团队不是拥有职位的一群人,而是聚合在一起的个体,团队中每个人都扮演相应的角色,并且彼此理解、互相尊重。

作为领导,你需要了解团队中每个成员所扮演的角色以及领导者该如何恰当应用团队角色理论,这也会帮助你了解并确定团队成员的偏好,同时确保他们能够以最佳状态执行任务。

在考虑团队成员需要扮演的角色时,为使团队及其成员发挥最佳能力,需要考虑三个方面的因素:组织以及组织的宗旨和文化、团队目标和团队成员。

- **案例拓展**

曹操的人才管理启示

不同团队角色之间的相互协调合作促进了组织的成功。团队角色有哪些类型呢？各自又发挥了怎样的职能作用呢？20世纪70年代，梅雷迪思·贝尔宾博士及其亨利管理学院的团队共同开发了一套广受欢迎的团队角色理论，首创了九个团队角色，见表20-3。

表 20-3　　　　　　　　团队成员角色类型特征及发挥的作用

角色类型	典型特征	在团队中发挥的作用
协调者	冷静，自信，成熟、自控力强	负责协调和整合工作，一般是团队负责人、一把手，主要工作是阐明团队的目标、确认各项工作的轻重缓急、增强团队的领导力与凝聚力
实干者	有纪律性，务实可靠，保守顺从，有责任感	一般是实际工作的组织者、稳健的行动者，主要工作是将团队任务付诸实践，具体落实团队计划
凝聚者	社会化，敏感型，人际关系型	是凝聚整个团队力量的成员，一般是团队中最敏感的人，主要工作是凝聚整个团队、梳理团队的人际关系，是团队组织冲突的缓和者，也是团队中最好的倾听者
智多星	富有创造力，支配型，激进型，突破传统	一般是团队中最具想象力和智慧的人，主要工作是为团队出谋划策、提供新颖的创意，是公司开发新市场、新产品的助推手
外交家	外向，热情，善于社交，能说会道，反应敏捷	是负责外部谈判的成员，为公司谋求发展和探索的机会，主要工作是帮助公司扩张外部业务，打开市场，相当于团队的代言人
监控评估者	清醒，不感情用事，谨慎，严肃，善于思考	是负责团队监督评估的成员，一般是团队的参谋，主要工作是吸收、解释和评价大量的复杂材料，冷静慎重地分析问题，没有最终的决策权，仅负责为管理者决策提供建议
推进者	具有纪律性，务实可靠，保守顺从	是保证团队快速行动的成员，一般是任务型领导，主要工作是为团队带来勇气和毅力，提高团队工作效率
完美者	踏实肯干，尽职尽责，淡泊名利，勤恳刻苦，办事有条不紊，认真尽责	是正确落实团队计划的成员，一般是团队的理想主义者，关注细节，追求完美，主要工作是有条不紊地安排工作计划，激励他人参加活动，及时发现任务中的不足
专家	专注，内向，恪守职责	是拥有丰富专业技能的成员，主要工作是提供专业和技能的支持

鉴于不同的角色特征和技能，团队管理者应该按照一定的管理原则，合理分配团队任务：

首先，团队角色管理应遵循取长补短原则。管理者要善于发现不同团队成员的优点和长处，同时帮助他们完善自身的不足，从而打造高效团队。

其次，遵循包容性原则。团队成员之间由于性格、为人处世等不同，存在某些差异，管理者应该遵循包容性的原则，承认差异，彼此包容，鼓励共同进步。

最后，遵循灵活管理原则。管理者应培养成员的责任意识和自主意识，弹性监督成员的行为，帮助成员实现团队绩效目标。

- **知识链接**

  高效团队的特征　　　　　　　　>>>>>>

20.2　团队沟通概述

20.2.1　团队沟通的含义

团队沟通是团队成员为了实现共同的目标,明确各自职责、分工协作、相互交流与解决问题的交流过程。根据权力、岗位级别与承担的任务,团队沟通的参与者可分为三类:团队领导是团队工作的核心人物,具有组织赋予的领导权力和个人影响力;核心成员负责完成领导布置的重要或核心任务;普通成员负责或辅助团队具体的工作。团队沟通作为公司成员间交换信息、实现目标的常用手段,是公司管理的灵魂,在组织具体实施团队任务中发挥着不可估量的作用。

- **知识链接**

  与人际沟通相比,团队沟通的特点体现在哪些方面?　　>>>>>>

20.2.2　团队沟通的重要性

对于有效的团队来说,成功的关键因素是:清晰的方向、明确的目标、融洽的人际关系、统一的工作流程、团队责任感、充足的资源、准确的信息以及适当的培训和报酬。

沟通在团队工作中发挥着重要作用。就团队管理而言,在团队成员之间如果不相互传递信息,团队就无法共同协作,团队也就不能存在。沟通的意义不只是信息的传递,还在于得到理解,达成共识,只有这样的沟通才是有效的沟通。一般来说,团队沟通具有以下几点重要意义:

1. 传递和收集信息

沟通过程实际上是一定的组织或者个人双向的信息交流过程。这个"双向",有两层含义:其一,是这种组织、这个团队、这个个人与其他组织、团队、个人之间的"彼此"交流的关系;其二,是这个组织、这个团队、这个个人,既对外传递信息,又从外部收集信息。对于团队来说,考虑到这两个"双向"是非常重要的。

通过团队组织及其领导者与外部直接的沟通,可能获得有关外部环境中各种变化的信息,如市场动态、供需变化、原料供应情况、政治经济政策的改变等。只有掌握了这样的信息才能保证企业在瞬息万变的社会中灵活应变，立于不败之地。

通过组织内部的沟通，尤其是团队之间的沟通，可以了解成员们的工作满意度、价值观、工作绩效，了解成员积极性的源泉和需要，了解和把握各部门间的人际关系、管理效率等，以作为组织决策的参考。

2. 改善人际关系

沟通是人际交往，它可以解除人们内心的紧张和怨恨，使人们感到精神舒畅，而且在相互沟通中易使双方产生共鸣和同情，增进彼此间的了解，改善相互间的关系，减少人与人之间不必要的冲突。

3. 改变成员态度和行为

有效的沟通过程，兼顾信息的发送者、沟通过程和接收者，最大限度地保证信息传递的真实性。即发出者传递的信息和接收者收到并理解的信息是一致的。这样的沟通往往能够改变沟通对象原有的态度，继而改变沟通对象的行为。

美国心理学家墨菲用实验室研究证明了沟通对态度形成与改变的影响。他让实验组看宣传黑人成就的电影、电视或画报，如放映黑人在世界运动会上取得成绩的电影，放映黑人在科学技术上取得成就的电影等，控制组的人则不参加此类活动。结果发现，实验组对黑人的态度有明显的改变，而控制组对黑人的态度没有变化。以此为基础，墨菲提出了沟通改变态度的理论。该理论认为，人容易受到周围环境和一些媒介的影响和鼓动。沟通可以显著地改变对某些事物和人的态度与看法。

4. 带来创意与新路径

在人际沟通中，沟通者相互讨论、启发、共同思考、探索，往往能发出创意的火花。专家座谈法和头脑风暴法就是利用群体之中的沟通机制来研究解决问题思路最明显的例子。有研究证明，一个领导者要想把企业重新凝聚起来，最有效的方法就是促使大家对公司存在的弊病畅所欲言。企业的管理者与员工对组织有着深刻的理解，他们往往能最先发现潜在的问题和症结所在，沟通能够让他们把发现的问题坦率真诚地反映出来，并通过群体的智慧，提出最适合解决组织自身问题的新路径、新方法。

5. 促进参与管理

在企业管理中，管理者的知识、经验和观念往往影响着员工的知觉、思维和态度，进而改变他们的行为。尤其是当管理者要进行改革时，其首要任务就是通过信息沟通和情感沟通转变员工原有的抵触情绪，改变其行为，这样才能实现他们之间的合作，搞好管理工作。因此，充分沟通既可以促进管理者改进管理，又可以激励团队成员的工作热情和参与管理的积极性，增强主人翁责任感，积极主动地为企业和团队的发展献计献策，从而增强企业内部凝聚力。

20.2.3　团队沟通的障碍分析

当下，我国的企业团队在沟通上存在一些明显障碍，对团队发展造成负面影响，主要包括：管理者对正式渠道极其重视，而对非正式渠道的关注与引导较为缺乏；重视传统的渠道而忽视了创新灵活性的沟通渠道；沟通方式单一化；忽略团队的发展战略沟通；忽视团队成员的情感沟通等。因此,我们需要分析造成这些障碍的原因,为实现良好的团队沟通提供帮助。一般而言,造成团队沟通障碍的原因包括以下几种:

1. 管理者的自身原因

管理者作为团队管理活动的主要执行者与参与者,在团队沟通中占据主导地位。

首先,管理者的沟通意识直接关系到团队沟通是否能有效开展;管理者的沟通方式直接影响团队沟通的效果。大多数管理者都认为,有效的团队沟通会提升团队绩效,已经认识到了团队沟通的重要性。但是在实际的工作中,有的管理者仍然受到传统的因素影响,在与成员的沟通过程中仍带有权威主义的色彩,再加上"官本位"思想的影响,有的管理者缺乏民主意识,等级观念强,官僚作风明显,往往以自我为中心,而不是从对方和全局的立场出发看问题,在与成员的交流过程中只根据个人好恶来判断工作的是非,对人不对事。

其次,管理者缺乏正确的沟通技能。在实际的团队管理过程中,管理者一些外显行为和沟通习惯很多时候是不恰当的。例如,喜欢对员工讲大道理,在批评员工的时候不讲究方式方法等,这些问题处理不当将使团队成员心生怨怼,甚至失去在团队中的影响力与信服力。

2. 团队成员自身的原因

首先,位差效应的影响。所谓位差效应,是指由于地位级别的不同使人形成上位心理与下位心理,具有上位心理的人因处在比别人高的层次具有优越感,而具有下位心理的人因处在比别人低的层次而有自卑感。位差效应在团队成员间的交流和沟通过程中是客观存在的,成员们之所以缺乏主动与管理者沟通的积极性,很大程度上就是位差效应的影响。成员们过分看重自己与管理者之间社会角色的不同,认为管理者处于优势地位,就会产生自卑感,在与管理者的沟通交流中谨小慎微,对管理者也多采取迎合顺从的态度。

其次,传统儒家思想的影响。"万事和为贵"以及中庸思想影响着很多中国人的处事思维和行为方式。成员们为了保持良好的人际关系或者表示对管理者的尊重敬畏,大多数成员并不愿意主动向管理者和其他成员提出反对意见,习惯于比较婉转含蓄地表达自己的意见,而万一这些意见被误解、忽视,又会产生挫折感。

最后,规避风险的考虑。成员认为主动与其他成员或管理者提出自己的观点、意见,会承担一定的风险,比如,被其他成员嘲笑或触怒管理者,说不定会受到同事的排挤或管理者的打击报复。所以,为了规避风险,很多成员选择沉默。

3. 缺乏开放沟通的企业文化

企业文化是企业经营管理过程中提倡或形成的独特价值观和行为规范。一方面,企业文化离不开沟通。企业文化的形成发展,既是沟通的手段、目标和结果,又是沟通的环境和背景。企业文化必须借助沟通才能被所有的成员理解和接受,进而认同和执行。

另一方面,任何团队的沟通,都是在一定文化背景下进行的。企业文化对团队的沟通方式有着重大的影响。一个封闭的缺乏沟通的企业文化,不利于创造良好的沟通氛围。在这种企业文化类型中,信息是不对称的,人们获取信息的能力也是有差异的,这会导致信息掌握在一部分人手里,成了稀缺资源。这样的话,信息就意味着某种权利,谁掌握了信息,谁就掌握了沟通的主动权。因此,不管是成员还是管理者,在这种组织文化的影响下,出于个人的利益,会有选择地过滤信息,信息的沟通效率下降,导致团队决策获取必要信息的成本增大,甚至引发团队冲突,给团队发展带来危害。

20.3 团队沟通的艺术

20.3.1 团队决策中的沟通艺术

1. 团队决策的定义

决策是人们为实现一定的目标而制订的行动方案,进行方案选择并准备方案实施的活动,是一个提出问题、分析问题、解决问题的过程,包含以下几个特性:决策是行动的基础;决策有明确的目的;决策有两个以上可行的方案;决策要因果分析和综合评价;决策要经过方案的优选过程。

决策是管理的首要职能,决策的正确性和科学性对管理活动的成败起着决定性的作用,直接关系企业或一个组织的生存和发展。

团队决策是重要的团队工作方式。从理论上讲,团队决策在很大程度上体现了团队的独到优势。科学的团队决策不仅能够发掘出代表不同主体的创造性的观点和思路,从而保证决策的全面性和正确性,而且还能促进团队成员间的思想交流,为每个人提供学习和发展的机会。

2. 团队决策模式

(1)团队决策的步骤

一般来说,团队决策有六个步骤:

第一步:确定问题——诊断。

第二步:列出重要考虑因素或限制因素。

第三步:列出可行方案。

第四步:评估各种可行方案的优劣后果。在这一步中,应该注意以下三项重点内容:应用会计资料;应用递增、边际成本及收益观念;应用预测方法把无形因素也变为数字,与有形因素一起计算。

第五步:作出决定:选出或综合出一个方案。决定选取其中一个之前,必须再确定一下我们要解决此问题的目的是什么。要确定这个问题应注意以下五点:

①价值应是从目的衍生而出的。

②价值应配合社会价值,不能离开环境而独立存在。

③价值应是代表组织的价值,不是个人的价值。

④要注意价值常随数量的增加而递减,即要认识边际效用递减原理。

⑤要考虑不确定的因素。

当把价值比重放在可行方案中各因素的数字上,则可以算出何者最能满足目的需求,进而选取该方法来解决我们的问题。

• **知识链接**

试验决策可靠性的方法

第六步：实施并督导解决方案，对选择出的方案予以实施。团队决策模式如图 20-2 所示。

(2) 形成决策的方案

以此模式为基础，怎样才能形成决策呢？形成决策是指从多个可行性方案中选择或综合出一个优化方案的过程。一般来说，形成决策有三种基本方案：

① 投票——通过投票选择出最终方案。
② 一致同意——所有成员都一致接受协议。
③ 领导作出最后决定——最终由领导作出决定。

由于"一致同意"的决策方式要求全体成员的认可，所以最耗费时间，而由"领导作出最后决定"的决策时间最短。

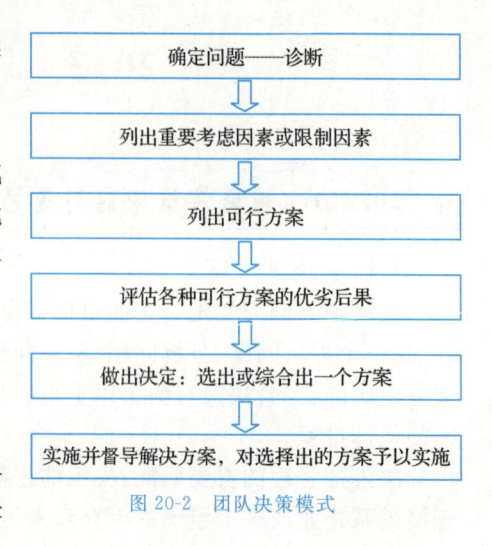

```
确定问题——诊断
        ↓
列出重要考虑因素或限制因素
        ↓
     列出可行方案
        ↓
 评估各种可行方案的优劣后果
        ↓
做出决定：选出或综合出一个方案
        ↓
实施并督导解决方案，对选择出的方案予以实施
```

图 20-2　团队决策模式

3. 团队决策中的沟通方法

为了有效发挥工作团队的作用，降低或避免群体思维的影响，在解决团队决策的问题时一般会用到几种常用的沟通方法：头脑风暴法、专家会议法、德尔菲法和电子会议等。

(1) 头脑风暴法

该方法最早是由美国心理学家奥斯本于 1957 年提出的，是比较常用的团队决策方法，主要用于收集新设想。该方法是指团队成员针对团队中出现的问题各抒己见。通常是将对解决某一问题有兴趣的人集合在一起，在完全不受约束的条件下，敞开思路，畅所欲言。该决策方法的实施有四项原则：

① 对别人的建议不作任何评价，将相互讨论限制在最低限度内。
② 建议越多越好，在这个阶段，参与者不要考虑自己建议的质量，想到什么就应该说出来。
③ 鼓励每个人独立思考，广开思路，想法越新颖、奇异越好。
④ 可以补充和完善已有的建议，以使它更具说服力。

头脑风暴法的目的在于营造一种畅所欲言、自由思考的氛围，诱发创造性思维的共振和连锁反应，产生更多的创造性思维。这种方法的时间安排应在 1~2 小时，参加者以 5~6 人为宜。具体分为五个阶段：会前准备、会议热身、阐明问题、畅所欲言和分析评价。

• 案例拓展

如何去除电线上的积雪
>>>>>>

(2) 专家会议法

专家会议法是指根据市场竞争决策的目的和要求，相关方面的专家通过会议形式，提出有关问题，展开讨论分析，作出判断，最后综合专家们的意见，作出决定。

这种方法的优点是：座谈讨论能互相启发，集思广益，取长补短，能较快、较全面地集中各方面的意见，得出决策结论。但也有缺点：参与人数有限；与会者容易受到权威影响，往往形成一边倒,不能真正畅所欲言,即使权威者的意见不正确,也会左右其他人的意见;由于受到个人自尊心的影响,往往不能及时修正原来的意见。因此,采用专家会议法有时也会作出错误的市场竞争决策。

采用这种方法时一定要注意:一是参加的人数不宜太多;二是要召开讨论式的会议,让大家各抒己见;三是决策者要虚心听取专家意见。

(3) 德尔菲法

德尔菲法是一种复杂、耗时的专家调查咨询方法,它是由美国兰德公司在20世纪50年代提出,曾广泛应用于一些宏观问题的预测与决策,并取得明显的效果。它由于科学性和准确性,且便于操作,因而被很多管理人员采用。

德尔菲法的实施步骤包括以下六步:

①认真选择咨询专家。在组织内部和外部挑选研究某一特定领域的专家,成立一个小组。坚持从学术见解、学科领域、年龄结构、理论水平、实践经验、投入程度等方面进行全面考虑,精心挑选,专家人数视待决策问题或机会的复杂程度而定,十几人或上百人不等。

②精心设计咨询调查表。如,可以先对调查的目的、方式、原理等进行适当介绍,以免引起误解;问题集中且针对性强;一般宜先整体、后局部,先简单、后复杂,避免使用不确切的语言;表格的设计应简洁美观;提问的方式与数量适当等。

③采用背靠背方式寄出咨询调查表。

④对收回的调查表及时分析、归纳、补充适当材料并对调查问题加以修改,再次寄出。

⑤视情况反复几次,一般经四轮反馈和分析归纳即可获得较为可信的结果。

⑥对最终的调查结果进行必要的数据处理并结合其他背景材料进行综合分析,形成报告。

4. 电子会议

最新的定性决策方法是专家会议法与计算机技术相结合的电子会议。

多达50人围坐在一张马蹄形的桌子旁。这张桌子上除了一系列的计算机终端外别无他物。组织者将问题显示给决策参与者,参与者把自己的回答输入计算机,最终个人评论和票数统计都会投影在会议室的屏幕上。

电子会议的主要优点是匿名、诚实和快速。决策参与者匿名输入自己想要表达的任何信息,都将显示在屏幕上,所有人都能看到。它使人们充分地表达自己的想法而不会受到惩罚,消除了闲聊和讨论偏题,且不必担心打断别人的"讲话"。专家们声称电子会议比传统的面对面会议快一半以上,例如,菲尔普斯·道奇矿业公司采用此方法将原来需要几天的年度计划会议缩短到12小时。

但是,电子会议也有缺点:打字慢的人表达意见会耗时稍长;缺乏面对面的口头交流所传递的丰富信息。

20.3.2 团队领导的沟通艺术

团队领导力是企业发展的关键因素之一。良好的领导力可以带领团队实现业绩目标和持续增长。如何高效地提高团队领导力?这就涉及团队管理的艺术。而进行团队管理,必不可少的就是实现团队内部的有效沟通,也就是让他人懂得自己的本意,自己明白他人的意思。我们认为,只有达成了共识才可以认为是有效的沟通。团队中,团队成员越多样化,就越会有差异,也就越需要队员进行有效的沟通。因此,团队中的领导者需要采用各种沟通技巧,营造团队氛围,强化团队的向心力和控制力,形成建设高效团队协作机制。

1. 建立团队沟通制度

团队沟通规章制度是由团队负责人或团队领导牵头,团队中员工通过集思广益形成的规范化、条文式的规则,把团队沟通的细节都制度化,让制度成为团队有效沟通的保障。下面是某公司的团队沟通制度、团队联络员的岗位描述(表20-4)及团队联络通知单(表20-5)。

例

团队沟通制度

第一章 总 则

为了使公司团队成员之间能够有效地进行沟通,解决工作问题,特制定本制度。

第二章 沟通方式

第一条 沟通是指团队成员之间进行工作的沟通。
第二条 沟通可以通过召集会议、电子邮件、书面、口头沟通等方式进行。

第三章 团队联络员

第一条 每一个团队都要有明确的团队联络员。
第二条 在工作正式开始前,团队联络员要向团队成员颁布团队工作计划,以方便团队成员协助工作。
第三条 如果团队联络员出差,团队领导要指定"临时联络员",并将名单公布。

第四章 召集会议

第一条 由团队联络员发起召集会议,至少在会议的前一天公布正式的会议通知。
第二条 由团队联络员协助团队领导进行会议的筹备工作。
第三条 团队联络员负责记录团队联络通知单。
第四条 会议要有明确的议题,会议结束后要对议题有明确的结论。
第五条 对于重要议题的结论,需全体与会人员签字。
第六条 团队联络通知单要向相关人员公布。

第五章 冲突处理

第一条 当沟通无法达成一致时,团队联络员要及时向团队领导讲明情况,以请示协助解决。

第六章 附 则

第一条 本制度由团队发展部负责解释。
第二条 本制度自公布之日起实施。

表20-4 团队联络员岗位描述

岗位名称	团队联络员
直接上级	销售部经理
本职工作	负责与团队的联络工作

(续表)

工作责任	1. 保证及时准确地与团队联络 2. 了解并掌握团队客户的需求，整理成客户资料，转交给销售员 3. 协助销售员与团队客户进行谈判 4. 按照程序，完成接团工作 5. 配合酒店等相关部门，为团队客户提供相关服务 6. 将团队客户的意见，整理成书面材料，上报销售部经理 7. 团队离开后，对团队进行跟踪访问，并提出团队访问报告，上报销售部经理 8. 每月提交一份工作总结，上报销售部经理 9. 熟悉本岗位工作，努力学习相关知识
工作范围	销售部及外出联络工作范围

表 20-5　　　　　　　　　　　团队联络员通知单

文件编号：_____　　归档日期：_____年_____月_____日

执行人：(团队联络员签字)_____　　收到日期：_____年_____月_____日

团队名称：_____

团队主要议程：
1.
2.
3.

图 20-5　团队联络员通知单

2. 营造良好的团队沟通氛围

为了使所有的成员都能够全心全意地参与且成员之间能够相互学习，团队负责人要鼓励所有人畅所欲言，不要对谈出自己看法的人施加压力，更不应该抵制或嘲笑他。为了使团队成员能够积极地参与并且能够与他人共享理念和信念，必须形成一种畅所欲言的氛围。团队负责人可利用头脑风暴法形成良好的沟通氛围，激发员工的创造性思维。

3. 对团队成员进行沟通培训

最新技术的使用与团队的沟通效果息息相关。因此，公司可以通过持续提供培训让他们运用最新的科技产品，及时与同事沟通，接收反馈，以提高工作团队成员的沟通能力与技巧。

沟通培训还可以解决文化差异带来的问题，使团队成员接受和认可他人的文化背景，尊重他人的语言风格及行为习惯，避免因不同文化带来的冲突。

• **案例拓展**

宝洁：5E 领导力模型

本章小结

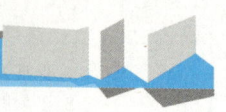

1. 团队是指将不同专业技能不断进行整合来实现预定团队目标的一群人。团队具有内在的悖论性,这是由于团队由成员组成,因此团队包含存在于共同体之中的相互矛盾和对立的情感、思想和行为。

2. 团队的类型有四种:问题解决型、自我管理型、跨职能型和虚拟型团队。

3. 群体与团队的不同主要体现在领导、目标、协作、责任、技能以及结果六个方面。

4. 布鲁斯·塔克曼提出团队发展阶段模型,认为团队发展一般要经过形成期、激荡期、规范期、稳定期和调整期五个阶段。

5. 团队内有九种角色类型,分别是:协调者、实干者、凝聚者、智多星、外交家、监控评估者、推进者、完美者和专家。

6. 团队沟通是团队成员为了实现共同的目标,明确各自职责、分工协作、相互交流与解决问题的交流过程。团队沟通对团队具有重要意义。

7. 在团队沟通过程中,管理者的自身原因、团队成员自身的原因、缺乏开放沟通的企业文化等原因都可能造成团队沟通的障碍。

8. 团队决策是重要的团队工作方式。从理论上讲,团队决策在很大程度上体现了团队的独到优势,科学的团队决策不仅能够发掘出代表不同主体的创造性的观点和思路,从而保证决策的全面性和正确性,而且还能促进团队成员间的思想交流,为每个人提供学习和发展的机会。团队决策模式一般分为六个步骤。以此步骤为基础,一般有三种方案帮助决策的形成。团队决策的方法有:头脑风暴法、专家会议法、德尔菲法和电子会议等。

9. 团队中的领导者要想促进高效团队协作机制的形成,需要采用各种沟通艺术:建立团队沟通制度、营造良好的团队沟通氛围、对团队成员进行沟通培训以及培养积极的倾听技巧。

复习思考

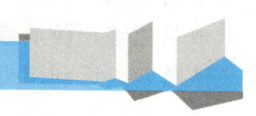

【案例分析】

A 公司 Z 项目跨职能团队沟通

技能提升

你善于沟通吗?

参考文献

[1] Katzenbach,JR & Smith, D. K. *The Wisdom of Teams*:*Creating the High-performance Organization*. United State:Harvard Business Review Press,2015.

[2] [美]爱迪斯(Adizes.). 把握变革[M]. 赵睿,陈胜,译. 北京:华夏出版社,1998.

[3] [美]吉尔伯特. 拉里·金沟通现场[M]. 方海萍,译. 北京:中国人民大学出版社,2006.

[4] 张莉,刘宝巍. 管理沟通[M]. 4版. 北京:高等教育出版社,2021.

[5] 郝红. 管理沟通[M]. 北京:科学出版社,2010.

[6] 张振刚,李云健. 管理沟通[M]. 北京:清华大学出版社,2023.

[7] 胡巍. 管理沟通:案例101[M]. 济南:山东人民出版社,2005.

[8] 杜慕群. 管理沟通案例[M]. 北京:清华大学出版社,2013.

[9] 张炳达,陈婧,杨慧. 商务与管理沟通[M]. 上海:上海财经大学出版社,2010.

[10] 蔡晓清. 领导力革命:战略型领导力培养法则[M]. 北京:中国纺织出版社,2022.

[11] 李永生. 临床诊疗工作如何做到有效沟通[J]. 中国医院管理,2008(07):44-45.

[12] 王惠凌,张霞. 金融营销实务[M]. 北京:北京理工大学出版社,2018.

[13] 虎啸. 管理学[M]. 成都:电子科技大学出版社,2019

[14] 丁建忠. 商务谈判教学案例[M]. 北京:中国人民大学出版社,2005.

[15] 张景云,于涛. 100个成功的公关策划[M]. 北京:机械工业出版社,2008.

[16] 杨云龙. 变革管理让PMC-Sierra度过危机[J]. 科技智囊,2004(07):60-61.

[17] 赵慧军. 管理沟通:理论·技能·实务[M]. 北京:首都经济贸易大学出版社,2003.

[18] 龚巧莉. 管理会计量化工具与方法应用[M]. 昆明:云南大学出版社,2015.

[19] 王亮. 自我认知的无限性——浅析《庄子·庚桑楚》的认知方式[J]. 辽宁教育行政学院学报,2021,38(02):8-11.

[20] 周璐. 企业内部管理沟通中的问题和对策[J]. 商业经济,2023(07):133-134.

[21] 陈育. "三农"采访对象分析及沟通技巧[J]. 新闻传播,2020(03):69-70.

[22] 程艳霞. 管理沟通[M]. 武汉:武汉理工大学出版社,2003.

[23] 魏江,王颂. 管理沟通:成功管理的基石[M]. 5版. 北京:机械工业出版社,2024.

[24] 赵洱崈. 管理沟通:原理、策略与应用[M]. 2版. 北京:高等教育出版社,2021.

[25] 刘平青. 管理沟通:复杂职场的巧技能[M]. 北京:电子工业出版社,2016.

[26] 孙科炎. 华为项目管理法[M]. 北京:机械工业出版社,2014.

[27] 张亚茹. M餐饮公司会议沟通策略研究[D]. 大连理工大学,2021.

[28] 冯光明.管理沟通[M].北京:经济管理出版社,2012.

[29] 杜慕群,朱仁宏.管理沟通[M].3版.北京:清华大学出版社,2018.

[30] 杰拉尔丁.E.海因斯.管理沟通:策略与应用[M].5版.北京:北京大学出版社,2015.

[31] 王敏杰.例谈活动策划方案的写作[J].应用写作,2018(09):29-31.

[32] 丁宁.管理沟通:理论、技巧与案例分析[M].北京:人民邮电出版社,2016.

[33] 张华.管理沟通[M].成都:电子科技大学出版社,2017.

[34] 南志珍,吕书梅.工商管理类管理沟通实务[M].大连:大连出版社,2010.

[35] 杜惠英.管理沟通[M].重庆:重庆大学电子音像出版社,2020.

[36] 徐红,汪金龙.管理沟通课程的多元化教学方法研究[J].商场现代化,2009(10):396-397.

[37] 杨熙玲.商务谈判与推销[M].成都:四川科学技术出版社,2014.

[38] 孙金霞.推销与谈判实务[M].武汉:华中科技大学出版社,2009.

[39] 李逾男,杨学艳.商务谈判与沟通[M].北京:北京理工大学出版社,2021.

[40] 白远.国际商务谈判理论、案例分析与实践[M].4版.北京:中国人民大学出版社,2015.

[41] 朱彤,罗炜.管理沟通[M].重庆:重庆大学出版社,2015.

[42] 王燕,林镇超,钱啸云.建构中的自我概念:形成及发展[J].苏州大学学报:教育科学版,2015,3(04):23-32.

[43] 惠亚爱,舒燕.沟通技巧与团队合作(微课版)[M].3版.北京:人民邮电出版社,2019.

[44] 盛开,陈树文.领导者核心能力的组织开发活动对组织绩效的影响研究[J].领导科学,2020(10):20-22.

[45] 李锡元.管理沟通[M].2版.武汉:武汉大学出版社,2013.

[46] 徐世勇.工作压力会伤人:高效经理人压力管理技能培训与自修教程[M].北京:企业管理出版社,2007.

[47] 梁立邦,段传敏.企业教练:领导力革命[M].广州:中山大学出版社,2002.

[48] 李小艳.柔性领导力[M].北京:中华工商联合出版社,2022

[49] 黄颉.领导者需掌握的技术和原则[J].企业研究,2012(14):193-194.

[50] 陈彬璐.浅谈领导干部的沟通艺术[J].人力资源管理,2016(07):116-117.

[51] 李友玺,朱磊.领导影响力12法则[M].北京:北京理工大学出版社,2017.

[52] 严峥嵘.高管领导力:一部专属于高管的领导力修炼书[M].北京:中国铁道出版社,2017.

[53] 姚裕群,孔冬.团队管理[M].长沙:湖南师范大学出版社,2007.

[54] 秦志华.企业管理[M].大连:东北财经大学出版社,2011.

[55] 张炳达,陈婧,杨慧.商务与管理沟通[M].上海:上海财经大学出版社,2010.

[56] 刘平青,庄超民,赵伟作.员工沟通巧技能[M].北京:电子工业出版社,2019.

[57] 郑锐洪,刘建准. 现代企业管理[M]. 2版. 大连:大连理工大学出版社,2022.
[58] 麦克劳林 巴里. 麦克劳林教你危机沟通[M]. 刘祥亚,译. 北京:新世界出版社,2005.
[59] 斯蒂芬·罗宾斯,蒂莫西·贾奇. 组织行为学[M]. 孙健敏,王震,李原,译. 北京:中国人民大学出版社,2016.
[60] 科尔曼·阿曼达. 危机沟通:危机下的管理、应对与复原力构建[M]. 邓竹箐,戴治国,译. 北京:中国科学技术出版社,2021.
[61] 盛开,陈树文. 领导者核心能力的组织开发活动对组织绩效的影响研究[J]. 领导科学,2020(10):20-22.
[62] 宋占新. 组织内部管理沟通的障碍及消除[J]. 领导科学,2015(24):25-27.
[63] 魏文斌,金铭. 管理能力提升[M]. 江苏:苏州大学出版社,2023.
[64] 马翠华,刘建准. 管理沟通技能与开发[M]. 北京:中国纺织出版社,2024.
[65] 康青. 管理沟通[M]. 6版. 北京:中国人民大学出版社,2022.